I0876153

Kohlhammer

Andree Burke, Ludger Hiepel, Volker Niggemeier,
Barbara Zimmermann (Hrsg.)

Theologiestudium im digitalen Zeitalter

Verlag W. Kohlhammer

Die Drucklegung dieses Bandes wurde gefördert durch die
Stiftung zur Ausbildung katholischer Geistlicher im Bistum Münster.

Zu diesem Band gibt es Zusatzmaterial zum Download unter
https://dl.kohlhammer.de/978-3-17-038893-2.

1. Auflage 2021

Gesamtherstellung: W. Kohlhammer GmbH, Stuttgart

Print:
ISBN 978-3-17-038893-2

E-Book-Format:
pdf: ISBN 978-3-17-038894-9

Inhaltsverzeichnis

Ausgabe

Einleitung

Der vorliegende Band geht inhaltlich zurück auf das Tagungsformat „Münsteraner Fachgespräche zur Zukunft des Theologiestudiums“ dessen Ausgangspunkt die Kooperation zweier innovativer Stellen an der Katholisch-Theologischen Fakultät der WWU Münster war: der Koordinationsstelle Hochschuldidaktik *(Barbara Zimmermann)* und dem Netzwerkbüro Theologie & Beruf *(Andree Burke)*.[1] In der Zusammenschau der Anliegen beider Stellen – der Konzeption hochschuldidaktisch anschlussfähiger Curriculumsentwicklung einerseits und der Gestaltung des Theologiestudiums als individueller beruflicher Qualifikation andererseits – bilden sich die Ziele des Tagungsformats ab.

Im Jahr 2019 fand selbiges zum zweiten Mal unter der Perspektive des Theologiestudiums im digitalen Zeitalter unter Beteiligung von Wissenschaftler*innen, Praxisvertreter*innen und Hochschuldidaktiker*innen statt.

Das Digitale in den Blick zu nehmen, schien dabei im Jahr 2018, als die Planungen begannen, vielleicht noch etwas visionärer und ambitionierter als heute, im Sommer 2020, mitten in der globalen Corona-Pandemie, in der das Sommersemester vielerorts als rein digitales Semester gestaltet werden musste.

Dennoch oder vielmehr deswegen scheinen Reflexionen über das Theologiestudium im digitalen Zeitalter höchste Brisanz erhalten zu haben. Das Digitale curricular zu integrieren, ist plötzlich vom Trend zur Notwendigkeit geworden. Schon die Schlussdiskussion der Münsteraner Fachgespräche 2019 hatte dies angedeutet: Die Transformationsprozesse, die ein „digitales Zeitalter“ mit sich bringen, sind kultureller Art – und nicht lediglich methodischer. Diese Diskussion hat sich im Anschluss an die Tagung zwischen den Herausgebenden fortgesetzt, zuerst im kollegialen Austausch, dann in der Idee, diesen Band zu realisieren.

Dessen Anliegen ist es, Lehrende, Studierende, theologiedidaktische Professionals, Verantwortliche für theologische Curricula und alle, die mit dem Fach „Katholische Theologie“ verbunden sind, darin zu bestärken, digitalen Transformationen mit offenem Visier zu begegnen. Auch für Arbeitgeber*innen ist der Band interessant, um zu sehen, welches Rüstzeug Absolvent*innen eines theologischen Studiums für unterschiedliche Berufsfelder mitbringen. Der Band greift das Gespräch hierüber, das im Rahmen der Fachtagung angestoßen wurde, in einem weitläufigeren Sinne wieder auf und führt es reflektierend weiter.

Hierzu wurde die inhaltliche Grundstruktur der Münsteraner Fachgespräche schriftsprachlich adaptiert, indem das aus der Datenverarbeitung bekannte

---

1 Inzwischen haben sich die Stellen bzw. ihre Inhaber*innen beruflich verändert.

EVA-Prinzip (Eingabe – Verarbeitung – Ausgabe) zum strukturbildenden Moment des Bandes wurde. Die Aufnahme des EVA-Prinzips erinnert dabei nicht zufällig an den Dreischritt Sehen – Urteilen – Handeln.

Denn beide Dreischritte setzen zunächst bei Wirklichem an; im Falle des vorliegenden Bandes bei denjenigen Transformationsprozessen, die im Zusammenhang mit zunehmender Digitalisierung stehen und die in den jeweiligen exemplarischen Lebenswelten konkret vernehmbar sind. Den Ausgangspunkt bildet dabei eine studentische Perspektive *(Sven Bartnick/Rebecca Kelm/Elisabeth Wedeking)*, gefolgt von Beobachtungen aus der akademischen Forschung und Lehre *(Andree Burke/Ludger Hiepel)*. *Katharina Klaholz/Anne Schmidt* teilen ihre Wahrnehmung von „Kirche" im Netz. Sodann erfolgen Einblicke in die Lebenswelten Social Media aus Sicht eines Bistumsmitarbeiters *(Christian Wode)* und Computerspiele aus Sicht eines Lehrers *(Thimo Zirpel)*. *Marcus Hoffmann* thematisiert in einem letzten Beitrag innerhalb dieses Teils die Umsetzung und Herausforderung von Digitalisierung in der Schulpraxis.

Alle Autor*innen dieses Teils beschreiben für die jeweilige Lebenswelt, wie und in welcher Form Digitalisierung und Digitalität virulent bzw. relevant sind und ein Theologiestudium auf selbige reagieren muss. Die Bedarfe werden dabei direkt ausgehend von den jeweiligen Lebenswelten sowie typischen theologischen Berufsfeldern abgeleitet.

In der *Verarbeitung* stellen sich Autor*innen der Herausforderung, den Umgang mit Transformationsprozessen vorzustellen, zu systematisieren und aktuelle Bewältigungsversuche des digitalen Wandels zu reflektieren. Dies erfolgt entweder auf einer inhaltlichen- oder auf curricularer bzw. theologiedidaktischer Ebene.

Barbara Zimmermann bietet zunächst systematisierende Orientierung im weiten Feld des Lehrens und Lernens im digitalen Zeitalter. *Oliver Reis* entwirft in seinem Beitrag auf Basis der Akteur-Netzwerk-Theorie ein mehrdimensionales hochschuldidaktisches Dreieck, das digitale Praktiken Lernender im Lehr-Lern-Prozess berücksichtigt. *Simon Harrich/Ludger Hiepel* fragen, ob der Ansatz des Computational Thinking ein Ansatz für die Theologie sein kann. *Guido Hunze* zeigt auf, warum Digitalisierung mehr als der Einsatz digitaler Medien in der Lehre ist und reflektiert über das Lernen von, über und mit Digitalisierung. *Peter G. Kirchschläger* verarbeitet den Stand ethischer Forschung zum digitalen Wandel und formuliert Desiderate zur Auseinandersetzung mit theologischer Ethik für das Theologiestudium. Während *Simone Adams/Wolfgang Weirer* erste Erfahrungen mit einem berufsbegleitenden und digitalisierten Theologiestudium an der Universität Graz beschreiben, schildert *Ulrich Feeser-Lichterfeld* solche mit dem Blended Learning-Studium der Religionspädagogik bzw. Angewandten Theologie im Fernkurs. Als ein Good-Practice-Beispiel stellen *Nicole Donath/Hannah Hewing/Ludger Hiepel* den in Kooperation von Universität- und Landesbibliothek und Katholisch-Theologischer Fakultät in Münster entwickelten Webquest zur

Einführung in das wissenschaftliche Arbeiten vor. *Christian Henkel* setzt den digitalen Kulturwandel ins Verhältnis zu längerfristigen historischen Entwicklungen und überlegt, was es durch digitale Transformationen aktuell zu gewinnen und zu verlieren gibt.

Im letzten Teil, der Ausgabe, entwickeln überwiegend Nachwuchswissenschaftler*innen ihre Visionen für die Gestaltung theologischer Lehre und Forschung in Form digitaler Fachkonzepte. Der experimentelle Charakter dieses Abschnitts zielt darauf, Kreativität freizusetzen und Ideen Raum zu geben. Dieser Teil des Bandes ist insofern auch kollaborativ angelegt, als dass den Autor*innen hier die meisten Manuskripte aus den ersten Teilen des Bandes vorlagen. Im Einzelnen, den Sektionen der Theologie folgend, präsentieren *Ludger Hiepel/Volker Niggemeier* zunächst bibeldidaktische Optionen, dann folgt ein Beitrag von *Thomas Brockmann/Matthias Daufratshofer/Michael Pfister* zu digitalen Lehr- und Lernformaten in der Kirchengeschichte. Innerhalb der systematischen Theologie formulieren die Beiträge von *Josef Becker, Thomas Hanke/Anna Puzio, Rudolf B. Hein* und *Markus Weißer* aus Sozialethik, den philosophischen Grundfragen der Theologie, Moraltheologie und Dogmatik ihre jeweiligen Visionen. Der Beitrag von *Andree Burke/Simon Harrich* bildet den Auftakt der Beiträge aus der Praktischen Theologie. Dem pastoraltheologischen Beitrag folgen eine liturgiewissenschaftliche *(Martin Lüstraeten)*, eine kirchenrechtliche *(Thomas Neumann)*, eine religionspädagogische *(Marc Heidkamp)* und eine religionsdidaktische Perspektive *(Lisa-Marie Mansfeld/Andreas Schoch)*.

Unser herzlicher *Dank* gilt allen, die an der Realisierung des vorliegenden Bandes beigetragen haben, angefangen bei allen Autor*innen, die durch ihre Beiträge das breite Spektrum des Bandes ermöglichen.

Wir danken der „Stiftung zur Ausbildung katholischer Geistlicher im Bistum Münster“ herzlich für die Finanzierung des Sammelband-Projekts.

Den studentischen Hilfskräften *Johannes Frenz* und *Johannes Feimann* danken wir für die Unterstützung beim Setzen der Beiträge, sodass der Band zügig erscheinen konnte.

Schließlich sind wir *Sebastian Weigert* und *Janina Schüle* aus dem Lektorat vom Verlag für die freundliche Beratung und kompetente Betreuung sehr dankbar.

Münster im August 2020
Andree Burke, Ludger Hiepel, Volker Niggemeier und Barbara Zimmermann

Eingabe

Analog, digital – normal. Eine studentische Perspektive

Sven Bartnick, Rebecca Kelm und Elisabeth Wedeking

Stellen Sie sich vor, im Rahmen einer Lehrveranstaltung mit einer Gruppe Student*innen eine Exkursion zu unternehmen – sagen wir einmal: nach Rom. Sie sind froh, dass bereits nach einer kurzen Anmeldephase alle Plätze vergeben sind. Das heißt aber auch, dass leider nicht alle Student*innen, die an Ihrer Exkursion teilnehmen möchten, dabei sein können – aus welchen Gründen auch immer. In Rom angekommen, finden Sie sich mit der Gruppe in einem der vatikanischen Museen ein, um mit der ersten inhaltlichen Einheit zu beginnen. Während ein Student und Sie selbst referieren und Input in die Thematik geben, filmt eine Studentin mit der Kamera ihres Smartphones einen Livestream, den die daheimgebliebenen Interessent*innen auf einer Streaming- und Lernplattform verfolgen. Über eine Chatfunktion können sie mit Ihnen und den in Rom anwesenden Kommiliton*innen kommunizieren und so ebenfalls aktiv teilnehmen.

Ein weiteres Szenario: Ihre Institution plant für das kommende Semester eine Ringvorlesung. Während Sie einige Referent*innen für Ihre Veranstaltung gewinnen können, müssen Ihnen andere Kolleg*innen leider absagen. Eine Lösung des Problems ist schnell gefunden: Einige Ihrer Kolleg*innen, denen eine Anreise unmöglich ist, willigen ein, sich per Livestream in das Geschehen einzuschalten. Auch Student*innen, die die Veranstaltung nicht hätten besuchen können, haben dank des Streamings die Möglichkeit, von zuhause oder unterwegs aus dabei zu sein. In der auf die Vorlesung folgenden Fragerunde kommen sowohl Beiträge aus dem Hörsaal als auch aus den Reihen derjenigen, die den Vortrag online verfolgt haben.

Es mag sein, dass Sie diese beiden Szenarien im ersten Moment für abwegig halten. Für Student*innen, die aktuell an den Universitäten lernen, und diejenigen, die in den kommenden Semestern folgen werden, ist die Einbindung solcher Technologien jedoch Teil ihrer Realität.[1] Student*innen unterscheiden nicht

---

[1] Der vorliegende Artikel ist vor der Corona-Pandemie entstanden. Die durch diese bedingte, für alle überraschend schnelle Umstellung auf die rein digitale Lehre hat gezeigt, dass ganz grundsätzlich eine Digitalisierung der Lehre möglich ist. Dass dabei häufig zunächst lediglich die Formate der Präsenzlehre digitalisiert wurden, ist zum Teil der Kurzfristigkeit gesundheitspolitischer Maßnahmen geschuldet. Der Wunsch nach einer inhaltlich wie didaktisch angemessenen Digitalisierung der Lehre, dem gewinnbringenden Nutzen ihrer Formate und einer damit einhergehenden Reflexion des Digitalen in der Theologie bleibt aus unserer Sicht nicht nur bestehen, sondern verdringlicht sich vielmehr.

zwischen analog und digital: Für sie stellt sich vielmehr die Frage, was sie benötigen und in welcher Form sie es am einfachsten nutzen können, um ihr Lernen effektiver zu gestalten. Digital und analog sind somit zwei Formen einer Realität, die sich für Student*innen nicht voneinander abgrenzen lassen. Sie leben in einer Gleichzeitigkeit von Möglichkeiten. Dieser Umstand kann herausfordernd sein – er birgt aber auch große Vorteile: So ist quasi jede Information auf dieser Welt immer und fast überall unmittelbar zugänglich und verfügbar. Sobald ein Mangel festgestellt wird – etwa bei einer Informationslücke – kann dieser ausgeräumt und das Bedürfnis nach Information gestillt werden. Obwohl es für Hochschullehrer*innen mitunter den Anschein eindimensionaler Suche nach Ablenkung vom Lehrgeschehen haben mag, sind Student*innen auch im universitären Lernen weitaus mehr als auf ihre jeweiligen Endgeräte starrende Wesen. Sie sind im wahrsten Sinne des Wortes *vernetzt* – in einem komplexen Informationssystem, das unzählige Möglichkeiten bietet und sich in den unterschiedlichsten Formen, als Text, Audio-, Videostream oder Weiterem, darstellt. In jedem Augenblick neu und in jedem Augenblick anders. Aber immer im Jetzt.

Genau diese Realität wirkt sich natürlich auch auf das Theologiestudium aus. Ganz egal, wie weit die Digitalisierung an den einzelnen Lernorten schon fortgeschritten ist: Student*innen nehmen den digitalen Content, den sie zur Verfügung gestellt bekommen, an und arbeiten damit weiter. Dabei erhalten gerade auch Student*innen, denen ein rein analog organisiertes Studium aufgrund einer Einschränkung Schwierigkeiten bereitet oder nicht möglich ist, neue Chancen der Barrierefreiheit. An Stellen, an denen das Potential nicht ausgeschöpft wird, haben alle Student*innen Interesse an einer Verbesserung durch die vorhandenen Möglichkeiten.

Neben dem Besuch von offiziellen Lehrveranstaltungen nutzen Student*innen bereits jetzt weitere Angebote, um Inhalte zu lernen oder zu vertiefen. Ein Beispiel: Um die jeweilige sprachliche Kompetenz in Griechisch auszubauen, bieten diverse Apps die Möglichkeit, Vokabeln zu verwalten und diese *zwischendurch* zu lernen. In Videos auf Streamingplattformen werden grammatikalische Hintergründe erklärt und beim weiteren Klicken durch YouTube und Co. lassen sich skurrile Videos finden, in denen wichtige Deklinationen in Liedern verpackt sind, um sie sich spielerisch anzueignen. Diese und weitere digitale Lernangebote gehören schon jetzt zum Alltag vieler Student*innen. Jedoch erfolgt ihre Nutzung aktuell noch in kompletter Eigenregie.

An dieser Stelle stellt sich die Frage, inwiefern das Theologiestudium und inwiefern einzelne Dozent*innen auf diese Lebenswelt von Student*innen eingehen können, ja, eingehen müssen, um einen hohen Lernerfolg zu unterstützen. Könnten Dozent*innen die digitalen Angebote, die momentan außerhalb ihres Veranstaltungskonzepts genutzt werden, nicht selbst anbieten, passgenau und individualisiert für die Belange von Student*innen, aber auch für das Ziel ihrer Veranstaltung? Damit könnten Dozent*innen fördern, dass Student*innen lernen, ihre digitalen und theologischen Kompetenzen in einer Realität, die heute grundlegend auch digital ist, weiter zu verknüpfen und theologisch ausdrucks- und handlungsfähiger zu werden. Gerade eine Theologie, die diesen Spagat versuchen will, muss somit in einer Zeit, in der der Mensch sich als gleichzeitig analoges wie digitales Wesen in der Welt bewegt, über diese Erweiterung des Menschseins nachdenken. Das schließt auch all diejenigen Fragen mit ein, die sich erst von dieser Bewegung in der digitalen Welt her ergeben, auf die die rein analog denkende Theologie jedoch noch keine ausreichenden Antworten gefunden hat. Für Student*innen von heute sind diese Fragen aber gerade auch dann, wenn sie in ihr Berufsleben starten, hoch relevant. Sie ziehen sich quer durch die Theologie: Welche analog-digitalen Gemeindemodelle lassen sich denken? Was heißt Freiheit im digitalen Raum? Und: Wie beeinflussen digitale Angebote die religiöse Entwicklung? Es geht um die Reflexion dessen, wie sich Theologie verändert, wenn sich die Lebenswirklichkeiten und die damit verbundenen Anthropologien so maßgeblich erweitern. Doch findet der Wunsch nach Berücksichtigung dieser Dimensionen bislang kaum Gehör im Theologiestudium. Dabei treffen gerade in der akademischen Lehre die nötigen Ressourcen aufeinander: die theologische Expertise der Lehrenden und die Erfahrung derer, die wissen, was es heißt, Digital Native zu sein und nicht mehr zwischen analog und digital zu unterscheiden.

Es geht also einerseits um eine Digitalisierung von Inhalten und der Didaktik in der universitären Lehre und andererseits darum, das Digitale als selbstverständliche Dimension des Menschseins zu verstehen und gerade in der Theologie zu reflektieren und diese weiterzuentwickeln. Wir möchten Sie ermutigen: Probieren Sie es doch einfach aus! Denken Sie neu! Verstehen Sie Ihre Veranstaltungen auch als Denkfabriken und Versuchsräume für die Reflexion des Digitalen in der Theologie und bedenken Sie alle Möglichkeiten bei der Aufbereitung Ihrer Lerninhalte und Veranstaltungsformate. Wir Student*innen wünschen uns theologische Reflexionen der Digitalität und ihre Umsetzung in die Praxis.

Digitale Transformation in der Wissenschaft – Beobachtungen aus Forschung und Lehre

Andree Burke und Ludger Hiepel

Man stelle sich einmal Folgendes vor: Die Corona-Pandemie greift um sich, die Unis im Präsenzbetrieb müssen schließen – und *zusätzlich* bräche das Internet dauerhaft zusammen. Was würde den Forschenden und Lehrenden fehlen?

Ein kleines Gedankenexperiment, das unmittelbar in unseren Beitrag hineinkatapultiert. Es zeigt nämlich, wie essentiell – ja geradezu unverzichtbar – das Internet für den Universitätsbetrieb geworden ist. Ohne Videokonferenzen, E-Mail, E-Learning-Plattformen, Datenbanken oder Cloud-Speicher können Wissenschaftler*innen von heute nur noch stark eingeschränkt arbeiten. Wir wollen daher beschreiben, inwiefern ein Theologiestudium auf neue Aufbrüche angesichts des digitalen Wandels in der Wissenschaft reagieren muss. Hierzu nehmen wir uns vor, die universitäre theologische Wissenschaft als Lebenswelt aus der Praxis zu markieren, in der Digitalisierung und Digitalität virulent sind. Es geht unter Rückgriff auf einige prägnante Beispielkontexte darum, die Frage zu beantworten, welche Bedarfe notwendigerweise zu erfüllen sind, um Studierende – die akademischen Lehrer*innen und Wissenschaftler*innen von Morgen – auf die Zukunft vorzubereiten. Dabei ist natürlich nicht ausgeschlossen, dass qualifizierende Kompetenzen für diese Berufsfelder nicht auch Relevanz in anderen Tätigkeitsbereichen haben können.

Wie auch die anderen Beiträge der „Eingabe" kann auch hier die Lebenswelt nicht durch empirisch valide Forschungsergebnisse insgesamt analysiert, sondern lediglich ein partieller Eindruck davon vermittelt werden, wie digitale Transformationen im Wissenschaftsbetrieb, dargestellt an einer bestimmten konkreten Situation, wirken. Deshalb halten als orientierender Referenzrahmen für diesen Beitrag die Ergebnisse einer Versammlung von Fakultätsmitgliedern aller Statusgruppen zum Thema „Digitalität" im Mai 2019[1] an der Katholisch-

1 Die einmal im Semester stattfindende Fakultätsversammlung, zu der alle Mitglieder des Fachbereichs eingeladen sind, bietet ein Forum und gibt die Möglichkeit, um über Fach- und Statusgruppengrenzen hinweg ins Gespräch zu kommen. Von der Vorbereitungsgruppe – Gerhild Benölken, Monika Epping, Reinhard Hoeps, Sebastian Kiefl, Marcel Render und Ludger Hiepel – wurden zwei Themenräume konzipiert und mit digitaler Technik ausgestattet: Der Themenraum Arbeitswelt blickte auf den digitalen Alltag in allen Statusgruppen: „Was gibt es schon? Was brauchen wir noch? Was wäre ein Gewinn und was ein Alptraum?". Im zweiten Themenraum, dem *CyperTheoLab*, ging es um Visionen für

Theologischen Fakultät in Münster her. Darüber hinaus werden Beispiele aus dem wissenschaftlichen Nahbereich der Verfasser zur Veranschaulichung hinzugezogen.

Digitalisierung in der Forschungsarbeit

Der Einsatz digitaler Methoden und Technologien in der Hochschule nimmt zu: Die sogenannten *Digital Humanities* etablieren sich und werden immer populärer. Einige konkrete Beispiele mögen dies veranschaulichen und zugleich die Vorteile digitaler Forschungsprojekte und Technologien hervorheben.

So konstatiert Hubert Wolf, Professor für Mittlere und Neuere Kirchengeschichte, angesichts eigener digitaler Forschungs- und Datenbankprojekte[2]: „Ich wäre als Kirchenhistoriker im Grunde genommen gar nicht denkbar ohne die Digitalisierung.“[3] So führt er vor Augen, dass mit den vorliegenden digitalen Editionen bereits Studierende in ihrem Studium mit bestimmten Schlagwortsuchen Themen in Hausarbeiten bearbeitet können, für die sonst eine lange Zeit im Archiv nötig wäre oder an denen ein*e Promovierende*r längere Zeit gearbeitet hätte: „Nehmen Sie mal an, Sie müssten einen Corpus von 25.000 Dokumenten, mal durchschnittlich vier Seiten, das sind 100.000 Seiten, durchsuchen“[4]. Mit Fertigstellung und Publikation der digitalen Edition können große Corpora nun effizient durchsucht und ausgewertet werden. Nicht jede*r Forschende fängt wieder bei der händischen Durchsicht der Archivalien an, sondern kann auf Grundlage der Digitalisierung weitergehende Fragestellungen bearbeiten und das Material tiefergehend auswerten.

Digitale Technik steigert aber, wie hier beschrieben, nicht nur die Effizienz der Forschung sondern kann auch zu einem gesteigerten Wissenstransfer in die

---

eine digitale Theologie von Morgen. In der Atmosphäre eines Laboratoriums stand hier ein kreatives Ideamining im Mittelpunkt.

2 Dazu zählen:„Kritische Online-Edition der Nuntiaturberichte Eugenio Pacellis (1917–1929)“ online unter: http://www.pacelli-edition.de/index.html (Stand: 12.06.2020) und „Kritische Online-Edition der Tagebücher Michael Kardinal von Faulhabers (1911–1952)“ online unter: https://www.faulhaber-edition.de/index.html (Stand: 12.06.2020).

3 WWU Münster: Digitalisierung@WWU; ein Gespräch mit Hubert Wolf und dem Leiter der Pressestelle der WWU, Norbert Robers, vom 29.06.2018 im Rahmen der Reihe „Digitalisierung@WWU“. Das Video wurde auch auf besagter Fakultätsversammlung (vgl. Fn 1) gezeigt.

4 WWU Münster: Digitalisierung@WWU.

Öffentlichkeit[5], zur Erschließung sonst unzugänglicher Räume[6], aber auch zu neuen Zugangswegen[7] sowie zur Öffnung von Foren wissenschaftlichen Austauschs bzw. zur Entwicklung thematischer Cluster[8] beitragen. Dies sind keine isolierten Ziele, sondern alle genannten Projekte erzielen einige jener Effekte in unterschiedlicher Gewichtung.

Bemerkenswert dabei ist, dass diese Projekte als solche zwar auch in die Lehre eingebunden werden, die dahinterliegende Technik dagegen aber kaum thematisiert wird. Wo das geschieht, tritt ein Technikbegriff zu Tage, der primär von seiner Funktionalität und Ergebnisausgabe her verstanden wird. Das muss nicht in jedem Fall ein Problem sein, kann in Einzelfällen aber Ergebnisse verunklaren. Wenn beispielsweise eine Schlagwortsuche und eine Volltextsuche nicht voneinander unterschieden werden können, könnten verschlagwortete Ergebnisse für die Grundgesamtheit aller möglichen Ergebnisse gehalten werden. Hierzu braucht es ein informatisches bzw. technisches Basiswissen und ein Interesse an den Prämissen getroffener Vorentscheidungen.

Positive Erfahrungen mit den Effekten von Digitalisierung in der Forschungsarbeit befördern den Ausbau von Netzwerken und insofern einen Kulturwandel durch Digitalisierung, der getragen wird von Austausch, Kritik sowie Etablierung und Nachahmung von Best Practice. Dazu allerdings ist es notwendig, dass sich erstens Akteure im Wissenschaftsbetrieb vertrauensvoll auf Open-Source-Projekte einlassen können und zweitens Institutionen sich bereit zeigen, finanzielle Investitionen in Lizenzen und Programme vorzunehmen.

---

5 Vgl. z. B. www.klaus-hemmerle.de (Stand: 12.06.2020), eine Website, die einen großen Teil des Nachlasses des Theologen und Bischofs Klaus Hemmerle (1929–1994), neben Monografien und Aufsätzen auch Briefe, Bilder und Gedichte, einer breiteren Öffentlichkeit zugänglich macht.

6 Vgl. z. B. http://www.juedischer-friedhof-muenster.de (Stand: 12.06.2020). Die Internetseite dokumentiert den sonst aus verschiedenen Gründen nicht öffentlich zugänglichen Ort für eine breite Öffentlichkeit, ist doch der jüdische Friedhof an der Einsteinstraße in Münster ein zentraler Ort jüdischer Geschichte und jüdischer Präsenz in der Stadt Münster sowie für die Region des Münsterlandes und weit darüber hinaus.

7 Vgl. z. B. die Digitalisierung der Theologischen Revue: „Die Theologische Revue erscheint seit 2020 monatlich als Open-Access-Ausgabe und alle zwei Monate als Print-Ausgabe im Verlag Aschendorff. Jede angenommene Rezension wird online veröffentlicht." (Theologischen Revue: Historie.)

8 Vgl. z. B. den Verein bildtheologie e.V. mit dem öffentlichkeitswirksam digitalen Projekt www.bildtheologie.de. Die vier Projektinitiator*innen wollen damit u. a. die internationalen Vernetzung von Wissenschaftler*innen befördern, die auf dem Gebiet der Bildtheologie – jene theologische Disziplin, die sich der bildenden Kunst als Medium der Rede von Gott und als Quelle theologischer Erkenntnis widmet – agieren. Zur Idee und den damit verbundenen Herausforderungen vgl. unter https://bildtheologie.de/idee/ (Stand: 12.06.2020).

Das ‚mysteriöse Smartboard': Missverständnisse des digitalen Lehr-Lernsettings

Wie benutzt man eigentlich ein Smartboard?[9] Man kann auf der einen Seite die staubige Kreide durch einen digitalfähigen Stift ersetzen und damit darauf verzichten dürfen, sich am Ende der Seminareinheit die Hände waschen und eine Tafel putzen zu müssen. Das ist schon etwas wert. Wenn man dabei aber zugleich verstohlenen Blickes auf jene mysteriösen Knöpfe und Tasten schielt, die da außerdem zu finden sind, mag man bereits irritiert worden sein: Das Gerät kann mehr. Denn andererseits ist es mit einem Smartboard auch möglich, einen voll ausgestatteten digitalen Klassenraum in den analogen Seminarkontext zu integrieren. Zum Beispiel können verschiedenste multimediale Elemente den Lehr-Lern-Prozess unterstützen: Anders als in einer vorgefertigten Beamer-Präsentation sind hier verschiedene Wege möglich, die prozess- und problemorientiertes Lehren und Lernen möglich machen (im Sprachunterricht können an einem projizierten Text bspw. Wörter farblich markiert oder bestimmt werden). Es können gamifizierte Elemente (wie z. B. ein aktivierendes Quiz am Board) oder Abstimmungstools zur Beteiligung der Teilnehmenden und Überprüfung des Lernstandes integriert werden.

Ob diese Elemente im Lehr-Lern-Kontext sinnvoll eingesetzt werden können, ist damit nicht entschieden. Das Beispiel der Smartboards steht aber gerade deshalb im Kleinen für eine strategische (und insofern auch finanzielle) Herausforderung durch (vermeintliche) Digitalisierungsprozesse. Wo ein Smartboard wie eine Tafel verwendet wird, steigt zwar der Stromverbrauch, aber wahrscheinlich deshalb nicht der Lerngewinn. Daher muss eine strategische Entscheidung für die Anschaffung und den Einsatz entsprechender Möglichkeiten sowohl durch eine Rückversicherung eines zielführenden Einsatzes unter Lehrenden flankiert sein, wie auch von entsprechenden Schulungs- und Fortbildungsmaßnahmen.

Ein ähnliches Phänomen zeigt sich auch in der Verwendung von Lernplattformen, wenn sich der digitale Kursraum im Wesentlichen als Handapparat für PDF-Dateien entpuppt und viele Funktionen ungenutzt und unbeachtet bleiben. Für sich genommen ist das kein Problem und es schont vielleicht sogar das Buch, das nicht mehrmals von seinen Nutzer*innen kopiert wird. Ein digitaler Kompetenzerwerb wird hier aber noch nicht initiiert. Dabei erscheint dieser wesentlich, wenn auch mit digitalen Technologien theologische Themen bearbeitet

---

9 Umgangssprachliche wird das Smartboard nach der Bezeichnung eines führenden Anbieters auch ‚ActiveBoard' oder interaktives Whiteboard genannt. Der Duden kennt nur das ‚Smartboard' als „(an einen Computer angeschlossene) elektronische Wandtafel, auf der, ähnlich wie bei einem Touchscreen, Texte und Bilder sowohl angezeigt als auch eingegeben werden können".

werden sollen. Dazu wäre es wichtig, dass eine Einarbeitung und eine Einführung in die für theologische Forschung relevanten Technologien und Methoden bereits im Theologiestudium stattfindet. Auf Lernplattformen können diese eingebunden werden. In Moodlekursen können Lernende beispielsweise technische Grundkenntnisse und zugleich theologisches Wissen erwerben, indem sie Wikis (gebündelte, gemeinsam erstellte Sammlung verlinkter Informationen) erstellen. Wenn theologisches Wissen in Zukunft relevant bleiben soll, muss es auch in solchen Formen abrufbar sein. Der Erstzugriff auf Wissen erfolgt heute nämlich vielfach über das größte Wiki: Wikipedia. Es fragt sich nur, ob theologische Denker*innen sich hieran beteiligen wollen (bzw. können!) oder eben nicht.

Deshalb wäre es für die Ausbildung des theologischen Nachwuchs wünschenswert, wenn auch eine weitergehende Einführung in die bereits vielfach zugrunde liegenden Technologien und Datenformate erfolgt. Für die digitale Edition zeichnet sich auf Grundlage von XML und den Vorgaben der TEI[10] ein Standard ab. Wenn neben den theologischen Inhalten auch ein Verständnis dieser Zusammenhänge vermittelt wird, können sich neue Forschungsfragen und Projekte entwickeln, in denen der wissenschaftliche Nachwuchs selbst aktiv werden kann. Diesem Wunsch steht allerdings die Beobachtung gegenüber, dass zum Teil basale EDV-Kenntnisse (wie beispielsweise zum Erstellen eines automatisierten Inhaltsverzeichnisses nötig) fehlen. In solchen Fällen zeigt sich der Bedarf, zunächst ein schulisches Defizit aufzuarbeiten.

Bedarfsanzeige

Es gäbe weitere Beobachtungen, die an dieser Stelle dargestellt werden könnten, aber aus diesen lassen sich bereits einige zentrale Bedarfe bündeln:

- *Ausstattung*: Digitalisierung braucht Hardware und Software und deshalb Expertise dafür, was sinnvolle Investitionen sind. Sie muss etwas kosten dürfen und sollte auf der anderen Seite weder zu Ausgrenzungen (bspw. wenn nur auf teure private Geräte zurückgegriffen wird, deren Anschaffung sich nicht jede*r leisten kann) noch zu aktionistischen Investitionen führen.
- *Schulung und Implementierung*: Die Investitionen sind nur dann sinnvoll, wenn es eine Einführung und Schulung gibt. Nur wenn digitale Lehre und Forschungsmethoden planvoll implementiert werden, kann ein Kompetenzerwerb gelingen. Dies führt angesichts der knappen Ressource Zeit auch zu der Frage, wie das Verhältnis von Fachstunden zu nötiger technischer Schulung beschrieben wird.

---

10 Die Text Encoding Initiative ist eine 1987 gegründete Organisation und ein gleichnamiges Dokumentenformat zur Kodierung und zum Austausch von Texten, das diese entwickelt hat und weiterentwickelt. Siehe unter: https://tei-c.org/ (Stand: 12.06.2020).

- *Selbstverständlichkeit*: Mit Digitalität umzugehen, muss selbstverständlich sein. Der Theologie entgeht einerseits eine alltägliche Lebenswirklichkeit, wenn sie in ausschließlich analogen Räumen zurückbleibt. Andererseits verliert sie den Anschluss in der Wissenschaftskommunikation: Wer soll sie für relevant befinden können, wenn sie nicht im Alltäglich-Digitalen auftaucht?

Zum Schluss darf nicht unerwähnt bleiben, dass Digitalisierung neben manchem schon Genannten weitere positive Effekte hervorrufen kann. Gut geplant können Lehre und Forschung durch digitale Gestaltung einfacher zugänglich, besser verfügbar und anpassungsfähiger, also: inklusiver, werden. Schon für dieses Ziel lohnt es sich, theologische Lehre und Forschung angesichts digitaler Transformationen neu zu bedenken.

Literatur

THEOLOGISCHEN REVUE: Historie. Online unter: http://www.theologische-revue.de/ (Stand: 20.04.2020).

WWU MÜNSTER: Digitalisierung@WWU: Im Gespräch mit Kirchenhistoriker Prof. Dr. Hubert Wolf. Online unter: https://www.uni-muenster.de/news/view.php?cmdid=9678 (Stand: 20.04.2020).

Unsere Wahrnehmung von „Kirche" im Netz. Eine Synopse von Selbstbeobachtungen

Katharina Klaholz und Anne Schmidt

Im Nachgang der Münsteraner Fachgespräche wurden wir eingeladen, eine bestimmte Perspektive auf Wahrnehmungen von „Kirche" im Netz auszuformulieren bzw. im Sinne der Einteilung dieses Sammelbandes „einzugeben". Dem vorliegenden Beitrag liegt die gemeinsame Gestaltung eines Expositions-Raumes im Rahmen der Fachtagung zugrunde.

Was dabei „Kirche" und was „Netz" bedeutet, ist im Letzten nicht klar abgrenzbar. Unsere Beobachtung zeigt zum Beispiel: Es ist gar nicht so einfach zu unterscheiden, was tatsächlich kirchliche Angebote im Netz sind und wann *über* Kirche berichtet wird. Ebenso zeigt sie, dass das „Netz" eine schier unüberschaubare Vielfalt an digitalen Räumen bietet bzw. sich auf eine Vielzahl an Lebensbereichen erstreckt – und sich nicht nur im Browser zeigt. Das „Netz" ist Teil fast aller Lebensbereiche. Eine Trennung von Digitalem und Analogem wird zunehmend schwierig.

In diesem Beitrag verstehen wir unter dem „Netz" Angebote, die uns über digitale Endgeräte zur Verfügung stehen. Unter (katholischer) „Kirche" verstehen wir eine „komplexe Wirklichkeit" (LG 8), die sich in einem institutionellen Sinne als Mitgliederorganisation und in einem geistlichen Sinne als überzeitliche empfangende Gemeinschaft zeigt.

Der Ansatz zu diesem Beitrag bestand in der Ausformulierung von Selbstbeobachtungen, die wir in ihrer Synopse besprochen haben, um Muster erkennen zu können.[1] Relevanz und Wirkung jener digitalen Umfelder werden dargestellt, in denen kirchliches Handeln und Auftreten identifizierbar wird. Dies geschieht unabhängig davon, ob es um intendiertes Auftreten oder Handeln geht im (zugegebenermaßen engen) Bereich einer recht homogenen Rezipient*innengruppe. Oder um es kurz zu sagen: Wir wollen mittels eines auf Basis von je eigenständig verfassten mehrwöchigen Selbstbeobachtungen in der Form eines Self-Reports[2] zum Ausdruck bringen, wie Kirche im Netz auf uns wirkt – auf uns als unter-30-jährige (angehende) Theolog*innen, zu deren Alltag das Netz auf unterschiedliche Weise gehört.

---

[1] Um die Perspektive zu erweitern, geschah dies im Austausch mit Andree Burke.

[2] Ein Self-Report ist eine empirische Forschungsmethode, die sich darauf bezieht, jemanden nach seinen Gefühlen, Einstellungen und Wahrnehmungen zu fragen. Beispiele dafür sind Fragebögen oder Interviews. An dieser Methode haben wir unser Vorgehen grob orientiert. Vgl. JUPP: The Sage dictionary.

Nach der Zusammenschau der Selbstbeobachtungen lassen sich aus unserer Sicht drei Kategorien ausmachen, denen wir kirchliches Auftreten im Netz zuordnen. Wir nennen sie Information, Prosuming und Nützliche Dienste. Mit Information meinen wir solche Angebote im Netz, die wir im Sinne einseitiger Kommunikation nutzen, um über Sachverhalte in Kenntnis gesetzt zu sein. Demgegenüber beschreibt der Begriff Prosuming[3] von uns beobachtete Angebote, durch die Nutzer*innen in wechselseitiger Kommunikation stehen und eine institutionell oder organisational verfasste Einrichtung unter Umständen in die direkte Kommunikation involviert ist. Nützliche Dienste erleichtern uns das Leben im Alltag, weil sie beispielsweise Zeit sparen oder Zugänge zu Inhalten erleichtern. Hierzu werden wir im weiteren Verlauf Leerstellen anzeigen. Diese Zuordnungen lassen sich nicht scharf voneinander abgrenzen, sondern stehen jeweils in Interaktion. Wir nutzen sie dennoch, um dadurch Übersichtlichkeit herzustellen.

1. Information

Wir abonnieren keine Bistumszeitung oder ähnliche kirchliche Zeitschriften. Vielmehr informieren wir uns über digital zugängliche Formen von regionalen und überregionalen Informationsportalen mobil, unkompliziert und nahezu in Echtzeit. In unserem Nutzungsverhalten kommen Plattformen wie Bistumswebsites, Pfarreihomepages und Informationsplattformen übergeordneter Organisationseinheiten wie beispielsweise der Deutschen Bischofskonferenz vor. Dort finden sich einerseits hochmoderne Homepages im benutzerfreundlichen und ansprechenden Design, die in unserer Wahrnehmung von den eher größeren Einrichtungen betrieben werden. Andererseits lösen Homepages mit nicht zeitgemäßem Webdesign und veraltetem Content bei uns Befremden aus; ein Problem, das uns vor allem bei kleineren, eher lokalen Einrichtungen und Organisationen begegnet. Nicht selten wirkt sich die mangelnde Datenpflege auch auf die konkrete Auffindbarkeit von kirchlichen Angeboten aus. Das bezieht sich nicht ausschließlich auf die auf den jeweiligen Homepages zu findenden Informationen. Denn wir nutzen primär Suchmaschinen und deren funktionales Repertoire, um Veranstaltungen und Angebote zu finden. So sind beispielsweise Gottesdienste nur in seltenen Fällen direkt über eine solche Suche zu finden. Häufig ist eine komplizierte Recherche über die Homepages von Pfarreien oder den jeweils anbietenden Einrichtungen nötig.

[3] Der Prosumer ist Konsument und zugleich Produzent von kommunikativen Inhalten.

Wir informieren uns im ersten Zugriff in der Regel auf katholisch.de über kirchliche und kirchenpolitische Entwicklungen. Praktisch bündeln sich dort relevante Informationen über kirchliche Themen. Weniger milieuspezifisch wird in allgemeinen Nachrichtenportalen über die Katholische Kirche berichtet. Uns überrascht zum Beispiel (positiv), dass zu kirchlichen Hochfesten in vielen größeren Nachrichtenportalen eine den Zugang eröffnende Berichterstattung über den Charakter jener Feste erfolgt. Auch auf diese Weise wird die Kirche zum Gegenstand der Netzkommunikation erhoben und eine Wirklichkeit von Verkündigung geschaffen, die sich jenseitig einer selbst kontrollierten Kommunikation zeigt.

Es gibt in unserer Wahrnehmung zwei Seiten dieser Art von Kommunikation. Zum einen selbst gesteuerte Information und zum anderen die Information über die Kirche. Das wird mit Blick auf die Kirche besonders gut sichtbar im Entertainment-Sektor. Zu diesem zählen in unserem Alltag beispielsweise Podcasts, Videos und Filme, in denen jeweils Kirche produzierende Akteurin oder aber Gegenstand der Produktion ist. Wir nehmen eine Spannung in dieser Unterschiedlichkeit wahr. Während auf der einen Seite kirchlich organisierte Angebote wie der „Tagessegen“[4] oder „Valerie und der Priester“[5] stehen, die wir eher als Versuch einer Mitgliederbetreuung, -bindung oder -gewinnung im Netz betrachten, erzeugen auf der anderen Seite Netflix-Produktionen wie zum Beispiel „Die Zwei Päpste“ eine andere Resonanz. Einig sind wir Selbst-Beobachtenden uns darüber, dass das außerkirchliche Angebot größeres Interesse, größere Faszination erzeugt.

2. Prosuming und dialogische Kommunikation

Wir sind in unserem eigenen Netznutzungsverhalten eher stille Rezipientinnen. Im Gespräch darüber stellten wir fest, dass eine in unseren Augen teilweise oberflächlich geführte und milieuspezifische öffentliche Kommunikation eher hemmende Wirkung auf unsere aktive Beteiligung hat, beobachten aber, dass Debatten geführt werden.

Kanäle wie Twitter, Instagram, Facebook oder auch Blogs bieten Freiräume, in denen Sachverhalte jenseits von Konventionen und Deutungshoheiten meinungsstark, vielfältig und mitunter kontrovers diskutiert werden können. Die Plattformen ermöglichen auf diese Weise flache Hierarchien, die in gewisser Weise jeden relevanten Diskurs automatisch demokratisieren.

---

4 Vgl. KATHOLISCH.DE: Tagessegen.

5 Vgl. ZENTRUM FÜR BERUFUNGSPASTORAL: Valerie und der Priester.

Das bedeutet, dass die Frage nach der Relevanz an erster Stelle steht. Relevant in diesem Sinne wird etwas nicht dadurch, dass es von einem Account gepostet wird, sondern dadurch, dass es anschließend geteilt und kommentiert wird bzw. in der Timeline der jeweiligen User auftaucht.[6]

Nicht zu vergessen sind im Bereich der dialogischen Kommunikation Online-Seelsorge-Angebote. Ratsuchende finden Gehör in verschiedenen kirchlichen Angeboten einer anonymen Chat- oder Mail-Seelsorge[7]. Hier kommt eine lebensbejahende kirchliche Haltung, der Lebenswirklichkeit von Menschen nahe, zum Ausdruck. An dieser Stelle tritt die Bedeutung digitaler Beziehungsarbeit offen zu Tage. Es geht dabei weniger darum, christlichen Content zu generieren als vielmehr darum, mit Menschen ins Gespräch zu kommen.

3. Dienste

Mit dem Bereich des zuletzt Genannten bewegen wir uns schon im Bereich kirchlicher Dienste im Netz. Wir greifen selbst im Alltag auf ein breit gefächertes Spektrum an Diensten von und zur Kirche zurück. Sowohl für unser Bedürfnis nach spirituellem Leben als auch für theologische Auseinandersetzung finden wir Angebote, die wir regelmäßig nutzen.

Digitale Stundenbücher[8] oder Impulstexte[9] stellen ein flexibel nutzbares Angebot dar, um in einem sehr mobilen Leben den Alltag spirituell akzentuieren zu können. So können wir im Zug, in der Pause am Arbeitsplatz oder auf Reisen die Tagesliturgie integrieren und empfinden dies als anregend und unterstützend. Dass die digitale Form in Verbindung mit elektrischen Geräten dabei unser Bedürfnis nach Kontemplation ohne Ablenkung nicht immer vollständig adressiert, nehmen wir allerdings gleichzeitig wahr. Dennoch fällt uns auf, dass wir nicht abgeneigt sind, die ein- oder andere kurze Predigt im Sinne eines geistlichen Impulses im Text- wie im Videoformat zu verfolgen, auch wenn wir uns nicht direkt zur Zielgruppe von online-Übertragungen von Liturgiefeiern zählen würden.

Als theologisch Interessierte sind wir besonders für digitale Literaturangebote dankbar. Eine Plattform wie www.bibelwissenschaft.de, die von einer kirchlichen Stiftung betrieben wird, nutzen wir im Rahmen der theologischen Textarbeit regelmäßig, auch weil sie für uns Seriosität vermittelt. Dies ist ein Beispiel

---

6 Vgl. den Beitrag von Wode in diesem Band.

7 Vgl. z. B. katholisch.de: Internetseelsorge.

8 Vgl. z. B. Maria-Laach: Te-Deum-heute; Katholischer Pressebund e.V.: Das digitale Stundenbuch.

9 Wir denken hier an Messenger-Impulse, Adventskalender, Fastenimpulse, die Texte vom Tag online etc.

für eine echte Alltagserleichterung durch kirchlich verantwortete digitale Angebote.

4. Leerstellen

Schließlich fällt uns auf, dass es in unserem alltäglichen Netznutzungsverhalten Bereiche gibt, in denen wir nicht auf kirchliche Angebote stoßen, beispielsweise bei Mobilität oder Arbeitsorganisation mag dies in der Natur der Sache liegen.

Und auch im Hinblick auf *Spiele* wäre zu vermuten, hier keine explizit kirchlichen Angebote zu erwarten. Bezogen darauf halten wir fest, dass wir zwar hier und da mit dem Smartphone[10] daddeln, allerdings ohne jeden explizit religiösen oder kirchlichen Bezug. Gleichzeitig wissen wir aber von Follow JC go[11], der vom Vatikan unterstützten Nachahmung von Pokemon go, bei der anstelle von Monstern Heilige gesucht werden. Eine Nutzung solchen Angebots käme für uns nicht in Frage, einerseits weil wir uns nicht als Zielgruppe angesprochen fühlen, andererseits aber auch, weil schon das Angebot einer solchen App wie die Gamification von Lerninhalten wirkt, die unser Interesse nicht weckt.

Eine echte Leerstelle begegnet uns dort, wo wir unsere Freizeit planen. Unser geteilter Eindruck: Nur vereinzelt kann man sich zur Teilnahme an kirchlichen Angeboten via Plattformen im Netz motivieren lassen. Was oft fehlt, sind entsprechende Einträge in öffentlich einsehbare Terminplaner oder Eventapps. Uns ist bewusst, dass viele Angebote über Pfarrei- oder Bistumshomepages auffindbar sind. Aber diese nutzen wir nicht, wenn wir uns (oftmals kurzfristig) fragen, womit wir einen freien Samstag füllen wollen. So sind Ausstellungen, Konzerte, Stadtführungen, Flohmärkte oder Diskussionsveranstaltungen schlicht präsenter als Auszeit-Angebote, Gottesdienste, diakonische Mitmachaktionen oder kirchliche Begegnungsangebote. Aus dieser Beobachtung ergibt sich unmittelbar die Herausforderung, ein Wording zu erfinden, das sich nicht quer zur Sprache jener Portale verhält. Andernfalls erschiene die Kirche nicht als ernstzunehmender Player auf dem Markt der Möglichkeiten, sondern wirkte wie eine Exotin.

---

10 Vgl. den Beitrag von ZIRPEL in diesem Band.

11 Siehe hierzu: https://follow-jc-go.de.softonic.com/ (Stand: 28.03.2020).

5. Fazit

Kirchliche Themen sind im Netz längst auffindbar: Gott, der Glaube, Menschliches. Diese Themen und ihre Diskurse sind dynamische Narrative und auf dieser Kommunikationsebene nicht steuerbar. Am Ende unserer Beobachtungen steht die Frage, welche Rolle die kirchlichen Akteure im Netz einnehmen wollen. Es ist nicht unser Anspruch, hierauf Antworten zu finden. Es ergeben sich jedoch zwei Wahrnehmungslinien: Zum einen löst es bei uns Widerstände aus, wenn kirchliche Akteure versuchen, den Takt anzugeben, Diskurse zu lenken und sie sich quasi quer zur Netzlogik stellen oder dort lediglich die eigene Kommunikation einseitig kanalisieren. Wir erleben das Netz insgesamt als einen Freiraum, demgegenüber jegliche digitale Ghettoisierung zu einer allgemeinen Relevanzminderung führt. Die kirchliche Sendung zur Mitwirkung an der Verkündigung einer lebensbejahenden frohen Botschaft halten wir für zu wichtig, um sie lediglich in milieuspezifischen Teilbereichen der Netzcommunity ins Gespräch zu bringen. Zum anderen nehmen wir kirchliche Interaktionsformen und Dienste als attraktiv, im Alltag nützlich sowie als verlässliche Angebote wahr, von denen wir gerne Gebrauch machen. Das gelingt besonders dann, wenn kirchliche Akteure nicht primär selbst den Takt anzugeben versuchen, sondern stattdessen die Timeline der Menschen aufgreifen.

Unsere Eingabe zu diesem Sammelband kann deshalb ein Impuls zur Wahrnehmung jener Spannung sein. Damit stellt sich für uns die Frage: Wie trägt ein Theologiestudium dazu bei, Menschen dazu zu befähigen, sich souverän in der Weite des Netzes zu bewegen und sich nicht in ein verengtes Milieu zurückzuziehen?

Literatur

Jupp, Victor: The Sage dictionary of social research methods. London u. a. 2006.

Katholisch.de: Internetseelsorge. Online unter: https://www.katholisch.de/beratung/internetseelsorge (Stand: 28.03.2020).

Katholisch.de: Tagessegen. Online unter: https://fernsehen.katholisch.de/tagessegen (Stand: 28.03.2020).

Katholischer Pressebund e.V.: Das digitale Stundenbuch. Online unter: https://www.stundengebet.de (Stand: 28.03.2020).

Maria-Lach: Te-Deum. Online unter: https://www.maria-laach.de/te-deum-heute (Stand: 28.03.2020).

Rahner, Karl/Vorgrimmler, Herbert: Kleines Konzilskompendium. Freiburg i. Br. 35 2008.

Softonic: Follow JC Go APK. Online unter: https://follow-jc-go.de.softonic.com/ (Stand: 28.03.2020).

Zentrum für Berufungspastoral: Valerie und der Priester. Online unter: https://valerieundderpriester.de (Stand: 28.03.2020).

Lebenswelt Social Media

Christian Wode

Zahlreiche Plattformen, nahezu unbegrenzte Möglichkeiten: Auf der ganzen Welt nutzen Millionen Menschen diverse Social-Media-Plattformen, um Informationen, Erfahrungen, Sichtweisen und Empfehlungen auszutauschen, diese zu kommentieren oder zu teilen. Texte, Videos und Fotos, sprich: Medieninhalte jeglicher Art, werden dabei von den Nutzer*innen selbst erstellt und veröffentlicht.[1]

Die Nutzer- und Aktivitätszahlen sind überwältigend: Instagram hatte im Jahr 2011 bereits mehr als 100 Millionen Fotos auf der Plattform. Heute versammelt Instagram 500 Millionen aktive Nutzer, die täglich mehr als 95 Millionen neue Fotos posten. Weltweit sehen sich jeden Tag etwa 250 Millionen Menschen die Insta-Stories an. In Deutschland sind es etwa 17 Millionen aktive Nutzer. Oder Facebook: Mit mehr als 1,9 Milliarden aktiven Nutzer*innen weltweit ist es noch immer die größte Plattform.[2]

Facebook, Twitter und Co. beeinflussen maßgeblich die Meinungsbildungsprozesse vieler Menschen und üben damit Einfluss auf Entscheidungen aus. Laut der MedienGewichtungsStudie[3] der Medienanstalten ist das Internet auf Platz eins aller Informationsquellen – noch vor dem Fernsehen. Die relevantesten Plattformen und Dienste, die täglich von den Menschen in Deutschland genutzt werden, sind WhatsApp mit 63 Prozent, Facebook mit 21 Prozent und Instagram mit 13 Prozent.[4] Und eine weitere Zahl ist beeindruckend: Laut PWC-Studie zum Thema „Vertrauen in Medien" informieren sich 47 Prozent der Social-Media-Nutzer über die Kanäle von Influencer*innen („Meinungsbildnern") über aktuelle Themen.[5] Social-Media-Plattformen sind somit als Quelle für die eigene Meinungsbildung und die Beschaffung von Informationen und aus dem Alltag nicht mehr wegzudenken.

---

1 Hinweis: Dieser Text gibt die Beobachtungen und persönlichen Sichtweisen des Autors wieder. Der Autor ist 35 Jahre alt, Diplomtheologe, macht „was mit Medien" und Kommunikation für die Kirche. Genauer gesagt: Er arbeitet in der Verwaltung des Erzbistums Hamburg, das für 400.000 Katholiken im Norden zuständig ist, und verantwortet hier die Bereiche „Social Media" sowie „Interne Kommunikation". Das Verpacken der Frohen Botschaft in immer wieder neue Formen und Formate ist seine tägliche Herausforderung.

2 Vgl. ALLFACBOOK: Social Media für Unternehmen.

3 Vgl. DIE MEDIENANSTALTEN: Mediengewichtungsstudie2019-II.

4 Vgl. ARD, ZDF: Onlinestudie 2019.

5 Vgl. PWC: Vertrauen in Medien 2018, 8.

Als weitere Entwicklung – speziell bei Facebook – ist seit einiger Zeit zu beobachten, was Fachleute als „großen digitalen Rückzug ins Private“ beschreiben. Hat man sich früher noch bei Facebook angemeldet, um vor allem eigene Informationen zu bestimmten Themen weiterzugeben, beschränkt sich die aktive Nutzung von Facebook heute immer mehr auf das Mitlesen oder Kommentieren von Beiträgen größerer Seiten von Institutionen, Marken, Promis oder Politikern. Selbstdarstellung und Selbstvermarktung finden eher bei Instagram, Snapchat oder TikTok statt. Durch den Vormarsch der Messenger wie WhatsApp und Facebook Messenger entstehen immer mehr kleine private soziale Netzwerke, die nicht mehr von außen einsehbar sind. Im Facebook-Netzwerk geht es sogar so weit, dass die von Facebook betriebenen Messaging-Dienste künftig alle miteinander kommunizieren sollen – das Ziel: eine Netzwerk-übergreifende Kommunikation.

Relevanz von Social Media für Bistümer, Gemeinden und Einrichtungen

Bischöfe und Generalvikare twittern oder posten ihre Predigten auf Facebook, der Kirchenchor organisiert seine Proben über WhatsApp, die Messdiener- oder Jugendgruppe postet Fotos und Videos von der Sommerfreizeit oder von Ausflügen auf Instagram – die Verwendung digitaler Kommunikationsmittel kommt in verschiedenen Bereichen kirchlicher Kommunikation in den vergangenen Jahren immer stärker zum Ausdruck.

Das Erzbistum Hamburg ist unter dem Slogan „Katholisch im Norden“ in den sozialen Netzwerken Facebook, Twitter und Instagram vertreten und hat einen eigenen YouTube-Kanal, für den immer wieder neue Formate entwickelt und ausprobiert werden. Hinzu kommt der Messenger-Service von Erzbischof Dr. Stefan Heße, der seine Videobotschaften und Impulse regelmäßig über Notify (für WhatsApp), Telegram, Threema und per SMS an seine Abonnenten verschickt.[6]

Die meiste Zeit fließt in die Betreuung der eigenen Facebook-Seite. Die Seite versammelt aktuell 13.418 Fans und belegt damit im bistumsweiten Vergleich einen der vorderen Plätze. In Zukunft soll der Fokus noch stärker auf Storyformate gelegt werden – vor allem bei Instagram, wo das Erzbistum aktuell 2.957 Abonnenten hat. Damit Trends und Neuheiten rechtzeitig erkannt werden, findet ein permanenter Austausch mit den Kollegen aus anderen Bistümern und in kirchlichen Facebook-Gruppen statt.

6 Vgl. ERZBISTUM HAMBURG: Bischofs-Nachrichten direkt aufs Smartphone.

Facebook und Instagram werden vor allem für Einblicke hinter die Kulissen genutzt. Dort gibt es immer wieder Videos und Fotos mit individuellen Eindrücken von Menschen, die im Erzbistum Hamburg unterwegs sind. Vor allem der Bewegtbildbereich wird stetig ausgebaut, da gerade Videos im Social Media sich immer größerer Beliebtheit erfreuen. Auch die Live-Funktion – Veranstaltungen live streamen – erfährt einen großen Zuspruch. So können sich Menschen, die nicht vor Ort bei einer Veranstaltung sein können, über die Kommentarfunktion einbringen und beteiligen. Um die eigenen News zu pushen, wird der Twitterkanal verwendet. Hier gibt es außerdem jeden Tag einen kurzen Impuls in 280 Zeichen.

Auf den Kanälen des Erzbistums kommen Veranstaltungshinweise, Erklärstücke zu kirchlichen Festen und Feiertagen und Verlosungsaktionen zu bestimmten Anlässen hinzu. Außerdem wird die Kategorie „Gebete und Segenswünsche" bedient und das Augenmerk immer mehr auf Leuchtturmprojekte und Menschen gelegt, die etwas zu sagen haben. Denn: Menschen, die eine Geschichte zu erzählen haben, sind immer interessant. Ein Beispiel hierfür sind Video-Interviews, in denen Menschen verschiedener Berufs- und Berufungsgruppen aus dem Erzbistum Hamburg von ihrem Berufungsweg erzählen. Auf der Homepage www.erzbistum-hamburg.de/Berufung sind diese persönlichen Porträts in Texten und Videos zusammengestellt. Die Videos liefen zudem auf den Social-Media-Kanälen des Erzbistums. Dabei wurde schnell klar: Menschen und ihre Geschichten sind der beliebteste Content in sozialen Netzwerken. Weniger interessant sind dagegen Strukturen oder Strukturprozesse.

Deutlich wird dies auch am Phänomen der Influencer*innen und dem noch relativ neuen Trend zur Ausbildung eigener „Corporate Influencer". Menschen mögen Menschen und hören gerne Geschichten. Sie erachten die Empfehlungen und Erläuterungen einer natürlichen Person für glaubwürdiger als das, was über offizielle Unternehmenskanäle verbreitet wird – und darin liegt die große Chance auch für Bistümer, Pfarreien und kirchliche Einrichtungen.

Es ist eine Herausforderung, Fachleute zu finden, die der Community die eigenen Fachthemen und komplexen Sachverhalte erklären. „Corporate Influencer" können diese Lücke füllen. Sie sind zunächst einmal Mitarbeiter, die aber darüber hinaus als Botschafter für ihren Arbeitgeber auftreten. Im kirchlichen Kontext können sie dafür sorgen, dass die Botschaft der Kirche für die Menschen wieder an Bedeutung gewinnt und verstanden wird. Hier sind Mitarbeiter gefragt, die authentisch und freiwillig über ihre privaten Social-Media-Kanäle für ihren Dienstgeber Gesicht zeigen. Sie ziehen im positiven Sinne die Aufmerksamkeit auf sich bzw. ihre Einrichtung. Dabei können sie helfen, die Glaubwürdigkeit der Kirche zu steigern und Relevanz zu erhalten.[7]

---

7 Wie es funktionieren kann, machen andere vor: Unternehmen wie ‚Otto' haben bereits zum wiederholten Mal eigene Jobbotschafter ausgebildet und auf diese Weise geeignete neue Mitarbeiter akquirieren können.

Um die Nutzer*innen und Fans stärker einzubeziehen, wird Wert auf interaktive Elemente gelegt. Beispielhaft lässt sich hier die „Weihrauch-Challenge" nennen: Alle Messdienergruppen im Erzbistum Hamburg waren aufgefordert, ein Video, das einen Messdiener zeigt, der ein Weihrauchfass schwenkt, an die Social Media Redaktion zu schicken. Das Ziel: Der Zusammenschnitt eines Gesamtvideos, in dem virtuell das gesamte Erzbistum Hamburg in Weihrauch gehüllt wird. Zu gewinnen gab es ein Überraschungspaket. Mehr als 30 Videos sind eingegangen. Das Ergebnis ist in den sozialen Netzwerken unter dem Hashtag #WeihrauchChallenge zu sehen. Solche Aktionen sollen das Zusammengehörigkeitsgefühl stärken und die Kirche auf eine andere Art erlebbar gestalten. Denn das Verbreiten von Gottes Wort, das Verpacken der frohen Botschaft in ein neues Gewand, das Übersetzen von komplexen Fragen ist durch Social Media auf kreative Weise möglich.

Kirche will immer dort sein, wo die Menschen sind. Und die nutzen nun mal Social Media. Man ist somit dort aktiv, wo sich die Zielgruppe ohnehin versammelt, ermöglicht eine aktive Einbindung der Nutzer und erhält auf direktem Wege Rückmeldungen. Besonders hervorzuheben ist: Das Erzbistum Hamburg ist durch Social Media auf eine weitere Art ansprechbar. Immer häufiger werden individuelle Fragen der Nutzer*innen im eins-zu-eins Chat geklärt. Die Menschen nutzen die Möglichkeit, ihre seelsorglichen Anliegen auf diesem Weg anzusprechen. Eine zentrale Aufgabe von Kirche kann hier direkt wahrgenommen werden. Zudem sind die Möglichkeiten der Informationsverbreitung mit geringem Streuverlust nicht zu unterschätzen – gerade in einem flächenmäßig so großen Bistum wie Hamburg.

Verknüpfung von Social Media und Theologiestudium

Viele Nachwuchs-Theologen sind bereits „Digital Natives". Sie sind mit der Technik und den Möglichkeiten digitaler Räume weitgehend vertraut. Das Digitale ist in unserer Lebenswelt allgegenwärtig. Niemand sagt mehr „Ich gehe surfen" oder „ins Netz" – wir alle sind permanent online und haben alle Möglichkeiten der digitalen Welt mit dem Smartphone in der Hosentasche. In vielfältiger Weise ist die Botschaft des Evangeliums bereits jetzt in der digitalen Welt zu finden. Den Blick für die Chancen der sozialen Netzwerke zu weiten und eine kritische Auseinandersetzung mit der digitalen Welt sollte im Rahmen des Theologiestudiums stattfinden. Denn: Theolog*innen kommen nach ihrem Studium – je nach Arbeitsfeld – ganz unterschiedlichen Aufgaben nach: Einsatz in der Gemeinde, Jugendseelsorge, Ehe- und Familienberatung, Schule – das Engagement ist vielfältig. In jedem dieser Arbeitsfelder muss das Digitale mitgedacht werden.

Das fällt leider vielen noch schwer. Zweifel und Vorbehalte gegenüber dem Internet und Social Media bestehen noch immer. In den Gemeinden ist der gedruckte Pfarrbrief häufig noch das Medium Nr. 1. Wir dürfen uns der Digitalisierung nicht verschließen, sondern müssen die Chancen erkennen, die sie uns bietet. Wir brauchen Digital-Profis unter den Theolog*innen: in der Verwaltung, in der Pastoral, überall und nicht nur in den Medienabteilungen und Pressestellen. Als Mindestanforderung sollte ein Grundverständnis für das Digitale vorhanden sein, damit der sichere Umgang mit dem Internet, das Bedienen von berufsrelevanter Software, Kommunikations-Tools, Tools zur Selbstorganisation und zur Wissensaneignung keine Hürde darstellen, sondern zu den digitalen Basis-Skills gehören.

Es wäre ein Erfolg, wenn es in den Bistümern mehr Social-Media-Fachleute geben würde. Denn auch in Social Media wird über uns als Kirche gesprochen – und das sollten wir mitbekommen. Von der jungen Theologengeneration muss daher erwartet werden dürfen, dass sie den digitalen Kulturwandel innerhalb der katholischen Kirche immer weiter voranbringt. Das Digitale muss wie selbstverständlich als Werkzeug zum besseren Erreichen der eigenen Ziele verstanden werden. Verkündigung sowie Mitglieder- und Glaubenskommunikation muss immer auch digital gedacht werden: „digital" als ein Mittel der Nähe zu den Gläubigen. Denn die sind so oder in ihrer digitalen Lebenswelt unterwegs.

Das Angebot und die Aktivitäten in den sozialen Netzwerken sind vielfältig: Tagungen wie „Kirche im Web", das ifp, Medientage in Bistümern, Blogs (Predigt, Gebet, Spiritualität), zahlreiche Social Media Aktivitäten von Bistümern, Gemeinden und Einrichtungen sowie von pastoralen Mitarbeitern und Geistlichen. Doch eine Sensibilisierung für das Thema „Social Media" sollte eher beginnen – und zwar im Theologiestudium.

Literatur

ALLFACBOOK. Social Media für Unternehmen. Online unter: www.allfacebook.de (Stand 25.05.2020).

ARD, ZDF u. a.: Onlinestudie 2019. Online unter: http://www.ard-zdf-onlinestu-die.de/files/2019/Ergebnispraesentation_ARD_ZDF_Onlinestudie_PUBLIKATION_extern.pdf (Stand: 25.05.2020).

ERZBISTUM HAMBURG: Bischofs-Nachrichten direkt aufs Smartphone. Online unter: Vgl.: http://www.erzbistum-hamburg.de/messenger (Stand: 25.05.2020).

DIE MEDIENANSTALTEN – ALM GbR (Hg.): Mediengewichtungsstudie2019-II. Gewich-tungsstudie zur Relevanz der Medien für die Meinungsbildung. Online unter: https://www.diemedienanstalten.de/fileadmin/user_upload/die_medienanstalten/Themen/Forschung/Mediengewichtungsstudie/MedienGewichtungsstudie_2019-2_lokal.pdf (Stand: 25.05.2020).

PwC: Vertrauen in Medien 2018. Online unter: https://www.pwc.de/de/technologie-medien-und-telekommunikation/pwc-studie-vertrauen-in-medien-2018.pdf (Stand: 25.05.2020).

Bei den Geschlechtern gäbe es nur einen kleinen Vorsprung für die Männer (52% im Vergleich zu 48% Frauen).

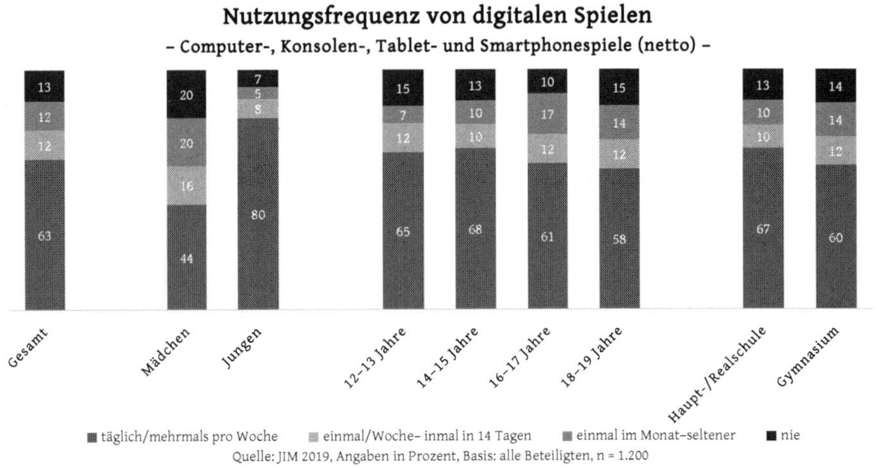

Abb. 1: Nutzungsfrequenz von digitalen Spielen (nach JIM 2019, 44).

Während diese Zahlen zeigen, dass digitales Spielen auch in den älteren Schichten unserer Gesellschaft angekommen ist, befindet sich die Zahl der zeitlich extensiven Spielerinnen und Spieler immer noch im Teenager-Alter. Repräsentative Zahlen für Deutschland werden seit 1998 vom Medienpädagogischen Forschungsverbund Südwest (mpfs) in der „Jugend, Information, Medien"-Studie (JIM-Studie) erhoben: Für 80% der Jungen im Alter von 12–19 Jahren stehen 2019 digitale Spiele täglich oder mehrmals in der Woche auf dem Programm. Bei Mädchen sind es immer noch 44%.[7] Insgesamt greifen die meisten Kinder und Jugendlichen zu Smartphonespielen. Besonders bei den Mädchen macht diese Plattform einen großen Prozentsatz aus (36%).[8] Highlights bei den digitalen Spieltiteln die Jugendliche nutzen sind mit 15 Prozent aller Befragten „Fortnite", gefolgt von „FIFA" und „Minecraft" mit jeweils 14 Prozent. Danach folgen „Grand Theft Auto (GTA)", „Die Sims" (je 7 %), „Call of Duty" (6 %) sowie „Clash of Clans" und „Candy Crush" mit je fünf Prozent der Nennungen. Mädchen spielen am liebsten die Simulation „Die Sims", Jungen vor allem den Team-Shooter „Fortnite" und die Fußballsimulation „FIFA".[9] Weitere wichtige Fakten zur digitalen Spielelandschaft in Kürze:

- Gamescom: Die größte Computerspielmesse außerhalb Amerikas findet jedes Jahr in Köln statt.[10]

---

7 Medienpädagogischer Forschungsverbund Südwest: JIM-Studie 2019, 44.

8 Ebd. 45.

9 Ebd. 46.

10 gamescom: Schlussbericht.

- Der Umsatz der Spieleindustrie in Deutschland belief sich 2018 auf 4,3 Billionen Euro.[11]
- Sogenannte AAA (Triple-A)-Titel können inzwischen mit weitaus höheren Produktionskosten als mancher Hollywood-Blockbuster aufwarten.[12]
- 1673 Spiele wurden 2019 durch die Unterhaltungssoftware Selbstkontrolle geprüft. Fast 73% können ab 12 Jahren gespielt werden. 9,6 % der Spiele erhielten keine Jugendfreigabe.[13]
- Der 2017 gegründete ESport-Bund Deutschland e. V. umfasst Mitte des Jahres 2020 ca. 50 Vereine.[14]

Zusammenfassend kann man also sagen, dass es nicht den einen klar umrissenen ‚Lebensraum Computerspiele' gibt. Auch die Selbstzuschreibung, ein Gamer oder eine Gamerin zu sein, wird nur sehr bedingt von Spielerinnen und Spielern in Deutschland aufgegriffen.[15] Digitales Spielen auf den verschiedensten Plattformen hat sich vielmehr in der gesamten Breite der Gesellschaft etabliert. Wie im Folgenden noch weiter ausgeführt werden soll, sind dabei die Grenzen zwischen Konsumenten und Produzenten weitestgehend verwischt. Durch leicht zugängliche Werkzeuge kann man schnell selber zum Spieleproduzenten werden oder an der Produktion teilnehmen. Enorm wichtig ist außerdem die Anschlusskommunikation über soziale Medien wie vor allem youtube und twitch, weil dort vieles an Inhalten weiterverarbeitet wird.

Doch was hat all dies mit Religion oder gar Theologie zu tun? Warum sollte die Lebenswelt der Computerspiele für die theologische Forschung und Lehre relevant sein?

Zur ersten Frage sei auf zwei Beispiele verwiesen, die als herausstechende Beispiele[16] gesehen werden können: Aktuell entstehen zwei Computerspiele, in denen man als Spielerin oder Spieler in die Rolle eines Papstes schlüpft. Beim „Pope Simulator"[17] soll dies eine nicht näher umrissene Gegenwart sein, in „The Pope: Power & Sin" verfolgt man das Leben von Rodrigo de Borja um 1500.[18] Beide Spiele werben damit, auch die ‚dunklen' Seiten der Macht und der politischen Intrigen erfahrbar zu machen. Gerade im Fall eines Gegenwartsszenarios mit dem Anspruch der Simulation im Titel, wie es beim „Pope Simulator" der Fall ist, entspinnen sich sehr schnell auch theologisch-relevante Debatten unter den potentiell Spielenden: Wird man einen dunkelhäutigen Papst wählen kön-

---

11 GAME. VERBAND DER DEUTSCHEN GAMES-BRANCHE: Games-Markt 2019.

12 CHIP.DE: 500.000.000 Dollar.

13 USK.DE: Jahresstatistik 2019.

14 DEUTSCHER ESPORT-BUND E.V.: Mitglieder.

15 Vgl.: SUPERLEVEL: Leben und TWITTER: #sosehengameraus.

16 Vgl. hierzu die umfassende Darstellung in: ZIRPEL: Computerspiele. Dort vor allem Kapitel D.2.

17 ULTIMATE GAMES S.A.: Pope Simulator.

18 FORESTLIGHT GAMES: Pope.

nen? Wie geht der Titel mit der Missbrauchsdebatte und anderen aktuellen Fragen um?[19] An diesem sehr augenscheinlichen Beispiel wird klar, dass im Medium Computerspiel religiöse Inhalte verarbeitet werden. Doch dies kann auf sehr unterschiedlich expliziten Ebenen geschehen.

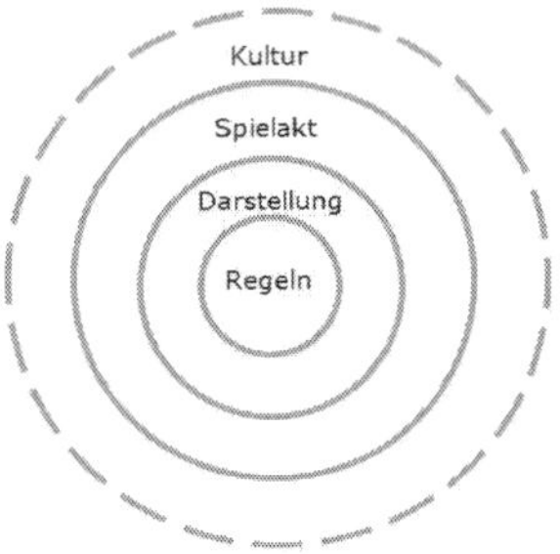

Abbildung 2: Ebenen der Betrachtung von Computerspielen, Zirpel 2018, 504.

Die Darstellungsebene ist dabei nur eine von mindestens vier Ebenen. Auch auf der darunter liegenden Ebene der Spielregeln und Mechaniken lässt sich theologisch Relevantes finden. Wie versucht ein Spiel z. B. das Beten seiner Protagonistin umzusetzen? Welchen Effekt hat es, wenn ich jemanden segne?[20] Auch der eigentliche Akt des Spielens kann religiöse Dimensionen hervorbringen: Wenn ich mich in „Bioshock: Infinite" als Spielfigur einer Taufe unterziehen muss oder in Massively Multiplayer Online Roleplaying Games wie „World of Warcraft" oder „The Elder Scrolls: Online" eine Hochzeit für meine Gildenmitglieder organisiere, ist die Grenze zu rituell-religiösen Handlungen erkennbar überschritten. Ein besonders prägendes Beispiel ist sicherlich der „Trauermarsch für Doddie"[21]. Das Video zeigt eine Reihe von Screenshots aus „World of Warcraft", das zusammen mit Musik und Kommentar als Nachruf für einen jung gestorbenen Mitspieler hochgeladen wurde. Mehr als 30 Personen waren live über das Spiel vernetzt an dieser Art virtuellem Trauergottesdienst beteiligt. Dieses sogenannte emergente Spielverhalten haben die Entwickler des Spiels nicht intendiert und vermutlich noch nicht einmal vorhergesehen. Es ist aus den Anliegen und Bedürfnissen der Spielerinnen und Spieler hervorgegangen und macht einen wichtigen Teil dessen aus, was auch als Spielkultur bezeichnet werden kann.

Damit kommen wir zurück zu den eingangs erwähnten Beispielen der Werbekampagne von MISEREOR und dem von einer großen Gruppe deutscher Let's-Player initiierten Spendenaktion: Weder in Gronkhs Aussagen zur Unterstützung des katholischen Hilfswerks noch bei den gemeinsamen Anstrengungen für Corona-Opfer gab es eine ausdrückliche Verbindung zum christlichen Glauben

---

19 Vgl.: Den Community-Bereich des Spiels auf der Steam-Plattform: VALVE: Community-Page.

20 Vgl. hierzu die Video-Karikatur zum Erlernen des „Heiligen Feuers": VIVA LA DIRT LEAGUE: Zaubersprüche.

21 UNBEKANNT: Trauermarsch.

oder anderen Glaubensüberzeugungen.[22] Trotzdem kann das Engagement aus der Perspektive der Nächstenliebe heraus interpretiert werden. Gerade wenn sich jemand für ein christliches Hilfswerk einsetzt, liegt das nah. Es sind also auch in der Spielkultur Verbindungen zum Glauben und zur Religion möglich. Oftmals sind sie jedoch verborgen bzw. – um mit Luckmann zu sprechen[23] – Formen unsichtbarer Religion, die erst in der Anschlusskommunikation klarere Konturen gewinnen. Es sei aber betont, dass sie auch in ihrer Ausgangsform ihr eigenständiges Recht haben und nur mit viel Einfühlungsvermögen und Respekt vor ihrem eigenen Wert bedacht werden sollten. Ansonsten droht ein ‚Überstülpen' traditioneller Sichtweisen und Kategorien auf ein weitestgehend eigenständiges Phänomen, es sollte vielmehr die Form des ‚Deutungsangebots' gewählt werden.[24]

Inwiefern sollte also ein Theologiestudium auf diese Lebenswelt reagieren? Zuerst stellt sich dabei die ganz grundsätzliche Frage, die spätestens seit dem Zweiten Vatikanischen Konzil in die Formulierung des „aggiornamento" gegossen wurde: Wenn Theologie und Spiritualität ‚heutig' werden wollen, lohnt sich die Beschäftigung mit Computerspielen und den sie umgebenden Phänomenen.

Konkrete Aufgaben könnten sich in drei Bereiche gliedern:

Genuin theologisch-wissenschaftliche Aspekte
– Beobachtung der Entwicklung des Religionsverständnisses in der Gesellschaft und Erarbeitung eines anschlussfähigen, diskursiven Religionsbegriffs
– Darstellung von und Umgang mit real existierender oder auch historisch dokumentierter Religion im Medium Computerspiel
– Weiterverarbeitung in Anschlussmedien und die darin enthaltenen theologische Debatten (Stichwort „Rezeptionsästhetik"; in der Exegese z. B.: Ordinary-Reader bzw. Reader-Response-Criticism; in der Systematik: Alltagstheologie/ Theologie des Alltags)
Seelsorgerisch-pastoraltheologische Aspekte
– Reflexion des eigenen Standpunktes und der eigenen Medien- und Spielebiographie (am besten bevor man in den Kontakt/ die Auseinandersetzung geht), da dies die Begegnung mit den vorgestellten Phänomenen ungemein prägt
– Beobachtung/Begleitung/Entwicklung von Ritualen in und mit Medien

22 Damit schließen sich die Werbetreibenden an einen Trend an, der schon seit längerem analytisch wie empirisch zu beobachten ist: „Religion als einen (all-)umfassenden Sinn- und Deutungshorizont gibt es nicht mehr. Sie ist gerade für Jugendliche eine Option unter vielen, die kompatibel sein muss mit dem eigenen Lebensentwurf." (Zirpel: Computerspiele, 220)

23 Vgl.: Luckmann: Religion und Zirpel: Computerspiele, 152 und Kapitel D.1.

24 Vgl. dazu ausführlicher: Zirpel: Computerspiele, 220–223.

- Seelsorge im und mit dem Medium Computerspiel: Welche (religiösen oder religions-äquivalenten) Funktionen hat das Medium für Menschen?
- Konsequenzen aus der (extensiven/ exzessiven) Beschäftigung mit Computerspielen für die Seelsorge

Religionspädagogische Aspekte

- Erneut: Reflexion des eigenen Standpunktes!
- Einüben in die Korrelation von Religion und kindlichen bzw. jugendlichen Lebenswelten
- Bildungschancen in und mit dem Medium
  - Anschaulichkeit und Involvierung
  - Probehandeln (Stichwort: Performanz. Das Proprium eines Spiels z. B. im Vergleich zu einem Film ist es, dass man handeln muss)
  - Kennenlernen anderer Religionen
  - Schöpferisch kreativ werden
  - Entwicklung einer eigenen ‚Sprachfähigkeit' in Bezug auf religiöse Phänomene in Medien
- Religionsunterricht auch als kritischer Begleiter und aufgeschlossen-interessiertes Korrektiv

Dieser sehr umfassende Katalog ist sicherlich nur in Grundzügen zu bewältigen. Insgesamt geht es m. E. um die Entwicklung einer zentralen Kompetenz: Mit ausreichend theologischem Fachwissen geschult Phänomene der Gegenwart wahrnehmen und deuten zu können. Denn genau so wie Glaube immer wieder den Anschluss an das ‚Hier und Jetzt' suchen muss, so sollte auch die Theologische Wissenschaft und damit die Ausbildung zukünftiger Theologinnen und Theologen diesen Anschluss ermöglichen.

Literatur

CHIP.DE: Bis zu 500.000.000 Dollar: Das sind die 9 teuersten Spiele der Welt. Online unter: https://www.chip.de/news/Bis-zu-500.000.000-Dollar-Das-sind-die-9-teuersten-Spiele-der-Welt_90956131.html (Stand: 02.07.2020).

DEUTSCHER ESPORT-BUND E.V.: Mitglieder. Online unter: https://esportbund.de/mitglieder/ (Stand: 03.07.2020).

ENTWICKLUNG WIRKT: Kleinbauern in der Großstadt. Online unter: https://www.entwicklung-wirkt.de/misereor/kleinbauern-in-der-grossstadt (Stand: 02.07.2020).

FORESTLIGHT GAMES: The Pope: Power and Sin. Online unter: https://cdn.cloudflare.steamstatic.com/steam/apps/1253800/ss_8a329854abc34cc569c985a90d5febce309972ab.jpg?t=1590071642 (Stand: 03.07.2020).

GAME. VERBAND DER DEUTSCHEN GAMES-BRANCHE: Deutscher Games-Markt 2019. Online unter: https://www.game.de/marktdaten/deutscher-games-markt-2019/ (Stand: 02.07.2020).

GAME. VERBAND DER DEUTSCHEN GAMES-BRANCHE: Immer mehr Menschen ab 60 Jahren spielen Games. Online unter: https://www.game.de/immer-mehr-menschen-ab-60-jahren-spielen-games/ (Stand: 02.07.2020).

GAMESCOM: Schlussbericht. Online unter: https://www.gamescom.de/die-messe/rueckblick/rueckblick-2019/schlussbericht.php?ga=2.81371287.1601337456.1586856869-1442386085.1586856869 (Stand: 02.07.2020).

GAMESDONEQUICK: Donations for all events. Online unter: https://gamesdonequick.com/tracker/ (Stand: 02.07.2020).

LUCKMANN, Thomas: Die unsichtbare Religion, Frankfurt am Main 1991.

MEDIENPÄDAGOGISCHER FORSCHUNGSVERBUND SÜDWEST: JIM-Studie 2019. Jugend, Information, Medien. Basisstudie zum Medienumgang 12- bis 19-Jähriger in Deutschland. JIM 2019, 44.

SUPERLEVEL: Kein richtiges Leben im falschen: #sosehengameraus. Online unter: https://superlevel.de/feature/kein-richtiges-leben-im-falschen-sosehengameraus/ (Stand: 03.07.2020).

TWITTER: #sosehengameraus. Online unter: https://twitter.com/search?q=%23sosehengameraus&src=typed_query&f=live (Stand: 03.07.2020).

ULTIMATE GAMES S.A.: Pope Simulator. Online unter: https://cdn.cloudflare.steamstatic.com/steam/apps/1221260/ss_362311ba129c1a0b8c850d8e531442a55214e88e.jpg?t=1588103844 (Stand: 03.07.2020).

UNBEKANNT: Trauermarsch für Doddie. Online unter: https://youtu.be/xDyZ8_LJz2w (Stand: 07.07.2020).

USK.DE: Jahresstatistik 2019. Online unter: https://usk.de/jahresstatistik-2019/ (Stand: 03.07.2020).

VALVE: Community-Page for Pope Simulator. Online unter: https://steamcommunity.com/app/1221260 (Stand: 03.07.2020).

VIVA LA DIRT LEAGUE: Wie man epische Zaubersprüche in Spielen erlernt. Online unter: https://youtu.be/rLB6rP3KHcc (Stand: 03.07.2020).

ZDF.DE: Computerspiele im Religionsunterricht. Online unter: https://www.zdf.de/verbraucher/volle-kanne/computerspiele-im-religionsunterricht-100.html (Stand: 07.07.2020).

ZIRPEL, Thimo: Computerspiele im Religionsunterricht als Beitrag zum Dialog mit jugendlichen Lebenswelten. Münster 2018.

‚Wir haben kein Ziel, aber kommen gut voran' – Eindrücke zur Umsetzung und den Herausforderungen von Digitalisierung in der Schulpraxis

Marcus Hoffmann

1. Zwischen Euphorie und Ernüchterung

Wer sich aktuell aufmacht, um die Entwicklungen im Bereich der Digitalisierung in der Schul*praxis*, d. h. konkret bei den weiterführenden Schulen und in der Lehrerausbildung, in Augenschein zu nehmen, der wird in seinem Gesamteindruck vermutlich an das sprichwörtliche Bild einer großen Baustelle erinnert. Wie so oft scheint Schule auch hier ein verkleinertes Abbild der Gesellschaft zu sein, welches sich eher durch Heterogenität als durch Homogenität auszeichnet.

Dieser schulischen ‚Digitalisierungs-Baustelle' kann zunächst einmal viel Positives bescheinigt werden, denn es handelt sich wahrlich nicht um einen Ort des Stillstands oder der Stagnation, sondern – im Gegenteil – um ein ziemlich reges Treiben. Viele engagierte Fachleute sowie Handwerkerinnen und Handwerker tummeln sich hier und sind an unterschiedlichen Ecken der Baugrube im Einsatz, um mit ihren Fähigkeiten und Ideen aus einzelnen Elementen etwas Neues zu schaffen. Sie bringen verschiedene Materialien mit, können unterschiedliche Werkzeuge bedienen und sind zum Teil sehr motiviert, ihr Wissen und ihre Erfahrungen auch an umstehende Kolleginnen und Kollegen weiterzugeben. Selbst die Finanzierung ist bei diesem Projekt (im Vergleich zu anderen schulischen Vorhaben) einigermaßen gesichert, denn schließlich handelt es sich hier um Investitionen, die nicht nur aus Prestigegründen für Schulträger und Bildungspolitiker wichtig sind, sondern – auch das hat die Corona-Krise katalysatorisch deutlich gemacht – gar nicht mehr in Frage gestellt werden *können*.

Gleichzeitig drängt sich bei der Beobachtung aller Akteure und Aktionen aber der Eindruck auf, dass dem vielfältigen Treiben doch so etwas wie ein übergeordneter Architekt, eine richtungsweisende Baustellenleitung oder ein stimmiger Gesamtplan fehlt. Ein solcher wäre alleine schon deshalb nötig, damit den Beteiligten klar würde, welche Art von Bauwerk hier überhaupt errichtet werden soll, aus welchen Elementen sich das Ganze zusammensetzt und wie dieses in die bereits bestehende Siedlung schulischer Handlungs- und Theoriegebäude zu integrieren wäre. Kurzum: Das ganze Geschehen bräuchte eine einheitliche Richtung und Koordination.

Eine solche Einheitlichkeit ist im Augenblick jedoch nur schwerlich zu erkennen. Um beim Bild der Baustelle zu bleiben: Man gewinnt stattdessen den Eindruck, dass das zu beobachtende Nebeneinanderher und Aneinandervorbei noch zu etlichen Reibungsverlusten und Frustrationen führt. Wo manche Ingenieure sich beispielsweise mühevoll Gedanken über Ausmaß und Gestalt eines möglichen Fundaments machen, da interessieren sich andere nur noch für die Auswahl möglicher Badezimmerarmaturen und Tapeten. Wieder andere verputzen kunstvolle Wände, übersehen in ihrem Eifer jedoch, dass es an diesen eigentlich noch Leitungen zu verlegen gilt. Und obendrein gesellen sich noch clevere Vertreter aus der Wirtschaft hinzu, die bereits Verträge für die Teppichböden in den oberen Stockwerken abschließen, während den anderen Beteiligten am Bau noch gar nicht klar ist, ob es solche Stockwerke (und Bodenbeläge) überhaupt braucht.

Freilich, das Bild der Baustelle mag überspitzt und unscharf erscheinen, in seiner Metaphorik dürfte es dennoch einigermaßen passend sein, um zum Ausdruck zu bringen, wie es in der schulischen Wirklichkeit um Digitalisierung bestellt ist: *Sie ist in aller Munde und in vollem Gange, vollzieht sich aber weder zielgerichtet noch im Konsens.* Und mitten hinein in die zahlreichen theoretischen (fachlichen, pädagogischen, didaktischen etc.) und praktischen Diskussionen mischen sich immer wieder (tatsächliche oder vermeintliche) Expertinnen und Experten aus Politik und Wirtschaft und preisen ihre Vorstellungen und Produkte für die ‚Schule der Zukunft' an. Das macht die Gemengelage nochmals unübersichtlicher. Diese Akteure seien hier auch deshalb noch einmal erwähnt, weil sie nicht selten mit fragwürdigen Ideen und leeren Phrasen um die Ecke kommen, aber trotzdem mächtig Aufsehen erregen, wenn sie ihr Vokabular in die Bildungsdebatte einbringen. Sie nennen sich ausdrucksstark „Human Capital Evangelists" oder „High Performer", finden Unterricht nur noch in Form von „Learn Nuggets" akzeptabel und erklären erfahrenen Pädagoginnen und Pädagogen, dass sie ihre bisherigen Ansichten doch über den Haufen werfen könnten, weil das Leben neuerdings „VUKA"[1] sei – um nur einige Beispiele für die sprachlichen und gedanklichen Auswüchse dieser Art zu nennen.[2] Insofern gibt es also berechtigte Gründe, das bunte Geschehen auch mit einiger Skepsis zu betrachten und wachsam zu bleiben für das, was unter der Etikette ‚Lernen im digitalen Zeitalter' alles Eingang in die Bildungsdiskussion findet. Nur geringfügig anders stellt sich die Situation im Bereich der Lehrerausbildung dar, wenngleich die

---

1 Akronym für volatil, unsicher, komplex und ambivalent.

2 Ausdrücke und Bezeichnungen, die 2018 und 2019 von diversen Referentinnen und Referenten auf Lehrerfortbildungen zum Themenbereich „Digitalisierung" im Regierungsbezirk Münster zu hören waren.

Entwicklungen hier etwas weniger unübersichtlich und durcheinander verlaufen, weil das System insgesamt kleiner und besser steuerbar ist.

2. Probleme bei der Umsetzung

Begibt man sich auf die Suche nach den Ursachen für dieses Durcheinander, findet man zahlreiche Faktoren, die auf unterschiedlichen Ebenen anzusiedeln sind. Eine systematische und vertiefende Analyse all dieser Aspekte kann hier nicht vorgenommen werden und würde ohnehin den Rahmen sprengen. Vier Gedanken, die eine einheitliche Entwicklung erschweren, seien jedoch kurz umrissen:

a) Ein erstes Problem stellen zweifelsohne die *Dynamik und Schnelligkeit* der Entwicklungen im Bereich der Digitalisierung dar. Sie überfordern ein so großes und behäbiges System wie das deutsche Schulwesen, das sich quasi im Monats- und Jahrestakt immer wieder neu darauf auszurichten hat, was am 'Puls der Zeit' gerade verlangt wird. Techniken und Trends (Software, Hardware, digitale Kanäle etc.), die heute aktuell sind, können sich bereits im nächsten Schuljahr wieder als überholt erweisen. Materialien und Geräte, deren Anschaffung gerade erst bewilligt wurde, sind oft binnen kürzester Zeit schon wieder veraltet. Und die Schaffung von entsprechenden (personellen, finanziellen, formalen etc.) Strukturen und Zuständigkeiten, die es zweifelsohne braucht, lässt sich ebenfalls nicht von heute auf morgen in einem öffentlichen System realisieren, das auf Langfristigkeit angelegt ist – erst recht nicht, wenn man bedenkt, dass das eigentliche Kerngeschäft der schulischen Arbeit nebenbei noch weiterzulaufen hat. In diesem Sinne ließe sich an etlichen Beispielen aufzeigen, dass Entscheidungen und Maßnahmen oft viel zu spät (oder unausgereift) getroffen wurden und sich am Ende als vollkommen ungeeignet erwiesen. Hinzu kommen noch die systemüblichen (behördlichen) Kompetenz- und Zuständigkeitsrangeleien, die es einmal mehr erschweren, Entwicklungen aufeinander abzustimmen oder planvoll einzuführen. Zeit für eine systematische Evaluation oder Reflexion der jeweiligen Veränderungen bleibt ohnehin kaum.

b) Ein zweiter Aspekt, der die zielgerichtete und gleichförmige Entwicklung behindert, lässt sich mit dem Stichwort *Heterogenität* überschreiben. Darunter fallen beispielsweise die zum Teil höchst unterschiedlichen *Rahmen- und Standortbedingungen*, die von Schule zu Schule und Kommune zu Kommune variieren. Aber auch die Bandbreite an *Fähigkeiten und Fertigkeiten*, die die *beteiligten Personen* auf diesem Gebiet mitbringen (oder *nicht* mitbringen) können hierzu gezählt werden. Dass es unter Lehrerinnen und Lehrern Experten wie Nicht-Könner gibt, gilt im Übrigen genauso für die Kinder und

Jugendlichen: Nicht selten wird die vermeintliche Medienkompetenz der ‚Digital Natives' mit der Fähigkeit verwechselt, möglichst ausdrucksstarke Selfies zu posten oder einzelne Apps zu bedienen.[3] Von echter Medienkompetenz kann hierbei nur selten die Rede sein. Heterogen erweisen sich darüber hinaus auch die *Haltungen und Zielvorstellungen*, die das Führungs- und Leitungspersonal, die Lehrenden, aber auch die Eltern erkennen lassen: Wo manche Schulen beispielsweise auf komfortabel ausgestattete Klassenräume mit Smartboards und Tablets zurückgreifen können, sich jedoch keinerlei Gedanken über ein Medienkonzept gemacht haben, da entwickeln andere Kollegien bereits seit Monaten Strategien des digitalen Lernens, besitzen in ihrer Schule aber weder Vorhänge an den Fenstern noch funktionierende Beamer. Und wo mancherorts Eltern und Schulleitungen alles dafür tun, um ihre Kinder mit digitalen Schulbüchern auszustatten, wird an anderen Schulen solchen Entwicklungen ganz bewusst ein Riegel vorgeschoben, weil die Beteiligten dort erkannt haben, dass der ökologische Fußabdruck dieser Techniken ebenso fragwürdig ist wie die Auswirkungen, die der digitale Medienkonsum auf die Jugendlichen insgesamt hat.[4] In der Zusammenfassung lässt sich sagen: Es existieren in vielerlei Hinsicht große Unterschiede, sowohl bei dem, was de facto *machbar* und *vorhanden* ist als auch bei dem, was *gewollt* und *gewünscht* ist. Die hohe Ideologieanfälligkeit, die das Thema zweifelsohne mit sich bringt, trägt darüber hinaus dazu bei, eine Konsensfindung zu erschweren.

c) Ein weiteres Problem, das einer einheitlichen Koordination des digitalen Wandels an den Schulen im Wege steht, besteht darin, dass die konkrete Umsetzung der entsprechenden Projekte maßgeblich durch Akteure und Kräfte vorangetrieben wird, die gar nicht aus der Schule selbst kommen, sondern von außerhalb, d. h. aus Politik und Wirtschaft.[5] Die Ausstattung unzähliger Klassen- und Computerräume ist schließlich nicht nur für Politiker aller Parteien ein Vorzeigeprojekt, sondern stellt auch einen riesigen Absatzmarkt für Hard- und Softwarefirmen dar.[6] Daran ist zunächst einmal nichts auszusetzen, doch vielfach führt das in Praxis auch dazu, dass am Ende die Logik der Wirtschaft und Vermarktung darüber entscheidet, wie Digitalisierung in der Schule tatsächlich umgesetzt wird: *Welcher Anbieter ist am schnellsten, welche Firma hat das günstigste Angebot? Wer wirkt am professionellsten?* Solche und andere Fragen, die mit den tatsächlichen Bedarfen we-

---

3 Unterschiedliche Studien zeigen, dass auch die Generation der sog. ‚Digital Natives' sich selber für deutlich weniger kompetent im Bereich der Mediennutzung fühlt als es ihnen von außen zugeschrieben wird. Vgl. dazu etwa DIVSI: Euphorie, 13–29.

4 Zum Einstieg in die Diskussion der Frage nach dem tatsächlichen Nutzen digitaler Technik im Unterricht vgl. etwa ENGELBRECHT: Technologie.

5 Vgl. z.B. LANKAU: Kein Mensch.

6 Vgl. hierzu beispielsweise FÜLLER: Geschäft.

nig zu tun haben, sind nicht selten die Determinanten der konkreten Umsetzung. Dies fängt bei der Einführung digitaler Lern-Plattformen an und endet bei der Anbringung elektronischer Präsentationssysteme, die im Hochglanz-Prospekt wunderbar innovativ erscheinen, in einem Klassenraum mit 25 pubertierenden Teenagern aber ganz anderen Ansprüchen genügen müssen als in einem ‚Business-Meeting‘. Oft werden hier Entscheidungen getroffen, die aus der Praxisperspektive wenig Sinn ergeben.[7]

d) Eine vierte Hürde der Entwicklung lässt sich aus den oben aufgeführten Gedanken indirekt ableiten: Sie besteht schlichtweg darin, dass der zu beobachtende Wandel für die schulisch-fachliche und pädagogische Arbeit inzwischen *so viele und unterschiedlichste Fragestellungen* mit sich bringt, dass es kaum mehr möglich scheint, einen Überblick über all die Facetten und Themen zu behalten, die für eine allgemeingültige oder systematische Medienpädagogik bzw. -didaktik nötig sind. Die Neuerungen der Digitalisierung berühren mittlerweile auf so vielen Ebenen das schulische Lehren und Lernen bzw. stellen sich so vielgestaltig dar, dass sich hier ein sehr komplexes Problemfeld ergibt. Wenn in den Sozialwissenschaften bereits von der „digitalen Transformation“ und einer „Kultur der Digitalität“[8] die Rede ist, auf die unsere Gesellschaften zusteuern, dann deutet sich darin die Tragweite dieser Veränderungsprozesse an. Hier geht es längst nicht mehr darum, nur die Begleiterscheinungen einiger technischer Neuerungen einzufangen. Vielmehr berührt der digitale Wandel anthropologische, ethische und pädagogische Grundfragen unseres Miteinanders und Weltbildes. Etwas pointierter ausgedrückt und auf die Schule bezogen: Digitalisierung ist nicht dadurch erledigt, dass Hefte plötzlich durch Tablets ersetzt werden und Schulen einheitliche Handyregelungen einführen. Stattdessen muss in größeren Zusammenhängen gedacht und reflektiert werden, welche Herausforderungen und Implikationen sich hier für die Bildungsarbeit ergeben. Dies ist jedoch angesichts der Schnelligkeit und Fülle der Entwicklungen keine einfache Aufgabe.

3. Kompetenzen künftiger (Religions-)Lehrerinnen und Lehrer

Wenn nun im Weiteren überlegt werden soll, was aus den genannten Aspekten für die Ausbildung von angehenden (Religions-)Lehrerinnen und Lehrern folgt,

7 Hier wären echte und realistische Praxisreflexionen unverzichtbar, wie sie etwa Thomas Knaus im Hinblick auf digitale Tafelsystem vornimmt. Vgl. Knaus: fraMediale.

8 Vgl. Stalder: Kultur.

erscheint es trotz (oder gerade wegen) dieser Komplexität sinnvoll, in einem ersten Schritt zumindest grob unterschiedliche Bereiche abzustecken, in denen Lehrkräfte kompetent und wissend sein müssen, um diesem digitalen Wandel und seinen Herausforderungen in der Schule zu begegnen. Eine gute Grundlage hierfür bietet eine Unterscheidung, die sich an Ideen eines Arbeitskreises von Kolleginnen und Kollegen aus dem Kompetenzteam Philosophie der Bezirksregierungen Arnsberg, Detmold und Münster anlehnt. Sie weist insgesamt drei verschiedene Ebenen bzw. Kompetenzbereiche aus[9]:

I Ebene instrumentell-technischer und (einfacher) didaktischer Fragen der angemessenen Nutzung digitaler Medien und Kommunikationsformen in schulischen Lehr- und Lernprozessen
II Ebene ethischer, pädagogischer und didaktisch-inhaltlicher Fragen für einen reflektierten Umgang mit digitalen Medien und Kommunikationsformen
III Ebene metakognitiver Fragen zur Bedeutung und Deutung von Folgen und Auswirkungen des digitalen Wandels auf den Menschen und das gesellschaftliche Miteinander

1. Zu den instrumentell-technischen und eher einfachen didaktischen Fragen können all solche Aspekte gezählt werden, die für den konkreten und funktionalen Einsatz digitaler Medien in der Schule im Sinne eines Anwendungswissens von Bedeutung sind, etwa:
- Mit welchen Apps und Techniken lassen sich nachhaltige Lernprozesse realisieren?
- Wie können digitale Tools das individualisierte Lernen unterstützen?
- Wie gestalte ich mit Hilfe von digitalen Medien motivierende Lernarrangements?
- Wo kann die schulische Arbeit durch den Einsatz neuer digitaler Instrumente besser organisiert und effizienter werden?
2. Auf der Ebene der ethischen, pädagogischen und komplexeren didaktischen Fragestellungen wären hingegen Aspekte zu reflektieren, die den *verantwortungsvollen* und *bewussten Umgang* mit den neuen Möglichkeiten betreffen. Zu nennen wären hier beispielsweise:
- Was bedeutet es, wenn Informationen beliebig im Netz veröffentlicht, gesammelt oder gesucht werden können – für Lehrkräfte, für Schülerinnen und Schüler, für die gemeinsame Arbeit in der Schule?
- Welche Chancen und Risiken zeigen sich, wenn Kinder künftig nur noch digital statt handschriftlich arbeiten sollen?

---

9 Angelehnt an KQ-Arbeitsgruppe: Digitalität.

- Hat die pädagogische Idee der „Primärerfahrung“ ausgedient?
- Warum und mit welchen Zielen sollten Heranwachsende über Regeln und Gefahren von Digitalisierung diskutieren?
- Inwiefern brauchen Lehrkräfte andere Medienkompetenzen als Schülerinnen und Schüler?
- Welche Funktionen und Auswirkungen hat digitale Kommunikation auf das Sozialgefüge von Gruppen, beispielsweise auf Klassengemeinschaften oder die Gesellschaft als Ganze?

3. Mit der dritten Ebene kommen schließlich all jene Fragen in den Blick, die noch universeller bzw. grundsätzlicherer Art sind und auf die *Implikationen und Auswirkungen des digitalen Wandels* für das Welt- und Selbstverständnis des Menschen abzielen, beispielsweise:

- Was sagen die neuen Formen der digitalen Kommunikation über den Menschen und seine Sinnhorizonte im 21. Jahrhundert aus?
- Wie verändert sich der Umgang mit Wissen durch sie?
- Welche Mächte und Interessen steuern diese Wandlungsprozesse?
- Welche Weltbilder entstehen, wenn wir uns als digitale Gesellschaft definieren? Wer oder was bleibt bei all dem auf der Strecke?
- Welches pädagogische Leitbild wird deutlich, wenn gefordert wird, dass E-Learning das Klassenzimmer ablösen soll?
- Von welchen Prämissen oder ggf. Fehlschlüssen wird ausgegangen, wenn Digitalisierung als Fortschritt angepriesen und ständige Verfügbarkeit als Normalzustand definiert wird?
- „Digital first – Bedenken second“ – Kann man das wirklich wollen?![10]

Mit Hilfe einer solchen Systematisierung können zum einen praktische (Anwendungs-)Fragen von eher theoretischen Überlegungen unterschieden werden, zum anderen bietet sich hier gerade für die geisteswissenschaftlichen Disziplinen wie etwa die Theologie, Philosophie, Pädagogik usw. eine hilfreiche Orientierung, um genauer zu überlegen, wo jeweils fachspezifische Beiträge zum digitalen Wandel auszumachen sind. Während sich etwa auf der ersten (und teilweise auch zweiten) Ebene oft überfachliche oder einfachere technisch-didaktische Abwägungen finden, zeigen sich vor allem auf der dritten Ebene jene Themen, die eine fachliche Nähe zu den genannten Wissenschaften aufweisen und von anthropologischer, ethischer oder erkenntnistheoretischer Bedeutung sind. Hier sollten diese Fachbereiche genuin mehr beisteuern können (und wollen) als etwa die naturwissenschaftlichen Disziplinen.

---

[10] Wahlslogan der FDP im Bundestagswahlkampf 2017/2018.

4. Perspektiven auf das Studium – mehr als ‚Skills'

Für die universitäre Lehrerausbildung und die inhaltliche Ausgestaltung des Theologiestudiums sollte das m. E. bedeuten, dass es in erster Linie darum gehen muss, hier ein bestimmtes (eher theoretisches) Grundlagenwissen sowie eine persönliche Haltung anzubahnen, die es angehenden (Religions-)Lehrerinnen und Lehrern ermöglicht, solche und andere – fachliche wie metakognitive – Aspekte des digitalen Wandels zu identifizieren und im Hinblick auf ihren späteren Beruf und ihr Fach zu reflektieren. Dazu können beispielsweise Fragen gehören wie:

- Welche anthropologischen, ethischen oder theologischen Fragen ergeben sich aus den verschiedenen Entwicklungen der digitalen Transformation?
- Welche elementaren Wahrheiten und Erfahrungen (des Menschen, des Glaubens) lassen sich hier im Sinne der Korrelation aufspüren und nutzbar machen?
- Welche Funktionen übernehmen digitale Medien im Rahmen des Erwachsenwerdens, im gesellschaftlichen Miteinander?

Oder noch konkreter und theologisch ausgeschärft:

- Wie ist der Hang zur Selbstoptimierung in sozialen Netzwerken vor dem Hintergrund des christlichen Menschenbildes zu bewerten?
- Inwiefern spiegelt sich in digitalen Ausdrucks- und Kommunikationsformen der Wunsch oder die Vorstellung eines transzendenten Gegenübers wider?
- Welchen Einfluss haben digitale Medien und Informationskanäle im Hinblick auf religiöse Bildung und Sozialisation?
- Religion als „Unterbrechung" (J.B. Metz) – gilt das auch für den Cyberspace?!

Die Liste könnte ohne lange Überlegung fortgesetzt werden. In jedem Fall würden sich etliche Fragestellungen finden lassen, die aus theologischer und/oder religionspädagogischer Sicht von Interesse sind und im Bereich der Ebenen II und III liegen. Sie können nicht nur implizit, sondern auch explizit für den Religionsunterricht von Bedeutung werden – etwa dann, wenn mit Schülerinnen und Schülern im Themenfeld Anthropologie oder Ethik über Aspekte der Digitalisierung gesprochen wird.

Zweifelsohne: Künftige Lehrerinnen und Lehrer müssen auch lernen, digitale Medien oder Tools zielgerichtet einzusetzen und Lernprozesse mit ihrer Hilfe sinnvoll zu gestalten (Ebene I). Dieser Anspruch kann im Studium nicht ausgeklammert werden. Doch solche und andere (Anwendungs-)Kompetenzen sollten hier nicht im Vordergrund stehen. Sie können zum einen in der zweiten Phase der Lehrerausbildung und in den ersten Berufsjahren vergleichsweise einfach erworben werden. Zum anderen verändern sie sich angesichts der oben angesprochenen Dynamik ohnehin sehr schnell. Die Fähigkeiten hingegen, grundlegende Anfragen und elementare Aspekte (der Ebenen II und III) zu erkennen, dürften von ungleich größerer Bedeutung sein. Sie sollten im Studium zuerst erworben werben, damit tiefergehende Reflexions- und Urteilskompetenzen aufgebaut werden können. Ansonsten besteht die Gefahr, dass auch vom Potenzial und den Inhalten des christlichen Glaubens sehr wenig im Unterricht ankommt und bestimmte gesellschaftliche Entwicklungen oder Trends einfach ungefiltert ins Klassenzimmer hineingetragen werden. Hier gibt der Soziologe Jürgen Kaube einen wichtigen Anstoß, wenn er fordert, dass Schule nach wie vor gut daran tut, an „exemplarischen Weltausschnitten ins Denken"[11] einzuführen. Es kann ihr nicht darum gehen, auf eine *bestimmte* (z. B. digitale oder von der Logik des Marktes bestimmte) Zukunft vorzubereiten, sondern auf alle möglichen. Damit Schülerinnen und Schüler ein solches Denken lernen und Digitalisierung verantwortungsbewusst gesteuert werden kann, müssen auch zukünftige Lehrerinnen und Lehrer in ein solches Denken eingeführt werden.

Literatur

DIVSI – Deutsches Institut für Vertrauen und Sicherheit im Internet: Euphorie war gestern U25-Studien – die Generation Internet zwischen Glück und Abhängigkeit. Hamburg 2008. Online unter: https://www.divsi.de/wp-content/uploads/2018/11/DIVSI-U25-Studie-euphorie.pdf (Stand 20.04.2020).

Engelbrecht, Torsten: Technologie in unseren Schulen schadet mehr, als sie nützt. Telepolis Online-Magazin (2017). Online unter: https://heise.de/-3766725 (Stand 20.04.2020).

Füller, Christian: Ihr Geschäft ist die Digitalisierung. Der Tagesspiegel online (2019). Online unter: https://www.tagesspiegel.de/wissen/bildungsstiftungen-ihr-geschaeft-ist-die-digitalisierung/25020550.html (Stand 20.04.2020).

Kaube, Jürgen: Ist die Schule zu blöd für unsere Kinder. (2019) Online unter: https://www.ndr.de/kultur/gedankenzurzeit1472_page-1.html (Stand 20.04.2020).

Knaus, Thomas; Engel, Olga: fraMediale – digitale Medien in Bildungseinrichtungen (2.), München 2011, 161-176.

Lankau, Rolf: Kein Mensch lernt digital. Weinheim/Basel 2017.

Stalder, Felix: Kultur der Digitalität. Berlin 2016.

KQ-Arbeitsgruppe Philosophie der Bezirksregierungen Arnsberg, Detmold, Münster: Kultur der Digitalität innerhalb und außerhalb von Schule. Unveröffentlicht 2019.

11 Kaube: Schule.

Verarbeitung

Lehren und Lernen im digitalen Zeitalter – Orientierung in einem weiten Feld

Barbara Zimmermann

Youtube-Videos zu digitaler Hochschullehre werden aktuell tausendfach geklickt, Publikationen und Tagungen zu digitaler Lehre boomen; parallel schreiben bzw. unterschreiben rund 2.000 Hochschullehrende einen offenen Brief zur „Verteidigung der Präsenzlehre".[1] Die Corona-Pandemie und die damit verbundene weitgreifende Umstellung auf digitale Lehrveranstaltungsformate an Hochschulen hat das Thema „digitale Lehre" auf Platz 1 der hochschul(fach)didaktischen Diskussion katapultiert. Der Puls der Debatte ist hoch: Lehrende bringen die unterschiedlichsten Praxiserfahrungen in die Diskussion ein, erproben Tools und Methoden; auch Studierende bringen Best Practice aus verschiedenen Lehrveranstaltungen ins Gespräch und tragen so zur Dynamik bei.

Dieser Beitrag tritt bewusst aus dieser Dynamik heraus und soll die Möglichkeit eröffnen, sich einmal im Feld und in der Debatte zur digitalen Hochschullehre zu orientieren. Drei Zugänge sollen dabei Orientierung ermöglichen. So wird der Blick (1.) auf gegenwärtige Phänomene des Diskurses um digitale Hochschullehre gelenkt – mit dem Ziel, die Beiträge sachlich einordnen und aufnehmen zu können. Anschließend wird (2.) systematisch aufgeschlüsselt, welche Ebenen der Lehre durch die Digitalisierung verändert werden – mit dem Ziel, diese Veränderungen differenziert wahrnehmen und reflektieren zu können. Abschließend werden (3.) Grundformen digitaler Hochschullehre und digitaler Lehr-Lern-Formate vorgestellt – mit dem Ziel, verschiedene Ansätze kennenzulernen und ggf. eigene hochschul(fach)didaktische Projekte rund um digitale Lehre besser verorten bzw. entwickeln zu können.

---

[1] Vgl. exemplarisch beispielsweise die Klickzahlen zum Thema „Flipped Classroom", online einsehbar unter: https://www.youtube.com/results?search_query=flipped+classroom (zuletzt eingesehen: 19.08.2020). Vgl. exemplarisch als neue Literatur den theologiedidaktischen Sammelband: GIERCKE-UNGERMANN/HANDSCHUH: Digitale Lehre. Dazu noch der Offene Brief „Zur Verteidigung der Präsenzlehre".

1. Gegenwärtige Phänomene des Diskurses

Hochschuldidaktische Themen wie „digitale Lehre", „Kompetenzorientierung" oder „Employability" provozieren viele Beiträge, was den Diskurs sehr bunt und vielfältig, im letzten aber auch heterogen und schwer zugänglich macht. Neben journalistischen Beiträgen in den Feuilletons der überregionalen Medien und Artikeln in hochschulpolitischen Fachmagazinen finden sich Statements zentraler Stakeholder (KMK, Verbände, Fachgesellschaften etc.) ebenso wie wissenschaftliche Fachartikel aus verschiedenen Fächern (Erziehungswissenschaften, Psychologie, Hochschulfachdidaktiken, Informatik etc.). Zur Orientierung in diesem weiten Feld werden nachfolgend vier Phänomene beschrieben, die eine Einordnung der Beiträge erleichtern:

1.1 Die vermeintlichen „Kontrahenten" im Ring: digitale Lehre vs. Präsenzlehre

Bis heute arbeiten insbesondere journalistische wie hochschulpolitische Beiträge, aber auch manch hochschuldidaktischer Beitrag mit einer Gegenüberstellung von digitaler Lehre und Präsenzlehre. Schnell geht es dabei um die eigene Position: Konsequent digitale Verfechter*innen trifft man ebenso an wie konsequent analoge Skeptiker*innen. Beide Seiten führen multiple Argumente ins Feld, um eine Lanze entweder für oder gegen digitale Lehre zu brechen. Als typische Argumentationsmuster der beiden Gruppen lassen sich identifizieren (Tab. 1):

Gruppe	Typische Argumentationsmuster
der Skeptiker*innen	– Nichtpassung zum Grundverständnis der Hochschule als Ort des (persönlichen) Diskurses und des Netzwerkens – Wegfall persönlicher, direkter Kommunikation, keine verlustfreie Übertragung des Gesprächs in virtuelle Formate – unnütze Spielerei, kein Mehrwert – Skepsis gegenüber digitalen Angeboten, Infragestellung der Datensicherheit – z. T. verbunden mit geringer persönlicher Affinität zur digitalen Welt – fehlende digitale Lehrkompetenz – (zu) zeitintensive Einarbeitung für Lehrende, ggf. auch für Studierende; hoher Aufwand der Vorbereitung für Lehrende

	– wenig bis keine fachspezifischen Beispiele zur Orientierung – fehlende/unterschiedliche IT-Ausstattung (in der Hochschule und aufseiten der Studierenden) – hoher kontinuierlicher finanzieller Aufwand (insb. Anschaffung/Erstellung sowie Pflege von Hard- und Software) – Verweigerung weiterer Innovation, Sicherung des Status quo > Fokus auf Kerngeschäft der Forschung, ggf. auch Präsenzlehre – ...
der Befürworter*innen	– orts- und zeitunabhängiges Lernen; Beitrag zur Stärkung von Bildungsgerechtigkeit – Erleichterung der Internationalisierung der Lehre; Förderung globalen, vernetzten Lernens und Forschens – Lösung im Falle defizitärer Ressourcen (z. B. bei Raumproblemen, Wegfall von Kopierkosten etc.) – Erschließung und Erprobung neuer Lehr-Lern-Welten, didaktische Innovationsfreude – z. T. verbunden mit hoher persönlicher Affinität zur digitalen Welt – notwendiger Beitrag, um Anschlussfähigkeit der Personen wie der Hochschulen im Zeitalter der Digitalisierung sicherzustellen – Durchbrechung traditioneller, ggf. antiquierter Bilder von Studium und Lehre; notwendige Veränderung des status quo – Chance zur stärkeren Personalisierung der Lehre (individuelle Lernerfolgskontrollen, effektivere Betreuung von Kleingruppen) – ...

Tab. 1: Typische Argumentationsmuster bei der Begründung bzw. Ablehnung digitaler Hochschullehre

Die – durch die Corona-Pandemie bedingte – notwendige Erprobung und Durchführung digitaler Lehre an den Hochschulen hat mitunter zu einer Revision oder zumindest Modifikation der individuellen Ansichten und Haltungen geführt; so hat sich die Priorität und Gewichtung einiger Argumente verändert. Während einige weiter die Grundsatzfrage, ob nun Präsenz- oder digitale Lehre die bessere Grundform der Lehre sei, stellen, bildet sich inzwischen eine starke dritte Gruppe heraus, die gerade im reflektierten Zusammenspiel der beiden Grundformen hochschul(fach)didaktisches Potential erkennt. Die neuen, durch die

Praxiserfahrung veränderten Positionen und die daraus resultierende differenziertere Diskussion tun dem Diskurs insgesamt gut, da es zu einer Aufbrechung der bisherigen Polarisierung, einer differenzierteren Sicht auf die Grundformen hochschuldidaktischer Lehre kommt. Die Frage, wie ein Autor bzw. eine Autorin die Grundfrage nach dem Mit- oder Gegeneinander der beiden didaktischen Grundformate (Präsenzlehre und digitale Lehre) bestimmt, ist somit ein erster wichtiger Schlüssel, um sich im Feld Orientierung zu verschaffen.

1.2 *Emotionalität und das Stilmittel der Zukunftsszenarien*

Das bereits beschriebene vermeintliche Gegeneinander von Präsenzlehre und digitaler Lehre führt in einigen Artikeln schnell zu hoher Emotionalität. Die Argumentationsmuster verdeutlichen, dass die Frage nach digitaler Lehre schnell auch Fragen des eigenen Verständnisses von Bildung, Hochschule und Lehre berührt. Die z. T. emotional aufgeladene Debatte wird dabei durch das Stilmittel des Zukunftsszenarios weiter angefeuert. Viele Szenarien, die im Bereich digitaler Bildung entworfen werden, verfolgen das Ziel, plastisch und drastisch aufzuzeigen, wie sich Lehre und Lernen verändern könnten. Gegenstand der Szenarien sind oftmals automatisierte und zugleich personalisierte Lernsysteme. Lernende sitzen – in der Inszenierung des Szenarios – beispielsweise allein am Schreibtisch, tippen ihre Arbeitsergebnisse in Computerprogramme ein. Die Software führt nach der Eingabe zeitnah eine Algorithmen-basierte Fehleranalyse durch; das Feedback des Lernprogramms ergeht automatisch und ist direkt mit Verweisen auf passendes Lernmaterial verknüpft. Sind Lernende ermüdet, abgelenkt oder emotional auffällig, wird dies von der Gesichtserkennung der Computerkamera und ggf. auch durch eine Stimmanalyse via Mikrofon erfasst – umgehend erfolgt dann eine Reaktion durch die Lernsoftware – beispielsweise mit Erinnerung an eine Pause oder Kontakt zur Hotline. Ein anderes Szenario: Weltweit verfügbares Bildungsmaterial würde Standardisierungsprozesse im Bildungswesen massiv beschleunigen und Lehr-Lern-Kulturen nachhaltig verändern.

Diese Szenarien bieten Chancen und beinhalten ein Risiko zugleich: Je nach Grundhaltung wird kreatives Entwicklungspotential freigesetzt oder aber es bleibt eine massive Angst zurück. Hierbei spielt auch die Frage nach Macht bzw. einer Umverteilung von Macht bzw. Hoheit über Bildungsprozesse eine zentrale Rolle. Zur Orientierung ebenso wie zur Versachlichung der Debatte kann es daher helfen, sich den Grad der Emotionalität der Beiträge zu digitaler Lehre sowie die eigene Emotionalität zu diesem Thema bewusst zu machen und diese reflektiert in die hochschul(fach)didaktische Diskussion einzuweben.

1.3 *Wellenbewegungen durch verschiedene Einflussfaktoren*

Wirft man einen chronologischen Blick auf den Diskurs um digitale Hochschullehre, so lassen sich verschiedene äußere Einflussfaktoren identifizieren, die Wellen der Diskussion ausgelöst haben. Im deutschsprachigen Raum sind als markante Einflussfaktoren zu unterscheiden:

- technische Entwicklungen und Neuerungen (angefangen mit der Computerentwicklung in den 1960er Jahren, die Startphase des Internets in den 1990er Jahren, die Weiterentwicklung des Webs (2.0, 3.0 etc.) beginnend mit den 2000er Jahren),
- bildungspolitische Aktivitäten (Digitalpakt etc.),
- wirtschaftspolitische Aktivitäten (z. B. Bertelsmann-Stiftung)
- und nicht zuletzt das Ereignis der Corona-Pandemie.

Zur Einordnung eines Beitrags ist es oftmals sehr hilfreich, sich die situativen Hintergründe und damit verbundene Motivationen zu berücksichtigen.

1.4 *Grundlinien des wissenschaftlichen Diskurses*

Auch die wissenschaftliche Auseinandersetzung ist lebendig: Verschiedene wissenschaftliche Fächer – von der Informatik über die Erziehungswissenschaften bis hin zu fachspezifischen Ansätzen – speisen gleichzeitig den Diskurs. Querbezüge und Verweise zwischen den Artikeln fehlen oft gänzlich. Zur Orientierung kann es daher hilfreich sein, sich zentrale Grundlinien der Beiträge zu vergegenwärtigen. Zu unterscheiden sind insbesondere folgende Anliegen:

- Klärungen von zentralen Begriffen, Versuch von Definitionen
- Dokumentation und Evaluation von Praxisversuchen
- Pädagogisch-didaktische Reflexionen (Bildungstheorie, Lehr-Lern-Theorie, Didaktik, ...)
- Reflexion bildungspolitischer und hochschulpolitischer Entwicklungen
- Technische Dokumentationen und Reflexionen (Umsetzung, Programmierung, ...)
- Strategische Reflexionen (Implementierung, Anforderungen, Voraussetzungen, ...), wobei insbesondere in diesem Bereich auch Auftragsforschung & Sondierungen von Stiftungen etc. zu beachten sind.[2]

---

2 Vgl. dazu auch: Lankau: Mensch, 25f.

2. Veränderung der Lehre durch die Digitalisierung

Bei der Lektüre gerade feuilletonistischer Artikel zum Thema „Digitalisierung", aber auch in Interviews mit Befürwortern von Digitalisierung in der Lehre fällt auf, dass hier „Dampf" gemacht wird. „Ich denke, wir stehen mitten in dem digitalen turn"[3], formuliert beispielsweise Michael Kerres, Professor für Wissenschaftsmanagement an der Universität Duisburg-Essen. Diese und andere zeitliche Aussagen, gepaart mit der Vielfalt an Ideen und Ansätzen sowie neuen Begrifflichkeiten schüren mitunter Sorge unter (zumeist digital weniger affinen) Lehrenden, bereits jetzt „außen vor" zu sein. Es entsteht der Eindruck, dass auf einmal alles anders, alles neu wird. Um diesem – ggf. Unsicherheit auslösenden – Eindruck entgegen zu wirken, lohnt es sich, die Frage zu stellen, was sich eigentlich genau durch die Digitalisierung im Bereich Studium und Lehre verändert. Welche Ebenen von Studium und Lehre sind vom „digital turn" betroffen?

Die folgende Graphik (Abb. 1) ermöglicht einen ersten Überblick über die Ebenen der Veränderung:

Abb. 1: Ebenen der Veränderung der Lehre durch die Digitalisierung

Deutlich wird, dass die Veränderungen eigentlich alle zentralen Ebenen von Lehren und Lernen bzw. von Studium und Lehre betreffen. Im Einzelnen:

1. Inhalte & Forschung: Zunächst kann es dazu kommen, dass sich die Inhalte, die in Studium und Lehre behandelt werden, verändern, weil z. B. das Thema „Digitalisierung" selbst zum Gegenstand der Auseinandersetzung wird. Durch die zunehmende Digitalisierung verändern sich aber auch Forschungsmethoden[4] und die Endprodukte der Forschung, wenn Forschungsergebnisse statt in einer Monographie z. B. auf Webseiten oder in Online-

[3] Kerres: Kurzstatement.
[4] Vgl. insbesondere in den Geisteswissenschaften die Debatte um digital humanities.

Datenbanken veröffentlicht werden. Insofern verändert sich im Zeitalter der Digitalisierung der Gegenstand des Lehrens und Lernens.

2. Qualifikation & Curricula: Zugleich ist die Diskussion darum entbrannt, welche Kompetenzen Studierende im Zeitalter der Digitalisierung eigentlich erwerben müssen. Es kann infolgedessen zu Überarbeitungen von Modulen oder zur Revision eines Studienprogramms kommen; mitunter wäre auch die vollständige Neuauflage eines Studienprogramms (z. B. als Online-Studiengang) denkbar. Analog wird die Diskussion im Bereich der hochschuldidaktischen Qualifikation virulent, wenn gefragt wird, inwiefern digitale Lehre nicht auch ein notwendiger Bestandteil von hochschuldidaktischen Qualifikationsmaßnahmen für Lehrende sein müsste.
3. Hochschuldidaktik & Lehre: Am deutlichsten werden die Veränderungen natürlich auf der Ebene „Hochschuldidaktik und Lehre", wo neue Geräte, neue Lehrveranstaltungsformate, neue Prüfungsmethoden etc. zum Einsatz kommen.[5] Gerade in der Phase des Lockdowns sind hier viele Veränderungen spürbar geworden. Orte und Zeiten des Lernens verändern sich durch digitale Hochschullehre ebenso wie die Wahrnehmung von Studierenden, wenn diese nicht vor Ort, sondern am Bildschirm nebeneinander zu sehen sind.
4. Lernen & Lernhilfen: Veränderungen können aber auch verborgener wirksam sein. So ist zu fragen, wie künftige Studierende der Generation Smartphone eigentlich lernen. Kann Lernen beispielsweise mittels Lern-Apps und Trainings- oder Simulationssoftware noch besser unterstützt und gefördert werden? Digitale Vokabeltrainer ersetzen schon jetzt klassische Zettelkästen.
5. Organisation & Beratung: Als fünften und letzten Bereich ist der Blick auf den Bereich Studienorganisation und -verwaltung zu lenken, wo digitale Transformationsprozesse auch schon flächendeckend wirksam sind – angefangen von digitaler Notenverbuchung und Zeugnisausgaben über digitale Bewerberportale und -zulassungsverfahren, Online-Studienberatung etc.

Diese kurze Illustration macht bereits deutlich, wie weitgreifend die Veränderungen sind und warum aktuell so viele Fragestellungen, Projekte und Ansätze nebeneinander im Raum stehen. Es ist verständlich, hier erst einmal desorientiert zu sein. Gleichwohl sind die Veränderungen so tiefgreifend, dass es vermutlich ratsam ist, sich dem Diskurs insgesamt nicht zu verschließen, sondern vielleicht mit einem Feld zu beginnen.

[5] Siehe dazu ausführlicher den nachfolgenden Abschnitt 3 „Grundformen digitaler Hochschullehre und digitale Lehr-Lern-Formate".

3. Grundformen digitaler Hochschullehre und digitale Lehr-Lern-Formate

Fragt man Lehrende, ob sie digitale Lehre praktizieren, wird schnell deutlich, wie weit „digitale Hochschullehre" gefasst werden kann: So antwortet ein Hochschullehrer überzeugt mit „Ja. Natürlich! Ich setze ja Powerpoint und Beamer ein." ebenso wie eine junge Dozierende, die gerade E-Portfolios ihrer Studierenden korrigiert und über eine digitale Lernplattform per Chat ein Feedback zum Lernstand gibt. Bereits das macht deutlich, dass verschiedene Grundformen digitaler Hochschullehre unterschieden werden können (Abb. 2). In Anlehnung an Ausführungen von Klaus Wannemacher u. a. sind zu unterscheiden:

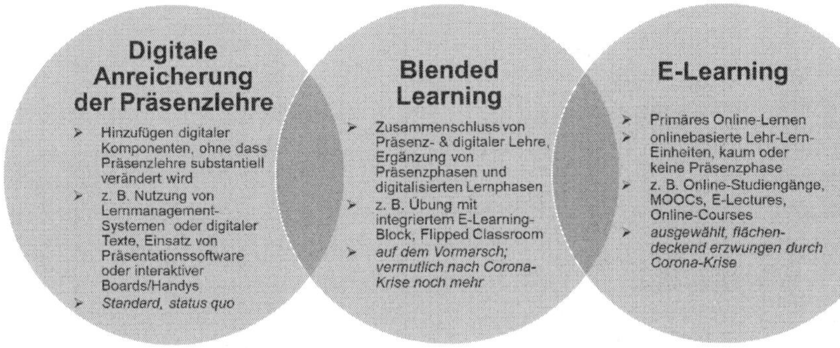

Abb. 2: Digitalisierung der Lehre – Grundformen[6]

Mithilfe dieser Dreiteilung lässt sich eine präzisere Einordnung des Grads einer Digitalisierung der (eigenen) Lehre beschreiben. Immer mehr Lehrende erproben dabei Formen des Blended Learnings und (Pandemie-bedingt) des E-Learnings. Aber auch größere Entwicklungen und Projekte mit Blick auf digitale Hochschullehre boomen und sie sind vielfältig. Sie reichen beispielsweise von der Programmierung von Abstimmungstools bis hin zur virtuellen Simulation von Praxisszenarien, von der Erprobung und Evaluation von E-Prüfungen bis hin zur Modellierung von virtuellen Archiv-Räumen, in denen man Quellen studieren kann, ohne in ein Archiv reisen zu müssen.[7] Die nachfolgende Graphik (Abb. 3) versucht mithilfe von sieben inhaltlichen Kategorien einen Überblick über dieses Feld zu geben und enthält Beispiele sowie eine kurze Kommentierung zur Einordnung des jeweiligen Ansatzes.

---

6 In Anlehnung: WANNEMACHER: Lernszenarien.

7 Vgl. dazu ebd.

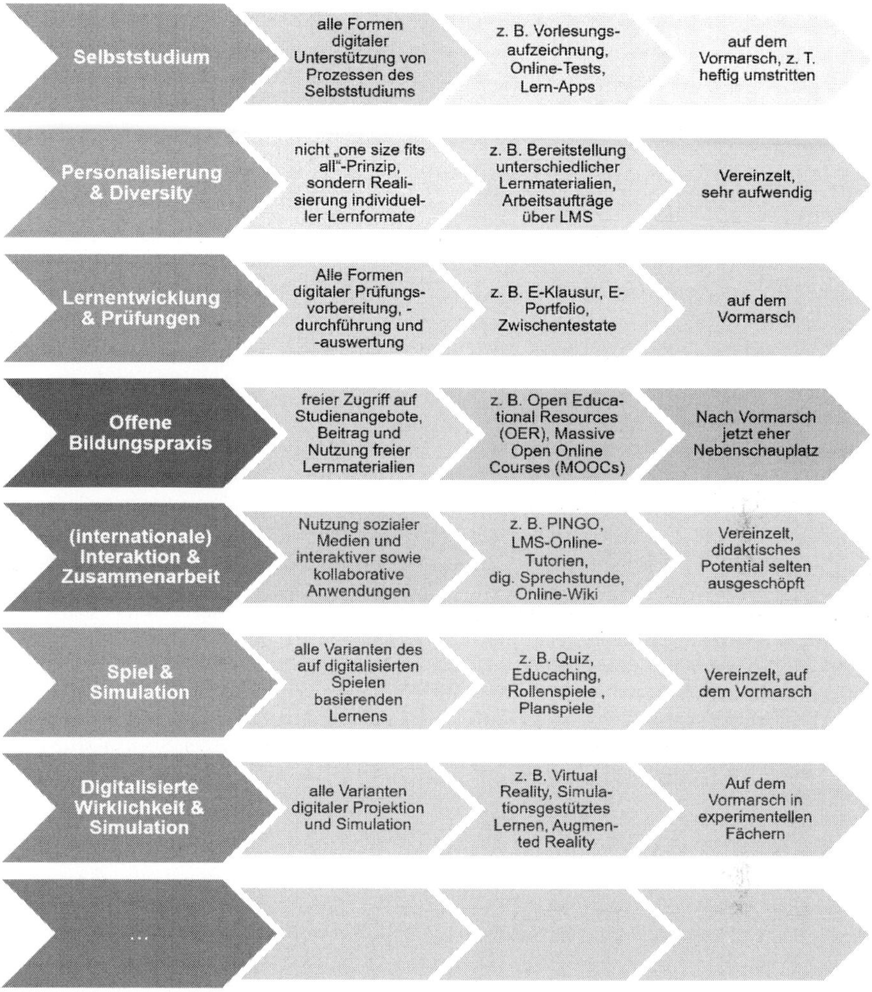

Abb. 3: Systematischer Überblick über digitalisierte Lehr-Lernelemente und -formate

Auf der Basis dieser Übersicht wird nochmals deutlich, wie groß das Tableau möglicher Neuerungen ist und auf welchen Ebenen hochschul(fach)didaktische Projekte realisiert und entwickelt werden könnten. Das didaktische Repertoire erweitert sich immens und eröffnet in naher oder mittelfristiger Zukunft Studierenden wie Lehrenden neue Möglichkeiten, Lehren und Lernen zu gestalten. Gleichwohl steigt damit auch der Bedarf an hochschul(fach)didaktischer Reflexion, um aus dem Markt digitaler Möglichkeiten für das Lernen förderliche Methoden und Ansätze herauszufiltern bzw. diese mit Blick auf heterogene Lerngruppen gezielt einzusetzen.

Literatur

APOSTOLOPOULOS, Nicolas u. a. (Hg.): Die offene Hochschule: vernetztes Lehren und Lernen. (Tagungsband „Grundfragen multimedialen Lehrens und Lernens“, GML[2] 10.03-11.03.2016, Berlin), Münster 2016.

ARNOLD, Patricia u. a.: Handbuch E-Learning. Lehren und Lernen mit digitalen Medien (utb 4965), Bielefeld [5]2018.

BAUER, Thomas/MIKUSZEIT, Bernd (Hg.): Lehren und Lernen mit Bildungsmedien. Grundlagen – Projekte – Perspektiven – Praxis, Frankfurt a. Main 2017.

DITTLER, Ullrich (Hg.): E-Learning 4.0. Mobile Learning, Lernen mit Smart Device und Lernen in sozialen Netzwerken, Berlin/Boston 2017.

GIERCKE-UNGERMANN, Annett/HANDSCHUH, Christian (Hg.): Digitale Lehre in der Theologie. Chancen, Risiken und Nebenwirkungen (Theologie und Hochschuldidaktik 11), Münster 2020.

GRIESEHOP, Hedwig Rosa/BAUER, Edith (Hg.): Lehren und Lernen online. Lehr- und Lernerfahrungen im Kontext akademischer Online-Lehre, Wiesbaden 2017.

KERRES, Michael (Hg.): Hochschulen im digitalen Zeitalter. Innovationspotenziale und Strukturwandel (Education quality forum 2), Münster 2005.

KERRES, Michael: Kurzstatement. Universität Duisburg-Essen. Hochschulforum Digitalisierung. Online abrufbar unter: https://www.youtube.com/watch?v=NPoEJd_UIVU (Stand: 19.08.2020).

LANKAU, Ralf: Kein Mensch lernt digital. Über den sinnvollen Einsatz neuer Medien im Unterricht, Weinheim/Basel 2017, 25f.

Offener Brief „Zur Verteidigung der Präsenzlehre“. Online einsehbar unter: https://www.praesenzlehre.com/ (Stand: 19.08.2020).

SCHMID, Ulrich u. a.: Die Hochschulen im digitalen Zeitalter (Monitor Digitale Bildung 2). Gütersloh 2017. Online abrufbar unter: https://www.bertelsmann-stiftung.de/fileadmin/files/BSt/Publikationen/GrauePublikationen/DigiMonitor_Hochschulen_final.pdf (Stand: 19.08.2020).

WACHTLER, Josef u. a. (Hgg.): Digitale Medien: Zusammenarbeit in der Bildung (Medien in der Wissenschaft 71), Münster 2016.

WANNEMACHER, Klaus u. a jCHE]: Digitale Lernszenarien im Hochschulbereich. Im Auftrag der Themengruppe „Innovationen in Lern- und Prüfungsszenarien“ koordiniert vom CHE im Hochschulforum Digitalisierung (Hochschulforum Digitalisierung, Arbeitspapier Nr. 15). Januar 2016. Online abrufbar unter: https://www.che.de/downloads/HFD_AP_Nr_15_Digitale_Lernszenarien.pdf (Stand: 19.08.2020).

ZIERER, Klaus: Lernen 4.0. Pädagogik vor Technik: Möglichkeiten und Grenzen einer Digitalisierung im Bildungsbereich, Baltmannsweiler [2]2018.

Transformationen des hochschuldidaktischen Dreiecks im Kontext der Digitalisierung

Oliver Reis

1. Hochschullehre im wirksamen Paradigma des Shifts „From Teaching to Learning" und dessen gouvernancekritische Lesart

Johannes Wildt hat in den 1990er Jahren die Hochschuldidaktik intensiv neu verstanden als Reflexion des Lehrens, um das Lernen zu fördern. Zusammen mit Brigitte Behrendt hat er damit das eingeleitet, was später unter dem Begriff des Shift from Teaching to Learning die hochschuldidaktische Reflexion bis zur Bologna-Reform vorbereitet hat.[1] Er macht selbst diesen Shift an einer Ausdifferenzierung am didaktischen Dreieck deutlich:

> Lehre öffnet nicht nur den Zugang zur Wissenschaft, sondern ist zugleich ‚personbezogene Dienstleistung'. Professionell Lehrende treten insoweit den Studierenden gegenüber nicht nur in ein bloßes Verhältnis der Belehrung, sondern müssen mit ihren ‚Klienten' ein ‚Arbeitsbündnis' eingehen, d. h. als sachkundige Begleiter auf dem Weg zur Wissenschaft dienen, Lernen ermöglichen (...).[2]

In der Gegenüberstellung der alten professoralen Lehrenden, die bloß belehren, und den reformierten professionellen Lehrenden differenziert sich das hochschuldidaktische Dreieck in eine doppelte Figur des alten und des neuen Lehrens aus, die Monika Scheidler und ich in dem ersten Band der 2008 neu gegründeten Reihe „Theologie und Hochschuldidaktik" mit der folgenden Abbildung darstellten:

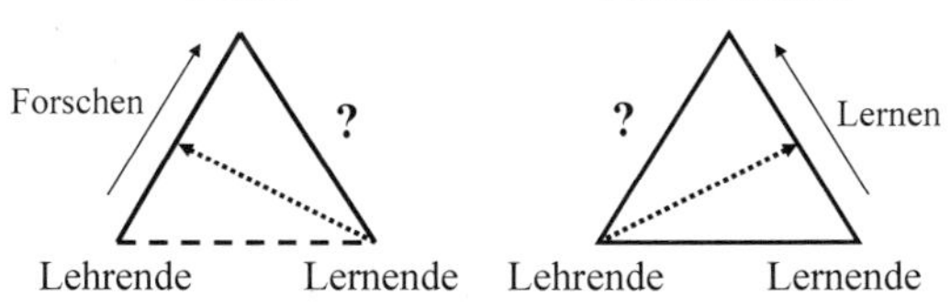

Abb. 1: Instruktionsorientierte und studierendenorientierte Lehre am didaktischen Dreieck[3]

---

1 Vgl. Wildt: lehren lernen, 35–40.

2 Ebd., 35.

3 Reis/Scheidler: als Anliegen, 7.

Am hochschuldidaktischen Dreieck erzählt die Abbildung, wie sich Hochschullehre in ihrem Fokus vom Lehren der Experten im Sinne einer Weitergabe des Wissens auf die Unterstützung des Lernens aus der Perspektive der Studierenden umstellt. Während im klassischen Dreieck die Lerndynamik darüber entsteht, dass die Studierenden der forschungsnahen Lehre hin zum Wissen folgen müssen, um nicht als unpassend selektiert zu werden, und dass die Studierenden an der Isomorphie der im Folgenden gebildeten Wissensstruktur gemessen werden – was vor allem adaptives Lernverhalten habitualisiert[4] –, soll im rechten Dreieck die Lerndynamik über die selbstbestimmte und kokonstruktive Arbeit an bildenden Lehrgegenständen erfolgen. In den beiden Dreiecken unterscheiden sich entsprechend auch der Wissensbegriff, die Rollenvorstellungen oder auch die Prüfungsaufgabe.[5]

Dieser Shift from teaching to learning hat in den letzten 15 Jahren einen ungeheuren Innovationsschub für die Hochschuldidaktik bedeutet. Curriculumsentwicklung, Studiengangssteuerung und die Steuerung der Lehre haben da, wo man Lehre professionalisiert, neue *Technologien*[6] – wie individualisierte Mentoring- und Tutoriensysteme, constructive alignment von Lehre und Prüfung, komplexe datengestützte Feedbacksysteme, digitale Flexibilisierung des Wissenszugangs mit digitalen Lernumgebungen, aktivierende Lehrmethoden, Partizipation an Forschung, stabile Theorie-Praxisverschränkung – hervorgebracht, um mehr Studierende in den Hochschulen halten und erfolgreich sein zu lassen. Die *Charta guter Lehre*[7] als der reflektierteste Akteur in der Selbstverständigung der Hochschulen oder die Leitbilder der beiden großen Player in der Förderung einer besseren Lehre, die Toepfer Stiftung (Dachprogramm *Lehren*[8]) und der Stifterverband (*Fellowships* exzellente Lehre, *Ars-legendi*-Preis, *Genius-loci*-Preis[9]), transportieren diese Vorstellung der Lehrorganisation und -durchführung mithilfe der Auswahlkriterien geförderter Projekte. Bei allen Ausnahmen und Problemen im Einzelnen hat sich die Hochschullehre nach meiner Wahrnehmung tatsächlich darauf eingestellt, die Studierenden durch die Lehrinfrastruktur dabei zu unterstützen, im Studium erfolgreich zu sein. Dieser Perspek-

---

4 Vgl. Reis: Schule-Hochschule.

5 Vgl. Wildt: lehren lernen, 35–42; Reis/Scheidler: als Anliegen, 7–12.

6 Mit *Technologien* meine ich in diesem Zusammenhang in Anlehnung an Luhmann mediale Strukturen, die helfen, damit eine Entscheidungsvorgabe des einen zur Handlungsvorgabe eines anderen wird. In diesem Sinne hat die Pädagogik ein Technologiedefizit, weil sie solche Linearität mit Hilfe generalisierter Kommunikationsmedien nicht herstellen kann (vgl. Luhmann/Schorr: Technologiedefizit; Luhmann: Kommunikationsmedien.). Gleichzeitig sind Pädagogik und Didaktik genau auf die Herstellung solcher Technologien bezogen.

7 Charta guter Lehre. Grundsätze und Leitlinien.

8 Für Informationen zum Programm siehe: www.lehrehochn.de. (Stand: 16.07.2020)

9 Für Informationen zu den Preisen und Programmen siehe: www.stifterverband.org/auszeichnungen/bildung (Stand: 16.07.2020).

tivwechsel geht sicher nicht so weit, dass man behaupten würde, dass das System eine *inklusive* Strategie verfolgen würde, eher haben die Hochschulen in dem Wandel ihre *Integrations*leistung an die weitgehend unveränderten Lernerwartungen gesteigert und dafür die eigene Strukturierungsleistung optimiert, deren Qualität nun erfolgreiche Studierende (in Regelstudienzeit) bestätigen (müssen).[10] Hochschulen stellen Wissen – deklaratives und prozedurales – in strukturierten Lernumgebungen für die Studierenden bereit, die sich mit hoher Verantwortung für die Selbstorganisation auf Abschlüsse vorbereiten, stellen Zertifikate über die möglichst erfolgreichen Lernprozesse aus und reproduzieren sich über letztlich die im System selbst zertifizierten Studierenden.

So weit im Grunde alles normal. Nur vollzieht sich diese Transformation des Systems in zwei Kontexten: der bildungsökonomischen Rationalisierung auch der Lehre und der Digitalisierung. Der Shift from teaching to learning im hochschuldidaktischen Dreieck ist im Grunde gedacht gewesen als ein Perspektivwechsel hin zur Entdeckung des lernenden Subjekts, dessen Bildungsweg – mit John Hattie gesprochen[11] – nun strukturiert werden muss. Hochschuldidaktik versteht sich bei Johannes Wildt z. B. als institutionenkritisches Moment, das das lernende Subjekt aus der selbstreferentiellen Eigenlogik der sozialisierenden, leistungsdifferenzbezogenen Hochschule emanzipativ stärkt. Die Wirkung der verschiedenen Maßnahmen könnte man mit Gert Biesta aber aus meiner Sicht eher als ein Gouvernance-System beschreiben, das – unter administrativen und ökonomischen Druck gesetzt – seine Energien darauf richtet, Bildung für alle in den angebotenen Strukturen zu simulieren und gleichzeitig gelernt hat, auch im neuen System durch die hohe Zuschreibung von Selbstorganisation die allokativen und selektiven Mechanismen fortzusetzen.[12] Die in Folge der aufgrund des Shift implementierten Praktiken bieten massive Anreizmechanismen bis hin zur motivationalen Unterstützung, nutzen die Unverfügbarkeit des selbsttätigen Lernens der Studierenden für die alleinige Risikozuschreibung auf Seiten der Studierenden, die bei Fehlproduktion den Studierenden die Verantwortung gibt, die Erwartungen nicht angemessen intern reguliert zu haben.[13] Gerade die digitalen Lernumgebungen werden nach Maximilian Waldmann und Katharina Walgenbach eingesetzt, um auf eine direkte autoritäre Steuerung zugunsten einer selbstdisziplinierenden zu verzichten.[14]

Aus heutiger Sicht ist es an dem reformierten Dreieck vielleicht naiv, dass es den Hochschulrahmen natürlich immer mitgedacht hat, aber letztlich Lehre, Lehrinnovation immer handlungstheoretisch und interaktionistisch denkt: Lehrende treten mit Studierenden in veränderte Interaktionen, Lehrende treten mit

---

10 Vgl. Reis: Diversität.

11 Vgl. Hattie: sichtbar machen.

12 Vgl. Biesta: Perfect education.

13 Vgl. Forneck: Modernisierungsimperative.

14 Vgl. Waldmann/Walgenbach: Digitalisierung, 359.

Lehrenden für veränderte Rahmenbedingungen in Interaktion, Netzwerke von Lehrenden in Interaktion verändern den Rahmen für innovative Lehre. Und letztlich wird in dieses Denken dann auch die Digitalisierung integriert[15]: Lehrende interessieren sich für die Möglichkeiten digitaler Lehre, probieren sie aus und prüfen, ob sie Lehre als Medium zwischen sich und den Studierenden beeinflussen. Letztlich geht es darum, ob die digitalen Medien Studierende besser aktivieren, Lehre effizienter (flexiblere und zugleich stabilere Wissensrepräsentation oder digitale Prüfungen) oder effektiver (passgenauere individuelle Lernumgebungen) oder einfach nur smarter in der Form der Präsentation (Lernvideos, schnelle Mensch-Technik-Hybride). Immer aber werden Medien gedacht als intentional eingesetzte Mittler zwischen Lehrenden und Studierenden:

> Medien des virtuellen Lernens sind nichts anderes als ein ‚exzellentes Medium im pädagogischen Verhältnis zwischen Lehrenden und Lernenden'.[16]

Aus mediendidaktischer Sicht sind deshalb vor allem Kompetenzen notwendig, die Annett Giercke-Ungermann und Christian Handschuh zutreffend so beschreiben:

> Dies setzt nicht nur hohe Kompetenzen der Lehrenden im eigenen Fach und in der Didaktik von E-Learning voraus, sondern auch einen kompetenten Medien-Umgang. Letzteres meint nicht nur einen Überblick über die Möglichkeiten und eine sichere Anwendung bzw. Umsetzung, sondern auch einen zielgerichteten sowie reflektierten didaktischen Einsatz und eine motivierte Verbindung der jeweiligen Elemente.[17]

Man könnte das didaktische Dreieck deshalb folgendermaßen verändern:

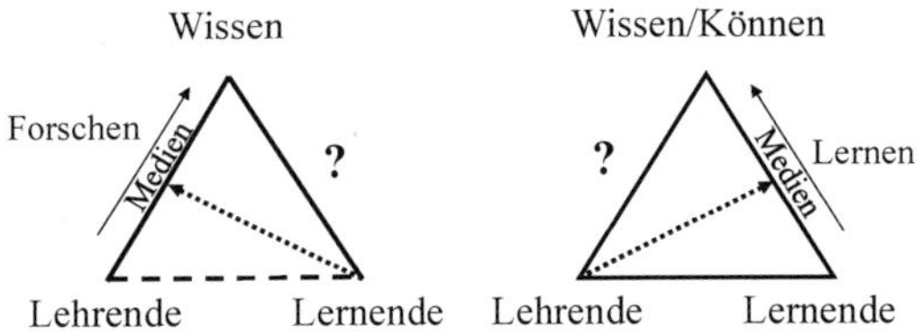

Abb. 2: Die handlungstheoretische Einbindung von Medien in das hochschuldidaktische Dreieck

Wichtig ist, dass Digitalisierung als eigenes Leitbild beide Dreiecke in dieser Vorstellung von Medien unterstützt. Sie können einfach nur die Präsentation des Wissens verstärken und in der Präsentation den Nachfragedruck oder die Nachfragesituation auf die Studierenden hochhalten. Sie können aber auch auf die Unterstützung der studentischen Aneignungsprozesse bezogen sein. Digitalisierung ist ein Kontext, dem der Shift an sich egal ist. Digitalisierung hebt nach meiner Ansicht die Differenz zwischen beiden Dreiecken sogar eher auf. Oder Digitalisierung – und insbesondere das digitale Sommersemester 2020 – deckt auf, dass hinter den Praktiken der Lehre, die sich formal zum rechten Dreieck

15 Vgl. BELLIGER: Akteur-Netzwerk-Theorie, 337.

16 GIERCKE-UNGERMANN/HANDSCHUH: Spur, 14.

17 GIERCKE-UNGERMANN/HANDSCHUH: Spur, 16.

bekennen, das linke Dreieck weiter stabilisiert wird. Digitalisierung ist ein Kontext, so meine These, der über das Gouvernance-Modell der neuen Selbstleitung der Studierenden in starken Strukturen das rechte Dreieck übersetzt in Praktiken, die das linke Dreieck unterstützen und das hochschuldidaktische Dreieck dann insgesamt dyadisch implodieren lassen. Diese Transformationen sollen im Folgenden weiter entfaltet werden.

2. Der Nachbau des Dreiecks in der digitalen Transformation der Lehrnetzwerke

2.1 Transformation aus der Perspektive der Akteur-Netzwerk-Theorie

Ein Problem der Wahrnehmung von Digitalisierung ist ihre Wahrnehmung als technischer Prozess, der sich in Interaktionen intentional didaktisch einbinden lässt. Diese Perspektive unterschlägt die Wucht der Transformation der sozialen und insbesondere der pädagogischen Ordnung.[18] Um der Frage nachzugehen, wie sich Digitalisierung auf das hochschuldidaktische Dreieck auswirkt, möchte ich deshalb zunächst den theoretischen Kontext auf die Akteur-Netzwerk-Theorie als Spezialform der Praxistheorie umstellen[19], die besonders geeignet ist, um Transformationen komplexer Systeme zu erfassen, weil sie

> Handlungen nicht isoliert betrachtet, sondern als einen Zusammenhang begreift, der bei Theodore Schatzki etwa als ‚field of practices' oder ‚total nexus of interconnected human practices' bezeichnet wird. Mit dem Praxisbegriff steht ein relationales Konzept im Zentrum der Theorie, denn jede Praxis ist von der Existenz anderer, auch vergangener Praktiken abhängig, an die sie anschließt und im Verhältnis zu denen sie Bedeutung erlangt. Soziales besteht dieser Auffassung zufolge nur, wenn und solange Praktiken aus- und aufgeführt und somit ‚Beziehungen über Zeit und Raum hinweg stabilisiert werden'.[20]

Transformationen von Praktiken sind dementsprechend Transformationen *im ganzen Bündel*. Anzunehmen ist, dass sich Akteure, die an den Praktiken beteiligt sind, verändern, aber auch die Beziehungen der Akteure in den Praktiken. Der Begriff der Praktiken macht außerdem deutlich, dass sich Verhaltensweisen nicht einfach verändern, weil Intentionen anderes Verhalten aufrufen. Das hat zur Folge, dass aus Sicht der Praxistheorie Praktiken eben „nicht nur *von uns* ausgeführt [werden], sie existieren auch *um uns herum* und [sind] historisch *vor*

---

18 Vgl. WALDMANN/WALGENBACH: Digitalisierung, 358; SCHÖNING: Kultur der Digitalität, 114.

19 Der folgende Abschnitt zur Akteur-Netzwerk-Theorie geht zurück auf CARUSO/REIS: Medienklasse.

20 SCHÄFER: Konstruktivismus, 20.

uns. Sie zirkulieren unabhängig von einzelnen Subjekten, und sind dennoch davon abhängig, von ihnen aus- und aufgeführt zu werden"[21]. Digitale Lehrpraktiken sind aus dieser Perspektive nicht losgelöst von bisherigen Lehrpraktiken. Der Kontext Lehre, in dem Akteure und Praktiken gerahmt werden, wird Situationen so vorentwerfen, dass sie von den bisherigen Akteuren und ihren Praktiken her gedacht sind. Die normativ geforderte Transformation der bisherigen Lehrpraktiken in Richtung Digitalität ist vor diesem Hintergrund eine erhebliche Veränderung in einem System, das gleichzeitig in seinen Leistungsanforderungen stabil bleiben soll. Was unter ‚normalen' Bedingungen für die Hochschullehre in der Theologie vielleicht als Anforderung noch verdrängbar ist, hat sie im SoSe 2020 durch die digitale Totalität voll herausgefordert. Es müssen unter Bedingungen vollständiger digitaler Lehre die in den Studienordnungen vorgesehenen Ziele mit den Lehrveranstaltungen erreichbar sein. Es gibt von den Ministerien hierzu keinen Dispens und mir ist keine deutsche Hochschule bekannt, die diese ministeriale Vorgabe nicht als Normalitätserwartung an ihre Lehrende weitergereicht hätte.

Die Akteur-Netzwerk-Theorie (ANT) führt in dieses Grundsetting zum einen die Perspektive ein, dass in die Praktiken alles als Akteur eingebunden sein kann, das für die Praktiken einen Unterschied macht: „Ein unsichtbarer Handlungsträger, der keinen Unterschied macht, keine Veränderung hervorruft, keine Spur hinterläßt und in keinen Bericht eingeht, ist kein Handlungsträger."[22] Aus Sicht der ANT sind Dinge, Begriffe, Tiere, Menschen etc. gleichartige Akteure, weil sie in ein Netzwerk aufgrund der ihr eigenen Handlungsprogrammatik einbezogen wurden, weil sie mit ihrer Art einen Unterschied zu machen, relevant für die Sinnbildung in der Praxis sind.[23] Die ANT verändert dadurch den Handlungsbegriff, denn so wie alles ein Akteur sein kann, so ist zugleich jeder Akteur mit seinem Handeln Wirkung von Kommunikation:

> Es werden die einzelnen Elemente jeweils nicht als Ursprung der Handlung verstanden, sondern es wird stets von verlagerten und verschobenen Kräften ausgegangen. Wird also in der Analyse eine aktive Entität fokussiert, so ist ihrer Relation mit einer oder mehreren anderen Entitäten zu folgen, die sie mit Handlungsfähigkeit ausstatten.[24]

Handeln ist die Fähigkeit eines ganzes hybriden Netzwerks an Akteuren, bei dem alle die in ihre Handlungsprogrammatiken eingespeisten Kompetenzen einbringen,[25] so dass auch technische oder dingliche Artefakte soziale Erwartungen nicht einfach nur *symbolisieren*, sondern sie „ihnen eine externalisierte materielle Form gegeben" haben.[26] Wenn in Situationen die Akteure und die Praktiken

---

21 Ebd.
22 LATOUR: Akteur-Netzwerk-Theorie, 92.
23 Vgl. ebd, 125.
24 SCHÄFER: Konstruktivismus, 24.
25 Ebd.
26 KALTHOFF/CRESS/RÖHL: Einleitung, 17.

im Netzwerk verstanden sind, dann ist es in der Änderung der Akteure und der Praktiken möglich, „Transformationen eines Netzwerkes als graduelle Differenzen, die jegliche Veränderung in einer Kette nach sich zieht, zu beleuchten."[27]

In der Lehre vollziehen sich gegenwärtig Transformationen in den Praktiken auf Grundlage der An- und Herausforderungen der Digitalisierung, die nicht mehr sinnvoll über die Intentionalitäten der Lehrkräfte verstanden werden. Es ist produktiver, auf die Veränderungen der Akteure und die mit ihnen verbunden Praktiken zu schauen, die durch *Übersetzungen*[28] in neue stabile Netzwerkbeziehungen eingearbeitet werden, so dass die Netzwerktransformation hinter dem neuen selbstverständlichen Handeln als *Blackbox*[29] verschwindet. Die Frage ist nun, ob und welche Übersetzungen in der Lehre herangezogen werden und welche schon den Status einer Blackbox erreicht haben – zumal die *Problematisierung*[30] bisheriger Praktiken vor dem SoSe 2020 von innen und im SoSe 2020 von außen an die Lehre herangetragen wird. Es ist zu erwarten, dass gerade das SoSe 2020 in seinen Praktiken im Durchschnitt das als Standard widerspiegelt, was sich in den Jahren zuvor als funktionierende Mensch-Technik-Netzwerke so weit ‚geblackbox'st hat, dass für die Lehrenden, die neu in digitale Lehrwelten eintreten, schon auf eine funktionierende Netzwerkinfrastruktur zurückgreifen können.

Empirische Untersuchungen[31] legen die Vermutung nahe, dass die Lehrenden, die neue digitale Medienpraktiken einführen wollen, tatsächlich in immer größerer Breite neue technische Akteure (z. B. dashboards wie moodle mit Speicher, Abgaben- und Testfunktion, Lernvideos, digitale Feedbacksysteme wie PINGO, Live-Videochats) einführen, da diese Marker der Transformation sind, dass sie aber gleichzeitig versuchen werden, (1) funktionierende etablierte Unterrichtspraktiken zu nutzen und (2) an den Praktiken ansetzen, die sie bei Studierenden im Umgang mit den Medien voraussetzen können. Konkret bedeutet dies z. B. die Nutzung von Lernplattformen als Literaturspeicher, Aufgabenstellung zur Bearbeitung der Literatur, Feedback zu den Bearbeitungen, zyklische Prozesse von Instruktion, Bearbeitung, Feedback bis zu einer thematischen Sättigung, Prüfung. Im SoSe 2020 erfolgt das Feedback entweder ebenfalls textgebunden als Kommentierung oder auch vermehrt in Videochat-Situationen, die

---

27 SCHÄFER: Konstruktivismus, 24.

28 Vgl. BELLIGER/KRIEGER: Netzwerke, 94.

29 Den Begriff Blackbox verwendet Latour, wenn Akteure in einem Netzwerk so stabil mit ihren Handlungsprogrammatiken eingebunden sind, dass das Netzwerk selbst als Entität, als ein Akteur von anderen Netzwerken genutzt werden kann, so dass die Akteure, die das Netzwerk als Akteur nutzen, sich nicht mehr mit den Strukturen des Netzwerks auseinandersetzen (müssen). Nur bei sogenannten Störungen wird die *Blackbox* ‚geöffnet', was gerade bei der Digitalisierung von Unterricht von Bedeutung ist, wenn technische Akteure eben nicht funktionieren (vgl. LATOUR: neue Gesellschaft, 70.).

30 BELLIGER/KRIEGER: Einführung, 38f.

31 Vgl. hierzu den Überblick bei GIERCKE-UNGERMANN/HANDSCHUH: E-Learning, 11–15; WANNEMACHER: Digitale Lernszenarien, 8f.

auch die Lehrinstruktion oder die soziale Lernsituation nachbilden sollen. Das bedeutet, dass Lehrkräfte vermutlich Delegationen vornehmen, bei denen „ein reguläres Vorgehen [...] ausgesetzt, ein Umweg durch verschiedene Typen von Akteuren eingeleitet“ wird, so dass „ein frischer Hybrid entsteht, der vergangene Akte in die Gegenwart trägt und seinen vielen Schöpfern erlaubt, zu verschwinden, während sie auch gleichzeitig anwesend bleiben“.[32] Zu erwartende Delegationen wären nun solche, mit denen digitale Akteure bei Funktionserhalt der sozialen Praktiken an die Stelle analoger Akteure treten. Technik wird in dieser Denkfigur zum direkten Ersatz ohne direkte beabsichtigte funktionale Änderung.

2.2 *Die digitale Übersetzung des hochschuldidaktischen Dreiecks im Rahmen des SAMR-Modells*

Im Rahmen des SAMR-Modells zur Klassifizierung digitaler Transformationsprozessen[33] würde diese Strategie vor allem dem Ansatz der *Substitution* folgen. Eine *Augmentation*, bei der nach dem SAMR-Modell durch die Eigenlogik der technischen Akteure eine Anreicherung des bisherigen funktionalen Vollzugs passiert, ist durchaus möglich, wenn z. B. Lernvideos Flexibilisierungsgewinne, Online-Lernumgebungen zum Wissenschaftlichen Arbeiten und Feedbacksysteme wie Oncoo Effizienzgewinne oder adaptive digitale Simulationen Individualisierungsgewinne gegenüber strukturgleichen analogen Alternativen ermöglichen. Noch weitreichender wären die *Modification*, bei der die Technik den Ausgangspunkt für eine Veränderung von Aufgaben markiert, die aber noch den Lernzielen folgt, und die *Redefinition*, bei der die Bildungsziele und die Aufgabenziele von der technischen Umwelt und ihren Praktiken her gedacht wird.[34] Aus Sicht der ANT scheint es unwahrscheinlich, dass sich Lehre bei laufendem Vollzug in völlig neuen Praktiken (hinsichtlich des Lehrens und Lernens mit digitalen Medien) vollzieht, die keiner der Akteure in seiner Handlungsprogrammatik eingeschrieben hat. Deshalb bleiben Modification und Redefinition einer Sondergruppe von Lehrenden vorbehalten, die nicht nur über einen explorierten Zugang zur Technik, sondern auch über ein erweitertes Bildungsverständnis verfügen.[35]

Geht man also davon aus, dass die Digitalisierung von Lehre im Kern vor allem substituierend und anreichend über Lernumgebungen wie Moodle verläuft und dass dorthin die Thema-Studierenden-Interaktion verlagert wird, dann verändert diese Kultur digitalen Lernens das hochschuldidaktische Dreieck. Wenn

---

32 LATOUR: Vermittlung, 496f.

33 PUENTEDURA: Transformation.

34 Ebd.

35 Vgl. WANNEMACHER: Digitale Lernszenarien, 77; BAUMANN: Digital Turn.

diese Substitutionen oder Anreicherungen an Präsenzlehre rückgekoppelt werden, fällt die Veränderung vielleicht nicht so auf. Man könnte meinen, dass sie einfach nur für eine Übersetzung der beiden Dreiecke in digitale Formen sorgt:

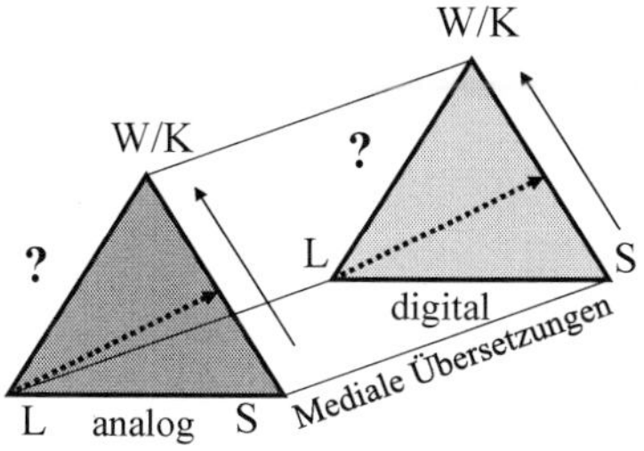

Abb. 3: Das digitale didaktische Dreieck als Übersetzung des analogen

2.3 *Digitalisierung als restaurativer Kontext?*

Nach Krommer wirkt aber entgegen dieser These der Einsatz digitaler Technik „palliativ" für das alte Paradigma des linken Dreiecks,[36] so dass im Kontext der Digitalisierung die medialen Übersetzungen der professionellen Lehre durch die digitalen Übersetzungen in die instruktive Lehre rücküberführt wird:

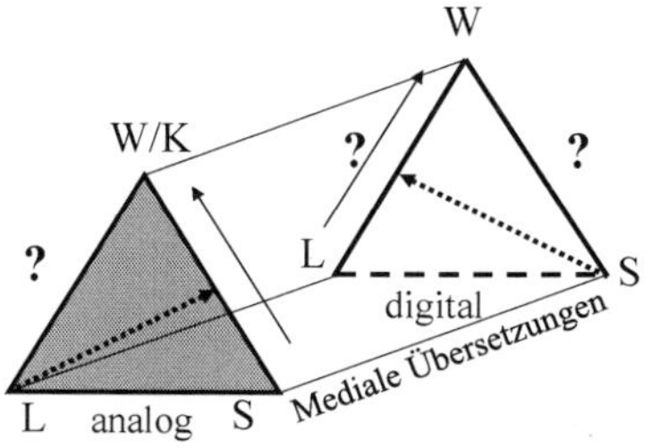

Abb. 4: Die Restauration instruktiver Lehre im digitalen Kontext

Diese These orientiert sich an den Erhebungen und Beobachtungen des Digitalen Hochschulforums, die bei den digitalen Lernszenarien eine Dominanz der Instruktion und Reproduktion ausmachen, wenn die Lernplattformen dazu genutzt werden, um Wissen zu speichern und deren Reproduktion vielfach die diskursive Auseinandersetzung um das Wissen ersetzt.[37] In der Theologie würde man dies vermutlich zurückweisen, weil die Lernplattformen eher zur Unterstützung einer aktivierenden und studierendenorientierten Lehre eingesetzt werden, die sich für die studentischen Lernprozesse verantwortlich fühlt und

---

[36] KROMMER: Paradigmen.

[37] Vgl. die Verbreitungsanalysen der verschiedenen Lernszenarien in WANNEMACHER: Digitale Lernszenarien.

z. B. deshalb Videos, Links, Tests, Podcasts, Fachtexte einspielt, die den Lernkosmos im blended-Learning anreichert oder im flipped-classroom die außerhochschulischen Lernprozesse durch eine bessere Vorbereitung der Studierenden auf die Präsenzlehre unterstützen soll[38].

2.4 *Dashboards als eigenmächtige Akteure im hochschuldidaktischen Dreieck*

So eine direkte Überformung des Shifts durch Digitalisierung greift vermutlich zu kurz. Waldmann und Walgenbach machen in ihrer Analyse von dashboards aber auf einen anderen Zusammenhang aufmerksam, der für die Wirkung der digitalen Übersetzung der Netzwerke interessant sein könnte. Dashboards haben die Eigenart, durch die von den Lehrenden erwartete Auseinandersetzung mit ihnen ein eigener Akteur zu sein, der durch das systeminterne Feedback, Tests, Foren usw. eine eigene Form der Selbstreflexion in der Fremdbeobachtung des dashboards auszulösen. Sie bilden eine selbstreferentielle Normalvorstellung des Lernens ab.[39] Dashboards werden in Unterscheidungen von Tobias Röhl zu einem eigenen *alteritären Akteur mit Aufforderungscharakter*[40], auf den die Studierenden selbstregulativ reagieren. Die Lehrenden gerade vor dem SoSe 2020 setzen sie intentional aber eher als *vermittelnde Akteure* ein, die wie ein Fernrohr den Blick auf etwas anderes ermöglichen.[41] Es geht nicht um das Moodle an sich, sondern darum, dass es einen Erkenntnisprozess systematisch auslöst, der für die Präsenzlehre gebraucht wird. Das eigenständig instruierende Netzwerk zwischen digitalen Akteuren wie einem Dashboard und den Studierenden verändert nach Ralf Lankau das didaktische Dreieck, in dem sich die digitalen Akteure zwischen das Thema und die Studierenden stellen.[42] Entscheidend daran ist, dass diese Transformation im Netzwerk unter einer hohen Beibehaltung bisheriger Praktiken die Lehrenden als Macher hinter der Lernumgebung als *Hintergrundding*[43] gegenüber den Studierenden abblendet. Gerade weil das dashboard so wichtig für die Lernprozesse ist und die ganze Aufmerksamkeit erfordert, lenkt es von sich aus den Blick nicht mehr auf die Lehrenden. Diese müssen

---

38 Vgl. hierzu die elaborierten theologischen Projekte in GIERCKE-UNGERMANN/HANDSCHUH: Spur.

39 Vgl. WALDMANN/WALGENBACH: Digitalisierung, 365.

40 Vgl. Röhl: Auffordern, 238.

41 Vgl. ebd. Dass die eigenständige und wirksame Instruktionswirkung von Medien nicht unterschätzt werden sollte, darauf macht schon früh Horst Rumpf deutlich, der auf den instruktiven Charakter von Medien hinweist, die immer eigeständige Lehrakteure sind (vgl. RUMPF: Medien.).

42 Vgl. LANKAU: Kein Mensch, 44.

43 Vgl. RÖHL: Auffordern, 238.

nun versuchen durch die Umgebung hindurch zu greifen. Aber durch die eingespielten und funktionalen – und damit geblackboxsten – Praktiken der Studierenden mit dem dashboard, sind diese Durchgriffe dysfunktional und irritierend.

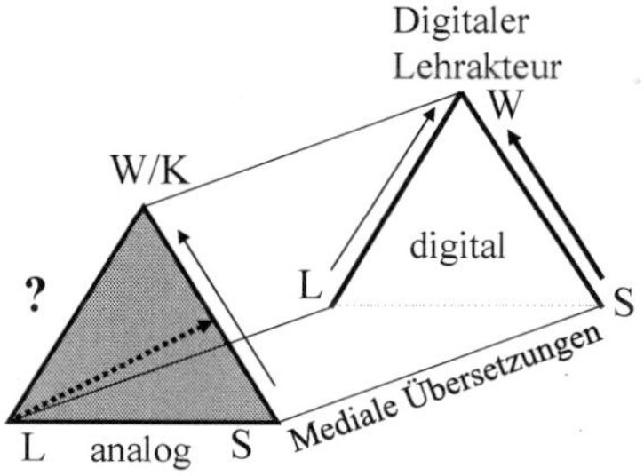

Abb. 5: Der digitale Lehrakteur als doppelter Netzwerkpartner

Diese Interpretation mag überraschen und angesichts des großen Aufwands von Lehrenden in und für die Lehre auch despektierlich wirken, aber sie ist die schlichte Folge der Umarbeitung der Funktion von Lehrenden. Die pädagogisch-didaktischen Funktionen eines Lehrers nach Schuhmacher sind die Organisation kognitiver Lernprozesse (*didaktisch-methodische Funktion*), Informationsvermittlung, -kritik und die Moderation objektiver Unterrichtssequenzen (*Lehrfunktion*), die Organisation sozialer-emotionaler Lernprozesse (*sozialerzieherische Funktion*), das Bewerten, Beurteilen und Analysieren von Lernprozessen, -ergebnissen und -schwierigkeiten (*diagnostische Funktion*), das Anregen und Inganghalten von Lernprozessen (*therapeutische Funktion*) und als letzten Punkt die Lern- und Laufbahnberatung (*konsultative Funktion*).[44] Nach der idealen interaktional-handlungstheoretischen Medienvorstellung sollen sich die Lehrenden durch die Übernahme der didaktisch-methodischen und der Lehrfunktion durch das Medium und insbesondere durch die effizienten digitalen Medien verstärkt auf die vier letztgenannten Funktionen konzentrieren können.[45] Was aber, wenn für Lehrende genau diese vier Funktionen am zeitaufwendigsten sind und dashboards genau das anbieten, diese Funktionen mitzuübernehmen oder im SoSe 2020 es sogar ausdrücklich sollen? Und haben sich die fachlichen Lehrenden eigentlich mit diesen letzten vier Aufgaben identifiziert oder hat der Ausbau der Lehrinfrastruktur nicht gerade diese vier Funktionen außerhalb der direkten Lehr-Lern-Interaktionen in eigenen Netzwerken (Beratungszentren, studentischen Tutorien, Lernwerkstätten, Schlüsselqualifikationszentren, ...) professionalisiert?

Im Rahmen des ANT-Denkens wird verständlich, dass schon die digitale Substitution und Augmentation die Lehrrolle im Dreieck destabilisiert hat und dass nun das SoSe 2020 schonungslos offengelegt hat, dass die ersten beiden Funktionen in der Beziehung zu den Studierenden keinen direkt erfahrbaren Akteur

[44] Vgl. SCHUMACHER: Medien, 55f.
[45] Vgl. ebd., 56f.

eines Lehrenden jenseits der digitalen brauchen. Für die anderen vier Funktionen deuten sich im Übrigen schon die nächsten digitalisierten Akteure an,[46] so dass sich dringend die Frage nach der Funktion der Lehrenden stellt. Aber auch hier hilft die Suche nach Intentionen wenig, da auch diese Substitutionsprozesse in den Praktiken schon vorgebildet und vorrationalisiert werden. Denn die Zeitgewinne in der Lehre können natürlich für andere Zwecke wie die Forschung, Drittmittelbeschaffung oder anderen Anreizbefolgungen aus der Hochschulsteuerungsgouvernance eingesetzt werden, die den Meta-Rahmen für die Lehrgouvernance bildet.

2.5 *Totale Digitalität im SoSe 2020: die Implosion des hochschuldidaktischen Dreiecks*

Diese aufgezeigte Abblendung wirkt sich zum einen umso gravierender aus, wenn Studienleistungen oder sogar Prüfungsleistungen an die Lernzyklen mit den digitalen Akteuren delegiert werden oder im SoSe 2020 die Präsenzlehre wegfällt oder selbst digitalisiert wird und damit die Geschlossenheit der digitalen Umgebung noch verstärkt wird. Aus der Perspektive der ANT bildet sich ein stabiles Netzwerk zwischen Dashboard und Studierenden und in der Präsenzlehre eines zwischen Lehrenden und Dashboard mit jeweils eigenen Intentionen. Das Netzwerk ‚Dashboard-Studierende' ist allerdings durch das substituierende und bestenfalls augmentierte Grundsetting eine Rekonstruktion der instruierenden Grundsituation des Lehrens und Lernens vor dem shift. Das wird vor allem daran deutlich, dass in der Theologie in den dashboards Foren oder andere digitale Rückmeldesysteme kaum genutzt werden. Sie sind ja auch nicht nötig, da die eigentliche Kommunikation in der analogen Situation verbleibt. Wenn nun, wie im SoSe 2020 geschehen, die Präsenzlehre ausfällt und die Lehrenden auf die funktionierende Praxis der Dashboards der Lehrkommunikation zurückgreifen und darüber wie gehabt die Instruktion genutzt wird, dann wird verständlich, warum die digitale Lehre im SoSe 2020 so stark instruierend wirkt und warum die Studierenden so zögerlich mit den nun digitalisierten Formen (Foren, Videosprechstunden, online-Kartenabfragen usw.) der ehemaligen Präsenzlehre umgehen. Sie bleiben schlicht in ihrem stabilen Netzwerk und können das auch. Denn da die Prüfungen das Lernen steuern[47] und wenn die Prüfungen schon vor dem SoSe 2020 stark reproduktiv angelegt waren und diese Reproduktion effektiv in das Dashboard übersetzt worden sind, dann ist es auch rational, das erfolgreiche Netzwerk weiter auch in unsicheren Zeiten zu stabilisieren. Dass die Lehrenden dabei in eine unsichere Position geraten, da ihnen die Resonanz auf ihre Instruktion fehlt, ist zunächst nicht das Problem der Studierenden.

---

[46] Vgl. Waldmann/Walgenbach: Digitalisierung, 364–366.

[47] Vgl. z. B. Mitterauer: Exam.

Und genau diese problematisierende Reaktion ist für mich ein deutlicher Hinweis, dass schon vor dem SoSe 2020 und im Grunde schon in der Ausdifferenzierung der beiden Dreiecke vor und nach dem Shift etwas Wesentliches übersehen wird: Die Implosion des Dreiecks zur doppelten Säule (vgl. Abb. 6) verweist gerade aus Sicht der ANT auf etwas, das schon der erste Angang zur Wirkung des Shifts angedeutet hat. Die Errichtung der neuen studierendenorientierten Lehrinfrastrukturen in den Denkstrukturen des Shifts auf den verschiedenen didaktischen Ebenen (Curriculum, Lehrveranstaltung, Lehrsituation) ist immer noch ein Instruktionskanal, nur dass die Außenlenkung durch eine Optimierung der Anreize durch die Innenlenkung ersetzt werden.

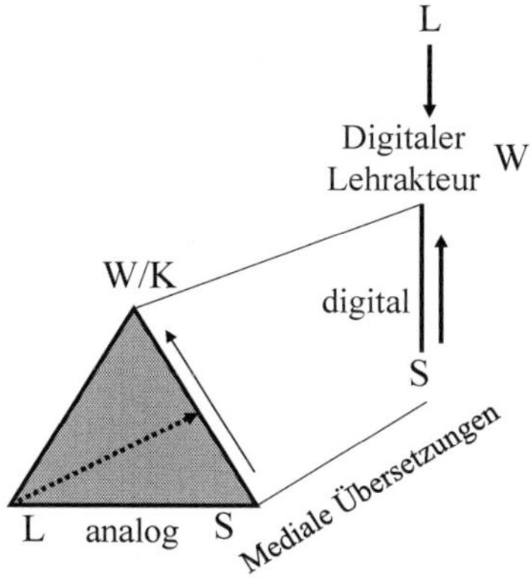

Abb. 6: Die Implosion des hochschuldidaktischen Dreiecks in der digitalen Übersetzung

Biesta erklärt diese irritierende Beobachtung damit, dass das Bildungssystem so sehr durch die bildungsökonomischen Anreizstrukturen unter die Performanz eines perfekten Systems gedacht wird, dass es sich nicht emanzipativ um die Vervollkommnung des Individuums kümmert – wie es das rechte Dreieck denken würde –, sondern um die Vervollkommnung der eigenen Produktionsstrukturen und genau damit einen geschlossenen Rahmen erzeugt, der ebenfalls durch bildungsökonomische Anreize die Studierenden zur Adaption auffordert.[48] Zu dieser Form der gouvernance passt dann, dass die direkte Instruktion hinter der medial strukturierten zurücktritt und die Lehrenden zu Organisatoren der Medien werden. Die digitale Substitution und Augmentation haben diese Situation nur weiter stabilisiert. Das, was der Shift z. B. auf der Ebene der Wissenskonstruktion emanzipativ als Ko-Konstruktion gedacht hat, dieser epistemische Neuansatz hat sich in der Breite eben nicht in die SAMR-Strategien der Modification oder der Redefinition und in die digitalen komplexeren bildungsbezogenen Lernszenarien übersetzt.

48 Vgl. BIESTA: Perfect education, 8–11.

Von Theologielehrenden bei der Lehrwerkstatt „Kontaktlos Lehren“ an der Universität Paderborn eingereichte Vignetten aus dem SoSe 2020[49] zeigen in diesem Sinne schonungslos, dass die mit dem Shift eigentlich bewusste explizit gemachte *doppelte Asymmetrie* von Lehrenden und Lernenden in den Lernprozessen zunächst von den Lehrenden in ihren letztlich instruktiven Lehrsettings und nun von den Studierenden durch verschleppte oder verweigerte Resonanz außerhalb der Pflichtinteraktionen unterlaufen wird.[50] Nur wer schon vor dem SoSe 2020 auf einen Response der Studierenden als notwendigen Antrieb der Lehre verzichtet hat, kann auch im SoSe 2020 die Lehre folgenlos endgültig substituieren. Die anderen werden durch die Nicht-Reaktionen der Studierenden auf freie Kommunikationsangebote über ihre instruktive Grundform hinter der Studierendenorientierung aufgeklärt. Digitale Medien sind nicht unschuldig, sie sind aber auch nicht einfach in sich schuldig. Die ANT macht deutlich, dass an ihnen Netzwerke eine Form finden, die ent-täuschen über einen Zustand von Lehre, der seine Unschuld schon lange verloren hat. Und hier meine ich ausdrücklich nicht Bologna als Zäsur. Auch die bis heute wirksamen Bologna-Praktiken sind von Lehrenden in Netzwerken mit der Bildungsadministration gebildet worden, die darin auch nur vorherige Praktiken übersetzt haben. Nach meiner Analyse findet der Paradigmenwechsel von der emanzipativen Bildung des Individuums hin zum vollkommen gesteuerten Bildungssystem schon früher, spätestens in den 1990er Jahren statt, hier haben sich die Hochschulen z. B. durch Programme wie „Qualität der Lehre“ Gelder für strukturelle Maßnahmen geben lassen, die eine quantitative und qualitative Erfolgssteigerung bedeuteten. Schon hier haben die Hochschulen mit der Expansion von Tutoring-Systemen und Lernplattformen mit Lehrrepräsentationen gearbeitet, die die Lehrenden von den vielen direkten Interaktionen entlasten sollten. Technische Digitalisierung perfektioniert diese Struktur mit ihren Übersetzungen nur weiter.

Diese Entlastung hat vor allem einen Effekt: Sie entbindet die Lehrenden von der *triadischen Struktur*, auf einen Inhalt mit bestimmten Methoden zu *zeigen* und die Studierenden aufzufordern, dieser Bewegung von der Lehrperson weg zum Inhalt zu folgen. Das setzt eine stabile Beziehung und auch durchaus zunächst eine adaptive Dynamik voraus, die aber gerade nicht personzentriert bleibt, sondern den Inhalt an eine bestimmte Perspektive bindet, die erschlossen, aber auch wieder verlassen werden kann.[51] Die *dyadische* Struktur dagegen kennt diese Dynamik nicht, so dass die Perspektivierung verloren geht und damit auch die Möglichkeit der Entkopplung von der Perspektive.

---

49 Siehe Universität Paderborn: kontaktlos. Aus Platzgründen wird an dieser Stelle darauf verzichtet, die Vignetten selbst abzubilden oder methodisch genauer auszuwerten.

50 Dieses Problem hat Benedikt Schöning überzeugend vor dem Reziprozität-Ansatz von Reis herausgearbeitet (vgl. Schöning: Kultur der Digitalität, 119f.).

51 Vgl. Schmid: Zur Bedeutung; Reis: Systematische Theologie.

Abb. 7: Die triadische Struktur im hochschuldidaktischen Dreieck

Wenn man so will, hat schon die Rekonstruktion der beiden hochschuldidaktischen Dreiecke diesen Zusammenhang als gestört wahrgenommen. Offenbar hat z. B. Johannes Wildt als Protagonist des Shifts im linken Dreieck in den 1990er Jahren die reale Lehre als doppelt dyadisch zwischen Inhalt und Lehrenden sowie zwischen Studierenden und Lehrenden als einfache Repräsentanten eines Wissens verstanden, das die Studierenden in ihren eigenen Wissenssystemen rekonstruieren sollen. Sein Versuch einer emanzipativen Neuausrichtung der triadischen Struktur im Shift hat aber nur die Performanz der dyadischen Struktur verändert.

3. Die gegenwärtige analoge Digitalisierung und die Frage nach der Digitalität des Theologiestudiums

Geht es denn wirklich nicht anders? Für mich hängt einiges an der Frage, wie man *digital* und *analog* versteht. Bisher habe ich die Begriffe implizit so geführt, dass digital die Nutzung technischer-programmierter und vernetzter Systeme meint und analog die Nichtnutzung. Für mich ist es allerdings produktiv, diese Begriffsunterscheidung noch einmal mit Felix Stalder praxistheoretisch zu fassen. Stalder versteht in seiner „Kultur der Digitalität“[52] unter analog und digital zwei epistemische Formen, die beide Bedeutung in sozialen Strukturen erzeugen und durch bestimmte Praktiken stabilisieren. Analoges Wissen ist ein solches, das die Bedeutung eng an die Träger von Zeichen bindet. Analoge Wissensrahmungen normalisieren eine Referenznahme als natürlich und erschaffen eine soziale Kultur, die diese Bedeutung in sozialen Gruppen zur Herrschaft normativ festlegt. Die sozialen Algorithmen sind auf Wiederholung ausgerichtet. Digitales Wissen entsteht dagegen so, dass die Zeichen von den Trägern gelöst werden können und damit die Referenznahme variieren kann. Die Kontrolle über die richtige Referenznahme wird an die soziale Nutzung selbst übergeben. Worauf Bezug genommen wird, ist wahr. Auch hier produziert eine Gemeinschaft durch ihre wechselseitige Bezugnahmen Bedeutung. Die sozialen Algorithmen haben

52 STADLER: Kultur, 11–13, 94, 100–102.

hier eine andere Funktion, sie sind auf Widerspiegelung der Varianz ausgerichtet und formen genau in der Widerspiegelung anderer Referenznahmen die Kategorien für die erneute Referenznahme. Auch so wird sozialer Bezug stabilisiert, der sich emanzipativ gegen die analoge Herrschaftsform richtet.

Im theoretischen Rahmen von Stalder wäre z. B. die Reformation ein digitales Ereignis, das dann aber in den Formationen katholisch-evangelisch analoge Formen angenommen hat. Eine digitale Kultur ist im Kern deshalb zunächst eine Veränderung der Wissensformen. Und tatsächlich tritt die technische Digitalisierung einerseits durchaus als Veränderung der Wissensformen auf, die von den analogen Wissensinstitutionen typischerweise kritisch beobachtet wird. Diese Kritik auch in der Theologie wäre deshalb zunächst nur ein Reflex zum Herrschaftsverlust, in den Hochschulen ein Reflex auf den sich andeutenden Verlust der Deutungshoheit über die Zertifikate der beruflichen Qualifikation. Andererseits trägt die Digitalisierung genau in der Rückkopplung der Referenzialität in den eigenen Wissensmechanismen selbst ideologische Züge und nimmt damit analoge Wissensformen an. Die Hochschulen stehen einerseits unter dem Druck technisch zu digitalisieren, wählen dafür aber analoge Praktiken. Der Shift, der durchaus digitale Züge im Sinne Stalders hat, kann so in eine digitalisierte Performanz mit einer analogen Wissensstruktur übersetzt werden.

Nimmt man die Lernszenarien des digitalen Hochschulforums auf, dann haben die Hochschulen – und auch die Theologie – in der Breite vor allem die *Augmentation* und die *Integration* aufgenommen, aber sie haben die Kräfte des digitalen Wissens in adaptiven, personalisierten oder kollaborativen Szenarien noch nicht ansatzweise erahnt. Exemplarische Fallstudien zeigen: Digitalisierung kann diesen digitalen Wissensschub im Sinne Stalders strukturieren und komplexe Kompetenzentwicklungen einschließlich der Werthaltungen adressieren, dann sind aber auch die Netzwerke insgesamt in ihrer Verschmelzung von Präsenzphasen und digitalen Phasen, den Arbeitstechniken, dem Wissensverständnis darauf ausgerichtet.[53] In der Theologie steht dagegen überhaupt noch die Diskussion über die Digitalität des Wissens aus, die in der Reihe Theologie und Hochschuldidaktik durchaus angestrebt wird, die aber eben selbst nur in Inseln die Praktiken erreicht und in umgebenden analogen Wissensstrukturen vielfach isoliert bleibt. Die ANT lehrt aber auch hier realistisch zu bleiben, denn selbst so ein gravierender Eingriff wie die Pandemie zeigt nur, was stabil schon geblackboxst ist und das sind im Kern übersetzte analoge Instruktionsszenarien in technisch-digitaler Form. Die Freisetzung digitaler Wissensformen durch die Destabilisierung der bisherigen analogen Referenznahme als soziales Projekt ist noch blockiert, vielleicht auch weil die *Engine* fehlt, die über eine algorithmische Widerspiegelung der Referenznahme wie in der Forschung über die Diskurse so

53 Vgl. SEIDL: Haltung; Digitale Lernszenarien im Hochschulbereich 2016 in der Analyse der Kompetenzadressierung der verschiedenen Lernszenarien (vgl. WANNEMACHER/WALGENBACH: Digitale: Digitalisierung.).

auch in der Lehre ko-konstruktive Neurahmung mit den Studierenden leisten könnte. Wird dieser Akteur wirklich theologiedidaktisch gebraucht, wird er vermutlich auch bald zur Verfügung stehen.

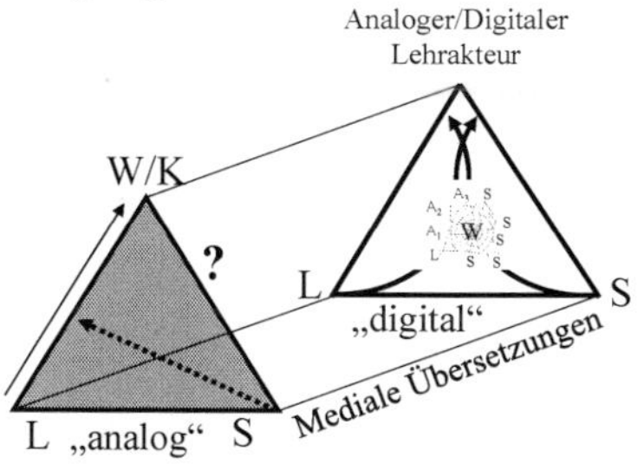

Abb. 8: Digitalisierte Lehrakteure in digitalen Übersetzungen des hochschuldidaktischen Dreiecks

Literatur

Baumann, Jan u. a.: Der Digital Turn aus Studierendenperspektive. Studentisches Thesenpapier zur Digitalisierung in der Hochschulbildung. Diskussionspapier Nr. 7. Berlin 2019. DOI: 10.5281/zenodo.3250766.

Belliger, Andréa u. a.: Die Akteur-Netzwerk-Theorie. Eine Techniktheorie für das Lernen und Lehren mit Technologien. In: Ebner, Martin/ Schön, Sandra (Hg.): Lehrbuch für Lehren und Lernen mit Technologien. Berlin [2]2013, 335–342.

Belliger, Andréa/Krieger, David J.: Netzwerke von Dingen. In: Samida, Stefanie/Eggert, Manfred K. H./Hahn, Hans Peter (Hg.): Handbuch Materielle Kultur. Bedeutungen, Konzepte, Disziplinen. Stuttgart u. a. 2014, 89–96.

Belliger, Andréa/Krieger, David J.: Einführung in die Akteur-Netzwerk-Theorie, in: Dies. (Hg.): ANThology. Ein einführendes Handbuch zur Akteur-Netzwerk-Theorie. Bielefeld 2006, 13–50.

Biesta, Gert: Perfect education, but not for everyone: On society's need for inequality and the rise of surrogate education. In: ZfPäd 66/1 (2020), 8–14.

Caruso, Carina/Reis, Oliver: „Sie sind doch eine Medienklasse!". Digitalisierte Praktiken im Religionsunterricht und Implikationen für das professionelle Handeln von Lehrkräften. In: ÖRF 28/1 (2020), 212–234. (DOI: 10.25364/10.28:2020.1.12).

Charta guter Lehre. Grundsätze und Leitlinien für eine bessere Lehrkultur. Hg. v. Stifterverband für die Deutsche Wissenschaft. Essen 2013. Online unter: www.stifterverband.org/charta-guter-lehre (Stand: 16.07.2020).

Forneck, Hermann-Josef: Selbstgesteuertes Lernen und Modernisierungsimperative in der Erwachsenen- und Weiterbildung. In: ZfPäd 48/2 (2002), 242–261.

Giercke-Ungermann, Annett/Handschuh, Christian: Gott auf der Spur? Möglichkeiten und Grenzen digitaler Medien und digitaler Lehre in theologischen und religionspädagogischen Arbeitsfeldern. In: Dies. (Hg.): Digitale Lehre in der Theologie. Chancen, Risiken und Nebenwirkungen (Theologie und Hochschuldidaktik 11). Münster 2020, 31–46.

Giercke-Ungermann, Annett/Handschuh, Christian: E-Learning als Zukunftskonzeption. in: Dies. (Hg.): Digitalisierung in der Theologie = Theologie und Hochschuldidaktik 9. Berlin 2020, 11–15.

Hattie, John: Lernen sichtbar machen. Überarbeitete deutsche Ausgabe von Visible Learning. Baltmannsweiler 2013.

Kalthoff, Herbert/Cress, Torsten/Röhl, Tobias: Einleitung: Materialität in Kultur und Gesellschaft. In: Dies. (Hg.): Materialität. Herausforderungen für die Sozial- und Kulturwissenschaften. Paderborn 2016, 11–41.

KROMMER, Axel: Paradigmen und palliative Didaktik. In: Ders. Bildung unter Bedingungen der Digitalität. Argumente – Gedanken – Notizen. Online unter: https://axelkrommer.com/2019/04/12/paradigmen-und-palliative-didaktik-oder-wie-medien-wissen-und-lernen-praegen/ (Stand: 05.07.2020).

LANKAU, Ralf: Kein Mensch lernt digital. Über den sinnvollen Einsatz neuer Medien im Unterricht. Weinheim/Basel 2017.

LATOUR, Bruno: Über technische Vermittlung: Philosophie, Soziologie und Genealogie, in: BELLIGER, Andréa/KRIEGER, David J. (Hg.): ANThology. Ein einführendes Handbuch zur Akteur-Netzwerk-Theorie. Bielefeld 2006, 483–528.

LATOUR, Bruno: Eine neue Soziologie für eine neue Gesellschaft: Einführung in die Akteur-Netzwerk-Theorie. Berlin 2007.

LATOUR, Bruno: Eine neue Soziologie für eine neue Gesellschaft. Frankfurt am Main [4]2017.

LUHMANN, Niklas/SCHORR, Karl Eberhard: Das Technologiedefizit der Erziehung und die Pädagogik, in: DIES. (Hg.): Zwischen Technologie und Selbstreferenz. Frankfurt am Main 1982.

LUHMANN, Niklas: Einführende Bemerkungen zu einer Theorie symbolisch generalisierter Kommunikationsmedien. In: DERS.: Soziologische Aufklärung. 2: Aufsätze zur Theorie der Gesellschaft. Opladen 1975, 170–192.

MITTERAUER, Lukas u. a.: Exam drives Learning. Unterschiede im prüfungsbezogenen Lernverhalten zwischen altem und reformiertem Medizinstudium an der Medizinischen Universität Wien. In: Das Hochschulwesen: Forum für Hochschulforschung, -praxis und -politik 58/4+5 (2010), 173–178.

PUENTEDURA, Ruben R.: Transformation, Technology, and Education (2016). Online unter: http://www.hippasus.com/resources/tte/ (Stand: 05.07.2020).

REIS, Oliver/SCHEIDLER, Monika: Der „Shift from Teaching to Learning" als Anliegen der Theologiedidaktik. In: DIES./DERS. (Hg.): Vom Lehren zum Lernen. Didaktische Wende in der Theologie (Theologie und Hochschuldidaktik 1)? Münster 2008, 5–18.

REIS, Oliver: Systematische Theologie für eine kompetenzorientierte Religionslehrer/ innenbildung. Ein Lehrmodell und seine kompetenzdiagnostische Auswertung im Rahmen der Studienreform (Theologie und Hochschuldidaktik 4). Münster 2014.

REIS, Oliver: Der Übergang Schule-Hochschule aus hochschuldidaktischer Sicht. In: BRIEDEN, Norbert/DERS. (Hg.): Glaubensreflexion – Berufsorientierung – theologische Habitusbildung (Theologie und Hochschuldidaktik 8). Münster 2018, 139–157.

REIS, Oliver: Diversität in der Hochschule ist mehr als Integration. Zur hochschuldidaktischen Bedeutung von Werten im Hochschullernen. In: AUFERKORTE-MICHAELIS, Nicole/LINDE, Frank (Hg.): Diversität lernen und lehren – ein Hochschulbuch. Opladen/Berlin/Toronto 2018, 313–340.

RÖHL, Tobias: Auffordern. Postphänomenologische Überlegungen zur Materialität schulischen Unterrichtens. In: ALKEMEYER, Thomas/KALTHOFF, Herbert/RIEGER-LADICH, Markus (Hg.): Bildungspraxis. Körper – Räume – Objekte. Weilerswist 2015, 235–260.

RUMPF, Horst: Medien – frei von Belehrungswut. Eine Träumerei?. In: Unterrichtsmedien11 (1993), 108–108.

SEIDL, Tobias u. a.: (Wert-)Haltung als wichtiger Bestandteil der Entwicklung von 21st Century Skills an Hochschulen. Diskussionspapier Nr. 3. Berlin 2018. DOI: 10.5281/zenodo.2634975.

SCHÄFER, Hilmar: Konstruktivismus und Praxistheorie. Charakteristika einer praxeologischen Methodologie. In: Jahrbuch für Konstruktivismus 10 (2019), 19–29.

SCHMID, Hans: Zur Bedeutung der Lehrerinnen und Lehrer im Religionsunterricht. In: KATHOLISCHES SCHULKOMMISSARIAT IN BAYERN (Hg.): Handreichung zum LehrplanPlus. Katholische Religionslehre in der Grundschule. München 2015, 1–9.

SCHÖNING, Benedict: Hochschuldidaktik unter der Bedingung der Kultur der Digitalität. In: GIERCKE-UNGERMANN, Annett/HANDSCHUH, Christian (Hg.): Digitale Lehre in der Theologie, 2020, 113–126.

SCHUMACHER, Michaela: Medien und das Lehrer-Schüler-Verhältnis. Essen 1980.

STALDER, Felix: Kultur der Digitalität, Berlin 2016.

UNIVERSITÄT PADERBORN: kontaktlos lehren. Eine Lehrwerkstatt. Online unter: www.uni-paderborn.de/universitaet/kompetenzzentrum-schreiben/veranstaltungen/kontaktlos-lehren-eine-lehrwerkstatt/ (Stand: 05.07.2020).

WILDT, Johannes: Theologie lehren lernen. Ein Weiterbildungskonzept zwischen Fach- und Hochschuldidaktik. In: SCHEIDLER, Monika/HILBERATH, Bernd Jochen/DERS. (Hg.): Theologie lehren. Hochschuldidaktik und Reform der Theologie (QD 197). Freiburg i.Br. 2002, 27–56.

WALDMANN, Maximilian/WALGENBACH, Katharina: Digitalisierung der Hochschulbildung. In: ZfPäd 66/3 (2020), 357–372.

WANNEMACHER, Klaus u. a. (Hg.): Digitale Lernszenarien im Hochschulbereich. Arbeitspapier Nr. 15 des Hochschulforum Digitalisierung. Berlin 2016.

Computational Thinking – ein Ansatz für die Theologie?

Simon Harrich und Ludger Hiepel

> Das erwachte Interesse von Informatikern an der [~~Biologie~~ Theologie] wird von der Überzeugung angetrieben, dass die [~~Biologen~~ Theolog*innen] von Informatischem Denken profitieren können. Der Beitrag der Informatik zur [~~Biologie~~ Theologie] geht darüber hinaus, enorme Mengen an sequenzierten Daten nach Mustern zu durchsuchen. Man erhofft, dass Datenstrukturen und Algorithmen – die Abstraktionen und Methoden aus der Informatik – die Struktur von [~~Proteinen~~ historischen Quellen und erhobenen Datensätzen] derart darstellen können, dass ihre Funktion erklärt wird. Eine derartige Algorithmische [~~Biologie~~ Theologie] (*Computational [~~Biology~~ Theology]*) verändert die Art und Weise wie [~~Biologen~~ Theolog*innen] denken. In ähnlicher Weise verändert eine Algorithmische Spieltheorie wie Ökonomen denken, Nanocomputing wie Chemiker denken und Quantum Computing wie Physiker denken.[1]

Diese Analyse stammt von Jeannette M. Wing, Professorin für Informatik an der *Columbia University*, New York und der *Carnegie Mellon University*, Pittsburgh/PA. 2006 hat sie viel beachtete Thesen zum Konzept des *Computational Thinking* veröffentlicht.[2] Gesponsert von Microsoft Research leitet sie ein *Center for Computational Thinking*, an dem ihr Ansatz weiter ausgearbeitet wird.[3]

Im vorliegenden Beitrag wollen wir diesen Ansatz, der ein Denksystem der Informatik für angrenzende Wissenschaften fruchtbar zu machen sucht, auf die Theologie beziehen, um zu prüfen, wo sich Potentiale für Forschung und Lehre eröffnen.[4] Dazu möchten wir das *Computational Thinking* (dt.: „Informatisches Denken“[5]) vorstellen, erklären, wie Wing ihr Konzept entwickelt, und anschließend nach möglichen Anknüpfungspunkten für die theologische Wissenschaft suchen.

Ausgangspunkt für unsere Vorstellung ist der bereits zitierte Aufsatz Wings aus dem Jahr 2006, in dem sie *Computational Thinking* als ein Denksystem vorstellt, von dem jede*r Gebrauch machen sollte. Wing geht es dabei nicht nur um Informatiker*innen. Damit ist das eingangs gewählte Beispiel, das im Original auf die Verbindung von *Computational Thinking* und Biologie abzielt, auch nur als

---

1 WING: Denken, 3.

2 WING: Thinking. Zur Person: www.cs.cmu.edu/~wing/ (Stand: 01.05.2020). Vgl. auch WING: Computing.

3 Siehe unter: http://www.cs.cmu.edu/~CompThink/index.html (Stand: 01.05.2020).

4 Im obigen Zitat durch unsere Veränderungen sinnfällig dargestellt.

5 Wir folgen damit den Überlegungen der Übersetzer*innen Hermann Hellwagner, Gerti Kappel und Radu Grosu. Für deren dt. Übersetzung des Wing'schen Ansatzes siehe WING: Denken.

ein Beispiel neben anderen zu verstehen. Der Ansatz selbst ist universal formuliert und schließt alle Disziplinen und damit auch die Theologie mit ein.

1. Computational Thinking nach Jeannette M. Wing

Wing beginnt ihre Ausführungen mit einer breiten Definition. *Computational Thinking* stelle „eine universell einsetzbare Haltung und Fähigkeit dar, die alle lernen und nutzen sollten, nicht nur Informatiker.“[6] Damit ist zuerst die Richtung angezeigt, in der Wing ihren Ansatz entwickelt: Es geht ihr um bestimmte Fähigkeiten, die zwar in der Informatik einen besonderen Stellenwert haben, jedoch in verschiedensten (Alltags-)Situationen angewendet werden können.

Gleichzeitig deutet sich durch ihren äußerst breiten und offenen Einstieg bereits an, dass sie ihre Idee eher assoziativ entwickelt, anstatt eine abschließende Ausformulierung davon vorzulegen, was *Computational Thinking* sei und was nicht.

1.1 *Wissenschaftliche Einordnung*

Um Wings Ansatz einzuordnen, bietet sich zunächst ein informatikdidaktischer Überblick an. Studien dieser Disziplin[7] sehen das Computational Thinking in Kontinuität zu den Forschungen Seymor Paperts, der bereits in den 80er-Jahren mit Kindern daran gearbeitet hat, mit Hilfe von Computern Probleme zu lösen.[8] Wing führt dies weiter und benennt (auch wenn sie dabei nicht direkt auf Papert Bezug nimmt) das Computational Thinking als „eine Reihe von mentalen Werkzeugen, die die Breite des Gebietes der Informatik widerspiegeln.“[9]

Andere Forscher*innen legen von Wings Überlegungen ausgehend den Fokus auf Lehren und Lernen.[10] Damit bewegt sich der Ansatz nahe am problemorientierten Lernen,[11] und favorisiert für eben diese Problemlösungen Vorgehensweisen, die auch in der Informatik Anwendung finden.

Dass es gerade ein auf Informatik basierendes Denken sei, das gelernt und angewandt werden solle, begründet Wing damit, dass Computer unseren Alltag zunehmend bestimmen. In einer historischen Analogie argumentiert sie: Wie

[6] WING: Denken, 1.
[7] Vgl. GENNARI: Probes, 1.
[8] Vgl. PAPERT: Mindstorms.
[9] WING: Denken, 1.
[10] Neben GENNARI: Probes; vgl. z. B. auch HARIMURTI: Concept.
[11] Vgl. auch den Beitrag von ZIMMERMANN in diesem Band.

sich Buchdruck und Lesen bedingt haben, hängen die Verbreitung von Computern und Computing mit dem *Computational Thinking* zusammen.[12]

1.2 Grundlinien des Computational Thinking

Wing konturiert das Konzept des *Computational Thinking*, indem sie eine Vielzahl an informatischen Begriffen, Vorgehensweisen und Strategien benennt. Unter anderem spricht sie davon, dass es darum gehe, „Näherungslösungen" anzustreben, „Randomisierung" zu nutzen, zu simulieren, „Daten als Code" und „Code als Daten" zu interpretieren, auf „Typenüberprüfung als Verallgemeinerung von Dimensionsanalyse" zu setzen.[13] Durch diese Aneinanderreihung von verschiedenen informatischen Begriffen eröffnet sie ein breites Feld, das allerdings assoziativ bleibt. Zwar sind die einzelnen Begriffe an sich verständlich, der gesamte Ansatz des *Computational Thinking* wird hier aber vielmehr durch eine offene Verkettung von Ideen umschrieben als klar definiert.

Mit Hilfe von Wings weiteren Ausführungen sowie der Literatur zum Thema lassen sich je nach Ansatz aus ihren Hinführungen bis zu sechs informatorische Denkfähigkeiten destillieren, die einander bedingen und häufig im Zusammenspiel zu Lösungen für Probleme führen:[14]

- *Algorithmisches Denken* meint das schrittweise Vorgehen, eine formalisierte Handlungsanweisung. Bei der Erarbeitung eines Algorithmus wird zunächst das Problem beschrieben. Dann werden die Details bestimmt, die zur Lösung des Problems nötig sind. Das Problem wird in kleine logische Einheiten zerlegt. Anschließend können diese kleinen Einheiten zu einer Prozesskette zusammengefasst werden.
- *Abstraktes Denken* nutzt die Abstraktion zur Komplexitätsreduktion eines Problems. Durch verschiedene Abstraktionsebenen können die Aspekte herausgefiltert werden, die zur Lösung eines Problems nötig sind.
- *Dekompositionelles Denken* zerlegt ein komplexes Problem in viele kleine Einzelprobleme, die einfach zu lösen sind. Die Lösung der Einzelprobleme bauen aufeinander auf und ergeben so die Gesamtlösung.
- *Generalisiertes Denken und Mustererkennung* meint, zu verstehen, wie man zu einer Lösung gelangt ist, um dann die gleichen Schritte zur Problemlösung auch auf andere Probleme anwenden zu können. Man erkennt also Muster

---

12 Vgl. WING: Denken, 1.

13 Ebd., 1–2.

14 Wir orientieren uns neben Wings Überlegungen an der Plattform „CS unplugged" (Computer Science unplugged), ist ein Projekt der Universität Canterbury, das von Google und Microsoft unterstützt wird und die Lernmaterialien bereitstellt, um „informatische[s] Denken in [...] Schulen weltweit", insb. für Kinder im Alter von 5 bis 10 Jahren, zu unterstützen. Vgl. https://csunplugged.org/de/about/. Wir folgen dabei der Definition auf https://csunplugged.org/de/computational-thinking/ (beide Stand: 01.05.2020).

und verallgemeinert bereits entwickelte und erprobte Strategien, um sie auch an anderen Stellen einsetzen zu können.
- *Auswertendes Denken* versucht, mögliche Lösungen für ein Problem zu erkennen und zu bewerten, welche Lösung am besten zu verwenden ist, vielleicht weil sie am schnellsten, am häufigsten anwendbar, am ressourcenärmsten ist usw. Hilfreich für solche Auswertungen sind einerseits Tests, andererseits die als nächstes genannte logische Bewertung.
- *Logisches Denken* meint schließlich die Fähigkeit, durch Beobachtung Zusammenhänge zu erschließen, Muster zu erkennen (s. o. Mustererkennung), von etwas Bekanntem auf etwas Unbekanntes zu schließen.

Die genannten sechs Punkte greifen offensichtlich ineinander. So lassen sich nach den Grundsätzen des *Computational Thinking* z. B. Probleme zerlegen, Lösungen erarbeiten, diese wiederum auf als ähnlich erkannte Probleme anwenden usw.

Wing sieht es als das wichtigste Ziel eines solchen Denkens an, dass es darum geht, ein „*bestimmtes Problem*" zu erkennen und dieses bestimmte Problem möglichst „*effizient*" zu lösen.[15] Und diese Probleme sind, wie oben bereits umrissen, nicht einfach informatische Probleme i. e. S. Wing geht es nicht nur um Herausforderungen des Programmierens, vielmehr sollte *Computational Thinking* unseren Alltag durchdringen.

Dass diese Durchdringung bereits an vielen Stellen auftritt und, so ihre Forderung, auch in Zukunft stärker auftreten soll, untermauert sie mit Beispielen: So sei es auch informatisches Denken, wenn eine Schülerin am Vorabend ihre Schultasche packe. Es sei notwendig, auf den Stundenplan des folgenden Tages zu schauen und den in der Schultasche begrenzt vorhanden Platz sinnvoll zu nutzen (im Sinne des *Computational Thinking* wäre dies Prefetching/Caching). Wenn jemand seine Handschuhe verliere, so sei es ebenso ratsam, den bisher gegangenen Weg zurückzuverfolgen, um die Handschuhe wiederzufinden (im Sinne des *Computational Thinking* Backtracking).[16]

Die obigen Alltagssituationen können unter Rückgriff auf das *Computational Thinking* mit informatischen Fachbegriffen erläutert und auf diese Weise beschrieben werden. Gleichzeitig zeigt sich an ihnen, wie Wing ihre Argumentation aufbaut: Sie wählt alltägliche Situationen, in denen Menschen mit Problemen konfrontiert werden und sucht nach einer analogen Beschreibung der Problemlösestrategie im informatischen Kontext. Diese Ausgestaltung des Konzepts wirft Fragen auf und lädt zur konstruktiven Auseinandersetzung ein.

---

15 Vgl. WING: Denken, 1. Hervorhebung im Original.

16 Vgl. WING: Denken, 2, benennt weitere Alltagssituationen als Beispiele für Computational Thinking.

2. *Computational Thinking* – Anknüpfungspunkte für die Theologie

Die Beschäftigung mit Wings Konzept macht auf Felder aufmerksam, in denen es theologisches Denken bereichert und Anregungen für die Aufbereitung theologischen Wissens bietet. Zudem lässt sich fragen, ob der Ansatz für die Theologie eine – wie von Wing angedeutete – universelle Bedeutung haben kann und ob es nicht Bereiche gibt, in denen Theologie und Computational Thinking schwer zusammenzubringen sind.

2.1 *Potentiale für die Theologie*

Wing geht es wie beschrieben um die effiziente Lösung von Problemen mit Strategien aus der Informatik. Theologische Forschung kann genau dort von solchen Strategien profitieren, wo große Corpora an Daten vorliegen. Konkretisieren lässt sich dies am Beispiel der historisch-kritischen Fächer. Liegt in einem Bereich z. B. eine digitale Edition vor, die die Suche nach bestimmten Begriffen in großen Datenmengen erlaubt, dann kann eine Frage effizienter bearbeitet werden als bei einer händischen konventionellen Sichtung eines großes Corpus (z. B. von Archivalien).

Die Erstellung einer und der systematische Rückgriff auf eine solche digitale Edition kann als Beispiel für *Computational Thinking* in theologischen Kontexten verstanden werden. Die Editor*innen haben erkannt, dass digitale Mustererkennung dabei helfen kann, Zusammenhänge aufzudecken und inhaltliche Verknüpfungen zu überblicken, auf die man ohne ein solches digitales Hilfsmittel nur mit großem Einsatz von Ressourcen gestoßen wäre. Das von Wing benannte auswertende Denken kann dabei helfen, eigene Anfragen immer wieder zu spezifizieren, sie miteinander zu kombinieren oder voneinander abzugrenzen, um sich inhaltliche Felder weitergehend und genauer zu erschließen. Aufgaben, für die ein Doktorand früher Jahre gebraucht hätte, lassen sich – nach entsprechender Vorarbeit der Editor*innen und Programmierer*innen – jetzt in Stunden oder Tagen erledigen. Diese Problemlösungsstrategien werden in den wachsenden *Digital Humanities* schon jetzt immer wichtiger und werden in Zukunft mehr gefordert sein. Die DFG hat hier beispielsweise eigene Förderprogramme aufgelegt.

Ähnliches ließe sich auch für quantitative Ansätze sagen. Statistische Aufbereitung von Daten, die Berechnung von Korrelationen, die grafische Ausgabe benötigen mathematisches Wissen und algorithmisches Denken. Sollten dabei

Programmiersprachen wir „R“[17] zur Aufbereitung der Daten verwendet werden, befindet man sich nicht nur im *Computational Thinking*, sondern in der Informatik im engeren Sinne.

Um dies zu bündeln: Das Konzept des *Computational Thinking* ermahnt die Theologie, stärker in dieser Richtung weiterzuarbeiten. Durch digitale Hilfsmittel in all den Bereichen, die sich leicht operationalisieren lassen, z. B. wenn es um die Aufbereitung von Rohdaten geht, lassen sich Forschungsprobleme effizienter lösen, deren Lösung ohne solche Hilfsmittel kaum oder nur unter großem Ressourcenverbrauch möglich gewesen wäre.

Wings Beobachtung, dass mehr Computer zu mehr *Computational Thinking* führten, lässt sich somit als Forderung an die Theologie formulieren: Je mehr Daten aufbereitet zur Verfügung gestellt werden, sei es im Rohformat oder direkt in digitalen Editionen, desto mehr können die oben genannten Strategien angewendet und neue Felder erschlossen werden. Mit der Zeit ließen sich vielleicht sogar große Corpora miteinander verbinden, und durch Metasuchen Inhalte über einen langen Zeitraum zu betrachten.[18] Im Wing'schen Sinne würde eine solche Architektur durch dekompositionelles Denken in der Bearbeitung von Teilproblemen zu ‚großen‘ Erkenntnissen führen und vielleicht sogar neues theologisches Denken ermöglichen, wie Wing dies in der eingangs zitierten Passage andeutet. Gleichzeitig würden sich mit mehreren Corpora auch mehrere Forschungsfelder eröffnen, in denen solch effiziente Strategien Anwendung finden können.

2.2 Anfragen aus Sicht der Theologie

Neben den Potentialen, die das *Computational Thinking* für die Theologie bietet, lassen sich auch Anfragen formulieren. Einerseits stammen diese Anfragen aus der wissenschaftlichen Reflexion des Wing'schen Ansatzes, andererseits aus den Erfahrungen theologischer Lehre.

2.2.1 Anfragen aus der wissenschaftlichen Reflexion

Eine erste Anfrage betrifft zunächst nicht die Inhalte des *Computational Thinking*. Vielmehr ergibt sie sich daraus, dass Wing für ihren Ansatz wirbt, indem sie ihm eine universale Einsetzbarkeit attestiert.[19] Zwar gibt es auch in der Theologie als

---

17 Zur Programmiersprache „R“, die auf die statistische Aufarbeitung von Daten abzielt, vgl. https://www.r-project.org/ (Stand: 01.05.2020).

18 Vgl. auch den Beitrag von BURKE/HIEPEL in diesem Band.

19 WING: Denken, 1.

einem nicht-informatischen Bereich Einsatzorte für informatisches Denken. Andererseits muss man sich fragen, ob die von Wing beschriebenen Fähigkeiten wirklich in jeder Situation Anwendung finden.

So zeichnet sich die Theologie mit ihrer Vielzahl von Disziplinen auch durch eine Vielzahl von Zugängen aus. Lassen sich wie oben in den historisch-kritischen Fächern leicht Anwendungsfälle finden, kann man z. B. in den praktisch-theologischen Fächern fragen, ob das *Computational Thinking* immer die angemessenen Methoden bietet. So kennt die Praktische Theologie verschiedene, kreative und beobachtende Zugänge, die sich zunächst bewusst gegen eine Systematisierung, wie sie das *Computational Thinking* anstrebt, versperren. Hier ließen sich mit Christian Bauer das Exposure oder die kreative Konfrontation von Praxiserfahrung und kirchlichen Diskursarchiven benennen.[20] Natürlich kann *Computational Thinking* dabei helfen, so gewonnene Erkenntnisse an späterer Stelle für den wissenschaftlichen Diskurs zu systematisieren, aber auch hier gilt, dass sich weniger ‚letztgültige' Erkenntnisse formulieren lassen. Michael Schüßler bemerkt in diesem Sinne, das „Waterloo der Theologie sei das Leben, nicht so sehr das Denken".[21] Zwar geht es ihm hierbei um die Auseinandersetzung mit bestimmten Konzepten, allerdings lässt sich festhalten, dass in einem solchen theologischen Verständnis systematisierte Ordnungen, wie sie das *Computational Thinking* anstrebt, immer wieder von Lebens- und Glaubenspraxis gesprengt werden.

Führt man diese Gedanken weiter, kann man für die Theologie allgemein festhalten, dass ihr in ihrer Anlage als Glaubenswissenschaft immer ein *unberechenbares* Moment innewohnt. *Berechenbarkeit* ist jedoch untrennbar mit dem *Computational Thinking* als einem Konzept aus der Informatik verbunden. Dadurch ergibt sich eine Spannung. Dennoch ist die Theologie als Wissenschaft logisch-argumentativ und nachvollziehbar und benennt Fragestellungen und Probleme, die sie zu lösen versucht. In dieser argumentativen Vorgehensweise können die Fähigkeiten des *Computational Thinking* helfen.[22] In den genannten kreativen und erfahrungsbasierten Zugängen einerseits, in der Verwiesenheit auf ihr Außen andererseits stößt das Konzept bei seiner Anwendbarkeit in theologischen Zusammenhängen allerdings an seine Grenzen.

Natürlich ließe sich dann fragen, ob die von Wing genannten Fähigkeiten – argumentative Vorgehensweise, Erkennen von Mustern, Vergleichen von Strategien – nicht sowieso schon im theologischen Diskurs oder anderswo Anwendung finden und gefunden haben. Und zwar unabhängig von ihrer Benennung

---

20 Vgl. für die Ansätze BAUER: Exposures; sowie BAUER: Indiana Jones. Vgl. auch den Beitrag von BURKE/HARRICH in diesem Band.

21 Vgl. z. B. SCHÜSSLER: Waterloo; der sich hier mit der Theologie Benedikt Göckes auseinandersetzt.

22 WING: Denken: 2, formuliert: „Denken wie ein Informatiker geht über Programmierfähigkeiten deutlich hinaus. Es erfordert Denken auf mehreren Abstraktionsebenen". Dies gilt analog für wissenschaftlich-argumentatives Denken.

als Konzept. So werden Fähigkeiten wie dekompositionelles oder logisches Denken auch dann angewendet, wenn man sie nicht als *Computational Thinking* bezeichnet. Man denke an die von Wing herangezogenen Alltagsbeispiele wie ‚einen Rucksack packen' oder ‚Handschuhe suchen'. Dennoch macht die Benennung dieser Fähigkeiten als *Computational Thinking* darauf aufmerksam, dass es im Prozess der Digitalisierung notwendig ist, sie zu erlernen, zu beherrschen und anzuwenden.[23] *Computational Thinking* lässt sich somit vielleicht als ein heuristisches Werkzeug beschreiben, mit dem sich Fähigkeiten erkennen und benennen lassen, die in theologischer Arbeit und Argumentation sowie auch im Alltag eine Rolle spielen.

2.2.2 *Anfragen aus der Erfahrung theologischer Lehre*

Neben dieser eher methodischen Auseinandersetzung mit dem *Computational Thinking* lässt sich das Konzept noch einmal aus der Perspektive der in diesem Band thematisierten theologischen Lehre betrachten. Man kann fragen, ob die Behauptung Wings stimmt, dass die Verbreitung von Computern *Computational Thinking* grundsätzlich fördere. In Diskussionen mit Theologiestudierenden in einem Seminar zu Theologie und Digitalisierung[24] haben diese immer wieder eingebracht, dass die Benutzung von Programmoberflächen immer einfacher und intuitiver werde. Gleichzeitig folge daraus, dass die Notwendigkeit abnimmt, die dahinterliegende Technik und ihre Funktionsweise zu verstehen. Um dies zu konkretisieren: Die Studierenden bezeichneten sich zwar selbst als digital affin, monierten aber gleichzeitig, dass ihnen grundlegende informatische Kenntnisse fehlten, wie z. B. die Kenntnisse um die Verwendung von XML bei den oben genannten Datenbanken. Dies zeigt, dass eine informatische Kompetenz nicht unbedingt mit digitaler Affinität einhergehen muss. Hier gibt es notwendige Lernbedarfe, wenn die Bereiche theologischer Forschung und Lehre stärker in den Blick kommen sollen, in denen *Computational Thinking* eine Rolle spielt.

Dies ist an sich keine kritische Anfrage an das *Computational Thinking*, sondern vielmehr eine Anfrage des *Computational Thinking* an die Lehre der Theologie – und unter Umständen sogar an das theologische Denken als solches. Hier wird die Notwendigkeit sichtbar, die benannten Fähigkeiten zu erwerben und zu verstehen, warum sie sich aus der Informatik ableiten lassen.

---

23 Und darüber hinaus ermöglicht die Benennung dieser Fähigkeiten als Konzept natürlich ihre Ökonomisierung, in dem ein Erlernen des Konzepts durch private Bildungseinrichtungen und Coaches ‚verkauft' wird.

24 Angeboten an der Katholisch-Theologischen Fakultät der WWU Münster im Sommersemester 2019 unter Leitung von Clemens Leonhard und Ludger Hiepel.

Zudem wäre kritisch zu fragen, an welchen Stellen *Computational Thinking* in der theologischen Lehre wirklich zu Lernzuwachs führt und wo der Verweis darauf nur eine ‚Predigt zu den Bekehrten' ist, die sowieso Interesse an informatischen Zusammenhängen und den genannten Problemlösungsfähigkeiten haben. Diese Prüfung verweist dann wiederum auf die oben bereits benannte Notwendigkeit, das *Computational Thinking* in Lehr-Lern-Konzepten zu berücksichtigen.

3. Fazit

Mit dem Konzept des *Computational Thinking* macht Jeannette Wing auf eine Reihe von Fähigkeiten aufmerksam, die sie aus der Informatik ableitet, die jedoch zunehmend auch in anderen Zusammenhängen wichtig werden und universal einsetzbar seien. Im Kern geht es bei diesem Konzept um Strategien, die Probleme möglichst effizient lösen. Wie in dem zu Beginn zitierten und modifizierten Zitat von Wing kann das *Computational Thinking* in verschiedensten Zusammenhängen Anwendung finden und hat damit auch Aussagekraft für die Theologie.

Im Rückblick auf unsere Auseinandersetzung mit Wings Ideen ergeben sich die folgenden zusammenfassenden Thesen für das Zusammenspiel von *Computational Thinking* und Theologie:

- *Computational Thinking* ist zunächst dort hilfreich, wo es darum geht, Muster in großen Datenmengen zu erkennen. Ansatzpunkte ergeben sich deshalb für die Fächer, die solche Datenmengen verarbeiten müssen. Seien es die historisch-kritischen Fächer, die sich auch im Feld der *Digital Humanities* engagieren, hier ausgeführt am Beispiel digitaler Editionen. Oder seien es die Fächer, die quantitativ-empirisch arbeiten, und deren erhobene Daten statistisch ausgewertet werden müssen. Je leichter ein Forschungsgegenstand quantifizierbar und digital bearbeitbar ist, desto eher lassen sich die Fähigkeiten des *Computational Thinking* auf ihn anwenden.
- Darüber hinaus finden sich die Methoden des *Computational Thinking* dann, wenn Erkenntnisse nach logisch-argumentativen Standards des wissenschaftlichen Diskurses ausformuliert werden, z. B. wenn Muster erkannt, Vorgehensweisen ausgearbeitet oder Lösungsstrategien verallgemeinert werden.
- *Computational Thinking* ist bei alternativen Zugängen zu Forschungsgegenständen, seien sie z. B. kreativ oder erfahrungsbezogen, nicht immer anwendbar. Wenn diese Zugänge und Gegenstände dann wissenschaftlich reflektiert werden, befindet man sich in den oben genannten logisch-argumentativen Standards. Hier finden sich die Grundlagen des *Computational Thinking* wieder.

- Der universelle Anspruch, den Wing dem *Computational Thinking* attestiert, ist für die Theologie, die immer ein unberechenbares Moment hat, nicht durchgehend einzuhalten. Will man das Konzept, das ja durchweg ein berechnendes ist, für die Theologie fruchtbar machen, ist sein universeller Anspruch zu relativieren.
- Um in der theologischen Lehre einlösen zu können, was das Konzept des *Computational Thinking* beschreibt, sollten die Methoden und technischen Fähigkeiten selbstverständlicher Teil des Curriculums werden, damit die Theologie in Zukunft ihren Nachwuchs zu eigenen Projekten wie den oben genannten befähigen kann. Dabei gilt es zu beachten, dass eine Affinität für Digitales nicht zwingend zu einem Verständnis der im Hintergrund liegenden Prozesse und des notwendigen technischen Wissens führt.
- Die Bedeutung, die Wing und die anderen hier zitierten Wissenschaftler*innen dem Konzept des *Computational Thinking* beimessen, fordert auch die Theologie heraus, sich mit dem Konzept weiter auseinanderzusetzen. Sei es in den genannten Lehr-Lern-Prozessen oder in der Reflexion seiner Anwendbarkeit in theologischen Kontexten.

Literatur

BAUER, Christian.: Exposures in der Pastoral – Mehr als „Studiosus" für Kirchenleute. Anmerkungen mit Simone Weil. In: POCK, Johann/HOYER, Birgit/SCHÜẞLER, Michael (Hg.): Ausgesetzt. Exklusionsdynamiken und Exposureprozesse in der praktischen Theologie. Münster 2012, 19–35.

BAUER, Christian.: Indiana Jones in der Spätmoderne? Umrisse einer Pastoraltheologie der kreativen Differenzen. In: Lebendige Seelsorge 62/1 (2011), 30–35.

CS UNPLUGGED: Informatisches Denken und CS unplugged. Online unter: https://csunplugged.org/de/computational-thinking/ (Stand: 01.05.2020).

GENNARI, Rosella/DEL FATTO, Vincenzo/GASHI, Edona u. a.: Gamified Technology Probes for Scaffolding Computational Thinking. In: DE ANGELI, Antonella/BANNON, Liam/MARTI, Patrizia/BORDIN, Silvia (Hg.): COOP 2016: Proceedings of the 12th International Conference on the Design of Cooperative Systems. 23–27 May 2016. Trento, Italy, 303–307. [DOI: 10.1007/978-3-319-33464-6_19].

HARIMURTI, Rina/EKOHARIADI, Ekohariadi/MUNOTO, Munoto u. a.: The concept of computational thinking toward information and communication technology learning. In: IOP Conference Series: Materials Science and Engineering 535/1 (2019), 012004 [DOI: 10.1088/1757-899X/535/1/012004].

PAPERT, Seymour: Mindstorms. Children, computers, and powerful ideas. New York 1980.

SCHÜẞLER, Michael: Das Waterloo der Theologie ist das Leben, nicht so sehr das Denken. Online unter: http://www.feinschwarz.net/das-waterloo-der-theologie-ist-das-leben-nicht-das-denken/ (Stand: 01.05.2020).

WING, Jeannette M.: Computational Thinking. In: Communications of the ACM 49/3 (2006), 33–35.

WING, Jeannette M.: Computational Thinking – Informatisches Denken. Übersetzung von Hermann Hellwagner, Gerti Kappel und Radu Grosu. Online unter: https://www.cs.cmu.edu/afs/cs/usr/wing/www/ct-german.pdf (Stand: 01.05.2020).

WING, Jeannette M.: Computational thinking and thinking about computing. In: Philosophical Transactions of the Royal Society A 366 (2008), 3717–3725 [DOI: https://doi.org/10.1098/rsta.2008.0118].

Technisches Upgrade oder soziokulturelle Transformation? Warum Digitalisierung mehr ist als der Einsatz digitalisierter Medien in der Lehre

Guido Hunze

„Das Theologiestudium im digitalen Zeitalter“: Das Thema der zweiten *Münsteraner Fachgespräche zur Zukunft des Theologiestudiums* 2019 klingt einerseits nach Verheißung einer Zukunft voller Möglichkeiten – und andererseits nach humorvoller Selbstironie, die von der Skriptopposition in ihrer Formulierung[1] lebt: Mit dem semantischen Skript ‚Theologiestudium‘ verbinden sich nach wie vor und nicht nur für Außenstehende viele Handlungsbezüge, die so gar nicht zum Skript ‚digitales Zeitalter‘ passen wollen. Zu diesem tatsächlichen oder scheinbaren Widerspruch mit Blick auf die Hochschullehre kommt ein generell noch unentschiedenes Verhältnis zum Phänomen ‚Digitalisierung‘ hinzu, das mindestens in der Religionspädagogik, vermutlich aber in der Theologie insgesamt zwischen Verheißung und Skepsis schwankt.[2] Ob die Rede von einem ‚Zeitalter‘ hierbei gerechtfertigt ist, mag aus der historischen Retrospektive beurteilt werden – was allerdings unter ‚Digitalisierung‘ zu verstehen ist, bedarf der Klärung.

Dass in der Planung der *Münsteraner Fachgespräche* auch das Videografie Team GRUVI[3] angefragt wurde, lag nahe – schließlich arbeiten wir mit digitaler Videotechnik! Ein Blick über die Fächergrenzen zeigt schnell: Sowohl im Rahmen der Lehramtsausbildung als auch mit Blick auf die empirische Unterrichtsforschung kommt der videografischen Methodik inzwischen ein herausragender Stellenwert zu. Ein genauerer Blick lässt allerdings schon bald fragen: Ist die Arbeit mit Unterrichtsaufzeichnungen im Seminar tatsächlich schon Digitalisierung im Theologiestudium? Eingebettet in einen Themenzusammenhang wird

---

1 Zur Wirkweise des Humors durch Inkongruenzen (etwa durch Skriptopposition) vgl. NEBE: Humor, 78–85.

2 So charakterisierten die Herausgeberinnen und Herausgeber des Jahrbuchs für Religionspädagogik bereits 2012 die beobachtbaren Standpunkte bezüglich der erwartbaren „Wirkungen von Multimedia“, die dort so formuliert waren, dass sie sich leicht auf Digitalisierung hin verallgemeinern lassen; vgl. das Vorwort des JRP 28 in: ENGLERT: Vorwort, 9.

3 GRUVI steht für die Entwicklung von Grundkompetenzen für den ReligionsUnterricht durch Videografische Unterrichtsanalyse und ist inzwischen Teil von TheoTViST, dem Team für Videografie, Schulung und Technik an der Katholisch-Theologischen Fakultät der WWU Münster.

eine Unterrichtssequenz gezeigt, methodisch reflektiert wahrgenommen, interpretiert und hinsichtlich der wirksamen Faktoren und Zusammenhänge analysiert, was einen neuen Blick auf mögliche Handlungsoptionen eröffnet. Im Grunde handelt es sich dabei um die Arbeit mit einem Film(ausschnitt) im Seminar – und ist so betrachtet wenig innovativ, sondern bereits Jahrzehnte geübte Praxis. Nun ließe sich einwenden, die digitale Technik schaffe neue Möglichkeiten mit Blick auf die Aufzeichnung realer Unterrichtssituationen. Demgegenüber habe ich noch gut vor Augen, wie mein Vorgänger Karl Baus[4], dem dieser Beitrag gewidmet ist, erfreut lächelte, als ich ihm 2008 von dem neu eingerichteten Videografie Team GRUVI erzählte. „Das haben wir Mitte der 70er-Jahre auch gemacht!“, war seine ernüchternde Antwort, was die Innovativität des neuen Teams anging. Worin besteht dann das Neue in der Digitalisierung? Dass Unterrichtsvideos ursprünglich mit analoger und jetzt mit digitaler Videotechnik aufgezeichnet werden? Dieser Unterschied ist physikalisch interessant, aus didaktischer Perspektive jedoch irrelevant. Was sich technisch als ein grundlegend neuer Ansatz darstellt, erscheint in der Entwicklung der Anwendungsgeräte als kontinuierlicher Prozess. Wer kann heute noch benennen, wann der Wechsel von analogen zu digitalen Aufnahmekassetten erfolgt ist – und was die neuen Kameras mehr konnten als die alten? Was bedeutet es, dass die mechanische, analoge Tafel durch einen elektrischen, analogen Overhead-Projektor, später dann durch ein mechanisches Whiteboard mit bloßer Beamerprojektion, schließlich durch ein multifunktionales digitales Smartboard bzw. durch die Beamerprojektion von digitalen, smarten Endgeräten wie Tablets ersetzt wird? Auch diese technische Entwicklung bringt zunächst nicht viel Neues mit sich, sondern vereinfacht lediglich den Einsatz bereits bekannter Medien und Methoden. Mit einem mobilen Endgerät kann ich per Beamer nun sowohl schreiben (ersetzt Tafel, OHP), als auch einen Film abspielen (ersetzt DVD-Spieler und TV), Fernsehsendungen zeigen (ersetzt TV und Videoaufzeichnung), Radiosendungen oder Podcasts abspielen (ersetzt Radio und Audioaufzeichnung, MP3-Player), Online-Abstimmungen per *Mentimenter* durchführen (ersetzt das Aufzeigen der Anwesenden oder das Clustern von aufgeschriebenen Begriffen), Online-Tests einsetzen (ersetzt offline Quiz oder Test) und vieles mehr (auch das Vorführen selbst gedrchter Unterrichtssequenzen gehört dazu) – alles mit einem kleinen Gerät und Beamer. Wenn die Technik mitspielt (und ich sie beherrsche), geht das meiste einfacher und schneller, ich werde orts- und zeitunabhängiger. Aber strukturell Neues ist noch nicht dabei.

[4] Karl Baus war von 1973 an als Akademischer Rat und ab 1977 bis zu seiner Pensionierung 2006 als Akademischer Oberrat mit dem Lehrgebiet Religionspädagogik an der Katholisch-Theologischen Fakultät der WWU Münster tätig und hat in dieser Zeit nicht nur Generationen von Religionslehrerinnen und -lehrern in ihrem professionellen Selbstverständnis geprägt, sondern auch wichtige Impulse für das Theorie-Praxis-Verhältnis in der Hochschuldidaktik gegeben.

Demgegenüber klingt der Terminus ‚digitales Zeitalter' nach durchgreifenden Veränderungen, wirklichen Neuerungen, ungeahnten Chancen – bis hin zu einer Revolution des Lernens. Da Hochschulen im Verhältnis zu den meisten Schulen technisch deutlich mehr Möglichkeiten haben und die Forschung hier stets am Puls der Zeit ist, müssten sich die neuen Möglichkeiten gerade in der Hochschuldidaktik niederschlagen. Anja Lorenz fragt zu Recht:

> Aber was genau sind diese trendigen, hippen und coolen Medien, die Innovationen in den Hochschulen bedeuten sollen? Wie sehen denn die Medien an den Hochschulen aus? Die ernüchternde Antwort lautet: PDFs. Schaut man in die Moodles, OLATs oder ILIASe an deutschen Hochschulen, findet man Vorlesungsskripte und Präsentationsdateien im PDF-Format. [...] Mit PDFs sind wir bei ‚wischbaren' Büchern mit Suchfunktion, aber doch wohl kaum bei innovativem Medieneinsatz im 21. Jahrhundert.[5]

Schon diese ersten, einführenden Überlegungen zeigen den roten Faden dieses Beitrags auf: Eine genauere Bestimmung dessen, was mit Digitalisierung gemeint ist, tut not (1.); die technische Entwicklung ist dabei ein Aspekt, der oft im Vordergrund steht, während die soziokulturellen Transformationsprozesse demgegenüber ungleich entscheidender sind. Hieraus resultieren gesellschaftliche Folgen (2.), die ausgehend von Charakteristika der Digitalisierung (2.1.) mit Blick auf die Aufgaben der Theologie insgesamt und speziell der Religionspädagogik (2.2.) zumindest kurz skizziert werden. Entscheidend für die Hochschuldidaktik sind die resultierenden didaktischen Folgen der Digitalisierung (3.), die nicht unabhängig vom Lehr-Lern-Verständnis betrachtet werden können (3.1.). Diese werden mit Blick auf die theologische Hochschuldidaktik hin konkretisiert (3.2.), wobei auch die Videografie noch einmal in den Blick genommen wird. Ein kurzer Ausblick (4.) beschließt den Beitrag.

1. Digitalisierung: vom technischen Upgrade zur gesellschaftlichen Transformation

Der Begriff Digitalisierung gehört zu einem Wortfeld, dessen Wörter oft synonym verwendet und selten genau bestimmt werden. Beispielhaft genannt seien hier nur: Digitaler Wandel, Digitales Zeitalter, Digitale Transformation, Digitale Revolution, aber auch Digitalisierung, Computerisierung, Automatisierung. Dabei scheint das charakteristische Merkmal das Digitale zu sein. Das ist einigermaßen überraschend, geht es doch dabei schlicht um einen informationstechnischen Begriff, mit dem zwischen analogen und digitalen Daten unterschieden wird.

5 LORENZ: Trendy, 28.

Der Unterschied lässt sich an einem einfachen Audio-Beispiel erläutern. Wenn ich ein Lied pfeife, entstehen Schallwellen (im Prinzip Luftdruckschwingungen), die sich z. B. mit der Tonhöhe kontinuierlich verändern. Nehme ich meine Tonfolge mit analoger Technik auf, lasse ich die Schallwellen eine Membran in einem Magnetfeld in entsprechende Schwingungen versetzen, die wiederum eine elektrische Spannungsschwingung erzeugt. Diese elektrische Spannungsschwingung ‚entspricht' (das ist der Wortsinn von ‚analog') den ursprünglichen Luftdruckschwingungen, so dass ich am anderen Ende der Leitung auf dem umgekehrten Wege über einen Lautsprecher meine Tonfolge idealiter 1:1 wiedergeben kann. Die Entsprechung ist dabei sehr präzise: Es werden auch alle kontinuierlichen Zwischentöne z. B. zwischen G und A, auch zwischen G und Gis abgebildet. Der Nachteil der analogen Technik ist einerseits die große Datenmenge, die erzeugt wird, andererseits die Störanfälligkeit. Übertrage ich ein elektrisches Spannungssignal durch ein langes Kabel, fällt aus physikalischen Gründen die Spannung langsam ab – und mit ihr die Tonhöhe. Möglicherweise durchläuft das Kabel ein elektromagnetisches Feld, das das Spannungssignal leicht verändert – dann wird auch das Tonsignal entsprechend (eben ‚analog'!) verändert.

Nehme ich meine Tonfolge mit digitaler Technik auf, dann wandle ich die Schallwellen zwar weiterhin in elektrische Spannungsschwingungen um, taste dabei aber den kontinuierlichen Tonverlauf ab, indem ich in diskreten Abständen immer nach einem bestimmten (sehr kleinen) Zeitintervall den Spannungswert notiere. Damit ist eine enorme Datenreduktion verbunden, da ich alle dazwischen liegenden Werte einfach auslasse. Sind die Zeitintervalle klein genug, nimmt das menschliche Ohr bei der Wiedergabe die Lücken dazwischen praktisch nicht wahr. Das zweite Kennzeichen der digitalen Technik ist, dass ich die Daten beim Notieren quantisiere, also nur bestimmte Werte zulasse, indem ich entsprechend auf- oder abrunde. Dadurch vereinfache ich meine Daten, da nur eine überschaubare Anzahl von Zahlen (und nicht jeder Dezimalwert dazwischen) für die Werte verwendet wird. Ist die Quantelung klein genug, nimmt das menschliche Ohr bei der Wiedergabe diese Rundungen ebenfalls nicht wahr. Das dritte Kennzeichen, es gibt der Digitaltechnik ihren Namen, ist, dass ich nicht die Kurve der Spannungsschwingungen selbst unmittelbar übermittele, sondern die einzelnen Zahlenwerte der Spannungszustände der abgetasteten Tonfolge (‚digital' von engl. digit=Ziffer, lat. digitus=Finger, also die 10 abzählbaren Finger der Hände). Damit eng verbunden ist das vierte Kennzeichen, nämlich das Zahlensystem, in dem ich die Daten darstelle: es handelt sich um das Binärsystem (Dualsystem), d. h. jede Zahl wird nur aus Nullen und Einsen gebildet. Dies ist technisch sehr einfach zu realisieren, etwa durch zwei verschiedene Spannungszustände (kleinerer Wert=0, größerer Wert=1). Das hat den Vorteil, dass das Signal in der Regel trotz Störungen (z. B. Kabellänge, Störsignale) richtig rekonstruiert werden kann, d. h. es ist auch über große Entfernungen störungsfrei übertragbar. Zudem sind diese Daten besser speicherbar. Vor allen Dingen aber lassen sich diese Daten leicht mittels Computertechnologie bearbeiten, umwandeln, verändern, vernetzen, usw.[6]

Erst an dieser Stelle zeigt sich das charakteristische Merkmal der Digitalisierung, wenn es nicht um die informationstechnische Unterscheidung verschiedener Arten der Datenverarbeitung (analog oder digital) oder um technische Vorteile der Datenübertragung (weitgehend störungsfrei, reduzierte Datenmenge) gehen soll: Entscheidend sind einzig die neuen und sich ständig erweiternden Möglichkeiten, die die Computertechnologie *im Umgang mit den Daten* bietet. Von daher ist ein differenzierter Blick auf den digitalen Wandel angezeigt, einerseits in technischer, andererseits in gesellschaftlicher Perspektive.

> Wir wollen in die Kompetenzen und Fähigkeiten jedes Einzelnen investieren. Das dient der Zukunfts- und Innovationsfähigkeit Deutschlands und Europas. Eine unserer zentralen Aufgaben ist es, das Lernen und das Lehren in der digitalen Welt neu zu gestalten. Dabei gilt: Kompetenz ist nichts ohne Ausstattung – und Ausstattung ist nichts ohne Kompetenz.[7]

Mit diesen Worten beschreibt die Bundesregierung ihre Strategie hinter dem „DigitalPakt Schule". Weithin wird darunter ein technisches Upgrade in der Ausstattung von Schulen verstanden, einerseits mit Blick auf die Anbindung an schnelles Internet, andererseits hinsichtlich der IT-Infrastruktur vor Ort, was die Vernetzung und die Endgeräte angeht. Was dabei herauskommt, lässt sich in vielen Erfahrungsberichten nachlesen: Es wurden (mitunter Dank überraschender Geldspritzen wie dem DigitalPakt) neue Geräte angeschafft, „diese Anschaffung wurde allerdings oft kaum reflektiert, was in weiterer Folge dazu führte, dass diese Geräte in den Kästen und Schränken der Klassen-, LehrerInnen- oder Informatikzimmer verwaisten."[8] Oftmals wird das Kollegium vor vollendete Tatsachen gestellt: „Die Geräte sind da. Sie müssen eingesetzt werden!"[9] Wie wenig das funktioniert und wie viel Geld dabei äußerst ineffektiv investiert wird, ist weitläufig bekannt – in Schulen wie in Hochschulen.

Beim letzten Umzug eines Teils unserer Fakultät in ein neues Gebäude wünschten einige Lehrende, dass der alte Overhead-Projektor mit umziehen möge – mit durchaus nachvollziehbarem Grund: Es ist nicht sinnvoll, sich in aktuellere, komplexe Technologien einzuarbeiten, wenn mit diesen einfach Folien (dann in Form von digitalen Powerpoints statt analogen Overhead-Folien) präsentiert werden sollen. Wenn nun kein Overhead-Projektor mehr vorhanden ist,

---

6 Erwähnt werden soll an dieser Stelle noch, dass mit der Digitalisierung von Daten stets ein Qualitätsverlust einhergeht, der vor allem durch das Zeitintervall der Abtastrate und durch die Feinheit der Quantelung bestimmt ist. Höhere Rechnerkapazitäten ermöglichen auch den Umgang mit genaueren Digitaldaten – dennoch ist die prinzipielle Wirklichkeitsentsprechung bei analogen Aufzeichnungen größer.

7 Presse- und Informationsamt der Bundesregierung: Digitalisierung, 6.

8 Hofhues/Lukács: OERlabs, 121.

9 Ebd., 122.

ist es der einfachste und praktikabelste Weg, die Folien abzufotografieren und als PDF-Datei zur Verfügung zu stellen – wer sich (vielleicht aus nachvollziehbaren Gründen) nicht einarbeiten möchte, kann Hilfskräfte oder Studierende darum bitten, die das mit wenigen Klicks können. Erfahrungsgemäß sind die Studierenden für diese Form von ‚Digitalisierung' sogar dankbar – was nur anzeigt, dass sie weitergehende hochschuldidaktische Möglichkeiten noch kaum erlebt haben. Ein neuer Overhead-Projektor wäre allerdings die viel günstigere Lösung gewesen. Einige der an unserer Fakultät angeschafften Smartboards wurden beim selben Umzug nach mehreren Jahren wieder abgebaut, ohne dass eine relevante Anzahl von Lehrenden die technischen Möglichkeiten der Geräte überhaupt umgesetzt hat. Für diejenigen, die gewillt waren, mit den neuen Features zu arbeiten, lag das unter anderem daran, dass die Geräte einige technische Inkompatibilitäten hatten, dass das Netzwerk anfangs nur unzuverlässig funktionierte, dass werbewirksame Apps für die theologische Hochschullehre weitgehend irrelevant waren und die mitgelieferte Software ein völlig neues Einarbeiten erforderte.

All diese Gründe treffen aber nicht den wesentlichen Kern des Problems, welcher im Verborgenen bleibt, wenn die notwendige Infrastruktur mit den eigentlichen Herausforderungen der Digitalisierung verwechselt wird. Das Strategiepapier des Bundes lässt zwar ein grundsätzliches Problembewusstsein erkennen, sieht sich selbst aber nur in der Zuständigkeit für die Rahmenbedingungen:

> Der Bund ermöglicht dabei allen Schulen schnelle Internetverbindungen und eine leistungsfähige digitale Lern-Infrastruktur. Die Länder stellen im Gegenzug sicher, dass pädagogische Konzepte erarbeitet werden und Lehrerinnen und Lehrer gut qualifiziert sind. So sollen alle Schulen digitale Bildung auf Basis eines technisch-pädagogischen Einsatzkonzepts umsetzen können.[10]

Allerdings lässt das Strategie-Papier völlig offen, was unter ‚digitale Bildung' zu verstehen ist, und was die Attribuierung des pädagogischen Einsatzkonzeptes als ‚technisch' bedeuten mag. Ähnliches lässt sich auch am Papier der Kultusministerkonferenz beobachten:

> Die Digitalisierung unserer Welt wird im weiteren Sinne verstanden als Prozess, in dem digitale Medien und digitale Werkzeuge zunehmend an die Stelle analoger Verfahren treten und diese nicht nur ablösen, sondern neue Perspektiven in allen gesellschaftlichen, wirtschaftlichen und wissenschaftlichen Bereichen erschließen, aber auch neue Fragestellungen z. B. zum Schutz der Privatsphäre mit sich bringen.[11]

Auch hier scheint die technische Perspektive als Kernphänomen angesehen zu werden, mit dem neue Perspektiven verbunden sind. Daher überrascht das Fazit nicht, das Myrle Dziak-Mahler zieht: „Das Papier lässt eine Leerstelle an der Frage, auf welchem pädagogischen, didaktischen und methodischen Weg die

---

[10] Presse- und Informationsamt der Bundesregierung: Digitalisierung, 6.

[11] Kultusministerkonferenz: Bildung, 8.

langfristigen Ziele an den Schulen erreicht werden können.[12] Der Effekt ist, dass bei den Schulträgern und schließlich in den Schulen selbst der entscheidende Schritt nur dann getan wird, wenn Digitalisierung als pädagogisch-didaktische Entwicklungsaufgabe angesehen wird, wie es beispielsweise Andreas Pallack und Jenny Radzimski-Coltzau für ihre Schule beschreiben:

> Landläufig wird die Diskussion um digitale Bildung allein in Bezug auf technische Ausstattung geführt, doch diese an sich bewirkt noch nichts. Wir gehen daher bewusst einen anderen Weg und initiieren einen umfassenden, nachhaltig angelegten Schulentwicklungsprozess.[13]

Gleiches gilt in entsprechender Weise für den Bereich der Hochschulen.

Digitalisierung ist selbst nicht einfach als technisches Upgrade zu verstehen, benötigt aber Investitionen in die technische Infrastruktur. Der Weg, Schulen und Hochschulen durch entsprechende Förderprogramme mit Hard- und Software auszustatten, die vornehmlich durch IT-Experten[14] und einige wenige, in der Regel externe pädagogische Expertinnen und Experten ausgesucht werden, darf allerdings als gescheitert gelten und vergeudet Unsummen an Fördergeldern. Dabei ist zu berücksichtigen, dass Endgeräte und Software oft innerhalb von fünf Jahren hoffnungslos überholt sind. Wenn sie bis dahin also kaum benutzt wurden (oder eben nur als moderneres Gerät für die vorher schon praktizierten Zwecke), sind entsprechende Investitionen schlicht als Verschwendung anzusehen. Schlimmer noch: Wird die Technik nur zur Vereinfachung innerhalb traditioneller Strukturen eingesetzt (etwa zur thematisch punktgenauen Bereitstellung von Buchaufsätzen in digitalisierter Form auf Lernplattformen anstelle eigener Recherchen mit selbstständiger Identifizierung der wesentlichen Informationen), ist sogar mit einem Kompetenzverlust zu rechnen – und zwar nicht allein mit Blick auf methodische Recherche-Kompetenz, sondern vor allem hinsichtlich der Urteils- und Entscheidungskompetenz und damit letztlich der Eigenständigkeit der Studierenden. Wesentlich sinnvoller ist die Investition in eine zuverlässige und schnelle Netzinfrastruktur in Verbindung mit einer multikompatiblen Projektionstechnik (im einfachsten Fall ein vernetzter Beamer), mit der es möglich ist, dass Lehrende (und Studierende) mit ihrem eigenen (privaten oder dienstlichen) Endgerät unkompliziert darauf zugreifen können. Jedes Tablet und Smartphone kann heute mehr als ein Smartboard – und hat dazu den Vorteil, dass die Benutzenden sich mit ihrem eigenen Gerät gut auskennen. Isabel Zorn weist darüber hinaus auf einen wichtigen Umstand hin: Die Nutzung digitaler Technologien wird vielfach als Nutzung ‚neuer Medien' aufgefasst – ein Verständnis, das zu kurz greift: „Man sollte sie weniger als Medien und mehr als

---

12 DZIAK-MAHLER: Ausblick, 223.

13 PALLACK/RADZIMSKI-COLTZAU: Medien, 113.

14 Die männliche Form ist hier statistisch bewusst gesetzt. Es wäre interessant, die Wirkung dieses Gender-Ungleichgewichts auf die Lehre genauer zu untersuchen.

Software verstehen. [...] Ein Verständnis der Technologie ist notwendig, um die Inhalte Digitaler Medien interpretieren und/oder herstellen zu können.“[15]

Zusammenfassend ist festzuhalten: Digitalisierung als technisches Upgrade aufzufassen, ist historisch vielleicht zutreffend, aus didaktischer Sicht allerdings absolut unzureichend. Notwendig ist ein neues pädagogisch-didaktisches Verständnis von Digitalisierung, welches auf ihre sozio-kulturellen Implikationen verwiesen ist:

> Geht es [...] um eine Bildungsinnovation, ist zu fragen, welche Bedeutung Technik für die (Weiter-)Entwicklung von Schule und Unterricht tatsächlich hat, denn: Legt ein technisch verstandener, produkt-orientierter Innovationsbegriff einen kausalen Wirkzusammenhang zwischen Lehren, Lernen und dem (Gebrauch von) Medien nahe, besteht genau in diesem Fehlschluss die Verknappung des Lehr-Lern- bzw. Unterrichtsgeschehens in didaktischer Hinsicht. Es könnte daher von Bedeutung sein, im Zusammenhang mit Lehre und Unterricht einen sozialen Innovationsbegriff zugrunde zu legen.[16]

Das gesellschaftliche Phänomen ‚Digitalisierung‘ wird also erst dann erfasst, wenn es als sozio-kultureller Transformationsprozess verstanden wird, der Folgen für alle Bereiche gesellschaftlichen Lebens hat – darunter auch für das Lehren und Lernen an Schule und Hochschule.

2. Gesellschaftliche Folgen der Digitalisierung

Die gesellschaftlichen Wirkungen und Folgen, die die enormen Möglichkeiten der sich rasant weiterentwickelnden digitalen Technologien mit sich bringen, sind so gravierend, dass sie als weitreichende gesellschaftliche Transformationsprozesse aufgefasst werden müssen.

> Es werden nicht nur Jobs entstehen, die sich heute niemand vorstellen kann; es wird sich die Arbeit als solches grundlegend verändern. Die digitale Transformation ist eine soziale. Die massiven und rasanten Veränderungen im ‚System Arbeit‘ bedeuten ebenso große Veränderungen im ‚System Schule‘.[17]

Was im Bereich Wirtschaft und Arbeit recht stark diskutiert wird, entfaltet seine Wirkungen aber viel tiefer und beginnt bereits bei der individuellen und gesellschaftlichen Kommunikation, bei menschlichen Beziehungen und Identitätsbildungsprozessen. Für den konkreten Blick auf hochschuldidaktische Folgerungen ist es notwendig, sich über die Implikationen dieses gesellschaftlichen Wandels klar zu werden.

---

[15] ZORN: Kraft, 151.

[16] HOFHUES/LUKÁCS: OERlabs, 121.

[17] DZIAK-MAHLER: Ausblick, 223.

2.1 *Charakteristika der Digitalisierung*

Im Rahmen dieses Beitrags können die Charakteristika der Digitalisierung in der angedeuteten Hinsicht nur skizziert werden. Sie lassen sich meines Erachtens durch die folgenden sechs Dimensionen beschreiben:

1. Die digitale Transformation hat eine *konnektive Dimension.* Digitale Technologie ermöglicht eine Vernetzung von Menschen, Gruppierungen und Bewegungen, aber auch von Menschen mit Maschinen und von Maschinen untereinander. Diese Verknüpfungen ergeben ein hochkomplexes, unüberschaubares Netz von Beziehungen und darin ganz neue Formen von Beziehungen. Die Struktur der Kommunikation, aber auch der Information ist durch Non-Linearität gekennzeichnet – mit Folgen für die Wahrnehmung, für kommunikatives Beziehungsverhalten und für Entscheidungsfindungsprozesse.
2. Die digitale Transformation hat eine *transitive Dimension.* Information und Kommunikation überschreiten räumliche und zeitliche Grenzen und sind damit prinzipiell überall (ubiquitär) und jederzeit (cumquitär) verfügbar. Dabei ist die Nutzung digitaler Technologien auch mobil möglich, wobei es weniger um die Möglichkeiten des mitgeführten Gerätes geht, als um die damit hergestellte Verbindung zu den Möglichkeiten der virtuellen Welt in globalisierter Vernetzung. Aus der mobilen Vernetzung resultiert zugleich eine umfassende Erreichbarkeit[18] bis hin zu einer zweiseitigen Verfügbarkeit: Auf der einen Seite ist das digitale Netz für die einzelne Person verfügbar, auf der anderen Seite ist die einzelne Person allerdings auch über dieses Netz für andere verfügbar.
3. Die digitale Transformation hat eine *interaktive Dimension.* Sie ermöglicht Kommunikation, Informationsaustausch und Beziehungen in der virtuellen und materiellen Welt. Diese Prozesse sind wechselseitig konstituiert, ermöglichen also nicht nur die Nutzung vorgegebener und durch Einzelne kontrollierter Strukturen, sondern deren aktive Gestaltung. Kollaboration ist nicht nur eine Möglichkeit, sondern ein wesentliches Charakteristikum von Digitalisierung – bis in politische Gestaltungs- und Umwälzungsprozesse hinein.
4. Die digitale Transformation hat eine *partizipative Dimension.* Diese bezieht sich sowohl auf die Kommunikation, als auch auf alle Arten von Informationen, die in kaum begrenztem Ausmaß allgemein zugänglich werden – und das sowohl gleichzeitig (synchron) als auch im Zeitverlauf (diachron), wenn es um alte Informationen geht, einschließlich überholter und falscher Informationen. Der Zugang zu Informationen bedeutet prinzipiell auch eine Demokratisierung des Wissens, die sowohl emanzipatorisch als auch manipulativ verwendet werden kann – eine Ambivalenz, die für alle hier dargestellten Dimensionen gilt.

[18] Vgl. hierzu HUNZE: Anwesenheit.

5. Die digitale Transformation hat eine *autonome Dimension.* Information und Kommunikation in der digitalen Welt kann nicht vollständig gesteuert werden, allenfalls in Teilbereichen. Das hat Folgen für das kommunikative Handeln der einzelnen Personen und für gruppendynamische Wirkungen. Von besonderer Bedeutung ist dabei, dass die Konstituierung von digitalen Technologien nur schwer reglementierbar ist, so dass es einzelnen Personen oder Firmen möglich ist, teilweise sehr umfassende Teilbereiche der virtuellen Welt nach eigenen, insbesondere wirtschaftlichen Kriterien zu steuern, ohne dass diese Steuerung offensichtlich wäre. Damit verbunden sind Automatisierungsprozesse, die sowohl nach eindeutig programmierten Vorgaben als auch mit den wachsenden Möglichkeiten künstlicher Intelligenz maschinell selbstgesteuert ablaufen können.
6. Die digitale Transformation hat eine *innovative Dimension.* Die vorgenannten Dimensionen eröffnen die notwendigen Freiräume für Kreativität, insofern mündet die strukturell wenig regulierte Offenheit der digitalen Möglichkeiten in fortlaufende Innovationsprozesse, die den Raum des Möglichen in hoher Geschwindigkeit ständig erweitern.

Digitalisierung als gesellschaftliche Transformation mit den hier skizzierten charakteristischen Dimensionen durchformt alle Bereiche des Lebens wie Arbeit, Bildung, Familie, Medizin, Nachrichtenwesen, Politik, Wirtschaft und viele mehr. Damit sind für die Theologie insgesamt wie auch speziell für die Religionspädagogik neue Aufgaben verbunden.

2.2 Theologische und religionspädagogische Herausforderungen

Die Herausforderungen, die sich durch die Digitalisierung stellen, betreffen naturgemäß als erstes die Praktische Theologie als diejenige Disziplin, die die Praxis als theologischen Erkenntnisort untersucht; ferner Moraltheologie und Christliche Sozialethik, deren systematisch-theologische Fragestellungen sich insbesondere aus den Handlungen und Handlungsmöglichkeiten des Menschen ergeben. Es gilt, zunächst das Phänomen ‚Digitalisierung' differenziert wahrzunehmen und zu analysieren und seine verschiedenartigen Wirkungen zu verstehen. Insbesondere in der Ökonomik und ihren Implikationen für soziale Strukturen im Arbeitsmarktsektor werden sozial-ethische Fragen immer drängender. Jutta Rump merkt an,

> dass die Berücksichtigung der sozialen Transformation im Kontext der Digitalisierung erhebliche Auswirkungen auf das Gesellschafts- und Wirtschaftsmodell der sozialen Marktwirtschaft hat. Wenn wir davon ausgehen, dass die soziale Marktwirtschaft das Wertefundament für die Gesellschaft und die Volkswirtschaft darstellt, ist es unerlässlich, die sogenannte 4. Dimension der digitalen Transformation [i.e. die Arbeitswelt, Anm. G.Hu.] von Beginn an mitzudenken. Nur wer die Menschen in kleinen und großen Veränderungen

> mitnimmt, Perspektiven anbietet, Chancen und Risiken klar aufzeigt und damit Ungewissheit reduziert, wird das volle Potenzial der Digitalisierung heben und damit entscheidend zum Wohlstand der Gesellschaft beitragen.[19]

Das Verheißungsvolle der Transformationsprozesse muss zugleich kritisch-konstruktiv reflektiert werden – mit Blick auf die Implikationen der Digitalisierung für das Menschenbild, auf Gerechtigkeitsfragen im Wirtschaftssystem, auf Fragen nach Privatsphäre und Kontrolle u. v. m. In der Christlichen Sozialethik wird das seit Jahren intensiv getan, allerdings erscheint dieses Bemühen bei einer Außensicht auf die Theologie als Ganze eher als ein Spezialthema einer einzelnen theologischen Disziplin. Insgesamt scheint nicht nur die Kirche, sondern auch die Theologie – frei nach *Gaudium et Spes* – zu der Freude und Hoffnung, Trauer und Angst der Menschen der digitalen Welt von heute nicht besonders viel zu sagen zu haben, jedenfalls nicht in einer Sprache, die es selbigen leicht macht, sie zu verstehen. Das äußert sich auch in den Bildungszusammenhängen von Schule und Hochschule. Die Lehrpläne des Religionsunterrichts wie auch des Theologiestudiums sind zwar thematisch für neueste gesellschaftliche Entwicklungen offen, oft genug wird dort aber mit Herangehensweisen und Fragestellungen aus der Zeit der rein analogen Welt gearbeitet und so die Lebenswelt der Lernenden verfehlt. So sind es dann zivilgesellschaftliche Akteure wie Lee Watanabe-Crockett und Andrew Churches, die mit einer eigenen Stiftung Impulse für Lehrpläne in die Bildungsdiskussion einbringen, die man eher aus der Theologie erwarten würde. Dahinter steht das Konzept des ‚global digital citizenship', einer durch die Anforderungen von Globalisierung und Digitalisierung gekennzeichneten Bürgerschaft, für die eine gezielte Erziehung zu adäquatem verantwortlichem Handeln in den sich überlagernden digitalen und physischen Welten notwendig ist.[20]

> The Internet allows us to become true global citizens, both socially and as a workforce. We can see and track our actions on an international scale. We measure our impact on the global environment and gauge our social and moral differences and similarities. We rally together to inspire hope and provide aid for countries dealing with hardships and tragedies. This interconnectedness allows us to see how local or individual efforts can have a global effect. Seeing the impact of the individual in the global community shows us the great positive potential of the Internet. But, we also see that same impact reveal how exposed we are to scrutinity, manipulation, and threats to our privacy and security. When you think about it, it makes sense to cultivate empowered individuals who are dutifully aware of their responsibility – both for and with the power of the Internet – for the lasting well-being of our global community. This is a hallmark of the global digital citizen.[21]

---

19 RUMP: Arbeitswelt 4.0, 80.

20 Vgl. WATANABE-CROCKETT/CHURCHES: Citizens, 4: „Therefore, global digital citizenship adresses how we participate and contribute in the blended physical and digital worlds, and how we can leverage the digital world to grow citizens in this new reality."

21 Ebd., 23.

Hieraus ergeben sich Ansprüche an die Mitglieder der globalisierten und digitalisierten Gesellschaft, auf die in Schule, Hochschule (nicht nur in der Lehramtsausbildung) und in verschiedenen Bildungszusammenhängen von Kirche gezielt hingearbeitet werden muss. Dazu gehören den Autoren zufolge Aspekte der persönlichen Verantwortlichkeit wie Integrität, Fürsorge, Mut, Unabhängigkeit, Reflexion, Resilienz und andere, aber auch globales, politisches und ökologisches Bewusstsein, Respekt und die Bereitschaft, gemeinsame Probleme zu lösen. Die meisten angesprochenen Ansprüche sind aus theologischer Perspektive betrachtet weder überraschend noch neu, daher stellt sich umgekehrt die Frage, warum es offenkundig nicht gelingt, angesichts der Herausforderungen der Digitalisierung lebensweltlich relevante Impulse zu setzen.

Bernd Trocholepczy ist nicht nur für den Religionsunterricht zuzustimmen, wenn er angesichts der multimedialen Vernetzung fordert:

> Möglichkeiten und Grenzen der konkreten menschlichen Kommunikation gehören in das ‚Grundgeschäft' des Religionsunterrichts – anders wäre er atheologisch. Was sich schon in einer trinitarisch-christlichen Gottesvorstellung erschließt, die Ausfaltung Gottes in ein Kommunikationsgeschehen, ist zugleich Vorgabe für menschliches Anteilhaben und Anteilgeben in der Kommunikation. Die Möglichkeiten der Selbstmitteilung Gottes wie des Menschen gehören gleichermaßen in das Aufgabenspektrum des Religionsunterrichts[22]

– wie auch des Theologiestudiums. Somit betrifft die anstehende theologische Reflexion nicht nur die Praktische Theologie und den ethischen Bereich, vielmehr müssen alle theologischen Disziplinen ihre Inhalte einerseits mit Blick auf die sich wandelnden Fragestellungen, andererseits aus sich wandelnden, heute anschlussfähigen Perspektiven heraus neu reflektieren und dialogisch kommunizieren.

Wilhelm Gräbs Versuch, erste Konsequenzen für religiöse Bildung in Kirche und Schule zu formulieren, weist in diese Richtung. Er erkennt, dass sich die theologische Kommunikation mit Blick auf die wesentlichen Charakteristika der digitalisierten Gesellschaft verändern muss. Die erste seiner drei Forderungen lautet: „Von der Einbahnkommunikation zur religiösen Interaktion"[23], da sich Menschen entsprechend der Merkmale Vernetzung, Kommunikation und Interaktion eigenaktiv einbringen wollen. Vor mehr als 20 Jahren hat Rudolf Englert dies bereits als Wechsel vom Weitergabe- zum Lebenswelt-Konzept bezeichnet (und gerade von kirchlicher Seite kontroverse Reaktionen erhalten). Welche Rolle Tradition, Konfession und Institution in diesem Prozess spielen, muss dabei neu gedacht werden.[24] Gräbs zweite Forderung lautet: „Vom Verkündigungs-

---

22 TROCHOLEPCZY: Religionsunterricht, 160–161.

23 GRÄB: Multimedia, 22.

24 Vgl. seinen nach wie vor äußerst hellsichtigen Aufsatz: Der Religionsunterricht nach der Emigration des Glauben-Lernens. Tradition, Konfession und Institution in einem lebensweltorientierten Religionsunterricht; ENGLERT: Emigration.

zum Deutungsparadigma. Menschen beteiligen sich an religiöser Kommunikation, wenn sie in den Fragen der Lebensdeutung relevant wird."[25] Auch diese Forderung ist religionspädagogisch nicht neu – jedoch nicht nur von Kirche[26], sondern auch von der Theologie insgesamt gerade mit Blick auf die radikalen Umbrüche der Digitalisierung noch zu wenig eingelöst. Wie kann in kommunikativ-kollaborativen Netzwerken Theologie partizipativ ins Gespräch gebracht, ja eigentlich: betrieben werden? Welchen Beitrag kann die Theologie hier mit Blick auf die transitive Kommunikation und die dafür erforderlichen Kompetenzen wie interkulturelle Kompetenz und Sprachkompetenz[27] leisten? Gerade in den von der Digitalisierung stark betroffenen Handlungsfeldern findet noch wenig lebensweltlich relevante (!) Kommunikation durch Theologie und Kirche statt, beispielsweise in der physischen Welt an zunehmend digitalisierten Arbeitsplätzen, in der virtuellen Welt in den sozialisatorisch prägenden Social-Media-Kanälen. Schließlich fordert Gräb:

> Vom Autoritäts- zum Autonomiemodell religiöser Kommunikation. Die religiöse Autonomie ist grundsätzlich anzuerkennen. Das Ziel religiöser Bildungsprozesse sollte es sein, die Menschen zu autonomen Subjekten religiöser Selbstdeutung im Horizont des Evangeliums werden zu lassen.[28]

Dies ist nicht nur ein längst formuliertes Ziel jeder subjektorientierten Religionspädagogik, sondern kann auch innerhalb der hierzulande hauptsächlich betriebenen Theologie insgesamt als Leitperspektive angesehen werden – was kirchlich im katholischen Bereich nach wie vor anders aussieht. Es würde sich allerdings lohnen, die Studierenden zu fragen, ob sie das Theologiestudium auch so erleben. Auch hier bestehen Hierarchie- und Abhängigkeitsgefälle, verbunden mit bestimmten (beiderseits übernommenen) Rollenmustern und auch Lehr-Lern-Formen, die gerade nicht mit den dargestellten Dimensionen der Digitalisierung korrespondieren und so das Erleben von (auch religiöser) Autonomie erschweren.

Die Theologie hat die Aufgabe, das Phänomen ‚Digitalisierung' aus theologischer Perspektive zu untersuchen, seine Auswirkungen auf die Subjekte und das Gemeinwesen in den Blick zu nehmen und hier spezifische Deutungshilfen anzubieten. Biblische und systematische Erkenntnisse sind dabei von den so transformierten Lebenswelten her und auf sie hin neu zu durchdenken, ferner sind

---

25 GRÄB: Multimedia, 22.

26 Vgl. angesichts der während des Verfassens dieses Beitrags aktuellen ‚Corona-Krise' den sehr treffenden Kommentar von Hanna Jacobs: Schwaches Signal. Die evangelische Kirche hat noch nicht verstanden, worum es im Netz wirklich geht: Dialog und Nähe: „Wer digital viele Menschen erreichen möchte, muss sich an deren Sehgewohnheiten anpassen, Möglichkeit zur Interaktion bieten und das Medium verstehen, über das er kommuniziert." – JACOBS: Signal. Angesprochen wird hier explizit der evangelische Bereich, das Gesagte gilt m. E. auch für den katholischen.

27 Vgl. HARTH: Auswirkungen, 33.

28 GRÄB: Multimedia, 22.

aus der reflektierten Praxis neue theologische Erkenntnisse zu gewinnen. Die Theologie kann sich dabei nicht auf das Beobachten beschränken, sondern muss selbst in den sich weiterentwickelnden Formen und Strukturen kommunizieren und arbeiten – zum einen, um diese selbst besser zu verstehen, zum anderen, um gesprächs- und anschlussfähig zu bleiben, und zum dritten, um weiterhin Menschen für die Theologie zu gewinnen, die in diesen Strukturen aufgewachsen sind[29] – und schließlich mit Blick auf die Lehramtsausbildung, um die angehenden Religionslehrkräfte auf deren entsprechende Aufgaben in der Schule vorzubereiten und ihnen dafür kommunikative theologische Expertise an die Hand geben zu können. So wie die digitale Technik die Grundlage für die Digitalisierung ist, ist das Verständnis dieser digitalen Technik die Grundlage für das Verständnis der digitalen Transformationsprozesse. Insofern gilt es auch in der Theologie, das Wissen vor allem um die wirkmächtigen Algorithmen und mitunter selbstständig steuernden Künstlichen Intelligenzen zu vertiefen und darauf aufbauend einen genuin theologischen Beitrag zu einer „Digital Literacy“[30] bzw. „Data Literacy“[31] zu leisten.

3. Didaktische Folgen der Digitalisierung

Digitalisierung als gesellschaftliche Transformation ist auch für Bildungsprozesse folgenreich. Dabei steht bis heute der Einsatz digitaler Medien in der Lehre im Mittelpunkt des Interesses. Doch die bisherigen Überlegungen zeigen, dass damit der Kern der Digitalisierung in der Regel gar nicht erfasst wird.

> Im Bereich des Lernens ist die Verwendung digitaler Werkzeuge noch stark durch Nutzungsweisen, die im analogen Zeitalter gelernt und sozialisiert wurden, geprägt. So sind etwa Vernetzung und Zusammenarbeit durch physische Präsenz organisiert und lassen dabei virtuelle Kooperation und Kollaboration weitestgehend außer Acht. Erforderlich sind dementsprechend auch neue Kompetenzen, die den Anforderungen der digitalen Transformation gerecht werden.[32]

---

29 Diegel/Weidlich/Deimann weisen m. E. zu Recht darauf hin, dass aus dem bloßen Aufwachsen mit digitaler Technik falsche Schlüsse gezogen werden (die auch dazu führen können, sich z. B. als Lehrende bestimmten Herausforderungen gar nicht erst zu stellen unter Verweis auf die eigene Generationenzugehörigkeit): „Daraus leitet sich die – empirisch nicht bestätigte – Annahme ab, dass es gerade jungen Menschen besonders leicht fällt, das Smartphone und andere digitale Anwendungen kompetent zu nutzen. Tatsächlich findet oft nur eine eher oberflächliche Nutzung statt, wobei die Tragweite, zum Beispiel im Hinblick auf den Datenschutz, oftmals nicht bewusst ist.“ – Diegel/Weidlich/Deimann: E-Portfolio, 7; Vgl. auch Hugger: Natives.

30 Diegel/Weidlich/Deimann: E-Portfolio, 7.

31 Ebd., 7.

32 Ebd., 7.

Hilfreich ist dabei die Unterscheidung zwischen dem Lernen *über* Digitalisierung als gesellschaftliche Transformation, dem Lernen *durch* die Digitalisierung der Lebenswelten und dem Lernen *mit* digitalisierten Möglichkeiten. Dass das Lernen *über* Digitalisierung als gesellschaftliche Transformation mit Auswirkungen auf alle Lebensbereiche insbesondere aus theologischer Perspektive notwendig ist, wurde im letzten Abschnitt bereits aufgezeigt. Hier besteht dringender Aufholbedarf. Mit dem Lernen *durch* Digitalisierung der Lebenswelten ist gemeint, dass die Menschen durch neue Formen von Kommunikation, Beziehung, Kollaboration etc. geprägt werden, dabei beispielsweise bestimmte Formen von Kommunikation lernen (zuweilen wird skeptisch das Ver-lernen früherer Formen bedauert – was einerseits oft nicht zutrifft: was nie gelernt wurde, wird auch nicht verlernt, andererseits auch wenn es zutrifft durchaus sinnvoll ist: was gelernt, lebensweltlich aber (fast) nie gebraucht wird, wird eben nicht zufällig wieder verlernt) oder etwa ganz andere Herangehensweisen an Problemlösungen. Auch das Verständnis von Autorität, Machtstrukturen, Werten u. v. m. verändert sich. Diese informellen Lernprozesse haben starke Auswirkungen auch auf das institutionalisierte Lernen in Schule oder Hochschule. Umgekehrt ist es beim Lernen *durch* Digitalisierung wichtig, intentionale Lernprozesse zu initiieren, also die eigenen Prägungen und die dazu führenden Lernmechanismen bewusst zu reflektieren, um sich so dazu verhalten und ggf. das eigene Lernen aktiv gestalten zu können. Ein genauerer Blick auf das Lernen *mit* digitalisierten Möglichkeiten zeigt, dass der entscheidende Aspekt das Verständnis des Lehr-Lern-Prozesses ist.

3.1 *Ein Blick auf das Lehr-Lern-Verständnis*

Verändert sich das Lernen durch den Einsatz digitaler Medien? Diese Frage ist nicht pauschal zu beantworten. Allerdings ist zu bezweifeln, dass die digitalen Medien per se das Lernen verändern. Am Beispiel des E-Learnings stellt Annika Jokiaho fest: „Bislang fehlt eine eigenständige Didaktik des E-Learning.“[33] Dabei hinterfragt sie mit Rolf Arnold[34] kritisch, ob es überhaupt einer solch eigenen Didaktik bedarf:

> Den Grund hierfür sieht er darin, dass der Einsatz von E-Learning keine neuen Fragen bezüglich der Didaktik hervorbringen würde. Es handelt sich lediglich um Fragen, die mit Entscheidungen über den Inhalt und deren Vermittlung zusammenhängen und die ohnehin bei der Gestaltung von jeglichen Lehr- und Lernsituationen aufkommen.[35]

Damit hängt die Beantwortung der Frage nach der Veränderung des Lernens von dem Verständnis des Lehr-Lern-Prozesses ab, das dessen didaktischer Planung

---

33 Jokiaho: E-Learning-Szenarien, 13.

34 Vgl. Arnold: Unzeitgemäßheit.

35 Jokiaho: E-Learning-Szenarien, 13.

zugrunde liegt. Das entspricht auch den beobachtbaren Effekten in der Hochschuldidaktik: Dozierende, deren Lehr-Lern-Verständnis sich nicht verändert, ziehen digitale Medien in ihren Lehrveranstaltungen heran, um das Lernen in der bestehenden Form zu vereinfachen (digitale Verfügbarkeit von Materialien, schnellere Information durch elektronische Kommunikation etc.), um die eigene Lehre modisch zu ‚frisieren' (durch ‚moderne' Medien, das scheinbare Aufgreifen des aktuellen Themas Digitalisierung), um Studierende durch Abwechslung und Unbekanntes zu motivieren (durch spielerische Lernquiz-Apps, digitale Schnitzeljagden, App-Abstimmungen etc., die letztlich dieselbe analoge Methodik ersetzen, aber den Reiz des Unverbrauchten haben), um auf die eigenen vorhandenen neueren Geräte mit ihren digitalen Speichermöglichkeiten zurückgreifen zu können. Hinzu kommt mitunter ein simplifiziertes Verständnis des religionsdidaktischen Prinzips der Lebensweltorientierung, wonach aus dem Umgehen der Studierenden mit digitalen Medien in deren Lebenswelt abgeleitet wird, dass jeder Umfang mit solchen Medien in der Lehre als lebensweltorientiert gelten könne – womit die phänomenologische Tiefenstruktur des Prinzips völlig ausgeblendet wird.[36] Am Lernen selbst ändert sich auf der Grundlage eines unveränderten Lernverständnisses jedoch nichts. Wer durch digitale Medien weder vereinfachen, frisieren noch motivieren will und für wen die Nutzung der eigenen modernen Technik (sofern vorhanden) für die Lehre keine praktische Erleichterung darstellt, wird digitale Medien nicht nur nicht nutzen, sondern sie schlicht als Selbstzweck und modischen Schnickschnack wahrnehmen – was letztlich aus der Perspektive des eigenen (alten) Lernverständnisses möglicherweise auch stimmt.

Umgekehrt entstehen Veränderungen des Lernens mit Blick auf die digitalen Transformationsprozesse auf zwei Wegen. Der eine (m. E. unwahrscheinlichere, aber gerade für experimentierfreudige und für didaktisch Neues offene Dozierende mögliche) Weg führt tatsächlich über den Einsatz von digitalen Medien – ergibt sich aber nur dann, wenn gezielt deren wesentlich neue Möglichkeiten genutzt und dabei didaktisch (nicht allein methodisch) erschlossen werden. Dadurch wird sich das Lernen verändern – und Lehrende werden aus solchen Erfahrungen heraus ihr eigenes Verständnis von Lernen und entsprechend auch ihre eigene Hochschuldidaktik verändern.

Der andere Weg führt über die bewusste Reflexion des eigenen Lehr-Lern-Verständnisses bei der Gestaltung von didaktischen Wegen zu der Frage, welche der neuen Möglichkeiten digitaler Medien für die Realisierung solcher Lehr-Lern-Prozesse hilfreich sind. Das lässt sich verdeutlich an einem Prinzip, das als charakteristisch für digitale Lernkultur gilt – tatsächlich aber aus der vor-digitalen Zeit stammt und viel mehr mit dem Lehr-Lern-Verständnis zu tun hat: *Seamless Learning*. Lung-Hsiang Wong und Chee Kit Looi definieren dieses wie folgt:

---

[36] Vgl. etwa den noch immer sehr lesenswerten Beitrag von DIRSCHERL: Lebensweltorientierung.

> Seamless learning refers to the seamless integration of the learning experiences across various dimensions including formal and informal learning contexts, individual and social learning, and physical world and cyberspace.[37]

Wong und Looi weisen selbst darauf hin, dass der nahtlose Übergang zwischen unterrichtlichen und außerunterrichtlichen Lernsituationen, zwischen individuellem und sozialem Lernen, zwischen verschiedenen möglichen Kontexten des Lernens eine viel ältere Idee ist, die bereits 1996 von George D. Kuh beschrieben worden ist.[38] Sie kommen zu dem Schluss, das so beschriebene *Seamless Learning* sei „more a learner's habit of mind which may or may not need to be mediated or supported by technology."[39] Anders gesagt: Haben Dozierende ein Grundverständnis von Lernen, das darauf zielt, dass die Studierenden eine Haltung entwickeln, in der sie sich bewusst zum Subjekt ihres eigenen Lernprozesses machen und diesen aus den eigenen Fragen heraus aktiv gestalten, so sind für diese Dozierenden die Grenzen der eigenen Lehrveranstaltungen fließend und ihre eigene Lehrenden-Rolle verändert sich. Die Möglichkeiten digitaler Medien und die bewusste Nutzung der oben skizzierten Dimensionen des digitalen Wandels bieten große Chancen, eine entsprechende Lehr-Lern-Praxis zu etablieren. Ein solches Lehr-Lern-Verständnis korrespondiert mit dem religionspädagogischen Paradigmenwechsel von der Vermittlung zur Aneignung. Dieser

> lässt sich so benennen, dass neben die Hermeneutik der Vermittlung, die bisher leitend war, die Aufgabe einer Hermeneutik der Aneignung tritt. Diese fragt nicht nach der Struktur des Verstehens von Religion und Glaube im Prozess der Vermittlung, sondern nach der Struktur der Deutung, die Religion und Glaube als Ergebnis der Selbstthematisierung erfahren.[40]

Die entscheidende Bewegung geht also vom lernenden Subjekt aus, welches damit zugleich die darin zu verortende Rolle der Lehrenden mitbestimmt. Es ist fraglich, ob dieser mehr als 20 Jahre alte religionspädagogische Paradigmenwechsel in der theologischen Hochschuldidaktik flächendeckend angekommen ist, was letztlich damit zusammenhängt, dass die Hochschuldidaktik selbst auch an theologischen Fakultäten in institutioneller Hinsicht ein eher peripheres Dasein fristet.

Das Beispiel des *Seamless Learning* zeigt: Die Frage nach der Digitalisierung des Theologiestudiums ist die Frage nach der Adaption der digitalen Transformationsprozesse in eine sich weiterentwickelnde Hochschuldidaktik. Meine These ist, dass ein aktuelles, bildungswissenschaftlich fundiertes Lehr-Lern-Verständnis sehr viele Affinitäten mit den Charakteristika des digitalen Wandels aufweist, so dass es sich nahelegt, digitale Medien unter Ausnutzung ihrer inhä-

---

37 WONG/LOOI: learning, 1 (die Seitenangabe bezieht sich auf die Online-Ausgabe).

38 Vgl. ebd., 2–3; unter Verweis auf KUH: principles. Hier insbesondere: 136.

39 WONG/LOOI: learning, 6.

40 GOẞMANN/METTE: Erfahrung, 164; vgl. auch SCHMÄLZLE: Vermittlung.

gemeinschaftlichen Entwicklung innovativer präsentabler Endprodukte. Diese können produktorientiert (z. B. Entwicklung digitaler didaktischer Lernmaterialien, interaktiver Stadtführungen, adäquater Formate digitaler liturgischer Angebote etc.), kommunikationsorientiert (Konzipierung theologischer YouTube-Channels, Social-Web-Projekte, Zeitzeugen-Begegnungsformate, internetbasierte kirchliche Seelsorge-Angebote, interreligiöse Austauschformate etc.), transferorientiert (Erklär-Videos, Video-Tutorials, theologisches Infotainment etc.) oder auch künstlerisch-expressiv sein (Realisierung eigener theologischer Entwicklung in ästhetischen Formaten, vernetzte Dialogformate zwischen Theologie und Literatur, Musik und Kunst etc.). Dabei ist zu beachten, dass es auch für heutige Studierende, die mit digitalen Medien groß geworden sind, alles andere als selbstverständlich ist, diese zielgerichtet und effektiv für das eigene Arbeiten und Lernen einzusetzen; die digitale Kommunikation ist zwar alltäglich, aber gerade in herausfordernden Situationen nicht unbedingt professionell. Umfangreiche und intensive kollaborative Projekte erfordern Kompetenzen, die nicht im Nebenbei erworben werden:

> In Bezug auf Digitalisierung und Selbstlernkompetenzen gerät zunächst die Fähigkeit zur Fokussierung auf das Wesentliche bzw. der Umgang mit Ablenkungen in der digitalen Welt ins Blickfeld und damit auch die Bereitschaft und Fähigkeit zur Reflexion des eigenen Lernverhaltens. Zugleich werden hier neue Kompetenzen zum Umgang mit der disparaten Qualität digitaler Ressourcen und mit der zunehmenden Beschleunigung erforderlich.[46]

Neben kommunikativen, mitunter auch interkulturellen Kompetenzen sind auch Kompetenzen in der Nutzung digitaler Werkzeuge anzuführen – wobei es sowohl möglich ist, dass Lehrende bestimmte Tools vorgeben und darin einführen, als auch dass Studierende sich selbst Werkzeuge aneignen oder dass sich Lehrende und Studierende hier gemeinsam als Lernende verstehen.

Eine weitere Möglichkeit ist, dass Projekte Forschenden Lernens mit stärker forschungsorientiertem Fokus konzipiert werden und einen analytischen Schwerpunkt haben, dessen Ergebnisse anstelle eines konkreten Produktes präsentiert werden. Gerade in diesem Bereich kann die Nutzung von Videografie als Beispiel dienen. Was in Münster seit Jahren bereits im Bereich fachdidaktischer Peer-Learning-Module mit Unterstützung des bisherigen Videografie Teams GRUVI realisiert wird, ist die Analyse von Unterrichtsprozessen mit videografischer Unterstützung. Hierbei erschließen sich Studierende selbst und mit Hilfe der begleitenden klassischen Seminarveranstaltung notwendige allgemein- und fachdidaktische Hintergründe, konzipieren auf dieser Grundlage unterrichtliche Lernprozesse, die in der Durchführung videografiert und in der Regel mit weiteren begleitenden Methoden (Auswertung der Produkte von Lernenden, Interviews, Fragebögen u. a.) analysiert werden und tragen so sowohl zum eigenen

46 HARTH: Auswirkungen, 33.

Kompetenzerwerb, als auch (im Rahmen ihrer Möglichkeiten) zur Unterrichtsforschung bei. Solche analytischen Formate lassen sich auch für den außerschulischen Bereich entwickeln.

Der Einsatz von Videografie in der Lehre hat zweifellos einen hohen Wert und wird von den Studierenden, so zeigen die Evaluationen, sehr wertgeschätzt. Bislang lässt sich allerdings hauptsächlich im Bereich des Peer-Learnings von einem wirklichen Beitrag zur Digitalisierung sprechen – und auch dieser ist mit Blick auf digital unterstützte Arbeitsstrukturen der Projektgruppen noch ausbaufähig. Um die Potenziale ausnutzen zu können, ist die Entwicklung hochschuldidaktischer Bausteine notwendig, die die Komplexität des digitalen Wandels auf verschiedenen Ebenen aufgreifen und – unter Berücksichtigung datenschutzrechtlicher Aspekte – durch geeignete E-Learning-Szenarien Möglichkeiten zu selbstgesteuertem, flexiblem, kollaborativem Lernen schaffen. Videografie-Portale wie das Münsteraner ProVision-Portal[47], das aus der Qualitätsoffensive Lehrerbildung hervorgegangen ist und bislang noch keine Aufzeichnungen von Religionsunterricht umfasst, weisen in diese Richtung.

4. Ausblick

Ist das Theologiestudium im digitalen Zeitalter angekommen? Ich denke, es steht erst am Anfang des Ankommens. Das liegt aber nicht an eventuellen Widersprüchen zwischen Digitalisierung und Theologie und es unterscheidet das Theologiestudium weder von vielen anderen Studiengängen noch von vielen anderen Bereichen unseres alltäglichen Lebens. Zwar arbeiten wir immer mehr mit digitalen Geräten, setzen digitale Medien ein, nutzen digitale Kommunikationsmöglichkeiten – die mit dem Fortschritt digitaler Technologien verbundenen gesellschaftlichen Transformationsprozesse sind aber gerade erst dabei, Gestalt anzunehmen und erfassen nach und nach die Bereiche, in denen das digitale Innovationspotenzial unmittelbare Wirkungen zeigt. Der Bildungsbereich ist einer davon, erfahrungsgemäß aber ein Bereich, der zwar oft frühzeitig gesellschaftliche Entwicklungen registriert, aber nicht unbedingt schnell darauf reagiert. Das Theologiestudium muss sich derselben dreifachen Aufgabe stellen wie die Theologie insgesamt: es muss die mit der Digitalisierung verbundenen gesellschaftlichen Transformationsprozesse wahrnehmen und reflektieren, die Prägungen durch die zunehmend digitalisierten Lebenswelten bewusst machen und reflektiert gestalten und schließlich auf der Grundlage eines zeitgemäßen Lehr-Lern-Verständnisses die immensen Chancen der digitalen Möglichkeiten in der

47 Vgl. https://www.uni-muenster.de/ProVision.

Konzeption subjektorientierter Bildungsprozesse ausloten und konsequent nutzen.

Literatur

ARNOLD, Rolf: Die Unzeitgemäßheit von eLearning-Didaktik. In: DERS/LERMEN, Markus (Hg.): eLearning-Didaktik. Baltmannsweiler 2006, 11–29.

DIEGEL, Noëlle/WEIDLICH, Joshua/DEIMANN, Markus: E-Portfolio: Kompetenzerwerb und Digitalisierung für das Lehren und Lernen. Hagen 2019.

DIRSCHERL, Erwin: Theologische Anmerkungen zur Lebensweltorientierung. In: Erwachsenenbildung 39 (1993), 63–68.

DUBS, Rolf: Die Vorlesung der Zukunft. Theorie und Praxis der interaktiven Vorlesung. Opladen 2019.

DZIAK-MAHLER, Myrle: Ausblick: Das Bildungssystem muss für das Informationszeitalter transformiert werden – Die digitale Transformation ist in Schule und LehrerInnenbildung noch nicht angekommen. In: BRESGES, André/HABICHER, Alexandra (Hg.): Digitalisierung des Bildungssystems. Aufgaben und Perspektiven für die LehrerInnenbildung. Münster 2019, 223–226.

ENGLERT, Rudolf u. a. (Hg.): Vorwort. In: DIES. (Hg.): Gott googeln? Multimedia und Religion. Neukirchen-Vluyn 2012, 9–11.

ENGLERT, Rudolf: Der Religionsunterricht nach der Emigration des Glauben-Lernens. Tradition, Konfession und Institution in einem lebensweltorientierten Religionsunterricht. In: Katechetische Blätter 123 (1998), 4–12.

GOẞMANN, Klaus/METTE, Norbert: Lebensweltliche Erfahrung und religiöse Deutung. Ein religionspädagogisch-hermeneutischer Zugang. In: ADAM, Gottfried/GOẞMANN, Klaus (Hg.): Religion in der Lebensgeschichte. Interpretative Zugänge am Beispiel der Margret E. Gütersloh 1993, 163–175.

GRÄB, Wilhelm: Multimedia – epochemachende Herausforderung für Religion und Theologie. In: ENGLERT, Rudolf u. a. (Hg.): Gott googeln? Multimedia und Religion. JRP 28 (2012). Neukirchen-Vluyn 2012, 18–22.

HARTH, Thilo: Auswirkungen von Digitalisierung auf die Kompetenzorientierung. In: BRINKER, Tobias/ILG, Karin (Hg.): Lehre und Digitalisierung. 5. Forum Hochschullehre und E-Learning-Konferenz 25.10.2016. Bielefeld 2018, 33–34.

HOFHUES, Sandra/LUKÁCS, Bence: OERlabs zwischen Bildungsinnovation und medienbezogenen Routinen in der LehrerInnenbildung. In: BRESGES, André/HABICHER, Alexandra (Hg.): Digitalisierung des Bildungssystems. Aufgaben und Perspektiven für die LehrerInnenbildung. Münster 2019, 121–130.

HUGGER, Kai: Warum Digital Natives ein Mythos sind. Und was dies für schulische Medienbildung bedeutet. In: BRESGES, André/HABICHER, Alexandra (Hg.): Digitalisierung des Bildungssystems. Aufgaben und Perspektiven für die LehrerInnenbildung. Münster 2019, 131–140.

HUNZE, Guido: Abwesende Anwesenheit oder anwesende Abwesenheit? Anfragen an das Erreichbarkeitsprinzip in praktisch-theologischem Interesse. In: Lebendige Seelsorge 53 (2002), 338–341.

HUNZE, Guido: „Doch sie hielten das alles für Geschwätz und glaubten ihnen nicht." – Ein Update zum Theorie-Praxis-Problem. In: ALTMEYER, Stefan u. a. (Hg.): Religiöse Bildung – Optionen, Diskurse, Ziele. Stuttgart 2013, 310–318.

HUNZE, Guido/LOHKEMPER, Gudrun: Praxissemester – Bestandteil oder Unterbrechung des Studiums? Das Theorie-Praxis-Verhältnis als Gelingensbedingung von Professionalisierung. In: CARUSO, Carina/ WOPPOWA Jan (Hg.): Praxissemester (Religion) in NRW: Bilanz und Perspektiven. Paderborn 2019, 65–84.

JACOBS, Hanna: Schwaches Signal. Die evangelische Kirche hat noch nicht verstanden, worum es im Netz wirklich geht: Dialog und Nähe. In: Christ & Welt (Beilage zur Zeitschrift „Die Zeit") Nr. 16 (2020), 2.

JOKIAHO, Annika: Didaktische E-Learning-Szenarien für die Hochschullehre. Baltmannsweiler 2018.

KUH, George D.: Guiding principles for creating seamless learning environments for undergraduates. In: College Student Development 37 (1996), 135–148.

KULTUSMINISTERKONFERENZ: Bildung in der digitalen Welt. Strategie der Kultusministerkonferenz. Beschluss der Kultusministerkonferenz vom 08.12.2016 in der Fassung vom 07.12.2017. Online unter: ttps://www.kmk.org/fileadmin/Dateien/veroeffentlichungen_beschluesse/2016/2016_12_08-Bildung-in-der-digitalen-Welt.pdf (Stand: 31.03.2020).

LORENZ, Anja: Trendy, hip und cool – und dann im Elfenbeinturm versteckt #fail. In: BÜCKER, Diana u. a. (Hg.): „Trendy, hip und cool": Auf dem Weg zu einer innovativen Hochschule? Bielefeld 2017, 27–32.

NEBE, André F.: Humor und erfolgreiche Kinderfilme. Strukturen und Relevanz eines filmischen Mittels. Wiesbaden 2019.

PALLACK, Andreas/RADZIMSKI-COLTZAU, Jenny: Digitale Medien: Eine Chance für Schulentwicklung am Beispiel des Franz-Stock-Gymnasiums (FSG). In: MCELVANY, Nele u. a. (Hg.): Digitalisierung in der schulischen Bildung. Münster 2018, 113–117.

PRESSE- UND INFORMATIONSAMT DER BUNDESREGIERUNG (Hg.): Digitalisierung gestalten. Umsetzungsstrategie der Bundesregierung. Berlin ^{4}2019. Online unter: https://www.bundesregierung.de/resource/blob/975226/1552758/c34e443dbe732e79c9439585b4fbade5/pdf-umsetzungsstrategie-digitalisierung-data.pdf?download=1 (Stand: 30.03.2020).

RUMP, Jutta: Arbeitswelt 4.0: Digitalisierung und die Konsequenzen jenseits der Technik. In: BRESGES, André/HABICHER, Alexandra (Hg.): Digitalisierung des Bildungssystems. Aufgaben und Perspektiven für die LehrerInnenbildung. Münster 2019, 69–81.

SCHMÄLZLE, Udo Fr.:, Von der Vermittlung zur Aneignung. Überlegungen zum Paradigmenwechsel in der Katechese. In: TEBARTZ-VAN ELST, Franz-Peter (Hg.): Katechese im Umbruch. Positionen und Perspektiven. Freiburg/Br. 1998, 33–44.

TROCHOLEPCZY, Bernd: Religionsunterricht und Medienkunde im Horizont einer Ambivalenzdidaktik. In: ENGLERT, Rudolf u. a. (Hg.): Gott googeln? Multimedia und Religion. JRP 28 (2012). Neukirchen-Vluyn 2012, 153–163.

WATANABE-CROCKETT, Lee/CHURCHES, Andrew: Growing Global Digital Citizens. Better Practices That Build Better Learners. Bloomington 2017.

WONG, Lung-Hsiang/LOOI, Chee Kit: What seams do we remove in mobile assisted seamless learning? A critical review of the literature. In: Computers & Education 57 (2011), 2364–2381. Online unter: https://hal.archives-ouvertes.fr/hal-00696239 (Stand: 30.03.2020).

ZORN, Isabel: Zur konstruktiven Kraft Digitaler Medien: Bildungsrelevanz von Konstruktionstätigkeiten mit Digitalen Medien. In: FROMME, Johannes/ISKE, Stefan/MAROTZKI, Winfried (Hg.): Medialität und Realität – zur konstitutiven Kraft der Medien. Wiesbaden 2011, 177–192. Abgedruckt in: DE WITT, Claudia u. a. (Hg.): Bildung, Lernen und Digitalisierung – Bildungswissenschaftliche Ansätze, Entwicklungslinien und theoretische Perspektiven. Textreader mit einführenden Kommentaren. Studienbrief der FernUniversität Hagen. Hagen 2019, 148–160.

Digitaler Wandel – theologisch-ethische Perspektiven

Peter G. Kirchschläger

1. Das Bleibende

In all den Veränderungen der digitalen Transformation steckt auch Konstantes.[1] Die menschliche Neugierde, Unbekanntes zu entdecken und Neues zu erfinden, sowie die menschliche Faszination für theologisch-ethische Fragen, was Menschen sein wollen, von welcher Welt Menschen träumen, und ob das, was Menschen technisch können, auch wirklich getan werden soll, stellen keine digitalen Erfindungen dar. Letzteres – die theologisch-ethische Reflexion – strebt auch weiterhin u. a. danach, Antworten auf die Fragen des Wohin, des Woher und des Warums in einer begründbar verbindlichen und verpflichtenden Form zu geben. Und bleibt somit eine Aufgabe der Theologie und Teil des Theologiestudiums.

Das diese ethische Dimension Bestimmende – das Gesollte – sollte sich ebenfalls nicht von Tag zu Tag ändern. Das ethische Prinzip der Menschenwürde aller Menschen – das festhält, dass alle Menschen etwas Einzigartiges sind, was von materialen Objekten und von anderem Leben zu unterscheiden ist[2] – und die Menschenrechte[3] beispielsweise, verlieren nichts an Gültigkeit angesichts der neuesten wissenschaftlichen Erkenntnis oder der neuesten technologischen Entwicklung. Ethische Prinzipien und Normen gilt es so zu legitimieren, dass sie universelle Geltung – auch in einer intergenerationellen Hinsicht – beanspruchen können. Selbstverständlich beschäftigt das Risiko, eine „futurological fallacy"[4] zu begehen. Und die Frage stichelt, ob die ethischen Prinzipien und Normen der Gegenwart ethische Orientierung für den Weg in die Zukunft bieten können.[5] Menschenwürde und Menschenrechte als theologisch-ethische Referenzpunkte lassen einen diese Frage aus den folgenden Gründen bejahen: Menschenwürde und die Menschenrechte als theologisch-ethische Referenzpunkte überzeugen aufgrund ihrer universellen Begründbarkeit und der durch sie erfolgenden Förderung von kultureller, religiöser und weltanschaulicher Plurali-

---

1 Für eine Vertiefung des Folgenden vgl.: KIRCHSCHLÄGER: Digital Transformation and Ethics.

2 Vgl. KIRCHSCHLÄGER: Missachtung der Menschenwürde.

3 Vgl. KIRCHSCHLÄGER: Digital Transformation of Society.

4 STRUMA: Autonomie, 38.

5 Vgl. HILGENDORF: Roboter.

tät im Zuge ihres Schutzes der Selbstbestimmung des Individuums. Der universellen Begründbarkeit gilt im Folgenden der Fokus.[6] Die Menschenwürde kann auf der Basis des jüdisch-christlichen Glaubens an die Gottebenbildlichkeit des Menschen theologisch fundiert werden.[7] Diese Glaubensüberzeugung findet in Gen 1,26-27 ihre Basis.[8] Gen 1,26-27 legt eine funktionale Lesart der Gottebenbildlichkeit des Menschen nahe.[9] Gott traut dem Menschen zu bzw. Gott vertraut dem Menschen an, dass der Mensch für Gott und an seiner Stelle – als „Repräsentant, Mandatar und Herrschaftspartner Gottes“[10] – eine Aufgabe für die Menschen und für die Schöpfung als Ganze wahrnimmt.[11] Von Gott wird dem Menschen die Aufgabe anvertraut und die Verantwortung[12] übertragen, für die Umwelt und für die Menschen einzustehen und für sie zu sorgen.[13]

Neben der funktionalen kommt eine relationale Lesart der Gottebenbildlichkeit hinzu.[14] Gott spricht den Menschen in der Schöpfung in Gottebenbildlichkeit an und sein Vertrauen aus – Gott tritt mit dem Menschen in eine Beziehung. Dabei wird der Mensch von Gott als relationales Wesen mit der *imago Dei* dazu befähigt, seine Menschlichkeit zum Ausdruck zu bringen. Ihren Mittelpunkt besitzt die Gottebenbildlichkeit in der Beziehung zwischen Gott und den Menschen und dem Verhältnis der Menschen untereinander. Doch als Schöpfer der Erde und des Menschen tritt Gott nicht nur mit dem Menschen in Beziehung, sondern mit seiner ganzen Schöpfung.[15] Im Begriff der Relationalität wird hier das Verhältnis zwischen Schöpfer und Schöpfung konsequent zu Ende gedacht. Dies bedeutet, dass nicht nur der Mensch, sondern auch die Umwelt Bezugsgrößen der göttlichen Sorge und – stellvertretend – der menschlichen Verantwortung darstellen. Gemäß dieser religiösen Begründung der Menschenwürde sind dank der Gottebenbildlichkeit des Menschen alle Menschen Trägerinnen und Träger der Menschenwürde und stehen alle im Dienste Gottes in der Verantwortung und Sorge für die anderen Menschen und für die Umwelt. Da die Menschenrechte die Menschenwürde schützen, kann von der theologischen und biblischen Fundierung der Menschenwürde eine theologische und biblische Fundierung der Menschenrechte abgeleitet werden. Menschenrechte schützen die essentiellen Elemente und Bereiche der menschlichen Existenz, die Menschen zum Überleben

---

6 Vgl. zum Letzteren – zur Förderung von kultureller, religiöser und weltanschaulicher Pluralität – KIRCHSCHLÄGER: Menschenrechte und Religionen; DERS.: Adaptation.

7 Vgl. ebd., 34–42.

8 Vgl. RUPERT: Genesis, 88–94.

9 Vgl. BARR: The Image of God, 11–26.

10 LOCHBÜHLER: Christliche Umweltethik, 114.

11 Vgl. MIDDELTON: The Liberating Image.

12 Vgl. KIRCHSCHLÄGER: Verantwortung.

13 Vgl. GROSS: Gottesebenbildlichkeit; BÖTTRICH: Menschenwürde – Menschenpflichten, 36; SEEBASS: Genesis, 81.

14 Vgl. VORSTER: Beitrag der deontologischen christlichen Ethik, 257.

15 Vgl. ebd., 258.

und zum Leben als Mensch – d. h. zu einem Leben mit Menschenwürde – brauchen.[16] Die Gottebenbildlichkeit des Menschen beantwortet also auf theologischer und biblischer Basis die Frage nach dem Warum der Menschenwürde und der Menschenrechte. Dabei handelt es sich um bleibende Schwerpunkte für die Theologische Ethik und das Studium der Theologischen Ethik.

Eine ethische Begründung der Menschenwürde und der Menschenrechte kann sich auf das Prinzip der Verletzbarkeit abstützen,[17] das folgendermaßen zusammengefasst werden kann: Der Mensch nimmt sich in seiner eigenen Verletzbarkeit selbst wahr. Der z. B. jetzt gesunde Mensch weiß, dass sie bzw. er morgen krank werden könnte. Während dieser Bewusstwerdung der eigenen Verletzbarkeit eröffnet sich dem Menschen die „Erste-Person-Perspektive" und sein „Selbstverhältnis"[18]. Ihre bzw. seine Verletzbarkeit und ihr bzw. sein gesamtes Leben erlebt sie bzw. er als Subjekt (d. h. als die erste Person Singular) und sie bzw. er kann sich dazu in Bezug setzen. Dies ermöglicht dem Menschen die Wahrnehmung, dass sie bzw. er die Verletzbarkeit und die je individuelle „Erste-Person-Perspektive" sowie das je individuelle „Selbstverhältnis" mit allen anderen Menschen teilt: Jeder Mensch ist Subjekt seines Lebens. Die „Erste-Person-Perspektive" und das „Selbstverhältnis" erkennt der Mensch so als Bedingung der Möglichkeit eines Lebens als Mensch. Da sich der Mensch seiner Verletzbarkeit bewusst ist, gleichzeitig aber nicht weiß, ob und wann sich seine Verletzbarkeit in eine konkrete Verletzung wandelt, entfaltet sich die Bereitschaft, als für ihn vernünftigste und vorteilhafteste Lösung, sich selbst und damit – aufgrund der diesbezüglichen Gleichheit aller Menschen – allen Menschen die „Erste-Person-Perspektive" und das „Selbstverhältnis" zuzugestehen. Dies bedeutet, sich und alle anderen mit Menschenrechten zu schützen. Dieser Schutz durch die Menschenrechte zielt darauf ab, eine Transformation von Verletzbarkeit zu einer konkreten Verletzung zu verhindern oder im Falle einer eventuellen Transformation von Verletzbarkeit zu konkreten Verletzungen aktive Kompensation zu erfahren. Dabei sind sich die Menschen bewusst, dass der Schutz der Menschenrechte auch mit den Menschenrechten korrespondierende Pflichten umfasst, da es sich ja um keine exklusiven Rechte, sondern um Menschenrechte handelt, die allen Menschen zustehen.

Menschenwürde und Menschenrechte sind also in ihrer Universalität ethisch begründbar. Es wird somit nicht leichtfertig auf die Menschenrechte als ethisch verantwortete Handlungsgrundlage zurückgegriffen und an ihnen festgehalten, sondern in der Begründung spiegelt sich ein ethischer Konsensprozess,[19] welcher der vielfältigen Komplexität der Wirklichkeit von Gesellschaft,

---

16 Vgl. KIRCHSCHLÄGER: Menschenrechte begründet, 194–195.

17 Vgl. ebd., DERS.: Prinzip der Verletzbarkeit; DERS.: Menschenrechte und Religionen, 81–97.

18 Vgl. RUNDGALLDIER: Deutung menschlicher Grunderfahrungen, 143–221.

19 Vgl. KIRCHSCHLÄGER: Menschenrechte als hermeneutischer Schlüssel.

Politik, Kultur, Religion und Weltanschauung bewusst Rechnung trägt.[20] Menschenwürde und Menschenrechte ermöglichen, den Menschen nicht als „*homo digitalis*“[21], sondern als „*homo dignitatis*“[22] zu denken.

Die hermeneutische Erschließung des Verhältnisses zwischen technologiebasiertem Fortschritt und Ethik kann schließlich auch weiterhin als Interaktion gedacht werden und bildet demzufolge ein weiteres Konstantes. Ethik reagiert nicht und hinkt auch nicht hinter her, Ethik interagiert mit Forschung, Entwicklung und Technologie.[23]

2. Das Bewegende

Theologische Ethik sollte mit begründbarem Selbstbewusstsein zur digitalen Transformation und zum Einsatz von künstlicher Intelligenz beitragen. Das Theologiestudium sollte entsprechend nach dem dafür notwendigem wissenschaftlichen *empowerment* streben und für einen solchen selbstbewussten Positionsbezug vorbereiten. Chancen und Risiken dieser technologiebasierten Wandelepoche sind theologisch-ethisch beim Namen zu nennen. Denn die präzise Identifizierung der ethisch relevanten Chancen und Risiken bildet die Voraussetzung dafür, dass erstere genutzt und letztere gemeistert werden können.

Theologische Ethik sollte sich im Diskurs über digitale Transformation und künstliche Intelligenz Gehör verschaffen. Denn es braucht die Stimme dieser Wissenschaft, um die Komplexität der sich im Zuge der Digitalisierung, Automatisierung, Maschinisierung, Robotisierung und dem Einsatz von künstlicher Intelligenz stellenden ethischen Fragen meistern zu können[24] und u. a. dabei zu bedenken, dass die „sozialen und ethischen Probleme [...] nicht einheitlicher Art“ sind, „nur weil sie die digitale Technik voraussetzen.“[25] Es braucht Theologische Ethik mit ihrer eigenen Komplexität, damit digitale Transformation und künstliche Intelligenz weder auf ein ökonomisches Kalkül und Effizienzsteigerung reduziert, noch zu einem reinen Marketinginstrument oder zu ‘künstlicher Dummheit’ herabgestuft werden, sondern sich wahrlich entfalten können. Es braucht Theologische Ethik, damit digitale Transformation und der Einsatz von künstlicher Intelligenz nicht einfach geschieht, sondern Menschen diese in Achtung der Menschenwürde und der Menschenrechte aller Menschen gestalten. Es braucht Theologische Ethik, damit die Frage gestellt wird, wer wir als Menschen

---

20 Vgl. KIRCHSCHLÄGER: Zensur.
21 Vgl. CAPURRO: Homo Digitalis.
22 Vgl. KIRCHSCHLÄGER: Homo Dignitatis.
23 Vgl. KIRCHSCHLÄGER: Correlation.
24 Vgl. KIRCHSCHLÄGER: Human Rights as an Ethical Basis.
25 OHLY: Ethik der Robotik, 25.

sein wollen und was technologiebasiert sein soll und was nicht sein soll. Es braucht Theologische Ethik, damit wir über Innovation entscheiden.

Theologische Ethik soll auch dafür sorgen, dass die technologiebasierte Realität begrifflich und konzeptionell nicht überhöht wird. Das Theologiestudium sollte entsprechend zur Kritik der Begrifflichkeit vorbereiten. Aus theologisch-ethischer Perspektive ist u. a. der Begriff *künstliche Intelligenz* kritisch unter die Lupe zu nehmen. Künstliche Intelligenz kann umschrieben werden als „machines that are able to 'think' in a human like manner and possess higher intellectual abilities and professional skills, including the capability of correcting themselves from their own mistakes."[26] Künstliche Intelligenz wird heute in *schwache* künstliche Intelligenz und *starke* künstliche Intelligenz unterschieden. Während *schwache* KI entwickelt wird, um eine bestimmte und begrenzte Aufgabe zu erfüllen, soll eine *starke* KI menschlicher Intelligenz ähnlich sein und nahekommen, ja diese sogar übertreffen.[27] Ausgangspunkt der Forschung im Bereich künstlicher Intelligenz war die Überzeugung, dass „every aspect of learning or any feature of intelligence can in principle be so precisely described that a machine can be made to simulate it."[28] Zu Recht erfolgt dagegen der Einwand: „Intelligenz erschöpft sich nicht darin, ein bestimmtes kognitives Problem zu lösen, sondern es kommt darauf an, wie das geschieht."[29] Angesichts der Beschaffenheit von künstlicher Intelligenz ergeben sich aus ethischer Perspektive Zweifel, ob der Begriff überhaupt adäquat ist, da künstliche Intelligenz zwar danach strebt, menschliche Intelligenz zu imitieren, dies aber zum einen nur auf bestimmte Intelligenzbereiche beschränkt bleibt (z. B. gewisse kognitive Leistungen) und zum anderen davon auszugehen ist, dass künstliche Intelligenz der menschlichen Intelligenz in gewissen Intelligenzbereichen maximal ähnlich werden kann, aber nie gleich sein kann wie menschliche Intelligenz. Passender wäre wohl der Begriff *datenbasierte Systeme*, da diese Bezeichnung das beschreibt, was künstliche Intelligenz ausmacht.

3. Der Wandel

Wenn man die digitale Transformation mit früheren technologiebasierten Wandelepochen insbesondere hinsichtlich ihrer Wirkung auf die Menschen vergleicht, kann grundsätzlich festgestellt werden, dass noch nie dagewesene Möglichkeiten der „algorithmischen Verhaltensmodifikation"[30] und des Marketings

---

26 TZAFESTAS: Roboethics, 25.
27 Vgl. MISSELHORN: Grundfragen der Maschinenethik, 269–270.
28 MCCARTHY: Proposal, 12.
29 MISSELHORN: Grundfragen der Maschinenethik, 17.
30 LANIER: Zehn Gründe, 11.

(Ressourcen, Expertise, Knowhow, Talent, Kreativität, Macht) die Menschen das zu wollen meinen lässt, was neu auf den Markt kommt – egal, ob sich damit ein wirklicher Fortschritt oder eine Annehmlichkeit verbindet oder nicht. Auf diesem Weg setzt die Gewöhnung an Neues schneller und umfassender ein als früher – selbst an ethisch illegitime technologiebasierte Anwendungen, obwohl letztere Menschen und Umwelt gefährden. Theologische Ethik sollte hier kritisch Position beziehen – das Theologiestudium sollte für das entsprechende *Sehen – Urteilen – Handeln* vorbereiten.

Darüber hinaus wirkt sich die Digitalisierung von Forschung und Lehre vehement auf unser Denken und auf die Wissenschaft aus.[31] Die Digitalisierung von Texten[32] und die mit ihr verbundene Literatur- und Informationsversorgung eröffnet weite Horizonte, löst gleichzeitig aber wegen der Gefährdung informationeller Souveränität angesichts der Kommerzialisierung des Wissens durch das Internet Zweifel aus – insbesondere durch Suchmaschinen.[33] Denn nicht die Qualität entscheidet darüber, was im Internet am Schnellsten gefunden oder in Suchmaschinen zuoberst angezeigt wird, sondern die Quantität entsprechend eingesetzter Marketingressourcen.[34] Theologische Ethik sollte kritisch hinterfragen, wie sich der digitale Wandel auf ihr Studium auswirkt. Darüber hinaus sollte sich die Entscheidung über die Nutzung digitaler Möglichkeiten im Zuge des Theologiestudiums nicht an der technischen Machbarkeit, sondern streng an pädagogischen und hochschuldidaktischen Kriterien orientieren. Auch die Möglichkeit, das Theologiestudium als ‚bildschirmfreie Oase' bzw. als ‚nicht-datenbasierte Wirklichkeit' zu gestalten, ist in Betracht zu ziehen.

Zudem verlangen die mit digitaler Transformation und künstlicher Intelligenz hervorgerufenen sowie die auf sie bezogenen weitreichenden Gestaltungsmöglichkeiten nach theologisch-ethischer Orientierung. Es braucht für bzw. in Innovation ethische Orientierung. Dabei geht es letztlich um die Frage, ob die Menschen das, was technisch machbar ist, auch wirklich machen sollen. Dafür braucht es theologisch-ethische Referenzpunkte.

Des Weiteren fällt unter das ‚Bewegende', dass sich die Veränderung sowohl mit höherem Tempo als auch in kürzeren Intervallen vollzieht. Darüber hinaus sind Menschen mit einer umfassenderen und multidimensionalen Ungewissheit konfrontiert, was die Zukunft bringen wird. Veränderungen laufen in höherem Tempo und kürzeren Intervallen und provozieren so bei den Menschen neben Hoffnungen auch Ungewissheit, Ängste und Sorgen. Außerdem erweist sich im Zuge der digitalen Transformation die Intensität der Interaktion zwischen Mensch und Maschine als anders als bei früherem technischem Fortschritt. Das ganze Dasein der Menschen – sowohl Geschäfts- als auch Privatleben – sind

31 Vgl. BUDDE/OEVEL: Innovationsmanagement an Hochschulen.

32 Vgl. HERMANN/ROHLFS: DigiTheo.

33 Vgl. MITTLER: Nachhaltige Infrastruktur.

34 Vgl. HEILBING: Facebook & Co.

durchdrungen von der digitalen Transformation. Digitale und künstliche Intelligenz als Produkte der Menschen verändern die Menschen[35] – die Menschen werden auf diesem Weg selbst zum Produkt der eigenen Produkte. Die komplexe Beziehung zwischen Menschen und Robotern[36] beeinflusst das Selbstverständnis der Menschen.[37] Die Frage nach dem Menschenbild stellt sich daher neu und anders –[38] und damit verbunden auch die Frage nach dem Verständnis von Maschine, Roboter, ….[39] Werden Menschen in der Gegenwart digitalisiert? Werden sie zu Maschinen? Hier sollte sich Theologische Ethik einbringen. Das Theologiestudium sollte für den theologisch solide verankerten Umgang mit Ungewissheit und mit konstant rasend sich verändernden Realitäten vorbereiten.

4. Die Herausforderung

Im gegenwärtigen Diskurs über Automatisierung, Maschinisierung, Digitalisierung und Robotisierung werden Begriffe wie *moral technologies* verwendet. Der Theologischen Ethik stellt sich die Frage, ob technologischen Systemen Moralfähigkeit zuzutrauen ist. Ein erstes grundlegendes Fragezeichen angesichts der Bezeichnung *moral technologies* stützt sich auf den für den Menschen und seine Moralität zentralen Begriff des Gewissens.[40] Im Gewissen fließen objektiv und subjektiv Gesolltes in einer spezifischen konkreten Situation in einem bestimmten Kontext im Zuge einer einzigartigen Begegnung mit einzigartigen Menschen Erlebtes zusammen: „Conscience is an active faculty that discovers and discerns the good within the complexity of each situation."[41] Das Gewissen bildet eine Instanz in einem Menschen, die sich sowohl a priori als auch a posteriori in Bezug auf eine Handlung bemerkbar macht. Das Gewissen umfasst einen Prozess, der einer Handlung vorausgeht, als auch ein kritisches Hinterfragen und Prüfen im Anschluss an eine Handlung.[42] Das Gewissen handelt jedoch dabei nicht selbst.[43]

---

35 Vgl. RAMGE: Mensch und Maschine.

36 Vgl. DITTMANN: Mensch und Roboter.

37 Vgl. HEILINGER/MÜLLER: Der Cyborg.

38 Vgl. BATTAGLIA: Vorstellungen.

39 Vgl. FUCHS: Digitalisierung als Herausforderung; MISSELHORN: Grundfragen der Maschinenethik.

40 Vgl. KIRCHSCHLÄGER: Gewissen.

41 HOGAN: Conscience, 86–87.

42 So auch HOLZHEY: Gewissens, 7; Vgl. dazu auch SCHÜLLER: Begründung sittlicher Urteile, 40–57.

43 Vgl. WOLBERT: Gewissen und Verantwortung, 170.

> Das Gewissen macht man nicht geltend, wenn es einem in den Kram passt. Das Gewissen macht sich selber geltend, oft wenn es uns nicht in den Kram passt. Was das Gewissen ist, ist uns nicht im letzten verfügbar. [...] Diese Erfahrung hört nicht auf. Daraus lernen wir, dass das Gewissen im Werden ist, einen Prozess darstellt, der uns zugleich vorgegeben und aufgegeben ist.[44]

Das Gewissen umfasst das Potential, das moralisch Gute zu erkennen und im jeweils spezifischen Kontext in der konkreten Begegnung mit konkreten Menschen zu tun.[45] Ein Gewissen kann von Technologien nicht ausgesagt werden. Denn diejenigen Potentiale, welche Technologien hinsichtlich von moralischen Entscheidungen und Handlungen besitzen, kommen dem menschlichen Gewissen nicht in Ansätzen nahe. Ihnen fehlen die verschiedenen Ebenen der Sittlichkeit bzw. der Pflicht sowie der Existenz, die im Gewissen in unterschiedlicher Qualität, Intensität und geprägt von individueller Entwicklung bzw. sozialer Beeinflussung zusammenfließen.[46] Daher kann von Technologien nicht ein Gewissen ausgesagt werden. Wenn das Gewissen als wesentlich für Moralität verstanden wird, dann stellt der Mangel an Gewissen ein Argument gegen die Moralfähigkeit von Technologien dar.

Ein weiteres Gegenargument ergibt sich vor dem Hintergrund von Freiheit. Freiheit stellt eine *conditio sine qua non* für Moralität dar, weil Freiheit überhaupt erst die Möglichkeit eröffnet, sich für oder gegen das Gute zu entscheiden. Freiheit erweist sich als vieldeutig. Als formale Relation kann Freiheit beschrieben werden als *Freiheit von* ... und *Freiheit zu* .... Freiheit bedeutet, gemäß eigenen Wünsche und Plänen zu handeln. Die Freiheit kann umfassen, das zu wollen, was man will, und die Freiheit, das zu wollen, was man nicht will. Letzteres sagt, dass Freiheit auch bedeuten kann, das Gesollte, d. h. das ethisch Geforderte und Verlangte zu wollen, auch wenn dies möglicherweise nicht den eigenen Wünschen, Bedürfnissen, Präferenzen und Interessen entspricht. So eröffnet sich auch der soziale Horizont der Freiheit.

Maschinen mangelt es an Freiheit. Denn Technologien werden von Menschen entworfen, entwickelt und hergestellt, d. h. sie werden heteronom produziert. So erweist sich auch die Aneignung ethischer Prinzipien und Normen als vom Menschen gesteuert. In letzter Konsequenz bleiben demnach Maschinen immer in dieser Fremdbestimmung gefangen. Bildlich gesprochen: Maschinen – auch selbstlernende Maschinen – gehen auf eine erste Zeile des Codes zurück, die immer vom Menschen stammt. Das Fehlen von Freiheit spricht gegen die Moralfähigkeit von Maschinen.

Die Freiheit, das zu wollen, was man nicht will, verweist auf Verantwortung.[47] Der Verantwortung gelingt es, die eigene Freiheit in Verknüpfung mit der Freiheit aller anderen Menschen sowie mit der Achtung der Menschenwürde

---

44 MIETH: Gewissen, 225.
45 Vgl. SCHUSTER/KERBER: Gewissen, 144.
46 Vgl. SCHMITT: Sozialität und Gewissen.
47 Vgl. dazu KIRCHSCHLÄGER: Verantwortung.

aller Menschen zu verstehen. Verantwortung ermöglicht es der Freiheit, über die eigenen Bedürfnisse und Interessen hinaus den Horizont für die Freiheit aller anderen Menschen und für soziale Aufgaben und Ziele zu entdecken.[48] Auch Verantwortung erweist sich als *conditio sine qua non* für Moralität. Um Verantwortung tragen bzw. übertragen bekommen zu können – d. h. um ein Verantwortungssubjekt sein zu können –, müssen Freiheit und Rationalität vorausgesetzt werden können. Maschinen können nicht Trägerinnen von Verantwortung sein, was ebenfalls gegen die Moralfähigkeit von Maschinen spricht.

Schließlich kommt der Mangel an der vom Menschen ausgesagten Autonomie als weiteres Gegenargument gegen die Moralfähigkeit von Maschinen hinzu. Die Selbstgesetzgebung der Vernunft, zu der der Mensch fähig ist, liegt bei Immanuel Kant sogar der Würde des Menschen, „als eines vernünftigen Wesens, das keinem Gesetz gehorcht, als dem, das es zugleich selber gibt"[49], zugrunde. Während es Menschen entspricht, für sich selbst allgemeine moralische Regeln und Prinzipien zu erkennen, diese für sich selbst zu setzen und diese ihren bzw. seinen Handlungen zugrunde zu legen, ist dies Technologien nicht möglich. Technologien sind primär auf Zweckmäßigkeit ausgerichtet und können sich als selbstlernende Systeme Regeln setzen, z. B. um eine Effizienzsteigerung zu erreichen. Diese Regeln weisen aber keine ethische Qualität auf. Denn Maschinen scheitern am Prinzip der Verallgemeinerbarkeit.[50] Dieses weitere Argument für eine Verneinung der Moralfähigkeit von Maschinen wird dadurch zusätzlich untermauert, dass Technologien ohne Freiheit auch keine Autonomie zugesprochen werden kann.[51]

Auch bei *selbstlernenden Systemen* würde das sich aus den oben dargelegten Gründen ergebende Fehlen von Gewissen, Freiheit, Verantwortung und Autonomie gegen ihre Moralfähigkeit sprechen. *Selbstlernende Systeme* bezeichnen Maschinen, die danach streben, dass möglichst wenig bis kein menschlicher Input für die Erreichung eines Zieles notwendig ist.[52]

Selbst von *Superintelligenz* kann auf der Basis der oben erläuterten Gründe kein Gewissen, keine Freiheit, keine Verantwortung und keine Autonomie ausgesagt werden, sodass auch bei ihr keine Moralfähigkeit gedacht werden kann. Unter *Superintelligenz* versteht man Systeme, die Menschen in Intelligenzbereichen übertreffen. Da bereits heute Maschinen Menschen in verschiedenen Intelligenzbereichen (z. B. Erinnerungsfähigkeit, Umgang mit hohen Datenmengen, ...) massiv überragen, ist Superintelligenz ethisch zu reflektieren und davon auszugehen, dass weitere Intelligenzbereiche dazukommen werden.

---

48 Vgl. HOLDEREGGER: Verantwortung, 401.

49 KANT: Grundlegung zur Metaphysik der Sitten, 67.

50 Vgl. KOLLER: Begründung von Rechten, 75.

51 Dies ist z. B. auch eingeflossen in: EUROPEAN GROUP ON ETHICS IN SCIENCE AND NEW TECHNOLOGIES: Statement.

52 Vgl. METZLER: Martin Ford.

Um ein allfälliges Missverständnis hinsichtlich der Negierung der Moralfähigkeit von Maschinen vorzubeugen: Maschinen können sehr wohl ethische Prinzipien und Regeln einprogrammiert bzw. antrainiert werden, um ein ethisch legitimes Entscheiden und Handeln einer Maschine zu erreichen[53] – auch wenn sie diese nicht selbst erkennen und festlegen können. Letzteres liegt in der exklusiven Verantwortung der Menschen – eine weitere Herausforderung für Theologische Ethik und für das Theologiestudium.

5. Die Zukunft

Theologische Ethik muss also digitale Transformation kritisch hinterfragen und gleichzeitig technologiebasierten Wandel mitgestalten. Das Theologiestudium sollte beides beinhalten und bereits zu beidem beitragen. Aspekte der digitalen Transformation erweisen sich dabei nicht nur als Untersuchungs- bzw. Gestaltungsgegenstände der Theologischen Ethik, sondern betreffen sie selbst direkt. Dies soll am Beispiel der Digitalisierung von Arbeit kurz skizziert werden: Aus theologisch-ethischer Perspektive lässt sich feststellen, dass datenbasierte Systeme neue Horizonte für innovative Geschäftsmodelle und Wirtschaftsformen eröffnen, die zur Lösung von sozialen und ökologischen Problemen beitragen könnten. Diese Dynamik schafft neue Arbeitsplätze.[54] Technologiebasierte Unterstützung in wirtschaftlichen Prozessen führt gleichzeitig zu Disruptionen[55] sowie damit verbunden zu einer Entlastung des Menschen und zu neuen Freiräumen für andere Aufgaben. Es werden vermutlich mehr berufliche Aufgaben – auch Aufgaben, die eine theologische Qualifikation voraussetzen oder für diese offen sind – verschwinden als entstehen, was diese Transformation von bisherigen Innovationsschüben wesentlich unterscheidet.[56] Denn im Unterschied zu bisherigen technologiebasierten Wandelepochen[57] geht es bei der *digitalen Transformation erstens* darum, Menschen die Arbeit nicht zu erleichtern, sondern den Menschen im Wertschöpfungsprozess durch selbstlernende Systeme zu ersetzen (z. B. zielen automatisierte Kassen in Lebensmittelgeschäften nicht darauf ab, die berufliche Aufgabe des Einkassierens für die Kassiererinnen und Kassierer zu erleichtern – wie dies damals beim Schritt vom Pflug zum Traktor in Bezug auf die Tätigkeit des Bauern der Fall war). Die *digitale Transformation*

---

53 Vgl. WALLACH/ALLEN: Moral Machines.

54 Vgl. BUNDESMINISTERIUM FÜR ARBEIT UND SOZIALES: Weissbuch, 48.

55 Vgl. SCHUMPETER: Sozialismus und Demokratie, 134–142.

56 Vgl. FREY/OSBORNE: The future of employment. Vgl. dazu auch den McKinsey Global Report 2017 in: MANYIKA/LUND: Jobs lost, jobs gained.

57 Vgl. HESSLER: Persistenz.

charakterisiert zudem *zweitens* gerade, dass sie auf immer weniger bis keinen menschlichen Input angewiesen sind.[58] *Drittens* umfasst die *digitale Transformation* alle beruflichen Aufgaben (z. B. Roboter-Anwält*innen, Roboter-Richter*innen etc.).[59] *Viertens* erfährt die *digitale Transformation* durch die Globalisierung eine Verstärkung, die wechselseitig erfolgt,[60] was sich auch einzigartig dynamisierend auf die durch die *digitale Transformation* verursachten Veränderungen der Arbeitswelt auswirkt. *Fünftens* verläuft der Wandel viel schneller in viel kürzeren Intervallen und durchdringt *sechstens* neu das Privat- und Berufsleben.

Die digitale Transformation führt zu folgender Kernkonsequenz: *Immer weniger Menschen werden an einer effizienteren und effektiveren Wertschöpfungskette direkt teilnehmen und teilhaben.*[61] Dies bedeutet aus ethischer Sicht, dass aus einer gesamtgesellschaftlichen Perspektive eigentlich nicht die Menge der zur Verfügung stehenden Mittel die Herausforderung darstellt, sondern vielmehr die Gestaltung eines gerechten Gesellschafts- und Wirtschaftssystems.[62]

Weniger Arbeitszeit und mehr freie Lebenszeit müssen aus theologisch-ethischer Sicht keine schlechte Nachricht sein, denn es ist u. a. vorstellbar, dass bezahlte, den Lebensunterhalt finanzierende Arbeit je nach normativer Ausrichtung weniger zur Sinn- als vielmehr zur ‚Unsinnstiftung' beiträgt, die die Menschen aus ethischer Sicht vom Wesentlichen ablenkt, ethisch falsche Anreize setzt oder Zwang ausübt, durch Überbelastung Zeit für andere Bereiche der menschlichen Existenz (z. B. für Muße oder politisches Engagement) raubt[63] und Talente der Menschen für eine, auf einen bestimmten Zweck ausgerichtete, Tätigkeit bindet, der von einem ethischen Standpunkt aus auch problematisch sein kann.

Weniger Arbeitszeit kann aus theologisch-ethischer Sicht zu einer guten Botschaft werden, wenn eine Gesellschaft und ein Wirtschaftssystem entsprechend strukturiert sind, soziale Einbindung ermöglichen bzw. wenn dem Menschen die Entfaltung eines neuen Selbstverständnisses – mehrheitlich unabhängig von einem bezahlten Arbeitsplatz – gelingt. Es gilt sich mit der Frage zu beschäftigen, wozu der Mensch frei ist, wenn er frei von bezahlter Arbeit ist. Theologie und Kirche können hier eine wichtige Aufgabe in der Begleitung von Menschen im Fragen und auf der Suche nach dem Sinn des Lebens, nach einem Menschenbild und einem Selbstverständnis, in der Schaffung von Räumen für diese Auseinandersetzung, in der theologischen Reflexion, Kritik und Mitgestaltung

---

58 Vgl. FLORIDI: 4. Revolution, 53.

59 Vgl. BRYNJOLFSSON/MCAFFE: Second Machine Age, 41.

60 Vgl. WILHELMS: Digitalisierung, 3.

61 Vgl. KIRCHSCHLÄGER: Roboter und Ethik.

62 Vgl. KIRCHSCHLÄGER: Gerechtigkeit.

63 Vgl. ARENDT: Vita activa.

der gesellschaftlichen und wirtschaftlichen Transformationsprozesse zukommen.[64]

Digitale Transformation könnte zur Notwendigkeit eines bedingungslosen Grundeinkommens führen. Der Ansatz kennt verschiedene Ausprägungen und Modelle. Zu einen scheinen sie die folgenden Kernelemente, die eine Definition des bedingungslosen Grundeinkommens prägen:[65] a. Das bedingungslose Grundeinkommen umfasst einen monetären Transfer, dessen Höhe die Existenz des Individuums absichert und seine Teilhabe an der Gesellschaft ermöglicht. b. Die Auszahlung erfolgt ohne Bedürftigkeitsprüfung (sozialadministrative Prüfung von Einkommen und Vermögen) und ohne Zwang zur Erwerbsarbeit oder anderen Gegenleistungen.

Aus menschenrechtsethischer Perspektive erschließt sich, dass durch die finanzielle Absicherung aller Menschen im Rahmen des Ansatzes des bedingungslosen Grundeinkommens das Überleben aller Menschen garantiert wird, was positiv zu bewerten ist. Damit wird gleichzeitig ein wesentlicher Beitrag zum sozialen Frieden geleistet. Die Menschenrechte als ethischer Referenzrahmen legen jedoch auch nahe, nicht nur das physische Überleben der Menschen in den Blick zu nehmen, sondern auch das Leben als Menschen – das menschenwürdige Dasein. Durch die Ermöglichung der Teilhabe an Gesellschaft aller Menschen wird auch das Leben als Menschen – menschenwürdig – aller Menschen angesprochen. Dabei scheint aber nur ein bestimmter Aspekt eines Lebens als Menschen – d. h. mit Menschenwürde – im Blick zu sein. Dies wird besonders deutlich erkennbar, wenn man sich mögliche bisherige Funktionen eines bezahlten Arbeitsplatzes vor Augen führt, die diesbezüglich von Relevanz sind, u. a.: Als eine Quelle der Sinnstiftung zu wirken; Identität zu stiften; das eigene Selbstwertgefühl mitzuprägen; die Strukturierung des Alltags fördern; zur Bildung bzw. zum Zusammenwachsen der Gesellschaft beizutragen. All diese bisherigen Funktionen eines bezahlten Arbeitsplatzes kann ein bedingungsloses Grundeinkommen nicht abdecken, sodass sich die Frage stellt, ob möglicherweise durch eine Anpassung des Ansatzes des bedingungslosen Grundeinkommens eine Erfüllung einiger – oder vielleicht aller – dieser Aufgaben erreicht werden kann.

Eine solche Anpassung des Ansatzes des bedingungslosen Grundeinkommens nimmt das *Society-, Entrepreneurship-, Research-Time-Model (SERT)*[66] vor. Das *SERT* dient dem Ziel, dazu beizutragen, dass alle Menschen überleben und als Menschen – d. h. mit Menschenwürde – leben können. Es basiert auf der einen Seite auf der Entrichtung eines Grundeinkommens, das nicht nur die finanzielle Sicherung der physischen Existenz abdeckt, sondern ein menschenwürdiges Le-

---

[64] Vgl. KIRCHSCHLÄGER: Religionen als moralische Akteure; DERS.: Menschenrechte und Religionen; DERS.: Verantwortung von nichtstaatlichen Akteuren.

[65] Vgl. SCHNEIDER/DREIER: Grundeinkommen in Österreich.

[66] KIRCHSCHLÄGER: Bedingungsloses Grundeinkommen.

ben ermöglicht. Auf der anderen Seite – und hier wird an der Bedingungslosigkeit des Grundeinkommens substantiell geschraubt – besteht es aus einem Engagement von jedem Menschen für die Gesellschaft (*Society-Time*), das im Gegenzug zur Grundsicherung von jedem Menschen verlangt wird. In Analogie beispielsweise zum existierenden und jahrzehntelang erprobten Modell des Schweizerischen Zivildienstes könnte jeder Mensch in einem, aus einer breiten Auswahl von Optionen selbst gewählten Bereich zum gesamtgesellschaftlichen Wohl beitragen. Aus menschenrechtsethischer Perspektive ist hier besonders die Selbstbestimmung jedes Individuums in der Wahl des Bereichs des eigenen Beitrags zum gesamtgesellschaftlichen Wohl von Bedeutung. Der zeitliche Umfang dieses gesamtgesellschaftlichen Engagements wäre für alle gleich.

Das Wirtschaftssystem einer sozialen Marktwirtschaft zeichnet sich zum einen durch seine, auf den Prinzipien von Solidarität und Gerechtigkeit beruhenden, sozialen Netze aus. Zum anderen setzen die Prinzipien der Fairness und der Wettbewerbsfreiheit sowie die Marktlogik Anreize für Bildung, Wissenschaft und Forschung, für Innovation sowie für Unternehmertum. Diese Ziele erweisen sich als wesentlich für den Fortschritt einer Gesellschaft. Daher berücksichtigt das *SERT* die Förderung des Strebens nach diesen Zielen, indem ein Engagement in Bildung, Forschung und Wissenschaft, in Innovation und in Unternehmertum Gründe für eine Reduktion oder sogar für eine Befreiung von der *Society-Time* bedeutet. So können Anreize für Bildung, Wissenschaft und Forschung, für Innovation sowie für Unternehmertum geschaffen werden.

Der Sorge um den hohen administrativen Aufwand ist mit einer digitalen Antwort zu begegnen. Alle Supervisions-, Reporting- und Controlling-Prozesse sind digitalisierbar und natürlich sind auch Lösungen basierend auf der Blockchain-Technologie[67] in den Blick zu nehmen.

Theologische Ethik und das Theologiestudium können Impulse wie das *SERT*-Modell zu einem interdisziplinären Gespräch geben. Sie sollten Wirklichkeiten mitgestalten und diese stets kritisch hinterfragen. Das in dieser Hinsicht Bleibende im Zuge digitalen Wandels bildet, dass beiden die Fragen und Aufgaben auch in Zukunft nicht ausgehen werden – im Gegenteil.

Literatur

Arendt, Hannah: Vita activa, oder, Vom tätigen Leben. München [12]2001.

Barr, James: The Image of God in the Book of Genesis. A Study of Terminology. In: Bulletin of the John Rylands Library 51 (1968), 11–26.

Battaglia, Fiorella: Vorstellungen über die „Natur des Menschen" in Technik-Debatten. In: Manzeschke, Arne/Karsch, Fabian (Hg.): Roboter, Computer und Hybride. Was ereignet sich zwi-

[67] Vgl. Kirchschläger: Ethics of Blockchain Technology.

schen Menschen und Maschinen? (TTN-Studien – Schriften aus dem Institut Technik, Theologie, Naturwissenschaften an der Ludwig-Maximilians-Universität München 5). Baden-Baden 2016, 67–87.

BERNAU, Patrick/BUDRAS, Corinna: Interview mit Hasso Plattner: „Dann muss ich Deutschland verlassen". In: FAZ vom 22.12.2019. Online unter: https://www.faz.net/aktuell/wirtschaft/digitec/hasso-plattner-ueber-vermoegensteuer-und-digitalisierung-16546451.html (Stand: 11.03.2020).

BÖTTRICH, Christfried: Menschenwürde – Menschenpflichten. Perspektiven universaler Ethik in den Henochschriften und im lukanischen Doppelwerk. In: KONRADT, Matthias/SCHLÄPPER, Esther (Hg.): Anthropologie und Ethik im Frühjudentum und im Neuen Testament. Wechselseitige Wahrnehmungen. Internationales Symposium in Verbindung mit dem Projekt Corpus Judaeo-Hellenisticum Novi Testamenti (CJHNT) 17.–20. Mai 2012, Heidelberg (Wissenschaftliche Untersuchungen zum Neuen Testament 322). Tübingen 2014, 23–75.

BRYNJOLFSSON, Erik/MCAFEE, Andrew: The Second Machine Age: Wie die nächste digitale Revolution unser aller Leben verändern wird. Kulmbach [5]2015.

BUDDE, Jannica/OEVEL, Gudrun (2016): Innovationsmanagement an Hochschulen. Maßnahmen zur Unterstützung der Digitalisierung von Studium und Lehre. In: MAYR, Heinrich C./ PINZGER, Martin (Hg.): Informatik 2016. Bonn 2016.

BUNDESMINISTERIUM FÜR ARBEIT UND SOZIALES (Hg.): Weissbuch. Arbeiten 4.0. Arbeit weiterdenken. Berlin 2017.

CAPURRO, Rafael: Homo Digitalis. Beiträge zur Ontologie, Anthropologie und Ethik der digitalen Technik. Wiesbaden 2017.

DITTMANN, Frank: Mensch und Roboter – ein ungleiches Paar. In: MANZESCHKE, Arne/ KARSCH, Fabian (Hg.): Roboter, Computer und Hybride. Was ereignet sich zwischen Menschen und Maschinen? (TTN-Studien – Schriften aus dem Institut Technik, Theologie, Naturwissenschaften an der Ludwig-Maximilians-Universität München 5). Baden-Baden 2016, 7–46.

EUROPEAN GROUPE ON ETHICS IN SCIENCE AND NEW TECHNOLOGIES: Statement on Artificial Intelligence, Robotics and 'Autonomous' Systems. Brussels 2018. Online unter: http://ec.europa.eu/research/ege/pdf/ege_ai_statement_2018.pdf (Stand: 11.03.2020).

FLORIDI, Luciano: Die 4. Revolution: Wie die Infosphäre unser Leben verändert (aus dem Englischen von Axel Walter). Berlin 2015.

FUCHS, Michael: Digitalisierung als Herausforderung für Anthropologie und Ethik. In: ULSHÖFER, Gotlind/KIRCHSCHLÄGER, Peter G./HUPPENBAUER, Markus (Hg.): Digitalisierung – Theologische und ethische Perspektiven. Zürich 2020 (im Druck).

FREY, Carl Benedikt/OSBORNE, Michael A.: The future of employment: How susceptible are jobs to computerization? Oxford 2017. Online unter: https://www.oxfordmartin.ox.ac.uk/downloads/academic/The_Future_of_Employment.pdf (Stand: 11.03.2020).

GROSS, Walter: Die Gottesebenbildlichkeit des Menschen im Kontext der Priesterschrift. In: Theologische Quartalschrift 161 (1981), 244–264.

HEILINGER, Jan-Christoph/Müller, Oliver: Der Cyborg. Anthropologische und ethische Überlegungen. In: MANZESCHKE, Arne/KARSCH, Fabian (Hg.): Roboter, Computer und Hybride. Was ereignet sich zwischen Menschen und Maschinen? (TTN-Studien – Schriften aus dem Institut Technik, Theologie, Naturwissenschaften an der Ludwig-Maximilians-Universität München 5). Baden-Baden 2016, 47–66.

HELBING, Dirk: Facebook & Co.: How to Stop Surveillance Capitalism. In: The Globalist vom 26.04.2018. Online unter: https://www.theglobalist.com/capitalism-democracy-technology-surveillance-privacy/ (Stand: 11.03.2020).

HERRMANN, Christian/ROHLFS, Ingo: DigiTheo – Deutsche Theologie digital. Zu einem Digitalisierungsprozess der UB Tübingen. In: Bibliotheksdienst 45 (2011), 259–273.

HESSLER, Martina: Zur Persistenz der Argumente im Automatisierungsdiskurs. In: Aus Politik und Zeitgeschichte 66 (2016), 17–24.

HILGENDORF, Eric: Können Roboter schuldhaft handeln? In: BECK, Susanne (Hg.): Jenseits von Mensch und Maschine. Ethische und rechtliche Fragen zum Umgang mit Robotern, Künstlicher Intelligenz und Cyborgs (Robotik und Recht 1). Baden-Baden 2012, 119–132.

HOGAN, Linda: Conscience in the Documents of Vatican II. In: CURRAN, Charles E. (Hg.): Conscience in the Documents of Vatican II. New York 2004, 82–88.

HOLDEREGGER, Adrian: Art. Verantwortung. In: WILS, Jean-Pierre/HÜBENTHAL, Christoph (Hg.): Lexikon der Ethik. Paderborn 2006, 394–403.

HOLZHEY, Helmut: Soll man sich des Gewissens wegen ein Gewissen machen. In: HOLZHEY, Helmut (Hg.): Gewissen? (Philosophie aktuell 4). Basel/ Stuttgart 1975, 7–10.

KANT, Immanuel: Grundlegung zur Metaphysik der Sitten. Werkausgabe Weischedel. Vol. 7. Frankfurt a. M. 1974.

KIRCHSCHLÄGER, Peter G.: Wie können Menschenrechte begründet werden? Ein für religiöse und säkulare Menschenrechtskonzeptionen anschlussfähiger Ansatz (ReligionsRecht 15). Münster 2013.

KIRCHSCHLÄGER, Peter G.: Human Rights as an Ethical Basis for Science. In: Journal of Law, Information and Science 22/2 (2013), 1–17.

KIRCHSCHLÄGER, Peter G.: Gerechtigkeit und ihre christlich-sozialethische Relevanz. In: Zeitschrift für katholische Theologie 135/4 (2013), 433–456.

KIRCHSCHLÄGER, Peter G.: Verantwortung aus christlich-sozialethischer Perspektive, in: ETHICA, 22/1 (2014), 29–54.

KIRCHSCHLÄGER, Peter G.: Das Prinzip der Verletzbarkeit als Begründungsweg der Menschenrechte. In: Freiburger Zeitschrift für Philosophie und Theologie 62/1 (2015), 121–141.

KIRCHSCHLÄGER, Peter G.: Adaptation – A Model for Bringing Human Rights and Religions Together. In: Acta Academica 47/2 (2015), 163–191.

KIRCHSCHLÄGER, Peter G.: Menschenrechte und Religionen. Nichtstaatliche Akteure und ihr Verhältnis zu den Menschenrechten (Gesellschaft – Ethik – Religion 7). Paderborn 2016.

KIRCHSCHLÄGER, Peter G.: Zensur zum Schutz vor Rassismus versus Informationsfreiheit – ein Spannungsfeld im Internet. In: Communicatio Socialis 49/4 (2016), 354–366.

KIRCHSCHLÄGER, Peter G.: Missachtung der Menschenwürde als Schlüsselerfahrung. In: KRÄMER, Klaus/VELLGUTH, Klaus (Hg.): Menschenwürde. Diskurse zur Universalität und Unveräußerlichkeit (Theologie der Einen Welt 8). Freiburg i. Br. 2016, 193–206.

KIRCHSCHLÄGER, Peter G.: Gewissen aus moraltheologischer Sicht. In: Zeitschrift für katholische Theologie 139 (2017), 152–177.

KIRCHSCHLÄGER, Peter G.: Roboter und Ethik. In: Aktuelle Juristische Praxis 26/ 2 (2017), 240–248.

KIRCHSCHLÄGER, Peter G.: Religionen als moralische Akteure. In: BERGOLD, Ralph/SAUTERMEISTER, Jürgen/SCHRÖDER, André (Hg): Dem Wandel eine menschliche Gestalt geben. Sozialethische Perspektiven für die Gesellschaft von morgen (FS zur Neueröffnung und zum 70-jährigen Bestehen des Katholisch-Sozialen Instituts). Freiburg i.Br./ Basel/ Wien 2017, 133–158.

KIRCHSCHLÄGER, Peter G. (Hg.): Die Verantwortung von nichtstaatlichen Akteuren gegenüber den Menschenrechten. Zürich 2017.

KIRCHSCHLÄGER, Peter G.: Die Menschenrechte als hermeneutischer Schlüssel zu ethischen Grundfragen des 21. Jahrhunderts. Begründung und Ausblick. In: Zeitschrift für katholische Theologie 140 (2018), 361–379.

KIRCHSCHLÄGER, Peter G.: Digital Transformation of Society and Economy. Ethical Considerations from a Human Rights Perspective. In: International Journal of Human Rights and Constitutional Studies 7/1 (2019), 301–321.

KIRCHSCHLÄGER, Peter G.: Homo Dignitatis – Ethische Orientierung im Zuge digitaler Transformation. In: Psychologie in Österreich 4/39 (2019), 274–284.

KIRCHSCHLÄGER, Peter G.: Bedingungsloses Grundeinkommen – eine menschenrechtsethische Betrachtung, in: HLADSCHICK, Patricia/STEINERT, Fiona (Hg.): Menschenrechten Gestalt und Wirksamkeit verleihen: Making Human Rights Work (FS für Manfred Nowak und Hannes Tretter). Wien/ Graz 2019, 551–563.

KIRCHSCHLÄGER, Peter G.: The Correlation between Ethics and Technology. In: ISETTI, Giulia/INNERHOFER, Elisa/PECHLANER, Harald (Hg.): Religion in the Age of Digitalization: from New Media to Spiritual Machines. Abingdon 2020 (im Druck).

KIRCHSCHLÄGER, Peter G.: Digital Transformation and Ethics. Ethical Considerations on the Robotization and Automatization of Society and Economy and the Use of Artificial Intelligence. Baden-Baden 2020 (im Erscheinen).

KIRCHSCHLÄGER, Peter G.: Ethics of Blockchain Technology. In: ULSHÖFER, Gotlind/DERS./HUPPENBAUER, Markus (Hg.): Digitalisierung – Theologische und ethische Perspektiven. Zürich 2020 (im Druck).

KOLLER, Peter: Die Begründung von Rechten. In: DERS./VARGA, Csaba/WEINBERGER, Ota (Hg.): Theoretische Grundlagen der Rechtspolitik. Ungarisch-Österreichisches Symposium der internationalen Vereinigung für Rechts- und Sozialphilosophie (ARSP-Beiheft 54). Stuttgart 1992, 74–84.

LANIER, Jaron: Zehn Gründe, warum du deine Social Media Accounts sofort löschen musst. Hamburg ^{3}2018.

LOCHBÜHLER, Wilfried: Christliche Umweltethik. Schöpfungstheologische Grundlagen, philosophisch-ethische Ansätze, ökologische Marktwirtschaft. Frankfurt a. M. 1996.

MANYIKA, James/LUND, Susan u. a.: Jobs lost, jobs gained: What the future work will mean for jobs, skills, and wages (McKinsey Global Institute, Report November 2017). Online unter: https://www.mckinsey.com/featured-insights/future-of-organizations-and-work/jobs-lost-jobs-gained-what-the-future-of-work-will-mean-for-jobs-skills-and-wages (Stand: 11.03.2020):

MCCARTHY, John/MINSKY, Marvin L./ROCHESTER, Nathaniel/SHANNON, Claude E.: A Proposal for the Dartmouth Summer Research Project on Artificial Intelligence, August 31, 1955. In: AI Magazine 27/4 (2006), 12–14.

METZLER, Marco: Martin Ford: „Automatisierung wird die ganze Arbeitswelt erfassen". In: NZZ am Sonntag vom 19.02.2016. Online unter: https://nzzas.nzz.ch/wirtschaft/martin-ford-automatisierung-wird-die-ganze-arbeitswelt-erfassen-ld.145015?reduced=true (Stand: 11.03.2020).

MIDDLETON, J. Richard: The Liberating Image. The Imago Dei in Genesis 1. Grand Rapids 2005.

MIETH, Dietmar: Gewissen. In: WILS, Jean-Pierre/DERS. (Hg.): Grundbegriffe der christlichen Ethik. Paderborn 1992, 225–242.

MISSELHORN, Catrin: Grundfragen der Maschinenethik, Ditzingen 22018.

MITTLER, Elmar: Nachhaltige Infrastruktur für die Literatur- und Informationsversorgung im digitalen Zeitalter: ein überholtes Paradigma – oder so wichtig wie noch nie? In: Bibliothek, Forschung und Praxis 38:3 (2014), 344-364.

OHLY, Lukas: Ethik der Robotik und der Künstlichen Intelligenz. Berlin 2019.

RAMGE, Thomas: Mensch und Maschine. Wie künstliche Intelligenz und Roboter unser Leben verändern. Ditzingen 2018.

RUNGGALDIER, Edmund: Deutung menschlicher Grunderfahrungen im Hinblick auf unser Selbst. In: RAGER, Günter/QUITTERER, Josef/DERS. (Hg.): Unser Selbst. Identität im Wandel neuronaler Prozesse. Paderborn 22003, 143 – 221.

RUPPERT, Lothar: Genesis. Ein kritischer und theologischer Kommentar. 1. Teilband Gen 1,1–11,26. Würzburg ^{2}2003.

SCHMITT, Hanspeter: Sozialität und Gewissen. Anthropologische und theologisch-ethische Sondierung der klassischen Gewissenslehre (Studien der Moraltheologie 40). Wien 2008.

SCHNEIDER, Friedrich/DREER, Elisabeth: Grundeinkommen in Österreich? Linz 2017.

SCHÜLLER, Bruno: Die Begründung sittlicher Urteile: Typen ethischer Argumentation in der katholischen Moraltheologie. Düsseldorf ^{2}1980.

SCHUMPETER, Joseph Alois: Kapitalismus, Sozialismus und Demokratie (Uni Taschenbücher 172). München ^{3}1972.

SCHUSTER, Jürgen/KERBER, Walter: Gewissen. In: BRUGGER, Walter (Hg.): Philosophisches Wörterbuch. Freiburg i. Br. ^{22}1996, 144-146.

SEEBASS, Horst: Genesis I. Urgeschichte (Genesis 1,1–11,26). Neukirchen-Vluyn 1996.

STURMA, Dieter: Autonomie. Über Personen, Künstliche Intelligenz und Robotik. In: CHRISTALLER, Thomas/WEHNER, Joseph (Hg.): Autonome Maschinen. Wiesbaden 2003.

TZAFESTAS, Spyros G.: Roboethics. A Navigating Overview (Intelligent Systems, Control and Automation: Science and Engeneering 79). Cham 2016.

VORSTER, Jakobus M.: Der Beitrag der deontologischen christlichen Ethik zum heutigen Menschenrechtsdiskurs. In: Evangelische Theologie 70 (2010), 246–262.
WALLACH, Wendel/ALLEN, Colin: Moral Machines: Teaching Robots Right From Wrong. Oxford 2009.
WILHELMS, Günter: Wie die Digitalisierung das Verhältnis des Menschen zu seiner Arbeit verändert. Versuch einer Kritik. In: Amosinternational 12 (2018), 3–9.
WOLBERT, Werner: Gewissen und Verantwortung: gesammelte Studien (Studien zur Theologischen Ethik 118). Freiburg i. Üe. 2008.

Theologiestudium – berufsbegleitend und digitalisiert. Erste Erfahrungen an der Universität Graz

Simone Adams und Wolfgang Weirer

Ein theologisches Studium, in seiner Grundkonzeption orientiert an den Fragestellungen und Herausforderungen gegenwärtiger Kontexte, auch für Berufstätige studierbar, und zugleich wissenschaftlich am Stand der aktuellen Forschung? Die Katholisch-Theologische Fakultät der Universität Graz versucht seit einigen Jahren diesen Brückenschlag in der Form eines neu konzipierten Bachelorstudiums „Grundlagen theologischer Wissenschaft“, das sich gezielt digitaler Medien im Bereich der Lehre bedient. Dieser Beitrag gibt Auskunft über die Motive und Ziele, die inhaltliche und mediendidaktische Konzeption des Studiums sowie über erste Erfahrungen.

1. Zur Genese und den Rahmenbedingungen

Die Universität Graz, gegründet 1585 mit derzeit rund 32.500 Studierenden an sechs Fakultäten, definiert sich als Präsenzuniversität und beschreitet gleichzeitig neue Wege des Lehrens und Lernens im 21. Jahrhundert mit allen Chancen und Herausforderungen der Digitalisierung. Technologiegestütztes Lehren und Lernen wird vom Zentrum für digitales Lehren und Lernen sowie der zentralen IT-Abteilung der Universität gefördert und unterstützt. Die E-Learning-Strategie der Universität folgt einem pädagogischen Ansatz und zielt darauf ab, die Mitglieder der Fakultäten durch Schulungen, Workshops und Einzelberatungen zu unterstützen[1] . Gleichzeitig gibt es Anreizsysteme, wie den Lehrpreis „Digitale Lehre: Ausgezeichnet“, der jährlich für innovative Lehrkonzepte und mediendidaktische Umsetzungen vergeben wird, sowie Unterstützung für Lehrende von ausgebildeten E-Tutor*innen. Vor der Einführung des berufsbegleitenden Bachelorstudiums an der Theologischen Fakultät fand Unterricht vorwiegend in Präsenz und am Campus, wenngleich immer häufiger mit Unterstützung des Lernmanagements Moodle statt.

---

1 Vgl. UNIVERSITÄT GRAZ: E-Learning Strategie der Universität Graz 2015–2018.

Zunächst aus Gründen zukünftiger Personalbesetzungen begann im Studienjahr 2014/15 an der Grazer Katholisch-Theologischen Fakultät ein Profilentwicklungsprozess, der dazu führte, dass die Fakultät für die weitere Arbeit eine „Dachmarke" identifizierte, welche „Theologie in den Kontexten der Gegenwart" benannt wurde.[2] Die Grazer Theologische Fakultät sollte in Hinkunft im deutschsprachigen Kontext und darüber hinaus als Forschungs- und Lehreinrichtung wahrgenommen werden, die Theologie vor allem an aktuellen kontextuellen Fragen orientiert betreibt. Im Rahmen dieses Entwicklungsprozesses wurde neben der inhaltlichen Ausrichtung der Fakultät im Forschungsbereich außerdem die Studienstruktur in den Blick genommen.

Bis zu diesem Zeitpunkt war das Studienangebot wie an den meisten anderen Katholisch-Theologischen Fakultäten im deutschen Sprachraum an den klassisch kirchlichen Berufen orientiert: Das Diplomstudium der Fachtheologie qualifizierte für das Priesteramt und für andere Berufe im Bereich der Pastoral sowie für eine wissenschaftliche Laufbahn in der Theologie, zudem gab es zwei Lehramtsstudiengänge. Im Laufe der Zeit wurden zusätzlich zwei weiterführende Masterstudiengänge in den Bereichen Religionswissenschaft und Angewandte Ethik eingeführt, die sich regen Interesses von Seiten der Studierenden erfreuen. Die grundständigen Studien folgen in ihrer Fächerstruktur und Studienlogik den einschlägigen kirchlichen Vorgaben[3] für ein Theologiestudium.

Auf der Grundlage dieses Studienprogrammes und angeregt durch den laufenden Profilentwicklungsprozess beschloss die Fakultät, ein „neues" Theologiestudium zu entwickeln, das sich – entsprechend der eben neu konstituierten „Dachmarke" – in der thematischen Konzeption besonders an aktuellen Herausforderungen durch gesellschaftliche, kulturelle, soziale und kirchliche Kontexte orientieren solle. Dafür war es notwendig, den Boden der klassischen kirchlichen Rahmenvorgaben für ein Theologiestudium, die weltweit möglichst einheitliche Studieninhalte und Studienstrukturen sicherstellen sollen, zu verlassen. Erklärterweise war dieser Studiengang daher von vorneherein als „nicht-kanonisches" (nicht zu verwechseln mit nicht-kirchliches) Studium konzipiert. Konform zum Bolognaprozess wurde ein grundständiges Bachelorstudium „Grundlagen theologischer Wissenschaft" und ein darauf aufbauendes theologisches Masterstudium entwickelt. Im Studienjahr 2016/17 trat das neue Curriculum für das Bachelorstudium in Kraft und die ersten Studierenden konnten mit diesem Studium beginnen. Schon bald zeigte sich, dass es mit viel Aufwand und mit manchen Kompromissen in die eine oder andere Richtung gelungen war, ein innovatives Studium zu konzipieren. Aber die von manchen Lehrenden schon während des Entwicklungsprozesses immer wieder gestellte Frage nach den po-

2 Vgl. Maier/Raggautz/Weirer: Research Evaluation.

3 Vgl. Apostolische Konstitution „Veritatis gaudium" vom 14.9.2018 und die von der Kongregation für das Bildungswesen erlassenen Ordinationes.

tentiellen Zielgruppen des Studiums hatte durchaus ihre Berechtigung: Im ersten Studienjahr war es schwierig, „neue" Studierendengruppen für dieses Studium zu gewinnen, sodass im Herbst 2016 nur knapp 20 Studierende dieses neue Angebot belegten. Aus diesem Grund begannen fast zeitgleich mit der ersten Implementierungsphase Überlegungen, das Studium für über das bisherige Klientel hinausgehende Zielgruppen attraktiv und studierbar zu machen. Dabei rückten vor allem Menschen, die bereits eine Erstausbildung absolviert haben und schon im Beruf stehen, in den Fokus. Gedacht wurde auf der einen Seite an Personen, die in verschiedenen kirchlichen Berufen arbeiten, etwa im Bereich der kirchlichen Verwaltung oder der Caritas, und eine theologische Zusatzqualifikation suchen. Auf der anderen Seite wurden Arbeits- und Berufsfelder in den Blick genommen, die nicht unbedingt der Kirche nahestehen, aber in denen theologische Kompetenzen dennoch eine sinnvolle und hilfreiche Zusatzqualifikation darstellen können.

Insofern lag die Konsequenz beinahe auf der Hand: Es galt, das Studium möglichst unter Beibehaltung seiner ursprünglichen inhaltlichen Konzeption strukturell und didaktisch so weiterzuentwickeln, dass es für Nicht-Vollzeitstudierende ebenfalls attraktiv und studierbar sein würde. Im Prozess der folgenden Überlegungen wurde bald klar, dass – wenn es um ein Studium mit hohen Fernstudienanteilen und nur wenigen Präsenzphasen gehen soll – Digitalisierung eine wesentliche Rolle spielen würde. Rasch gab es Kontakte sowohl zum Rektorat als auch zum Zentrum für digitales Lehren und Lernen der Universität, die die Grundidee sinnvoll, innovativ und unterstützenswert fanden. So wurde zum Ziel gesetzt, das Studium bereits während des Studienjahres 2016/17 zu einem berufsbegleitenden Studium mit hohen Fernstudien- und E-Learning-Anteilen weiterzuentwickeln.[4] Da es bis zu diesem Zeitpunkt an österreichischen Universitäten bis auf eine Ausnahme noch kein vergleichbares Studium auf der Basis von Blended Learning gab, wurde die Initiative der Katholisch-Theologischen Fakultät seitens der Universitätsleitung als eine Möglichkeit gesehen, erste Erfahrungen mit der Konzeption eines derartigen universitären Studienangebotes in einem kleinen und überschaubaren Umfeld zu sammeln.

Ein erster und wesentlicher Schritt war, die Lehrenden an der Fakultät von dieser Idee zu überzeugen und vor allem, ihnen gestufte Möglichkeiten der aktiven Beteiligung im Rahmen ihrer Lehrverpflichtung aufzuzeigen. Natürlich gab es zunächst nicht nur Begeisterung, sondern auch skeptische Stimmen: Kri-

---

[4] Im Rahmen dieser Revision des Curriculums war u. a. auch zu regeln, wie hoch der Anteil an Blended Learning am Gesamtstudium sein darf. Seit 2018 sieht die Satzung der Universität Graz eine Regelung vor, wonach „bis zu 20 % der Kontaktstunden als virtuelle Lehre möglich" sind; vgl. UNIVERSITÄT GRAZ: Neues Studienrecht; Im Curriculum des Studiums wurde festgelegt: „Sämtliche Lehrveranstaltungen können in einem über § 20 Abs. 2 Satzungsteil Studienrechtliche Bestimmungen hinausgehenden Umfang oder zur Gänze in Form von virtueller Lehre abgehalten werden." (§ 3 (6)); UNIVERSITÄT GRAZ: Curriculum.

tisch gesehen wurden die Entwicklung eines Studiums mit hohen Fernstudienanteilen insgesamt, aber auch die Möglichkeiten und Grenzen von Blended Learning, die Frage der zur Verfügung stehenden technischen Ressourcen und vor allem die eigene Bereitschaft sich einzulassen bzw. die jeweilige mediendidaktische Kompetenz. Im Rückblick scheint deswegen eine wichtige Gelingensbedingung gewesen zu sein, dass manche Lehrende bereits Erfahrungen mit der Videoaufzeichnung ihrer Lehrveranstaltungen im Rahmen des Lehramtsstudiums hatten (da diese Videos in einem zeitlich beschränkten Versuch Studierenden eines anderen Bundeslandes zur Verfügung gestellt wurden), und damit bei diesen Lehrenden bereits eine wichtige (Hemm-)Schwelle überschritten worden war.

Neben den unterschiedlichen Voraussetzungen und Herangehensweisen auf Seiten der Lehrenden war die Heterogenität von Studierenden zu beachten. So ging die Planungsgruppe von vorneherein davon aus, dass sowohl mit jüngeren Studierenden, die direkt vom Gymnasium oder von berufsbildenden höheren Schulen in das Studium wechseln, zu rechnen sein würde als auch mit Menschen, deren Schullaufbahn schon länger zurückliegt, und insofern sehr unterschiedliche Kenntnisse und Kompetenzen im medialen Sektor vorauszusetzen sein würden. Auch die räumliche Reichweite der Zielgruppe wurde vergrößert und so wurde – unter anderem durch mediale Ankündigungen – versucht, potenzielle Studierende in ganz Österreich und im benachbarten deutschsprachigen Raum anzusprechen, die die Flexibilität eines Blended Learning-Konzepts benötigen, um ihr Studium größtenteils berufsbegleitend und aus der Ferne zu absolvieren.

2. Zur inhaltlichen Konzeption des Studiums

Ausgangspunkt bei der Konzeption des sechssemestrigen Bachelorstudiums „Grundlagen theologischer Wissenschaft" war die Idee, ein theologisch profiliertes Studium zu entwickeln, das grundlagenorientiert ist und nicht auf einzelne spezielle Berufsfelder ausgerichtet ist. Als Zielgruppe wurden zunächst alle Personen identifiziert, die sich mit Kultur, Religion, Philosophie, Text und Sprache und zugleich mit Fragestellungen der Gegenwart, mit Glauben und mit Transzendenz sowie mit existentiellen Fragen des Menschseins anspruchsvoll beschäftigen wollen. Insbesondere christliche Texte und Traditionen sowie deren jüdische Wurzeln sollen erschlossen und in ihrer Gegenwartsbedeutung dargestellt werden. Diese Gegenwartsbedeutung gehört zum spezifischen Profil des Studienkonzepts. Das bedeutet, dass eine wissenschaftlich reflektierte, ökumenisch ausgerichtete Theologie in kultureller und religiöser Diversität vermittelt wird, die in der aktuellen Pluralität von Lebenskonzepten mit anderen Wissenschaften und unterschiedlichen sozialen Kontexten dialogfähig ist und biographiebezogene Reflexionsphasen integriert. Kernanliegen des Studiums „Grundlagen theologischer Wissenschaft“ ist es in weiterer Folge, „praxisnahe, theologische Qualifikationen für zahlreiche Berufe im kirchlichen, karitativen und sozialen Bereich“[5] zu ermöglichen. Dafür sieht das Curriculum zunächst eine projektbezogene Einführung in die Theologie, teilweise mittels innovativer Lehrveranstaltungsformen, vor, die stark an der Lebenswelt und der Lebensgeschichte der Studierenden orientiert ist. Parallel dazu gibt es grundlegende Einführungen in die theologischen Fächergruppen und Überblicke über die Fragestellungen, zentralen Inhalte und Methoden der einzelnen Fächer. Ergänzend wird ein eigenes Sprachenmodul angeboten, in dem Einführungen in die Denkweisen der lateinischen, griechischen und hebräischen Sprache sowie grundlegende Kenntnisse in diesen vermittelt werden. Aufbauend auf diesen Grundlagen gibt es exemplarische Vertiefungs- und Schwerpunktmodule, einen eigenen Schwerpunkt „Human- und Kulturwissenschaften“ sowie ein umfangreiches und für das Studium profilbildendes Modul „Theologie interdisziplinär und exemplarisch“. Dieses beleuchtet vor allem aktuelle Themenfelder und Fragen, aus denen sich Herausforderungen für die Theologie ergeben, wie z. B. Fragen zur Konstitution von Kirche und zum kirchlichen Strukturwandel, zu Spiritualität, Ökumene, ethische Streitfragen, Genderdiskurse, Auseinandersetzungen zwischen Kunst und Theologie oder politische Dimensionen von Theologie.

Zusammenfassend lässt sich die inhaltliche Konzeption des Bachelorstudiums „Grundlagen theologischer Wissenschaft“ als person-, kontext- und gegenwartsorientiert, interdisziplinär und modular bezeichnen, ohne dass dabei die klassische Fächerstruktur der Theologie aufgelöst wird. Nicht nur in der Organisationsform, sondern auch in der inhaltlichen Ausrichtung orientiert es sich an den Fragen und Erfahrungen einer stark heterogenen Gruppe von Studierenden aus verschiedenen Altersstufen, beruflichen Zusammenhängen und mit sehr unterschiedlicher Nähe bzw. Distanz zu Kirche und Religion. Es nimmt somit von vorneherein religiöse und weltanschauliche Pluralität als kontextuell gegebene Größe wahr und thematisiert diese in konkreten Lebenszusammenhängen der Studierenden.

---

5 Universität Graz: Bachelor/Master Theologische Wissenschaft.

3. Zur mediendidaktischen Konzeption

Blended Learning kann ganz allgemein als eine didaktisch begründete Mischung von Medien und Methoden in einander abwechselnden und ergänzenden Präsenz- und Online-Phasen definiert werden. Dabei werden verschiedene Aktivitäten in synchronen und asynchronen Phasen kombiniert, um ein neues (hybrides) Lernangebot zu entwickeln, das „Rückwirkungen auch auf die Präsenzelemente hat"[6] und die Vorteile von Präsenz- und Online-Lernen vereint. Es bietet folglich die Möglichkeit, einzelne Lernphasen auszulagern, wodurch die Lernenden zeitlich und örtlich unabhängiger lernen können. Dies ist ein Vorteil für Vollzeitstudierende am Campus, vor allem aber für diejenigen, die nur in Teilzeit studieren können bzw. die in einem Fernstudium abseits des Campus Zugang zu ihren Lernmaterialien benötigen. Basierend auf den oben angeführten Überlegungen und Rahmenbedingungen wurde daher ein mediendidaktisches Konzept für einen „Blended-Learning-Bachelor" an der Theologischen Fakultät der Universität Graz entwickelt, das auf die Bedürfnisse aller beteiligten Stakeholder – Studierende, Lehrende und beteiligte Leitungs- und Verwaltungsebenen – abgestimmt ist. Gleichzeitig fanden sowohl institutionelle wie auch technologische und vor allem pädagogische Aspekte Berücksichtigung in der Konzeption.[7]

3.1 *Institutionelle und technologische Aspekte*

Die Realisierung dieses Konzepts war nur mit dementsprechenden finanziellen und personellen Ressourcen und somit einer institutionellen Unterstützung auf Rektorats- und Dekanatsebene möglich. Diese beinhaltete im konkreten Fall die Finanzierung einer Mediendidaktikerin mit 20 Wochenstunden und die Anstellung einer Studienassistentin als primäre Ansprechperson für Studierende. Zusätzlich war die Bereitstellung eines Budgets für Videoproduktionen bzw. Lehrveranstaltungsaufzeichnungen nötig. In diesem Zusammenhang konnte auf vorhandene Expertise in den Bereichen Multimedia-Produktion und der Erstellung von freien Bildungsressourcen (Open Educational Resources) sowie auf die notwendige Infrastruktur mit einem Studio für Videoaufnahmen, Schnittplätzen für die Postproduktion und einem hauseigenen Videoserver zugegriffen werden. Zudem war mit dem universitätsweit eingesetzten Lernmanagementsystem Moodle bereits eine geeignete Plattform vorhanden, um Lehrveranstaltungen online abzubilden und Blended Learning im benötigten Ausmaß zu ermöglichen.

Um die notwendigen technologischen Kompetenzen zu erwerben, wurden (und werden) für Lehrende und administrative Kräfte neben Basisschulungen

---

6 KERRES: Mediendidaktik, 420.

7 Vgl. ADAMS/SCHEER/KOPP: Transforming Higher Education with Blended Learning.

und Workshops zusätzlich Einzelberatungen für die punktuelle und individuelle Unterstützung angeboten. Für Studierende gibt es jeweils zu Beginn des Studiums eine zweistündige Moodle-Einschulung, die in Form eines interaktiven Workshops in einem Computerraum am Campus abgehalten wird. Zusätzlich werden textbasierte Anleitungen und Screencasts (kurze Erklärvideos) online zur Verfügung gestellt. Darüber hinaus gibt es die Möglichkeit, eine studentische Hilfskraft im laufenden Semesterbetrieb mit Fragen per E-Mail und telefonisch zu kontaktieren. Spezifische Beratungs- und Unterstützungsleistung ist zudem im Bereich Multimediaproduktion erforderlich, da Lerninhalte zunehmend in audiovisueller Form angeboten werden. (Lern-)Videos sind dabei ein zentrales Element für den Wissenstransfer beim Lehren und Lernen mit digitalen Medien. Obwohl im Internet oftmals bereits eine Vielzahl von Lernmaterialien zur Verfügung steht, produzieren Lehrende gemäß dem Grundsatz der Lehr- und Forschungsfreiheit häufig eigene Videos. Vor diesem Hintergrund ist das (mediendidaktische) Design der Videos von entscheidender Bedeutung. Da dies von der traditionellen akademischen Lehre abweicht, müssen Lehrpersonen darin geschult werden, eine Videoeinheit konzeptionell vorzubereiten und die Inhalte (vor der Kamera) zu präsentieren. Doch noch bevor es an die Produktion von (Lehr-)Videos geht, muss für jede Lehrveranstaltung ein mediendidaktisches Konzept entwickelt werden. In weiterer Folge sollen damit zusammenhängende pädagogische Herausforderungen genauer erläutert werden, da diese Aufschluss darüber geben, wie das übergeordnete mediendidaktische Konzept umgesetzt wurde.

3.2 *Pädagogische und didaktische Aspekte*

Auf pädagogischer Ebene identifizieren Boelens, De Wever und Voet bei der Entwicklung von Blended-Learning-Angeboten vier zentrale Herausforderungen: Berücksichtigung von Flexibilität, Ermöglichung von Interaktion, Erleichterung von Lernprozessen und Schaffung eines affektiven Lernklimas.[8]

Erhöhte Flexibilität ist ein zentrales Merkmal der Online-Komponente von Blended Learning, gleichzeitig benötigen Lernende zumindest ein gewisses Maß an Kontrolle über Zeit, Ort, Lernpfad und Lerntempo.[9] Für Lehrende bedeutet das, dass Blended-Learning-Veranstaltungen anders zu gestalten sind als Präsenzveranstaltungen und es einer sorgfältigen Auswahl bedarf, welche Inhalte, pädagogischen Methoden und technologischen Werkzeuge sowohl für den Kontext als auch für die Zielgruppe geeignet sind. Das bringt in der Erstkonzeption oftmals einen erhöhten Zeitaufwand, der beispielsweise die (Neu-)Formulierung von Lernzielen, die (Neu-)Entwicklung von Aufgaben und die (Neu-)Erstellung

---

8 Vgl. BOELENS/WEVER/VOET: Four key challenges.

9 Vgl. HORN/STAKER: Blended.

von Lehrmaterialien umfasst. Darüber hinaus benötigen Lehrende (neue) mediendidaktische Fähigkeiten, zum Beispiel, wenn es um den pädagogischen und technischen Einsatz eines Lernmanagementsystems, im konkreten Fall Moodle, geht.

Da die Interaktion in den Online-Phasen überwiegend in Form von schriftlicher, asynchroner Kommunikation stattfindet, ist es zudem nötig, geeignete Kommunikationskanäle aufzubauen, als Lehrperson die Rolle der E-Moderation zu übernehmen und Online-Sozialisierung zu ermöglichen.[10] Bei der Verwendung von Online-Foren sind beispielsweise klare Regeln darüber, was in welcher Form wann kommuniziert wird, sowie eindeutige Anweisungen nötig, wie es Gilly Salmon in der Formulierung sogenannter „e-tivities“ vorschlägt.[11]

In Blended-Learning-Szenarien haben Lernende in Lernprozessen mehr Autonomie darüber, wann, wo und wie sie lernen. Dies erfordert jedoch ein hohes Maß an Disziplin und Engagement der Studierenden. Hier ist eine kontinuierliche Betreuung seitens der Lehrpersonen und, wenn verfügbar, seitens E-Tutor*innen oder dafür ausgebildeten studentischen Hilfskräften nötig. Während – je nach Lerninhalt – der individuelle Lernfortschritt mithilfe von (automatisierten) Selbstbewertungen und Online-Fortschrittstests gemessen werden kann, ist eine zeitnahe, personalisierte Rückmeldung der Lehrperson zu gestellten Aufgaben unerlässlich. Die Online-Teilnahme lässt sich in Form von kollaborativen Prozessen steigern, in denen Aktivitäten als Gruppenarbeit konzipiert und interne „Peer-Review-Prozesse“ eingerichtet werden.

Ein affektives Lernklima ist schließlich wichtig, da Online-Kommunikation tendenziell die soziale Interaktion schmälert und Raum für Missverständnisse bietet, unter anderem weil bei schriftbasierter Kommunikation paraverbale Signale fehlen. Deshalb ist es erforderlich, Gruppen einerseits bei der Nutzung der bereitgestellten Plattformen zu unterstützen, andererseits sollen Studierende ermutigt werden, eigene Kommunikationskanäle (beispielsweise auf sozialen Medien) zu nutzen, um möglicher Isolierung beim Einsatz von Technologien vor dem Computer zu Hause vorzubeugen.

3.3 *Mediendidaktische Umsetzung*

Unter Berücksichtigung der zuvor genannten Aspekte auf institutioneller, technischer und pädagogischer Ebene sowie unter Einbeziehung der Rahmenbedingungen, wie beispielsweise der durch das Curriculum vorgegebenen Lehrveranstaltungstypen und der Bereitschaft bzw. Möglichkeit einzelner Lehrender, sich mehr oder weniger auf Blended Learning einzulassen, wurden unterschiedliche

---

10 Vgl. SALMON: E-moderating.

11 Vgl. SALMON: E-tivities.

Formate für die Umsetzung der Lehrveranstaltungen entwickelt. Übergeordnetes Ziel war es, Studierende nur an drei bis vier Freitagen im Semester sowie für gesondert angebotene Sommer- und Winterschulen mit einzelnen Blocklehrveranstaltungen für je ca. drei Tage an den Campus zu holen. Das sollte es möglich machen, wie in der Konzeption vorgesehen, ein Vollzeitstudium in „Teilzeit" bzw. als Fernstudium zu absolvieren. Die Entscheidung für einzelne Formate hing vielfach von den Rahmenbedingungen selbst ab.

Primär lassen sich die gewählten Formate in drei Hauptkategorien einteilen: 1. Lehrveranstaltungen nach dem „Flipped-Classroom"-Prinzip, 2. Präsenz-Lehrveranstaltungen mit begleitenden Online-Phasen auf Moodle und 3. Block-Lehrveranstaltungen. Bei den Lehrveranstaltungen, die im „Flipped Classroom"-Prinzip angeboten werden, findet eine Umkehr der Arbeits- und Rezeptionsphasen statt.[12] Klassische Inputphasen erfolgen hier zu Hause über Moodle mit eigens dafür produzierten multimedialen Inhalten (teilweise als freie Bildungsressourcen bzw. als interaktive Videos erstellt) und Lektüre von zur Verfügung gestellter Literatur. Bei prüfungsimmanenten Lehrveranstaltungen werden zusätzlich Arbeitsaufträge an Studierende vergeben, beispielsweise Diskussionsbeiträge, die Erstellung von Glossareinträgen, (Gruppen-)Arbeit an Präsentationen oder das Hochladen von Aufgaben in Form von Text- oder Audiobeiträgen. Jeweils drei Präsenzeinheiten, verteilt auf das gesamte Semester, werden für eine vertiefte Auseinandersetzung mit dem Lehrstoff sowie für diskursiven Austausch und gemeinsame Reflexionen genützt. Dieses Lehrveranstaltungsformat weicht am meisten von einem „klassischen" Unterrichtsformat an der Hochschule ab und erfordert daher den meisten Aufwand vorab. Ist ein mediendidaktisches Konzept aber einmal fertig und sind die Inhalte dementsprechend aufbereitet, lassen sich leicht Adaptionen in Folgesemestern vornehmen und Inhalte wiederverwenden. Die Rolle von Lehrpersonen wandelt sich in den Präsenzphasen mehr von klassischen Wissensvermittler*innen zu Berater*innen bzw. Coaches und Moderator*innen in Diskussionsprozessen.

Lehrveranstaltungen der zweiten Kategorie, die in Präsenz abgehalten und parallel dazu auf der Lernplattform abgebildet werden, sind als eine Art Kompromisslösung vor allem für (nicht prüfungsimmanente) Vorlesungen geeignet, die zugleich in den Curricula anderer Studiengänge verankert sind und somit für Studierende am Campus ebenfalls angeboten werden müssen. Das macht eine Reduktion der Präsenzzeiten bzw. ein „Flipped-Classroom"-Modell nicht möglich. Gleichzeitig muss Studierenden im berufsbegleitenden Fernstudium ermöglicht werden, Zugang zu den Lerninhalten zu bekommen, was oft mit Videoaufzeichnungen gesamter Lehrveranstaltungen erreicht wird. Wer nicht in die Vorlesung kommen kann (oder möchte), kann die Videoaufzeichnung von zu Hause aus ansehen. Hier standen Lehrpersonen an der Theologischen Fakultät

12 Vgl. VAN TREECK/HIMPSL-GUTERMANN/ROBES: Offene und partizipative Lernkonzepte.

vor der Herausforderung, dass durch die Zurverfügungstellung von Videomitschnitten für die gesamte Gruppe automatisch die Zahl der wöchentlich in der Vorlesung anwesenden Studierenden (auch aus den anderen Studienrichtungen) sank. Was für Studierende mehr Flexibilität bringt, resultiert für Lehrpersonen folglich nicht selten in der ungewohnten Situation, dass Unterricht nur mehr für einen kleinen Kreis an Studierenden im Hörsaal abgehalten wird.

Als dritte Option wurden, vor allem bei Wahlveranstaltungen mit Anwesenheitspflicht in höheren Semestern, vermehrt Blocklehrveranstaltungen im Curriculum verankert. Diese finden an ausgewählten Wochenenden bzw. in Sommer- oder Winterschulen statt und werden – je nach Präferenz der Lehrperson – mit oder ohne interaktiven Einsatz von Moodle abgehalten. Die Bandbreite reicht hier von vorgelagerten Online-Phasen, in denen die Studierenden bereits kollaborativ arbeiten, bis hin zur Nutzung von Moodle als reines Repositorium von Skripten und Lernunterlagen. Für Studierende wie Lehrende bringt dieses Format ein gewisses Maß an Flexibilität, bedingt aber bei berufstätigen Studierenden die Notwendigkeit, sich für ausgewählte Lehrveranstaltungen Urlaub zu nehmen bzw. bringt einen finanziellen Mehraufwand bei jenen Studierenden mit sich, die für die Dauer dieser Blockveranstaltungen eine Unterkunft in Graz benötigen.

4. Erste Erfahrungen und Evaluierungsergebnisse

Nachdem es sich bei diesem Studium in mehrfacher Hinsicht um ein Pilotprojekt der Universität Graz handelt, wurden begleitend engmaschige Evaluierungsphasen konzipiert. So wurden die Studierenden jedes Jahrganges zu ihren Erfahrungen mit dem Studium, vor allem auch zu Chancen und Herausforderungen von Blended Learning in diesem Studiengang befragt. Zugleich gab es mehrfach Treffen aller beteiligten Lehrenden, die ebenfalls der Evaluierung dienten und die genau protokolliert wurden. Aus der Analyse der mittels dieser Instrumentarien generierten Daten ergeben sich Beobachtungen auf mehreren Ebenen:

4.1 Rolle der Studierenden

- Von den meisten der befragten Studierenden wurde die Motivation für das Studium als hoch beschrieben. Dafür ausschlaggebend ist vor allem die Einbeziehung der Lebenswelt der Studierenden bei der inhaltlichen Konzeption der einzelnen Lehrveranstaltungen und die damit gegebene Relevanz des Studiums, insbesondere mit Blick auf die jeweiligen beruflichen Situationen.

- Eine immer wieder thematisierte Herausforderung stellt die Erwartungshaltung dar, dass das Studium tatsächlich – wie ursprünglich konzipiert – in drei Studienjahren bzw. sechs Semestern zu absolvieren sei. Hier wird in Zukunft vor allem an der Kommunikation bei der Bewerbung des Studiums zu arbeiten sein: Studientechnisch ist das Studium nach wie vor auf „Vollzeitstudierende" ausgerichtet – für Studierende, die das Studium berufsbegleitend absolvieren, braucht es möglicherweise andere Rahmenbedingungen als die aktuell vorgesehenen 30 ECTS-Anrechnungspunkte pro Semester.
- Blended Learning führt zwangsläufig zu vielen Arbeitsaufträgen seitens der beteiligten Lehrenden an die Studierenden. Aus der Evaluierung wird deutlich, dass Intensität und Zeitpunkt dieser Arbeitsaufträge noch deutlich stärker koordiniert werden müssen, um die zeitlichen Anforderungen in einem sinnvollen Maß zu halten.
- Gerade angesichts des Blended-Learning-Formates werden der Kontakt – auch über digitale Medien – und das persönliche Feedback der Lehrenden an die einzelnen Studierenden als besonders relevant und motivierend erlebt. Formen des Austauschs innerhalb der Studierendengruppe – etwa in der Form „virtueller Cafes" – erweisen sich ebenfalls als zunehmend wichtig für die Entwicklung einer Gruppenerfahrung innerhalb des Studiums.

4.2 *Rolle der Lehrenden*

- Im Rahmen der wiederholten Reflexionstreffen der beteiligten Lehrenden wurde vor allem die spezifische Heterogenität der Studierendengruppen als Herausforderung thematisiert. Sowohl in Bezug auf die jeweiligen Vorerfahrungen als auch bezüglich inhaltlicher und methodischer Vorkenntnisse der Studierenden waren sehr hohe Unterschiede wahrnehmbar. Darüber hinaus waren verschiedenste berufliche Erfahrungen, hoch differierende Erwartungen und Anforderungen sowie sehr unterschiedliche theologische bzw. kirchliche Positionierungen Kennzeichen für die Heterogenität der einzelnen Studierendenkohorten.
- Die Wahrnehmung dieser Heterogenität führte für manche Lehrenden zur Frage, an welchem „Idealtypus" von Studierenden sich die Lehrveranstaltung primär orientieren soll.
- Ein weiteres wichtiges Reflexionsthema war naturgemäß der Einsatz digitaler Technologien, der für die meisten Lehrenden Neuland darstellte. Dabei wurde die Möglichkeit, aus verschiedenen, der jeweiligen Lehrveranstaltung bzw. dem*der Lehrenden angepassten mediendidaktischen Settings auszuwählen, äußerst positiv hervorgehoben. Insgesamt wurden die Erfahrungen mit der Einführung von Blended Learning trotz mancher ursprünglichen Vorbehalte nach den ersten beiden Jahren primär positiv beurteilt und als Chance eingeschätzt, um neue Zielgruppen zu erreichen. Zugleich

wurde der hohe Zeit- und Arbeitsaufwand bei der Konzeption der jeweiligen Lehrveranstaltungen sowie der Betreuungsaufwand, etwa von Online-Foren, hervorgehoben.

4.3 *Theologiedidaktische Anmerkungen und weiterführende Fragen*

Abschließend sollen die oben genannten Erfahrungen und Evaluierungsergebnisse aus theologiedidaktischer Perspektive zusammengefasst und reflektiert werden. Dabei kristallisieren sich drei Schwerpunktüberlegungen heraus:

- Die Einführung des Blended-Learning-Konzeptes führt zur Notwendigkeit einer Reflexion des Verhältnisses von „Lehren" und „Lernen" in einem universitären Studium. Manche berufstätige Studierende haben ein spezifisches Verständnis universitärer Lehre: Sie verbinden damit eine stark lehr- und lehrendenzentrierte Didaktik und können den Wert von Eigentätigkeit der Studierenden nur schwer erkennen. Insofern erscheint es sinnvoll, am Beginn des Studiums die Erläuterung des didaktischen Konzepts mit lerntheoretischen Perspektiven im Sinne eines konstruktivistischen Verständnisses der eigenen Lernendenrolle anzureichern.
- Mit den erwähnten Erwartungen und Vorannahmen steht außerdem folgender Themenkomplex im Zusammenhang: Für manche Studierende dieses Studiums ist eine lebensweltorientierte Theologie zunächst fremd und mit ihren Erwartungen nicht kompatibel. Andere wiederum sehen gerade diesen Zugang als Stärke und als attraktiv an. Der Zusammenhang von wissenschaftlicher Theologie, Spiritualität, Glaube und Lebenswelt ist jedenfalls – aus einer genuin theologischen Perspektive heraus – zu thematisieren und zu reflektieren.
- (Auch) in diesem Studienangebot stellt sich die Frage nach der Rolle und dem Zueinander der einzelnen theologischen Fächer und Fächergruppen. Gerade angesichts der intra- und interdisziplinären Ausrichtung des Studiums ist besonderes Augenmerk darauf zu legen, dass nicht nur die thematischen und methodischen Besonderheiten der einzelnen Fächer von der Philosophie über die Bibelwissenschaften und die Systematische Theologie bis zur Praktischen Theologie dargestellt werden, sondern auch „das Ganze" nicht aus dem Blick gerät bzw. die „Synthese"[13] (so diese überhaupt möglich ist) nicht den einzelnen Studierenden überlassen bleibt.

Die COVID-19-Pandemie hat zu Beginn des Sommersemesters 2020 – als dieser Beitrag sich in Fertigstellung befand – die gesamte Welt erfasst. Die Universität

---

13 Vgl. Weirer/Esterbauer: Theologie im Umbruch.

Graz hat, genauso wie andere österreichische Hochschulen, ihren Betrieb im März 2020 quasi von einem Tag auf den anderen auf einen „Home Learning"-Betrieb umgestellt. Lehrende der Theologischen Fakultät hatten dabei aufgrund der Erfahrungen mit dem Blended-Learning-Angebot der letzten Jahre einen eindeutigen Startvorteil. So wurde schnell klar, welche Chancen digitale Medien und die vorhandene digitale Infrastruktur bieten können, um den nun geforderten Online-Betrieb aufrecht zu erhalten. Gleichzeitig hat die reine Online-Lehre natürlich auch Nachteile, da wesentliche zwischenmenschliche Erfahrungen in virtuellen Räumen nur bedingt repliziert werden können. Nicht nur deshalb ist ein Blended-Learning-Konzept der reinen Online-Lehre vorzuziehen. Es wird sich zeigen, ob und wie die aktuelle Situation die universitäre Lehre (nachhaltig) verändern wird. So viel scheint aber jetzt schon klar: Digitale Innovation kann nicht von heute auf morgen umgesetzt werden. Sie benötigt gründliche Vorbereitung und mediendidaktische Planung, zusätzliche (technische wie personelle) Ressourcen und Schulungsangebote für Lehrende sowie kontinuierliche Evaluierung und entsprechende Adaptierung der Angebote.

Literatur

ADAMS, Simone/SCHEER, Lisa/KOPP, Michael: Transforming Higher Education with Blended Learning: Experiences from a BA Program in Theology Targeting Part-Time Students. In: Blended and Online Learning: Changing the Educational Landscape. The Online, Open and Flexible Higher Education Conference 2018 – Proceedings, 301–316.

BOELENS, Ruth/WEVER, Bram de/VOET, Michiel: Four key challenges to the design of blended learning. A systematic literature review. In: Educational Research Review 22 (2017), 1–18.

PAPST FRANZISKUS: Apostolische Konstitution *veritates gaudium*. Online unter: http://www.vatican.va/content/francesco/de/apost_constitutions/documents/papa-francesco_costituzione-ap_20171208_veritatis-gaudium.html (Stand: 05.06.2020).

HORN, Michael B./STAKER, Heather: Blended. Using disruptive innovation to improve schools. San Francisco 2014.

KERRES, Michael: Mediendidaktik. Konzeption und Entwicklung digitaler Lernangebote (De Gruyter Studium). Berlin/Boston [5]2018.

MAIER, Kathrin/RAGGAUTZ, Andreas/WEIRER, Wolfgang: Research Evaluation – Reality, Burden or Future Prospect? Reflecting the Experience at the University of Graz. In: Journal of the European Higher Education Area (EHEA) 3 (2017), 103–122.

SALMON, Gilly: E-moderating. The key to online teaching and learning. New York/London [3]2011.

SALMON, Gilly: E-tivities. The key to active online learning. New York/London [2]2013.

UNIVERSITÄT GRAZ: Bachelor/Master Theologische Wissenschaft (BERUFSBEGLEITEND). Online unter: https://bachelor-theol-wissenschaft.uni-graz.at/de/ (Stand: 07.05.2020).

UNIVERSITÄT GRAZ: Curriculum für das Bachelorstudium Grundlagen theologische Wissenschaft. Online unter: https://static.uni-graz.at/fileadmin/Studien/bachelor-theol-wissenschaft/STUDIENPLAN_NEU_18W_Mitteilungsblatt.pdf (Stand: 07.05.2020).

UNIVERSITÄT GRAZ: E-Learning Strategie der Universität Graz 2015–2018 2015. Online unter: https://static.uni-graz.at/fileadmin/digitales-lehren-und-lernen/Dokumente/E-Learning_Strategie_FINALVERSION.pdf (Stand: 07.05.2020).

UNIVERSITÄT GRAZ: Neues Studienrecht im Senat beschlossen. Online unter: https://lehr-studienservices.uni-graz.at/de/neuigkeiten/detail/article/neues-studienrecht-im-senat-beschlossen/ (Stand: 07.05.2020).

VAN TREECK, Timo/HIMPSL-GUTERMANN, Klaus/ROBES, Jochen: Offene und partizipative Lernkonzepte. E-Portfolios, MOOCs und Flipped Classrooms. In: EBNER, Martin/SCHÖN, Sandra (Hg.): Lehrbuch für Lernen und Lehren mit Technologien (L3T), Norderstedt: Books on Demand 2011. Online unter: https://l3t.tugraz.at/index.php/LehrbuchEbner10/article/view/149 (Stand: 07.05.2020).

WEIRER, Wolfgang/ESTERBAUER, Reinhold: Theologie im Umbruch. Zwischen Ganzheit und Spezialisierung (Theologie im kulturellen Dialog 6). Graz 2000.

Theologie aus der Ferne? Erfahrungen mit dem Blended Learning-Studium der Religionspädagogik bzw. Angewandten Theologie

Ulrich Feeser-Lichterfeld

Mit Beginn des Studienjahres 2018/2019 kann an der Katholischen Hochschule Nordrhein-Westfalen (KatHO NRW) das Bachelorstudium der Religionspädagogik nicht nur als Präsenz-, sondern auch als Fernstudium absolviert werden. Damit hat eine fast fünfzigjährige Tradition des zunächst Diplom- und dann Bachelorstudiums in der Vorbereitung auf den Gemeindereferent*innen-Beruf eine markante Innovation erfahren, ohne dass den Verantwortlichen und Beteiligten nach nunmehr drei Semestern Erfahrung schon klar wäre, ob dieses Experiment erfolgreich sein wird und verstetigt werden kann. Von daher verstehen sich die nachfolgende Beschreibung des Studienmodells, die Skizze bereits vorliegender Evaluationsergebnisse sowie ihre vorsichtige Interpretation auch als Beitrag zur Klärung dieser offenen Zukunft.[1]

Dabei wird deutlich werden, dass die im Titel aufgeworfene Frage „Theologie aus der Ferne?“ abhängig vom Stand- und Blickpunkt der Betrachterin bzw. des Betrachters ist: Nimmt man die Hochschule mit ihrer postalischen Adresse, ihren Räumlichkeiten und nicht zuletzt ihren Dozierenden als Mittelpunkt des Theologietreibens, dann stehen die Fernstudierenden (anders als ihre Kommiliton*innen im Präsenzstudium mit ihrer für das klassische Lehr-Lern-Geschehen konstitutiven Gegenwart im Hörsaal, Seminarraum und Büro) in mehr oder weniger großer Distanz hierzu; wer allerdings im Studierenden selbst einen (potenziellen) „locus theologicus“ erkennt, wird das geografische Nähe-Distanz-Verhältnis umkehren oder gar nicht für relevant halten. An diesem zugebenerweise abstrakten Gedanken zeigt sich, dass die Studienform nicht nur eine formale Frage darstellt, sondern das Selbstverständnis von Theologie berührt.

---

1 Der Verfasser dieses Beitrags schreibt als mitbeteiligter Dozent und als Evaluationsbeauftragter des Fachbereichs. Von daher danke ich ausdrücklich für die Rückmeldungen aus dem Dekanat, von der Studiengangsleitung und aus dem Kollegium. Ein besonderer Dank gilt dabei Annett GIERCKE-UNGERMANN und Angelika STRACKE für ihre tatkräftige Unterstützung bei den Evaluationserhebungen.

1. Geschichte und Ausgestaltung einer Innovation

Seit Beginn der 1970er-Jahre kann an Paderborner Abteilung der KatHO NRW Religionspädagogik studiert werden, erst mit dem Studienabschluss Diplom, dann im Zuge der Bologona-Reformen als Bachelorstudiengang.[2] Die enge Kooperation mit den vierzehn (Erz-)Bistümern im Norden, Westen und Osten Deutschlands zeigt sich dabei u. a. in einem zweigleisigen Bewerbungsverfahren, in dem Studieninteressierte sowohl das positive Votum ihres Heimatbistums als auch die Studienzulassung der Hochschule benötigen; hinzu kommt eine gemeinsame Ausgestaltung der curricular integrierten Praxisphasen in Pfarreien und Schulen.

Auf Initiative der Domschule Würzburg/Theologie im Fernkurs setzten Mitte der 2010er-Jahre Überlegungen ein, neben dem Präsenz- auch ein Fernstudium einzurichten, das – anders als der Würzburger Fernkurs – den interessierten Frauen und Männern aus dem gesamten deutschsprachigen Raum einen akademischen Studienabschluss bietet. Dank einer Anschubfinanzierung des Verbands der Deutschen Diözesen (VDD) und auf Basis einer vorläufigen Akkreditierung konnte dieses Fernstudienangebot zum Wintersemester 2018/2019 starten. Grundlage dafür bot ein nur leicht modifiziertes Modulhandbuch, das die Curriculumsstruktur, die Studieninhalte sowie Workloads, Credits und Prüfungsanforderungen aus dem Präsenzstudium weitestgehend übernahm und durch Blended Learning-Formate ergänzte.

Inzwischen wurde die turnusmäßige Reakkreditierung des Bachelorstudiengangs im Präsenz- und Fernstudium zum Wintersemester 2020/2021 beantragt und eine positive Begutachtung erfolgte. Neben diversen Anpassungen und Aktualisierungen im Modulhandbuch dürfte dabei besonders ins Auge fallen, dass der Bachelorstudiengang zukünftig nicht mehr den Namen „Religionspädagogik" trägt, sondern „Angewandte Theologie" heißen wird.

1.1 *Ein Studiengang in zwei Studienformen*

Um die Einheit des Studienangebots zu verdeutlichen, wechselseitige Vergleichbarkeit zwischen den beiden Studienformaten zu sichern und allen Studierenden einen Wechsel vom Präsenz- zum Fernstudium (oder umgekehrt) während

[2] Einen Überblick zu den ersten 40 Jahren dieses Studienangebots sowie eine differenzierte Auseinandersetzung mit dem Beruf der/des Gemeindereferent_in finden sich in dem im Jahr 2011 von Hans Martin WEIKMANN und Werner WERTGEN herausgegebenen Sammelband „Gemeindereferentinnen und Gemeindereferenten. Profil einer professionellen Pastoral". Eine Fortschreibung insbesondere hinsichtlich des Praxis-Lernens bietet der 2019 erschienene Band „Studium trifft Beruf. Praxisphasen und Praxisbezüge aus Sicht einer angewandten Theologie" (hrsg. von Ulrich FEESER-LICHTERFELD und Kai G. SANDER).

ihrer Studienzeit zu ermöglichen, hat sich die KatHO NRW für eine einheitliche Studienstruktur im Bachelorstudiengang Religionspädagogik bzw. Angewandte Theologie entschieden. Von daher gleichen sich die Inhaltsbeschreibungen, Zielsetzungen und Kompetenzformulierungen im Präsenz- wie im Fernstudium. Auch der Workload umfasst einheitlich 180 ECTS bzw. 30 ECTS oder 900 Arbeitsstunden pro Semester. Anders als im sechssemestrigen Präsenzstudium wird allerdings im Fernstudium davon ausgegangen, dass dessen Studiendauer sich aufgrund der bei den Fernstudierenden zumeist gegebenen Doppel- oder Dreifachbelastung aus Studium, Berufstätigkeit und familiären Verpflichtungen in der Regel deutlich verlängern dürfte.

1.2 *Methodische Merkmale des Fernstudiums*

Selbstverständlich braucht die konkrete Ausgestaltung des Präsenz- bzw. Fernstudiums eine spezifische Methodik mit adäquaten Lehr-, Lern-, Arbeits- und Prüfungsformen.

Im Fernstudium wird der gesamte Workload als Blended Learning implementiert: zu Beginn jedes Semesters arbeiten Fernstudierende und Dozierende in einer Präsenzwoche in Paderborn, danach erfolgt die Weiterarbeit in Kontaktgruppen, als e-Learning über die Lernplattform ILIAS und Vor-Ort-Arbeit am Wohnort der Studierenden. Gerade das Learning Management System ILIAS ermöglicht eine Mischung aus angeleitetem und begleitetem Literaturstudium (u. a. auch der Lehrbriefe der Domschule Würzburg/Theologie im Fernkurs, deren Nutzung in einem Kooperationsvertrag vereinbart wurde) sowie diversen Input-, Austausch-, Kommunikations- und Lehr-Lern-Elementen (z. B. Adobe Connect, Etherpad, Lehrvideos). Die Lehrenden haben dabei, noch mehr als im Präsenzstudium, die Rolle von Lernbegleiter*innen.[3]

Hinzu kommen – und stellen aufgrund ihrer zeitlichen Beanspruchung eine besondere logistische Herausforderung für die Fernstudierenden dar – drei curricular integrierte Praxisphasen, die heimatnah in den Bistümern der Studierenden absolviert und durch (Online-)Supervision begleitet werden: ein fünfwöchiges Hospitations- und ein siebenwöchiges Erprobungspraktikum in den Handlungsfeldern „Pastoral“ und „Bildung“ sowie das Studienprojekt „Diakonische Pastoral“ mit Gelegenheit zur Vertiefung vor allem der (seelsorglichen) Gesprächskompetenzen in Krankenhäusern, Pflegeeinrichtungen oder bei Hausbesuchen.[4]

---

3 Vgl. zur genaueren Operationalisierung FRANZ: Lob der Theorie, bzw. PETERS: Kompetenzerwartungen.

4 Vgl. zum Praktikumskonzept FEESER-LICHTERFELD: Praxislernen.

1.3 Bisherige Resonanz auf das Fernstudienangebot

Im Oktober 2018 nahmen 15 Frauen und 5 Männer das Fernstudium Religionspädagogik an der KatHO NRW auf. Aus dieser ersten Kohorte schied direkt nach der das Studium eröffnenden Präsenzwoche ein Student wieder aus. 5 der 19 verbliebenden Studierenden brachten Vorleistungen aus „Theologie im Fernkurs" mit, die in Teilen als Studien- und/oder Prüfungsleistungen angerechnet werden konnten. Bis auf einige wenige Studierende, die ohne Bistumsanbindung studieren, und einer Gruppe von Studierenden aus dem Bistum Rottenburg-Stuttgart stammten alle Studienanfänger aus dem Kreis der schon zuvor mit der KatHO kooperierenden (Erz-)Diözesen.

Das Altersspektrum in der ersten Kohorte reichte zu Studienbeginn von 22 bis 55 Jahre. Mit einem Durchschnitt von 38,5 Jahren unterschied sich diese Gruppe deutlich von den zeitgleich startenden Präsenzstudierenden, deren Altersdurchschnitt bei 22,5 Jahren lag. Das zumeist höhere Lebensalter spiegelte sich auch in den bunten Biografien der Fernstudierenden wider: überwiegend sind diese berufstätig, manche haben bereits ein nicht-theologisches Studium abgeschlossen; viele der Fernstudierenden haben Familien (zum Teil mit 3 bis 5 Kindern), sind ehrenamtlich in ihren Gemeinden engagiert; ein Studienbeginner wurde gerade erst getauft, ein anderer wechselte vom Präsenz- ins Fernstudium.

Die zweite Kohorte, die im Oktober 2019 ins erste Semester des Fernstudiums startete, umfasste 24 Frauen und Männer. Der Altersdurchschnitt war mit 39,5 Jahren wiederum gut 15 Jahre höher als im Präsenzstudium, was belegt, dass beide Studienformen ganz unterschiedliche Populationen anzielen und sich wechselseitig keine Konkurrenz machen. Auch in dieser Kohorte gab es wieder zusätzlich zu dem gewohnten Einzugsgebiet der KatHO einzelne Studierende ohne Bistumsanbindung bzw. aus den Bistümern Rottenburg-Stuttgart und jetzt auch Mainz. Die Mehrzahl der neu startenden Fernstudierenden hat wiederum Familie und/oder ist berufstätig, meist in nicht-kirchlichen Berufen, aber auch vier schon in Bistumsdiensten. Einige haben bereits ein akademisches Studium z. B. für Lehramt, Soziale Arbeit oder im Hinblick auf technische Berufe absolviert.

Aus beiden Kohorten haben bislang (Stand: März 2020) insgesamt 8 Studierende ihr Fernstudium vorzeitig beendet und dafür ganz unterschiedliche Motive genannt. Die meisten hatten schlicht den (Zeit-)Aufwand unterschätzt, der mit einem akademischen Studium verbunden ist und der in der Regel zusätzlich zur Familien- und/oder Erwerbsarbeit zu leisten ist.

2. Erfahrungen der Pionier*innen im Fernstudium

Die Erfahrungen, welche die Fernstudierenden mit diesem noch neuen Studienformat machen, werden sowohl im eher informellen Austausch mit der für die Studienorganisation und -begleitung zuständigen Mitarbeiterin, durch Feedback-Schleifen in vielen Lehrveranstaltungen sowie durch regelmäßige Studiengangsevaluationen erhoben. Deren Ergebnisse stehen im Mittelpunkt der nachfolgenden Darstellung.

2.1 Rückmeldungen der ersten Studienkohorte mit Studienbeginn im Oktober 2018

Die erste Kohorte von Fernstudierenden wurde im Februar 2019 gebeten, Rückmeldungen zu ihrem 1. Semester zu geben. Von den zu diesem Zeitpunkt 18 immatrikulierten Fernstudierenden gaben 14 bzw. 77 % Auskunft. Zum Einsatz kam ein auch bei Studieneingangsbefragungen im Präsenzstudium genutzter Fragebogen, der um Fernstudienaspekte erweitert wurde.

Gefragt nach den Gründen für die Wahl des Bachelor-Studiengangs Religionspädagogik, stand das Interesse an Theologie für 12 der 14 Befragungsteilnehmenden im Mittelpunkt. Berufsbezogene Motive wie z. B. das Interesse am Beruf der Gemeindereferent*innen oder die guten Berufsaussichten waren auch deutlich erkennbar, aber nicht so dominant. Die spezielle Form des Fernstudiums wurde gewählt, so die große Mehrzahl der Befragten, weil sie ein Studium ohne Umzug nach Paderborn und in Vereinbarkeit mit Familie und Beruf ermöglicht. Alle Befragungsteilnehmer*innen gaben an, einen Studiengang gewählt zu haben, der ihren Interessen und Begabungen entspräche.

Dass diese Einschätzung nicht einfach daher gesagt, sondern der eigenen Überzeugung entspricht, wird darin deutlich, dass die meisten Befragungsteilnehmenden die Entscheidung für das Fernstudium nach dem 1. Semester weiterhin für richtig erachten (11 Personen) und ihre persönliche Studienmotivation gewachsen oder zumindest stabil sehen (10 Personen). Alle 14 Befragungsteilnehmenden gaben an, das Fernstudium der Religionspädagogik weiterempfehlen zu wollen.

Im Hinblick auf die Studienorganisation und Studiengestaltung wird in den Antworten deutlich, dass alle Beteiligten – Studierende, Dozierende sowie Mitarbeitende in Verwaltung, Bibliothek etc. – am Anfang eines Entwicklungsprojektes standen und Optimierungsbedarf zu erkennen hatten. So wurde beispielsweise bedauert, dass nicht klarer darüber informiert wurde, in welcher Abfolge Lehrveranstaltungen bzw. Module zu absolvieren wären. Auch die Einführung in die Bibliotheksnutzung, so die Rückmeldungen, hätte stärker auf die besondere

Situation von Fernstudierenden eingehen sollen. Dagegen wurde die Qualität der ILIAS-Kurse und die Möglichkeiten zur persönlichen Kompetenzentwicklung überwiegend positiv bewertet. Als besonderes Highlight ihres 1. Semesters sehen 13 von 14 Personen die am Semesterbeginn in Paderborn stehende Präsenzwoche, die nicht zuletzt Gelegenheit bot, Mitstudierende und Dozierende persönlich kennenzulernen.

Sicher eine der offensten Fragen im „Experiment Fernstudium" dürfte diejenige sein, ob sich Religionspädagogik bzw. Angewandte Theologie im Selbststudium und mit wenig direkten Kontakt zu Dozierenden und Kommiliton*innen erschließen lässt. Hier streuten die Rückmeldungen der ersten Kohorte nach deren Einstiegssemester stark. Etwas mehr als die Hälfte sah hinreichend viele Kontakt- und Kooperationsmöglichkeiten zu Mitstudierenden (z. B. im Rahmen von Lerngruppen) bzw. Dozierenden (u. a. in der Präsenzwoche oder in Online-Sprechstunden), die restlichen Befragungsteilnehmer*innen wünschten sich hier mehr Begegnungs- und Austauschmöglichkeiten.

Wie eingangs dargestellt, ist der Fernstudiengang als Teilzeitstudium konzipiert mit etwa der Hälfte der im Vergleich zum Präsenzstudium investierten Wochenarbeitszeit (sodass das gesamte Studium in der Regel 12 statt 6 Semester dauern dürfte). 6 von 14 Befragungsteilnehmer*innen gaben an, dieser Empfehlung gefolgt zu sein, der Rest sah sich rückblickend im 1. Semester eher sporadisch studieren und wollte hier in den Folgesemestern mehr Zeit investieren. Erklärt wurde die bisherige Studienpraxis mehrheitlich mit der Doppelbelastung von Familie und/oder Beruf einerseits und Studium andererseits.

Im Februar 2020 wurde dieselbe Kohorte ein zweites Mal befragt. Jetzt nach ihrem 3. Semester antworteten 12 der 13 noch immatrikulierten Studierenden (92 %) und signalisierten im Vergleich zur vorherigen Erhebung eine durchaus (selbst- und studien-)kritischere Einschätzung: So hat sich die Studienmotivation für 5 der Befragungsteilnehmer*innen eher verschlechtert, die mediale Aufbereitung mancher digitaler Lehrangebote sowie die inhaltliche Abstimmung zwischen den verschiedenen Lehr-Lern-Angeboten wird kritisiert und auch die schon zuvor geäußerte Unzufriedenheit mit adäquater Literaturversorgung durch die Bibliothek bleibt bestehen. Positiv dagegen blicken die meisten Drittsemester*innen auf die zwischenzeitlich gesammelten Prüfungserfahrungen zurück. Auch der Vorsatz des letzten Jahres, künftig mehr Zeit in das Studium zu investieren, wurde nach Auskunft der Fernstudierenden offensichtlich beherzigt, denn die meisten von ihnen praktizieren jetzt tatsächlich ein „Halbzeitstudium". Alles in allem halten 9 von 12 Antwortenden ihre ursprüngliche Entscheidung für das Fernstudium noch immer für richtig, werten den bisherigen Studienverlauf als „sehr gelungen" (6 Personen) bzw. „gelungen" (3 Personen) und wollen bis auf eine*n Unentschlossene*n alle das Fernstudienangebot des Fachbereichs Theologie der KatHO NRW weiterempfehlen.

Ursächlich hierfür, das zeigen nicht zuletzt die Freitext-Antworten, ist sicher nicht zuletzt der Umstand, „*dass ich meine Lernzeit selber einteilen kann*“ und dass „*das Studium [...] zu mir ins Haus [kommt]; ich kann in meinem Tempo studieren; die Mischung von Texten, Videos etc.*“. Kritisiert wird die bei manchen Dozierenden offenbar zu langen Zeiträume, in denen auf Fragen oder Übungsergebnisse der Studierende Rückmeldung gegeben wird. Die Mehrfachbelastungen – „*Praktikum, Erwerbstätigkeit, Familie, Studium, Druck der Hausarbeit nach dem Praktikum (Einhalten der Abgabezeiträume) und noch Präsenswoche, das stresst mich schon sehr.*“ – wird von nicht wenigen Fernstudierenden beklagt, so dass sie für den weiteren Studienverlauf hier auch nach drei Semestern Studiendauer noch nach einem besseren Selbst- und Zeitmanagement streben: „*Inhaltlich bin ich zufrieden. Organisatorisch habe ich für mich persönlich noch Nachholbedarf darin, einen auf Dauer gut lebbaren Rhythmus, zu dem auch Freizeit gehört, zu finden.*“

2.2 Rückmeldungen der zweiten Studienkohorte mit Studienbeginn im Oktober 2019

Die referierten Evaluationsergebnisse zum Studienbeginn der ersten Studienkohorte konnten im Februar 2020 durch eine ebensolche Befragung der Fernstudierenden angereichert werden, die im Oktober 2019 in das Fernstudium gestartet waren. Bedauerlicherweise antworten von den 22 hier noch immatrikulierten Erstsemester*innen lediglich 12 Frauen und Männer (54 %). Über die Gründe soll hier nicht spekuliert werden, zumal wichtige Zufriedenheitsindikatoren – rückblickende Einschätzung der Entscheidung für das Studienformat, aktuelle Studienmotivation und Bereitschaft, den Studiengang weiterzuempfehlen – den Ergebnissen der Vorjahresbefragung weitgehend entsprechen.

Auffällig ist, dass in dieser Studienkohorte der Wunsch nach Kontakt zu Dozierenden und Mitstudierenden noch ausgeprägter zu sein scheint. Persönliche Beratungsangebote zur Studienorganisation oder zu Praktikums- und Prüfungsfragen werden sehr geschätzt, ebenso die auf Kennenlernen, Begegnung und direktem Austausch ausgerichtete Präsenzwoche. Gelobt wird die Bereitschaft der Dozierenden, den persönlichen Lernweg unterstützend zu begleiten.

Auch hinsichtlich des zeitlichen Aufwands, der im 1. Semester in das Fernstudium investiert wurde, gleichen die aktuellen Befragungsergebnisse denen des Vorjahres: 75 % wollen im nächsten Semester eher intensiver studieren und signalisieren damit, dass (wahrscheinlich ganz parallel zu den Erfahrungen im Präsenzstudium) der persönliche Lebens- und Lernrhythmus erst gefunden sein will und dies einige Zeit in Anspruch nimmt.

3. Zwischenbilanz zu einem noch laufenden Experiment

Das zum Wintersemester 2018/2019 gestartete Fernstudium erfüllt, so viel sollte in der bisherigen Darstellung deutlich geworden sein, die Erwartung, welche Hochschule und kooperierende (Erz-)Diözesen in dieses neue Studienformat gesetzt haben, in einem zentralen Punkt: Es erreicht auch solche Studierende, die aufgrund beruflicher und familiärer Verpflichtungen ein Präsenzstudium nicht belegen könnten. Das Studieren an beliebigen Orten mit Internetanschluss und das hohe Maß zeitlicher Selbstbestimmung wird dabei ebenso geschätzt wie die zwar relativ wenigen, dafür aber aus Sicht der Fernstudierenden und der Dozierenden wichtigen Präsenzanteile und synchronen Kontaktzeiten z. B. bei Online-Diskussionen in Lerngruppen. Abschließend sollen die bislang gesammelten Erfahrungen resümiert werden hinsichtlich a) wichtiger Herausforderungen für die weitere Ausgestaltung des Fernstudiums, b) der mit der Umbenennung des Studiengangs einhergehenden Profilierungsaufgabe einer „Angewandten Theologie" sowie c) einer notwendigen Kontextualisierung angesichts des mit der aktuellen Corona-Krise einhergehenden Schubs für „digitale Hochschule".

3.1 *Lehrreiche Erfahrungen*

Mehr als im klassischen Lehrbetrieb mit seinen typischen Orten, Ritualen und Rhythmen wird im Fernstudium spürbar, dass Individualisierung, Pluralisierung und Beschleunigung nicht nur spröde soziologische Kategorien, sondern den Studienbetrieb prägende Merkmale sind. „Jede*r ein Sonderfall" – dieses Motto darf auch für die aktuell 36 Frauen und Männer gelten, die sich für das Fernstudium an der KatHO NRW entschieden haben. Die damit einhergehende Komplexität und Ungleichzeitigkeit erfordert im Studiengangsmanagement wie in der Ausgestaltung des Lehr-Lern-Angebots in den verschiedenen Kursen und Modulen sehr viel Differenzierungsvermögen und ein hohes Maß an Flexibilität. Die hierfür notwendigen zeitlichen, personellen und technischen Ressourcen sind erheblich und können, das zeigt die bisherige Erfahrung an der KatHO NRW, keineswegs „einfach so" neben dem Präsenzbetrieb generiert werden. Von „Mehraufwand" sprechen aber auch die Fernstudierenden, wie es das folgende Zitat einer Studentin, die zuvor schon Studienerfahrungen im „normalen" Hochschulalltag sammeln konnte, auf den Punkt bringt:

> Und was das ‚aufwendiger' angeht ... na ja :-) Beim Präsenzstudium hat man halt seine 90 Minuten, in denen man den Stoff meist sehr ansprechend und engagiert präsentiert und quasi ‚ins Heft diktiert' bekommt. Und dann käme noch die Vor- und Nacharbeit dazu. Nur, erfahrungsgemäß und ehrlicherweise wird das meist auf ein Minimum reduziert. Das

> Wichtigste hat man ja aufgeschrieben und muss es dann für die Prüfungen nur noch lernen. Jetzt wird von mir [im Fernstudium] für jede Einheit eine Ausarbeitung verlangt, den Stoff bekommen ich nicht ausgewählt vorgetragen, sondern muss ihn mir selbst zusammensuchen, erarbeiten, mir gleich Gedanken machen, Stellung beziehen ... Ich MUSS mich mit dem Stoff auseinandersetzen – beim Präsenzstudium KONNTE/SOLLTE ich das machen. Und deshalb brauche ich jetzt mehr Zeit als früher – dafür ist die Auseinandersetzung oft intensiver – also ich für meinen Teil kann das zumindest so sagen.

Für die Dozierenden ergibt sich vor diesem Hintergrund natürlich eine mehrfache Herausforderung: Der zu vermittelnde Stoff will nicht nur sorgfältig ausgewählt und für das Blended Learning didaktisch passend aufbereitet werden, sondern es braucht auch – bei Wahrung des Primats der Selbstorganisation, Selbstdisziplin und Selbstverantwortung der Fernstudierenden – die (analoge wie virtuelle) Präsenz der Dozierenden in ihrer Rolle als Lernbegleiter*innen. Besonders wichtig scheinen hier, das zeigen die bisherigen Evaluationen, verlässliche Erreichbarkeit, rasche Antworten auf gestellte Fragen und individuelles Feedback auf kleinere und größere Studien- und Prüfungsleistungen der Fernstudierenden. Die Erfahrungen der KatHO NRW zeigen, dass wo dies gegeben ist bzw. zumindest angestrebt wird, eine trotz räumlicher Distanz erstaunlich positiv erlebte Beziehungsqualität zwischen den Fernstudierenden und den Dozent*innen wächst – was wiederum Theologie-Lernen und -Lehren „aus der Ferne" ermöglicht und befördert.

3.2 *Impulse für eine Angewandte Theologie*

Der Bachelor-Studiengang „Religionspädagogik" und künftig „Angewandte Theologie" qualifiziert, so der selbst gesetzte Anspruch, durch die Kompetenzen einer anwendungsorientieren katholischen Theologie dazu, Tätigkeiten insbesondere im Bereich von Seelsorge und Verkündigung auszuüben. Der erfolgreiche Studienabschluss berechtigt darüber hinaus zur Aufnahme von Masterstudiengängen sowie zum Weiterstudium im kanonischen Theologiestudium „Mag. theol." an den katholisch-theologischen Fakultäten im In- und Ausland unter Anrechnung der an der KatHO NRW erbrachten theologischen Studien- und Prüfungsleistungen.

Natürlich kann die Rede von einer „angewandten" Theologie (zumal im Rahmen einer Fachhochschule bzw. Hochschule für angewandte Wissenschaften) auch dahingehend missverstanden werden, als ob es hier allein um die Vermittlung und Handhabbarmachung „wahrer" (und in der Regel an den Universitäten generierter) theologischer Erkenntnisse und Theorien für die (Berufs-)Praxis in Pastoral und Bildung ginge. Dagegen versteht der Fachbereich Theologie an der KatHO NRW „Angewandte Theologie" als Transferdisziplin im wechselseitigen Austausch zwischen expliziten und impliziten theologischen Akteur*innen innerhalb und außerhalb der Hochschule. Hier gilt es tatsächlich wechselseitig zu

„übersetzen", auch zu dolmetschen, vor allem aber als „passeurs" (um die Metaphorik von Christoph Theobald aufzugreifen[5]) zu helfen, dass Fragestellungen, Klärungsversuche und Handlungsimpulse von einem auf die andere Seite des Flusses „über-setzen" können. Im Vorhaben, wissenschaftliche Theologie und Lebenswirklichkeit miteinander zu vermitteln und aufeinander zu beziehen, um so Theologie für Pastoral sowie Bildung und damit für das Leben fruchtbar zu machen, sind die Erfahrungen und Einsichten der Fernstudierenden, die schon sehr vielfältige Lebenskontexte kennengelernt haben, ausgesprochen wertvoll. Hier ergeben sich ja nicht nur in den familiären und beruflichen „Heimaten" ungleich herausfordernde Bewährungsproben für die theologischen Studieninhalte als im Präsenzstudium, sondern es wirken auch theologie-generative Impulse auf den Lehrbetrieb ein. Hierzu nur ein Beispiel: Das Curriculum im Präsenz- wie im Fernstudium sieht Übungen in seelsorglicher Gesprächsführung vor.[6] Die dabei von den Studierenden einzubringenden Gesprächsbeispiele drehen sich in den Präsenzveranstaltungen oftmals um den Studienalltag und zeugen häufig von einem eher engen, weil expliziten Seelsorgeverständnis. Was aber „seelsorglich sprechen" darüber hinaus auch heißen kann, lässt sich an den Gesprächsprotokollen der Fernstudierenden mit ihrem Sitz im Leben als Hebamme, Mutter oder U-Bahn-Fahrerin folgenreich praktisch-theologisch lernen.

3.3 *Die Welt ist eine andere ... Studieren in Zeiten des Coronavirus*

Kurz vor Fertigstellung dieses Aufsatzmanuskriptes erreichte die zum Jahreswechsel 2019/2020 in China gestartete Welle von Infektionen mit dem Coronavirus auch Deutschland. Als eine Folge davon wurde Mitte März 2020 auch der Hochschulbetrieb weitgehend ausgesetzt. Wie die meisten Universitäten und (Fach-)Hochschulen setzte die KatHO NRW die Präsenzlehre bis auf Weiteres aus und verwies stattdessen auf ihre digitalen Lehr-Lern-Angebote. Wo viele Kolleg*innen diese Reaktion als nicht umsetzbar und unfair gegenüber den in digitalen Lehr-Lern-Formaten nicht hinreichend bewanderten Studierenden wie Lehrenden kritisieren und statt dessen ein „Nicht-Semester" fordern[7], kann das Kollegium des Fachbereichs Theologie der KatHO NRW auf die Erfahrungen aus dem Fernstudium zurückgreifen und die bereits erstellten ILIAS-Kurse nun auch den Präsenzstudierenden zur Verfügung stellen. Rascher als zuvor überhaupt

5 Vgl. THEOBALD: Hören.

6 Vgl. ausführlich dazu FEESER-LICHTERFELD: Digitalisierung und Seelsorge (lernen).

7 Vgl. den „offenen Brief aus Forschung und Lehre", der unter dem Hashtag „#nichtsemester" in kürzester Zeit mehr als 7.000 Unterschriften verzeichnen konnte, online unter: https://www.nichtsemester.de (Stand: 28.03.2020).

nur in Erwägung gezogen, weitet sich das „Experiment Fernstudium" quantitativ und qualitativ aus, denn es umfasst jetzt auch die nahezu 80 Studierenden des Präsenzstudiums. Ob diese von heute auf morgen mit den digitalen Lehr-Lern-Angeboten zurechtkommen und sie in der gebotenen Selbstorganisation und Selbstverantwortung nutzen werden, wird sich ebenso zeigen müssen wie die Kompetenz der Hochschul- und Fachbereichsverantwortlichen – allen voran der vom Hörsaal ins Home-Office gewechselten Lehrenden – im „E-Coaching" der jetzt deutlich größeren Zahl von „User*innen".

Wie wird die (Hochschul-)Welt „nach Corona" aussehen? Wird Blended Learning nicht mehr die Ausnahme sein, sondern zur Regel werden? Haben Bildungspolitiker*innen und Finanzminister*innen – im Fall der Theologien aber auch Kirchenverantwortliche – ein vermeintliches Einsparpotenzial erkannt, das im vernetzten Lehren und Lernen liegen könnte, und nutzen es konsequent bei der Forderung nach Synergien bzw. Reduzierung der bisherigen theologischen Ausbildungsstätten? Wird „man" (und hier sind alle Beteiligte an theologischen Lehr-Lern-Prozessen gemeint) erkannt, weil erfahren haben, dass „nah" und „fern" nicht nur für Theolog*innen relative Kategorien sind? Alles ist möglich und hängt von uns allen ab.

Literatur

FEESER-LICHTERFELD, Ulrich: Digitalisierung und Seelsorge (lernen). In: GIERCKE-UNGERMANN, Annett/HANDSCHUH, Christian (Hg.) Digitale Lehre in der Theologie. Chancen, Risiken und Nebenwirkungen (Theologie und Hochschuldidaktik 11), Berlin 2020, 245–255.

FEESER-LICHTERFELD, Ulrich/SANDER, Kai G. (Hg.): Studium trifft Beruf. Praxisphasen und Praxisbezüge aus Sicht einer angewandten Theologie (Bildung und Pastoral 6). Ostfildern 2019.

FEESER-LICHTERFELD, Ulrich u. a.: Praxislernen organisieren?! Ein werkstatt-Bericht aus der Katholischen Hochschule Nordrhein-Westfalen. In: FEESER-LICHTERFELD, Ulrich/SANDER, Kai G. (Hg.): Studium trifft Beruf. Praxisphasen und Praxisbezüge aus Sicht einer angewandten Theologie (Bildung und Pastoral 6). Ostfildern 2019, 157–173.

FRANZ, Thomas: Lob der Theorie. Anmerkungen zum Verhältnis von Theorie und Praxis in einem praxisbegleitenden Studium. In: FEESER-LICHTERFELD, Ulrich/SANDER, Kai G. (Hg.): Studium trifft Beruf. Praxisphasen und Praxisbezüge aus Sicht einer angewandten Theologie (Bildung und Pastoral 6). Ostfildern 2019, 63–71.

PETERS, Bergit: „In weiter Ferne so nah ...": Kompetenzerwartungen an Lehrende in medialen Lehr-Lern-Arrangements. In: GIERCKE-UNGERMANN, Annett/HANDSCHUH, Christian (Hg.) Digitale Lehre in der Theologie. Chancen, Risiken und Nebenwirkungen (Theologie und Hochschuldidaktik 11), Berlin 2020, 127–132.

THEOBALD, Christoph: Hören, wer ich sein kann. Einübungen (Bildung und Pastoral 5), Ostfildern 2018.

WEIKMANN, Hans Martin/WERTGEN, Werner (Hg.): Gemeindereferentinnen und Gemeindereferenten. Profil einer professionellen Pastoral. Regensburg 2011.

Webquest Theologie und Religionswissenschaften – Kooperation zur Einführung in das wissenschaftliche Arbeiten zwischen der Universitäts- und Landesbibliothek Münster und der Katholisch-Theologischen Fakultät der Westfälischen Wilhelms-Universität Münster

Nicole Donath, Hannah Hewing und Ludger Hiepel

Im Sinne eines Good Practice-Beispiels sollen in den nachfolgenden Kapiteln die an der Universitäts- und Landesbibliothek Münster (ULB Münster) zur Vermittlung von Informationskompetenz[1] erstellten Webquests vorgestellt werden. Zunächst soll es um die Definition und um den theoretischen Hintergrund von Webquests gehen. Anschließend wird das Augenmerk auf die Kooperation zwischen der Katholisch-Theologischen Fakultät der Westfälischen Wilhelms-Universität Münster (WWU) gerichtet. Der Beitrag schließt mit einer Reflexion und einem Ausblick.

Entsprechend der Anlage des Sammelbandes möchte der Beitrag innerhalb der Sektion „Verarbeitung" einen aktuellen „Bewältigungsversuch" des digitalen Wandels vorstellen. Das gewählte Beispiel eignet sich besonders, da es sich mit der Einführung in das wissenschaftliche Arbeiten befasst, das für alle Fächer der Theologie eine Bedeutung hat. Die Vorstellung von Inhalten und der curricularen Verortung sowie ihre Genese ist daher vor allem deskriptiv gehalten. Er bietet mit den zahlreichen Grafiken einen Einblick in die Webquest, die u. a. aus technischen Gründen derzeit nur Mitgliedern der WWU zur Verfügung stehen. Damit kann dieses Beispiel als Anregung für vergleichbare Projekte an anderen Standtorten dienen. Im Sinne guter wissenschaftlicher Praxis werden in den Fußnoten auch jeweils die Verantwortlichen und Beteiligten genannt.

---

[1] Unter Informationskompetenz versteht man die Fähigkeit einen Informationsbedarf zu erkennen, sowie Informationen zu finden, auszuwählen, zu verarbeiten, verwalten und verbreiten unabhängig von Medium und Technologie (vgl. SÜHL-STROHMENGER: Einführung, 2).

1. Was sind Webquests?

Das englische Wort *quest* (Suche) liefert bereits einen Hinweis auf die Bedeutung von Webquests. Moser bezieht sich in seiner Definition auf die ursprüngliche Wortbedeutung: Quest = herausforderndes Abenteuer bzw. anforderungsreiche Suche. Webquests sollen die Lernenden fesseln und persönlich herausfordern.[2] Dodge, der als Erfinder der Webquests gilt, definiert diese wie folgt:

> A WebQuest is an inquiry-oriented activity in which some or all of the information that learners interact with comes from resources on the internet [...].[3]

Somit sind Webquests als herausfordernde und zumeist umfangreichere Aufgabenstellungen zu verstehen, die es mithilfe des Internets zu erarbeiten bzw. zu lösen gilt. Die Lehrenden entwickeln komplexe Aufgabenstellungen und stellen sie den Lernenden online bereit. Die Materialien werden von den Lehrenden strukturiert zur Verfügung gestellt. Im Anschluss an die Bearbeitung des Webquests, erhalten die Lehrenden die Ergebnisse entweder in elektronischer oder persönlicher Form und geben den Lernenden ein Feedback.

Diese bearbeiten die Aufgaben entweder im Selbststudium oder in Kleingruppen. Die Lernenden lösen die Aufgaben orts- bzw. zeitunabhängig mit den online bereitgestellten Materialien.

Das zentrale Ziel von Webquests ist die Verbesserung der Informations- und Medienkompetenz. Durch den Einsatz von Webquests wechseln die Lernenden von dem passiven zum aktiven Part des Lerngeschehens. Dieser Rollentausch fördert und fordert die Eigenverantwortlichkeit für den eigentlichen Lernprozess.[4] Lernende, die zudem ihre Ergebnisse am Ende des Webquests einer Gruppe vorstellen, wechseln folglich die Rolle. In der Literatur spricht man von Flipped bzw. Inverted Classroom. Im Bereich der Hochschullehre wird das reine "flippen", also der Rollenwechsel, oftmals durch Blended-Learning[5] und/oder reine Online-Angebote aufgeweicht, nicht zuletzt, um Zeit zu gewinnen.[6]

Laut Moser[7] besteht ein Webquest aus sechs Teilschritten, die er wie folgt definiert:

1. Einführung in ein Thema, welches in anschaulicher Art geschieht
2. Formulierung konkreter Aufgabenstellungen, welche es zu lösen gilt
3. Bereitstellung und Hinweise für benötigtes Material

---

[2] Vgl. MOSER: Abenteuer, 27f.

[3] DODGE: WebQuests.

[4] Vgl. DORGERLOH: Zeit, 134.

[5] „Unter Blended Learning versteht man die Kombination von unterschiedlichen Methoden und Medien, etwa aus Präsenzunterricht und E-Learning." BENDEL: Blended Learning.

[6] Vgl. DORGERLOH: Zeit, 118.

[7] Vgl. MOSER: Abenteuer, 36ff.

4. Beratung bzw. Begleitung der Lernprozesse bei Schwierigkeiten, Lehrender ist in der Rolle eines Coaches
5. Evaluation und Reflektion der bewältigten Aufgaben durch die Lernenden
6. Präsentation und zur Verfügung stellen der Ergebnisse/Sharing

Die Präsentation der Ergebnisse kann sowohl in elektronischer als auch in persönlicher Form im Rahmen einer Veranstaltung stattfinden.

2. Die Webquests der Universitäts- und Landesbibliothek Münster

Auf der Grundlage des Bund-Länder-Programms für bessere Studienbedingungen und mehr Qualität in der Lehre wird an der ULB Münster das Projekt „Qualität der Lehre – Teilprojekt Informationskompetenz"[8] von 2012 bis zum Jahresende 2020 durchgeführt.

Mit den personellen sowie finanziellen Mitteln konnte die ULB Münster ihre bisherigen Angebote zur Informationskompetenz weiter ausbauen. In den Anfangsjahren bestand das Projektteam Informationskompetenz aus drei Mitarbeiterinnen der Informationsabteilung der ULB Münster. Dieses Team entwickelte bis 2014 ein Informationskompetenz-Konzept, welches aus drei Säulen besteht:

- Etablierung eines Learning Commons (ULB als attraktiver Lernort)
- Unterstützung von Forschenden (Publizieren & Open Access, Hinweise zum Forschungsdatenmanagement, ...)
- Vermittlung von Informationskompetenz an Studierende, Unterstützung für Lehrende

In den folgenden Kapiteln werden die Angebote zur Vermittlung von Informationskompetenz im Rahmen des übergeordneten Projekts vorgestellt. Um diese Entwicklung und Entscheidungen für weitere E-Learning-Angebote wie dem Webquest nachzuvollziehen, soll zunächst der Zusammenhang aller elektronischen Services der Informationsabteilung der ULB Münster dargestellt werden.

Bereits seit 2011 gibt es zur räumlichen Orientierung in der Bibliothek Audio-Touren[9]. Diese Audio-Touren ersetzen die persönlichen Führungen, die das Fachpersonal bisher an der ULB Münster übernahm. Dies ermöglicht allen Interessierten (vor Ort per QR-Codes oder online per Downloads) über die Servicezeiten hinaus, sich nach Bedarf einen räumlichen Eindruck zu verschaffen.

---

8 Vgl. ULB Münster: Projekte.

9 ULB Münster: Audio-Tour der Zentralbibliothek.

Durch das in den Jahren zuvor an der ULB Münster entstandene LOTSE-Portal[10] waren bereits viele Materialien und Tipps zur Literaturrecherche vorhanden, die in allen Webquests der ULB Münster eingesetzt wurden und werden.

Erste Webquests wurden 2011 an der ULB Münster angeboten, diese dienten zur Einführung in den lokalen Recherchekatalog[11]. Angebotene Lehrvideos und Quiz zur Literaturrecherche runden das Angebot zum Erwerb von Informationskompetenz ab. Die Idee der Webquests stammt von der Universitätsbibliothek Paderborn, deren BlogQuest[12] die ULB Münster als Grundlage verwenden durfte.

Alle genannten Angebote zur Vermittlung von Informationskompetenz werden auf der ULB-Tutor-Webseite[13] zusammengeführt und gebündelt. Auch auf der Lernplattform der Universität (Moodle[14]) werden inzwischen Webquests angeboten.

Das Team Informationskompetenz erhält Unterstützung von weiteren Bibliothekarinnen und Bibliothekaren der Informationsabteilung, diese bilden Fachteams für die fachlich ausgerichteten Webquests. Das Projektteam erstellt einige Webquests in Eigenregie. Die Umsetzung anderer Webquests sowie alle damit verbundenen Arbeiten werden an Fachteams der Abteilung Information delegiert. Die Ersteller der jeweiligen Webquests sind erste Ansprechpartner für die Lehrenden der Fakultät und verantwortlich für die Umsetzung sowie den laufenden Betrieb.

Die Kooperation zwischen den Fakultäten der WWU und der Informationsabteilung der ULB Münster wird ganz unterschiedlich ausgestaltet. Die ULB Münster offeriert allen Fakultäten die Möglichkeit ein Webquest zu erstellen. Inwieweit von den Angeboten Gebrauch gemacht wird, hängt von den einzelnen Fakultäten ab.

Die ersten vier entstandenen Webquests der ULB Münster basieren auf dem Blended Learning-Prinzip. Sie wurden so konzipiert, dass nach der Bearbeitung des jeweiligen fachspezifischen Webquests eine Präsenzveranstaltung (Abschlussbesprechung) abgehalten wird. Durch die Bearbeitung des Webquests im Selbststudium oder in Kleingruppen bereiten sich die Studierenden intensiv auf diese Präsenzveranstaltung vor, sodass sie ihre Ergebnisse einer Studierendengruppe und einer/einem Bibliothekar_in des Fachteams vorstellen und reflektieren können. Diese Abschlussbesprechungen sind in die curriculare Lehre der jeweiligen Fächer eingebunden.

Die Art der Ergebnisüberprüfung und Reflektion des erworbenen Wissens passt sich zunehmend dem Lernverhalten der Studierenden an. Die Aufgaben werden weiterhin online sowie zeit- und ortsunabhängig bearbeitet. An die

---

10 ULB MÜNSTER: LOTSE.

11 ULB MÜNSTER: Katalog.

12 Vgl. UB PADERBORN: BlogQuest.

13 ULB MÜNSTER: Der ULB-Tutor.

14 Vgl. MOODLE: Was ist.

Stelle der Abschlussbesprechung sind jedoch zunehmend Online-Tests zur Ergebnisüberprüfung und Reflektion des Erlernten getreten. Diese fachlichen Tests werden (größtenteils) auf der Lernplattform (Moodle) der WWU zur Verfügung gestellt. Auch in den Online-Tests ist es möglich nicht nur „falsch"/„richtig"-Feedbacks, sondern detaillierte Feedbacks zu allen Antworten zu geben.

Bis zum Wintersemester 2019/2020 wurden insgesamt 18 fachspezifische und ein fachübergreifendes Webquest angeboten (Wintersemester 2014/2015: 13/1). Die stets gestiegene Nachfrage und zunehmende Etablierung zeigen, dass diese Idee an der WWU auf positive Resonanz gestoßen ist.

3. Das Webquest Theologie und Religionswissenschaft

An der Erstellung des Webquests Theologie und Religionswissenschaft waren beteiligt:

- die Lehrenden der Katholisch-Theologischen Fakultät der WWU[15]
- das Team Informationskompetenz der ULB Münster[16]
- das Fachteam Theologie der Informationsabteilung der ULB Münster[17]

Zum Projektauftakt in der ersten Jahreshälfte 2017 verständigten sich die Projektbeteiligten auf die Inhalte, Ziele und die Umsetzung des Webquests.

Zunächst wurden den Lehrenden der Fakultät die bereits an der ULB Münster bestehenden Webquests vorgestellt. Anschließend wurden erste Überlegungen zur Ausgestaltung des neu zu erstellenden Webquests angestellt. Durch die Formalia-Reader[18] und die weiteren vorhandenen Materialien der Fakultät erhielten die Kolleginnen der ULB Münster einen Einblick in das wissenschaftliche Arbeiten an der Katholisch-Theologischen Fakultät. Die Vorüberlegungen und -arbeiten fanden über mehrere Monate in enger Abstimmung mit den Lehrenden der Fakultät statt, die das Webquest in ihren propädeutischen Seminaren einsetzen würden.

---

15 Für die Module 1–3 zunächst vor allem Marc Heidkamp, Monnica Klöckener, Anne Wahl und Ludger Hiepel. Für die Module 4–5 dann überwiegend Marc Heidkamp, Barbara Zimmermann und Ludger Hiepel. Die Vorschläge wurden jeweils in den akademischen Mittelbau gegeben. Für fachspezifische Fragen wurden mit den Kolleg*innen der einzelnen Fachdisziplinen Rücksprache gehalten.

16 Zum Projektteam Informationskompetenz gehören seitens der ULB Münster: Katrin Steiner, Nina Jansen und Julia Spenke.

17 Hannah Hewing (seit 2017), Lia Rasim (2017–2018), Nicole Donath (seit 2019).

18 HIEPEL/ZIMMERMANN: Formalia-Handbuch.

3.1 *Die ULB-Lernziele*

Während der ersten Treffen wurden den Lehrenden der Fakultät die bereits vorhandenen und dokumentierten Lernziele für die Webquests vorgestellt. Die Informationsabteilung hat mit Aufkommen der E-Learning-Angebote zum Erwerb von Informationskompetenz eine umfassende Dokumentation in einer eigenen Datenbank erstellt. Die darin dokumentierten Lernziele sind transparent, jederzeit abrufbar und können von den Kolleginnen und Kollegen für weitere Webquests verwertet werden.

Auf der Grundlage dieser Dokumentation konnten die Lehrenden der Fakultät die Lernziele für das Webquest Theologie auswählen. Das Fachteam hat von den Lehrenden der Fakultät konkrete Beispiele für Buchtitel, Zeitschriften, Aufsätze und Themen aus dem Fach Katholische Theologie bekommen.

Nachdem die einzelnen inhaltlichen Themenfelder und Lernziele festgehalten und gemeinsam beschlossen wurden, wurde das Webquest Theologie in fünf Module untergliedert:

- Modul 1 – Suche nach bestimmten Büchern
- Modul 2 – Suche nach bestimmten Aufsätzen und Zeitschriften
- Modul 3 – Suche zu einem Thema I (Grundlagen + ULB-Katalog/disco)
- Modul 4 – Suche zu einem Thema II (Internet + Datenbanken)
- Modul 5 – Zitieren und Belegen

Die Module 1–3 waren zum Wintersemester 2017/2018 online, die Module 4 und 5 zum Wintersemester 2018/2019. Die detaillierten Modul-Beschreibungen werden in Kapitel 3.2. ausführlich vorgestellt.

3.2 *Die Umsetzung im Learnweb*

Nach Abschluss der Konzeption erfolgte die Implementierung in die Lernplattform der Universität, dem Learnweb[19]. Das Learnweb basiert auf der Software Moodle. Die einzelnen Module wurden unter didaktischen Gesichtspunkten im Rahmen der Möglichkeiten der Lernplattform erstellt.

Das Webquest wurde in einem in sich abgeschlossenen Bereich der Lernplattform eingerichtet, der nur nach vorheriger Anmeldung für Angehörige der Universität im Learnweb zu erreichen ist. Für diesen Bereich wurden in Abstimmung mit den Lehrenden der Fakultät Rechte und Rollen für alle Nutzer des Webquests (Lehrende, Tutoren, Studierende) vergeben.

Ein Modul besteht aus einem Learnweb-Test, welcher mehrere Fragen enthält. Die einzelnen Fragen sind so aufgebaut, dass es zunächst eine Vorabinfor-

[19] WWU Münster: Learnweb.

mation und Fallbeispiele zur Kontexteinordnung gibt. Anschließend wird die zugehörige Frage gestellt. Die zu erreichende Punktzahl wird ebenfalls angezeigt. Am Ende jeder Aufgabe befindet sich ein Prüfen-Button (s. Beispiele am Ende: Abb. 6 und 7). Anhand dieser Prüfen-Funktion können die Studierenden direkt ein Feedback zu der jeweiligen Frage erhalten. Das Feedback besteht aus einer detaillierten Rückmeldung und Erklärung für richtige und falsche Antworten. Nach Aktivierung des „Prüfen"-Buttons ist eine Änderung der eingegebenen Antwort nicht mehr möglich. Nach der Auswertung des Tests erhalten die Studierenden eine detaillierte Zusammenfassung der Ergebnisse sowie für jede Antwort das jeweilige Feedback. Der Test ist bestanden, wenn von der zu erreichenden Gesamtpunktzahl mindestens 70% erreicht wurden. Die Studierenden können den Test mit einem Zeitverzug von zwölf Stunden beliebig oft wiederholen und haben somit die Chance, den Test und damit die Prüfungsleistung zu bestehen oder zu verbessern.

Die Materialien und Linktipps, die zur Beantwortung der jeweiligen Frage genutzt werden können, sind direkt unter der Frage verlinkt. Die Link-Tipps führen zu:

- Hilfe-Seiten des ULB-Katalogs[20]
- der ULB-Suchmaschine disco[21]
- LOTSE
- der ULB-Website[22]
- der Website der Institutsbibliotheken[23]
- dem Formalia-Reader der Fakultät Katholische Theologie[24]

Diese Materialien können auch unabhängig von dem jeweiligen Webquest weiterverwendet werden. Daraus ergibt sich für die Studierenden der Mehrwert und die Nachhaltigkeit, die Literaturhinweise auch über das Webquest hinaus zu nutzen, da deren Gültigkeit für jedwede Literaturrecherche besteht.

Die Fragetypen, die innerhalb der Learnweb-Tests und speziell für das Webquest Theologie und Religionswissenschaften eingesetzt wurden, sind folgende[25]:

- Drag-and-drop (auf Bild, auf Markierungen oder auf Text)
- Kurztext
- Lückentext
- Multiple- und Single-Choice Fragen
- Zuordnungsfragen

---

20 ULB Münster: Katalog.

21 ULB Münster: Disco-Hilfe.

22 ULB Münster: Startseite.

23 Katholisch-Theologische Fakultät: Gemeinschaftsbibliothek.

24 Hiepel/Zimmermann: Formalia-Handbuch.

25 Screenshots für die verschiedenen Aufgabentypen finden Sie im Folgenden (Abb. 1–7) und am Ende des Beitrags (Abb. 8–11).

Im Folgenden werden die einzelnen Module, die jeweiligen Fragen, die Fragetypen sowie die zugrunde liegenden Lernziele vorgestellt.

Modul 1 – Suche nach bestimmten Büchern

In Modul 1 machen sich die Studierenden mit der Recherche nach bestimmten Büchern vertraut.

Drei Dokumenttypen (u. a. Monografie, gedruckt und elektronisch) werden in den Fallbeispielen berücksichtigt.

Die folgenden Themen werden in Modul 1 behandelt:

- Welche Literatur finden Sie in den verschiedenen lokalen Suchinstrumenten?
- Wie finden Sie eine bestimmte Ausgabe?
- Wie finden Sie Standort und Signatur heraus?
- Welche Nutzungsmöglichkeiten und Ausleihkonditionen gibt es?
- Welche weiteren relevanten Bibliotheken gibt es in Münster?
- Welche Institutsbibliotheken gibt es und wie sind die Nutzungsbedingungen dort?
- Wie trunkieren Sie, wenn Sie den Titel nur ungefähr kennen?
- Wie öffnen Sie ein E-Book von zu Hause und schlagen eine Abkürzung nach?

Der folgende Screenshot (s. Abb. 1) zeigt exemplarisch eine Aufgabe aus dem Learnweb. Bei dieser Aufgabe steht die Suche nach einer bestimmten Auflage im Fokus.

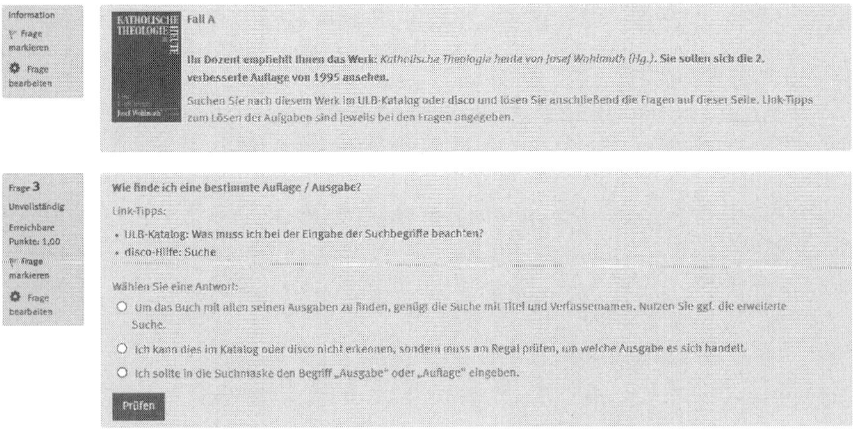

Abb. 1: Screenshot aus dem Learnweb (Modul 1 Frage 3) – Aufgabentyp Single-Choice.

Der Aufgabe im Learnweb aus Abb. 1 wurde das folgende Lernziel aus der internen Lernziel-Datenbank zugeordnet:

> Buch suchen: Ausgabe (fakultativ)
> Lernziel: Die Teilnehmer ermitteln eine bestimmte Ausgabe eines Werkes.

Modul 2 – Suche nach bestimmten Aufsätzen und Zeitschriften

Im zweiten Modul lernen die Studierenden, nach Zeitschriften und Aufsätzen (gedruckt und elektronisch) zu recherchieren. Mit gezielten Fragen lernen die Studierenden anhand der fachspezifischen Besonderheiten, wie sie:

- einen Aufsatz erkennen
- bibliographische Angaben von Zeitschriftenartikeln auflösen
- über die lokalen Suchinstrumente nach dem Standort einer gedruckten Zeitschrift recherchieren und den dort enthaltenen Aufsatz finden
- den Standort und die Signatur einer gedruckten Zeitschrift in der Zentral- und den Institutsbibliotheken ermitteln
- laufende vs. ältere Jahrgänge von Zeitschriften an der ULB Münster finden
- nach einer Zeitschrift recherchieren, deren Titel nur aus einem Wort besteht
- auf E-Journals zugreifen

Beispielhaft wird dazu eine Aufgabe zum Zugriff auf einen Aufsatz aus einem E-Journal vorgestellt (s. Abb. 2). Hier lernen die Studierenden einerseits, wie sie auf Online-Ressourcen zugreifen können und andererseits, wie sie nach Informationen innerhalb eines Aufsatzes suchen.

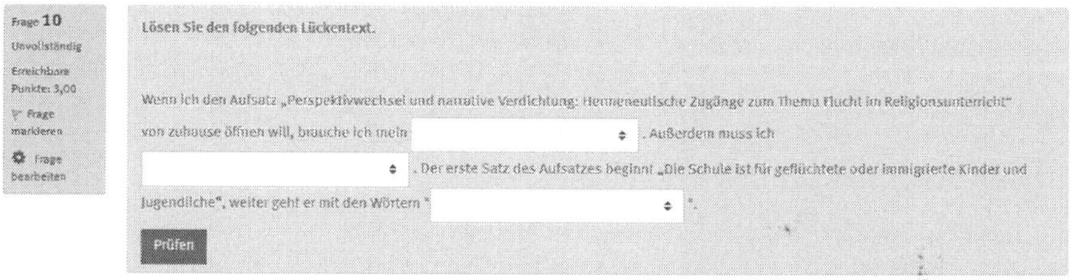

Abb. 2: Screenshot aus dem Learnweb (Modul 2 Frage 10) – Aufgabentyp Lückentext.

Ausschnitt aus der Lernziel-Datenbank:

> Aufsätze suchen: lizenzierte E-Ressource öffnen (obligatorisch)
> Lernziel: Die Teilnehmer öffnen den Volltext einer lizenzierten E-Ressource in der ULB und zu Hause.

Modul 3 – Suche zu einem Thema I (Grundlagen + ULB-Katalog/disco)

Das Modul 3 kann erst nach den erfolgreich bestandenen vorangegangenen Modulen bearbeitet werden. Inhaltlich bezieht sich das Modul auf die thematische Recherche unter Verwendung des ULB-Kataloges und der lokalen Suchmaschine disco. In diesem Modul wird das Augenmerk auf die Vorbereitung einer Recherche und die lokalen Rechercheinstrumenten gelegt.

Anhand des Themas „Bedeutung des Zweiten Vatikanischen Konzils (1962 – 1965): Die verabschiedeten Konstitutionen“ setzen sich die Studierenden während der Bearbeitung mit den Spezifikationen und Eigenheiten ihres Faches auseinander und lernen die strukturierte Vorgehensweise einer umfangreichen Literaturrecherche kennen.

Die Studierenden gehen nach dem folgenden Schema vor:

- Auswahl geeigneter Suchbegriffe
- Strukturierung mittels Wortliste[26]
- Auswahl von Rechercheinstrumenten bzw. Fachdatenbanken
- Auswahl von Stich- und Schlagwörtern
- Verwendung von Booleschen Operatoren
- Auswahl geeigneter Literatur aus einer Trefferliste

Nachdem die Recherche durchgeführt wurde, sollen die Studierenden aus der Trefferliste relevante Treffer auswählen. Die Auswahl der geeigneten Treffer wird in der 12. Frage (s. Abb. 3) reflektiert.

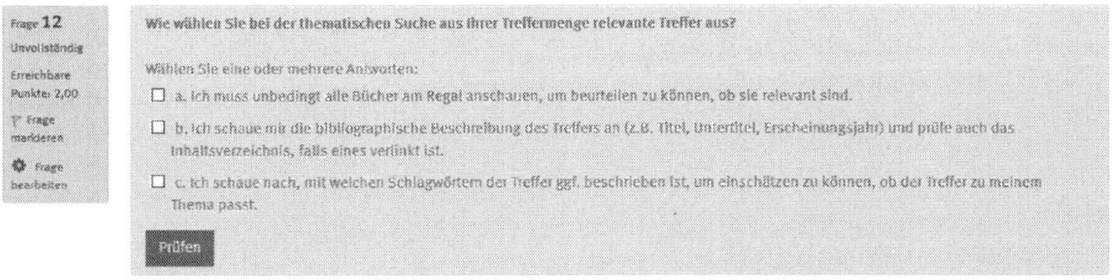

Abb. 3: Screenshot aus dem Learnweb (Modul 3 Aufgabe 12) – Aufgabentyp Multiple-Choice.

Ausschnitt aus der Lernziel-Datenbank:

> Thematisch suchen: Ergebnisliste auswertet (obligatorisch)
> Lernziel: Die Teilnehmer wählen aus der Ergebnisliste von Katalog und/oder disco geeignete Bücher und/oder Aufsätze aus.

Modul 4 – Suche zu einem Thema II (Internet + Datenbanken)

Auch Modul 4 kann erst nach erfolgreichem Bestehen der Module 1 und 2 gestartet werden. Die in Modul 3 vorbereitete Aufgabe mit dem vorgegebenen Thema wird in Modul 4 fortgeführt.

Nach der Bearbeitung von Modul 4 können die Studierenden folgende Fragen beantworten und die Rechercheinstrumente sinnvoll und richtig einsetzen:

- Warum ist Google nicht für eine Literaturrecherche geeignet?
- Was sind Fachdatenbanken?
- Wie recherchieren Sie in Fachdatenbanken und welche sind die wichtigen theologischen Fachdatenbanken?
- Wie finden Sie Volltexte?

---

[26] Vgl. ULB MÜNSTER: LOTSE.

– Wie und wann geben Sie eine Fernleihe auf?

Ein besonderes Augenmerk liegt auf der Fachdatenbank „Index Theologicus". In der 7. Frage sollen die Studierenden die Booleschen Operatoren in der Datenbank richtig anwenden und erkennen, wie sich die Treffermengen verändern.

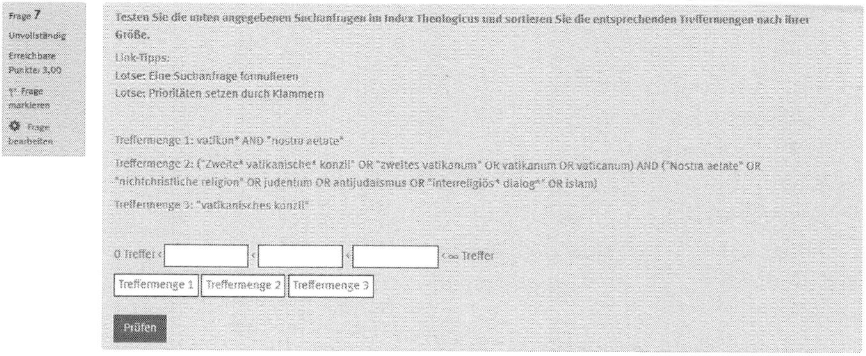

Abb. 4: Screenshot aus dem Learnweb (Modul 4 Frage 7) – Aufgabentyp Drag-and-drop auf Text.

Dieser Aufgabe wurden 4 Lernziele zugeordnet. Ausschnitt aus der Lernziel-Datenbank:

> Datenbanken: Datenbank Fachliteratur ermitteln (fakultativ)
> Lernziel: Die Teilnehmer ermitteln Fachliteratur in einer fachbibliografischen Datenbank.
>
> ---
>
> Datenbanken: Trunkierung (obligatorisch)
> Lernziel: Die Teilnehmer nutzen die Trunkierung, um weitere Treffer zu ermitteln und/oder bibliografisch abweichende Treffer zu berücksichtigen.
>
> ---
>
> Datenbanken: Operatoren (obligatorisch)
> Lernziel: Die Teilnehmer nutzen Boolesche Operatoren, um Treffermengen zu erweitern bzw. einzuschränken.
>
> ---
>
> Datenbanken: Suchmasken (fakultativ)
> Lernziel: Die Teilnehmer nutzen verschiedene Suchmasken (z. B. einfache Suche, erweiterte Suche, ...).

Modul 5 – Zitieren und Belegen

Das Modul 5 widmet sich dem Thema „Zitieren und Belegen". Dieses Modul lässt sich auch unabhängig von allen vorangegangenen Modulen bearbeiten. Für die Bearbeitung der darin enthaltenen Fragen wird hauptsächlich das Formalia-Handbuch benötigt.

Der erste Teil des Moduls behandelt die allgemeinen Grundsätze des Zitierens.

- Welche Grundsätze zum Zitieren gibt es?
- Wo findet man Erscheinungsjahr und -ort im Impressum eines Buches?
- Was ist der Unterschied zwischen deutscher und amerikanischer Zitierweise?
- Welche Abkürzungen werden verwendet?

Im zweiten Teil des Moduls lernen die Studierenden den Zitationsstil der Katholisch-Theologischen Fakultät der WWU kennen. Folgende Dokumenttypen werden hierbei behandelt:

- Monografien
- Monografie einer Reihe
- Beitrag eines Sammelbandes
- Einzelband eines mehrbändigen Werkes
- Lexikonartikel
- Zeitschriftenaufsatz
- Bibelzitate
- Internetartikel
- Aufsätze aus E-Journals (DOI)

An den allgemeinen Teil schließen sich zwei Fragen zum Thema Literaturverzeichnis an.

Bei dem folgenden Beispiel (s. Abb. 5) werden die Studierenden aufgefordert, die einzelnen Elemente des Zitates in die richtige Reihenfolge zu bringen. Die Zeichensetzung wurde an einigen Stellen als Hilfestellung vorgegeben.

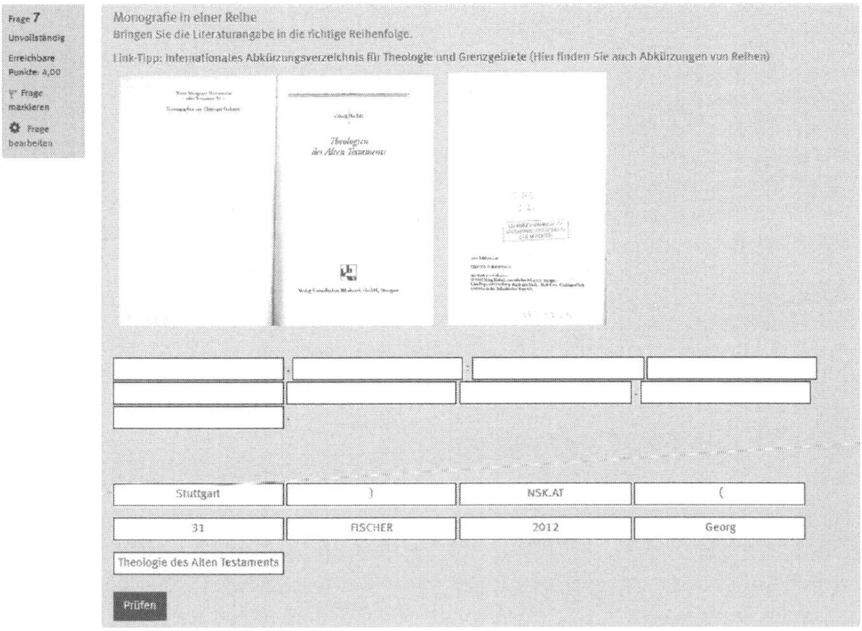

Abb. 5: Screenshot aus dem Learnweb (Modul 5 Aufgabe 7) – Aufgabentyp Drag-and-drop auf Text.

Ausschnitt aus der Lernziel-Datenbank:

Zitieren: Zitat Monografie (fakultativ)
Lernziel: Die Teilnehmer zitieren eine Monografie nach einem vorgegebenen Schema.

Beendigung des Webquests

Nach erfolgreichem Bestehen jedes Moduls erhalten die Studierenden per E-Mail eine automatisch generierte Bescheinigung als PDF-Datei. Diese Bescheinigung wird den Lehrenden der Fakultät als Teil einer Prüfungsleistung vorgelegt. Darüber hinaus haben die Lehrenden der Fakultät die Möglichkeit, sich im Learnweb die einzelnen Test-Ergebnisse der Studierenden anzeigen zu lassen.

3.3 Der Einsatz des Webquests in der Übung „Schreiben in der Theologie"

Im Rahmen der Vorbereitungen des Fachbereichs Katholische Theologie für die Akkreditierung des Studiengangs „Katholische Theologie" mit dem akademischen Abschlussgrad „Magistra Theologiae"/„Magister Theologiae" und dem Abschlussgrad „Kirchliches Examen", deren Begehung im Sommersemester 2017 durchgeführt wurde, hat die damalige Arbeitsgruppe u. a. die Basisphase neu strukturiert und neue Veranstaltungen etabliert.

In der Basisphase, die das erste Studienjahr umfasst, erfolgt die Einführung in die vier Sektionen der Theologie – Biblische Theologie, Historische Theologie, Systematische Theologie und Praktische Theologie – sowie in die Philosophie. Dazu werden fünf Einführungsmodule (BM2 Einführung in die Grundfragen der Systematischen Theologie; BM3 Einführung in die Grundfragen der Praktischen Theologie; BM4 Einführung in die Philosophischen Grundfragen der Theologie; BM6 Einführung in die Grundfragen der Biblischen Theologie; BM7 Einführung in die Grundfragen der Historischen Theologie) angeboten. Im ersten Fachsemester beleuchtet zudem das Modul „BM1 Einführung in das Studium der Katholischen Theologie" Relevanz und Aktualität theologischer Diskurse und Themen und zeigt das Spektrum theologischer Disziplinen und Fragestellungen. Des Weiteren erfolgt in diesem Modul u. a. eine Orientierung am Studienort, eine Einführung in das Studien- und Prüfungswesen und im Mittelpunkt des Tutoriums steht die theologische Subjektwerdung. Die beiden Module „Theologisch argumentieren" (BM5 und BM8) führen jeweils in die Methodik zweier Sektionen ein. BM5 bietet eine Einführung in die Methodik der systematischen Theologie oder philosophischen Grundfragen der Theologie sowie eine Einführung der Anwendung und in die Methodik der praktischen Theologie sowie das Erlernen der Anwendung. BM8 führt in die Methodik der biblischen und historischen Theologie ein und leitet das Erlernen der Anwendung an. Die im ersten Semester im BM5 oder BM8 zu absolvierenden Übung „Schreiben in der Theologie" bietet eine gezielte Begleitung der ersten Hausarbeit, deren Thema aus dem Zusammenhang eines Proseminars des Moduls erwächst. Es geht hier um das Erlernen zentraler Skills wissenschaftlichen Arbeitens gekoppelt an die konkrete Abfassung der Hausarbeit. Die Trennung zwischen Modulen des primären Wissenserwerbs (Module BM2–BM4, BM6–BM7) und Modulen des theologischen Argumentierens (BM5, BM8) soll den Einstieg erleichtern und die Lehr-Lern-Ziele stärker konturieren.[27]

Damit wurden Inhalte der vormaligen „Einführung in das wissenschaftliche Arbeiten" (EiwA) mit 0,5 SWS in die neue jetzt 2 SWS umfassende Übung „Schreiben in der Theologie" überführt. Innerhalb des Fachbereichs gab es die Wahrnehmung, dass viele Hausarbeiten mit Blick auf die formale Gestaltung und Recherche schlecht waren. Dieser Umstand wurde darauf zurückgeführt, dass die „Einführung in das wissenschaftliche Arbeiten" mit zwei Blockterminen – meist im ersten Teil der Vorlesungszeit terminiert – losgelöst von der Abfassung der ersten Hausarbeit, die viel später im Semester begonnen und geschrieben wurde, unglücklich ist. Auf dieser Wahrnehmung erfolgte die Gestaltung der semesterbegleitenden Übung wie oben geschildert.

Im Modulhandbuch wurden als Modulziele und zum Kompetenzerwerb für die Module BM5 und BM8 formuliert[28]:

Die Studierenden können

- zu einer theologischen Fragestellung Literatur recherchieren und aus dieser sachgemäß zitieren,
- in theologischen Diskursen unterschiedliche Positionen auffassen, begründen und einander gegenüberstellen,
- Methoden der systemischen und praktischen Theologie bzw. der Philosophie benennen, anwenden sowie reflektieren,
- exemplarisch theologische Fragestellungen eigenständig erarbeiten, in konsistenten Argumentationsgängen sowohl mündlich als auch schriftlich darlegen,
- die Bedeutung eines Themas für heutige Fragestellungen erfassen,
- erste theologische Standpunkte ausbilden und kritisch befragen.

Die Studierenden

- nutzen wichtige Lexika und Quellen für eine Erstinformation zu theologischen Themen,
- kennen relevante Bibliotheken und können sich darin sicher bewegen (Angebote der ULB),
- können historische wie moderne Textgattungen sowie deren Spezifika unterscheiden,
- kennen unterschiedliche wissenschaftliche Formate (Vorträge, Essay, Thesenpapier, Hausarbeiten etc.) und können diese unter Anleitung anfertigen.

---

27 In dieser Weise formuliert von Studiendekan Clauß Peter Sajak, Barbara Zimmermann und Ludger Hiepel für den damaligen Akkreditierungsantrag.

28 Vgl. Fachbereich Katholische Theologie der WWU Münster: Prüfungsordnung für den Studiengang „Katholische Theologie".

Zur Implementierung der neuen Übung wurde wie unter 3. dargelegt, eine Kooperation mit der ULB zur Erarbeitung von Webquest-Modulen begonnen.

Ferner wurde der bereits schon seit längerem an der Fakultät bestehende Leitfaden des akademischen Mittelbaus „Formalia wissenschaftlicher Arbeiten" überarbeitet, umfangreich erweitert und als „Formalia Handbuch" auf den Internetseiten der Fakultät zum Wintersemester 2018/19 veröffentlicht.[29] Um eine zusätzliche Orientierungshilfe zu geben, werden viele formale Vorgaben auch in diesem Handbuch angewendet und umgesetzt.

> Das Formalia-Handbuch kann als Stütze bei der Erstellung von Hausarbeiten und Ausarbeitungen dienen und analog auch zur Abfassung von Abschlussarbeiten (Magister-, Bachelor- und Masterarbeit) konsultiert werden. Wichtig ist, dass alle Empfehlungen in diesem Reader ausschließlich als solche zu verstehen sind; im konkreten Fall haben immer die Vorgaben der konkreten Lehrperson Vorrang. Insofern gilt es, gut auf entsprechende Hinweise der Dozierenden zu achten und bei Fragen deren Sprechstunden aufzusuchen. Wenn keine Vorgaben gemacht werden, dient der Reader als zentrale Orientierungsgröße[30]

Zur Standardisierung und Qualitätssicherung wurde für die Lehrenden eine Handreichung[31] erarbeitet. Zum Wintersemester 2018/19 wurde noch ein vierseitiges Briefing[32] verfasst.

Im Sommersemester 2018 wurde für die Lehrenden der Übung „Schreiben in der Theologie" im Learnweb ein TeachTank[33] angelegt. Er verfolgt das Ziel, den kollegialen Austausch zur Übung zu fördern sowie eine (gemeinsame) qualitative Weiterentwicklung der Lehrveranstaltung zu vereinfachen. Im TeachTank finden sich sowohl alle curricularen Vorgaben, was in welchem Teil der Übung zu tun ist, als auch zentrale Hinweise, wie die Aufteilung zwischen Lehrenden denkbar ist bzw. was unbedingt gewährleistet werden sollte. Zugleich sind alle Lehrenden der Lehrveranstaltung eingeladen, sich von den bisherigen didaktisch-methodischen Konzeptionen inspirieren zu lassen, diese zu überneh-

---

29 Die Erarbeitung erfolgte durch Barbara Zimmermann und Ludger Hiepel unter besonderer Mitarbeit von Holger Arning, Andree Burke, Matthias Daufratshofer, Simon Harrich, Marc Heidkamp, Monnica Klöckener, Michael Pfister und Maria Wernsmann sowie den wissenschaftlichen Mitarbeiterinnen und Mitarbeitern der Katholisch-Theologischen Fakultät der Westfälischen Wilhelms-Universität Münster. Vgl. HIEPEL/ZIMMERMANN: Formalia-Handbuch.

30 HIEPEL/ZIMMERMANN: Formalia-Handbuch, 1.

31 Sie wurde im Rahmen einer kleinen Arbeitsgruppe zur Implementierung der neuen Übung „Schreiben in der Theologie" erstellt, zu der Marc Heidkamp, Monnica Klöckener, Anne Wahl, Monika Heidkamp (damals Wittmann) und Ludger Hiepel gehörten.

32 Das Briefing von Barbara Zimmermann und Ludger Hiepel stellt die Rahmendaten, Hinweise zur Organisation, Inhalte und Modulziele sowie Information zum Webquest zusammen.

33 Er wurde federführend von Barbara Zimmermann, damals Koordinatorin für Hochschullehre am Fachbereich Katholische Theologie, und in Kooperation mit Ludger Hiepel, der den TeachTank derzeit betreut, erarbeitet.

men oder zu adaptieren. Zugleich lädt er alle Lehrenden ein, neue konzeptionelle Gedanken zu dokumentieren, weiterführendes Material den anderen zur Verfügung zu stellen etc.

Im Rahmen der Reakkreditierung der Lehramtsstudiengänge (für das Lehramt an Grundschulen; das Lehramt an Haupt-, Real-, Sekundar- und Gesamtschulen; das Lehramt an Berufskollegs und im Zwei-Fach-Modell), deren Begehung im Sommersemester 2018 stattgefunden hat, wurde die Übung „Schreiben in der Theologie" in der Basisphase des Bachelorstudiums verankert, hier im Basismodul „Theologisch argumentieren" (BM ThA)[34].

Die fünf Module des Webquests sind verpflichtender Bestandteil der Übung „Schreiben in der Theologie". Die Übung im Umfang von 2 SWS gliedert sich in zwei Teile[35]. Im ersten Teil werden folgende Themenfelder behandelt:

- Relevanz wissenschaftlicher Literatur (Die Sinnfrage), Kommunikation in der Scientific Community
- Grundtechniken wissenschaftlichen Arbeitens – insb. Zitieren und Bibliographieren (inkl. Literaturtypen)
- Recherche wissenschaftlicher Literatur (Bibliotheken, Strategien etc.)
- Webquest (Einführung, Auswertung)
- Ggf. weitere schriftliche Prüfungsformen (z. B. Thesenpapier, falls Studierende Referat halten müssen)
- Entsprechende Kapitel des Formalia-Handbuchs

Die Themenfelder im zweiten Teil sind:

- Gliederung und Aufbau einer Hausarbeit
- weitere schriftliche Prüfungsformen
- Texte schreiben (Schreibprozess & Schreibtypen; wissenschaftlicher Stil)
- Zeitmanagement
- Formatierung und Gestaltung von Hausarbeiten mit Word, Citavi[36]
- Anwendung mit Blick auf erste Hausarbeit/Schreibwerkstatt-Gedanke (Titel, Fragestellung, Aufbau, Recherchen ...), Option kollegiales Feedback etc.
- Entsprechende Kapitel des Formalia-Handbuchs

In der Lehrpraxis hat sich die Aufteilung des Webquests bewährt. Für die Bearbeitung der Webquest-Module werden konkrete Termine vereinbart, zu denen

---

34 Vgl. exemplarisch Fachbereich Katholische Theologie der WWU Münster: Prüfungsordnung für das Fach Katholische Religionslehre.

35 Auf diese Weise kann die Übung ggf. auch von zwei Lehrenden im Co-Teaching verantwortet werden, wenn vom Lehrdeputat nur 1 SWS zur Verfügung steht. Ein*e Lehrende*r verantwortet den ersten Teil und ein*e andere*r den zweiten Teil. Aus Studierendenperspektive handelt es sich weiterhin um eine Lehrveranstaltung.

36 In Zusammenarbeit mit Lehrenden der Katholisch-Theologischen Fakultät wurde von Julia Spenke in der ULB ein Citavi-Zitationsstil zum Formalia-Handbuch erstellt. Er ist abrufbar unter: https://www.ulb.uni-muenster.de/ulb-tutor/global/literatur-verwalten/citavi/zitierstile.html.

die Studierenden diese absolviert haben sollen. Als gute Reihenfolge haben sich erwiesen: Zunächst Module 1+2, dann Modul 5, um schließlich die Bearbeitung der Module 3+4 einzufordern.

Bei der Einführung des Webquests in der Übung werden die Studierenden ausdrücklich darauf hingewiesen, dass sie zunächst die entsprechenden Kapitel im Formalia-Handbuch lesen, da die Kenntnis der Inhalte für den Webquest vonnöten ist. Die Studierenden werden aufgefordert, bei der Bearbeitung der Webquest-Module Fragen, Probleme etc. notieren, um sie in der Übung besprechen zu können.

In der Übung ist didaktisches Feingefühl dann gefragt, wenn sich möglicherweise ein Motivationsverlust einstellt, sich nochmals mit den Webquests zu befassen, nachdem die Webquest-Module von den Studierenden (erfolgreich) abgeschlossen sind, oder wenn sich Studierende nicht trauen, Fehler oder Probleme in der Übungsgruppe und/oder vor der Lehrperson offenzulegen. Um – im Sinne des Blended Learning – einen Bogen vom E-Learning-Tool (Webquest) in die Präsenz-Veranstaltung zu schlagen, empfiehlt sich eine Kombination von folgenden Ansatzpunkten:

- Kursspezifische Auswertung: Die Statistik des Webquests ist eine wertvolle Basis, um Fehler und Fehlerhäufungen zu identifizieren. Aufgaben, die vielen Studierenden Probleme bereitet haben, sollten im Seminar nochmals thematisiert werden.
- Fragen/Probleme: Die Studierenden sollten ermutigt werden, ihre Probleme, Fehler in die Auswertung der Webquests einzubringen. Aufgrund der Hemmschwelle empfiehlt sich eine anonyme Befragung, die zum Beispiel über Learnweb bereitgestellt werden kann.
- Test in der Praxis: Durch eine spielerische Überprüfung (z. B. Kreis-Verfahren: alle Studierenden bekommen ein Buch zur Bibliografie, alle 3 Minuten werden die Bücher weitergegeben, um das nächste Buch zu bibliografieren ... anschließende gemeinsame Kontrolle der Niederschriften) kann getestet werden, ob die Studierenden bibliografieren können.
- Wiederholung/Systematisierung: Die Module des Webquest sind komplex. Es empfiehlt sich, wichtigsten Aspekte zu diesen Themengebieten noch einmal (z. B. mithilfe einer Präsentation) zusammenzufassen.

3.4 Qualitätssicherung und Evaluierung

Nach Erstellung des Webquests wurden alle Fragen der einzelnen Module vor der ersten Liveschaltung von dem Team Qualitätssicherung[37], von studentischen

---

[37] Das in der Informationsabteilung der ULB Münster bestehende dreiköpfige Team zur Qualitätssicherung von E-Learning-Angeboten.

Hilfskräften der ULB Münster sowie von den Mitarbeiter*innen der Fakultät überprüft.

Die Lehrenden der Fakultät haben nach dem ersten Durchlauf ihre Einschätzung und ein Feedback zum Webquest gegeben. Aufgrund der Feedbacks wurden kleinere Anpassungen und Änderungen vorgenommen.

Vor jedem neu beginnenden Semester werden die einzelnen Module des Webquests von dem Fachteam der Informationsabteilung ULB Münster auf Aktualität und Richtigkeit geprüft. Sind größere Änderungsmaßnahmen nötig, halten die Kolleginnen der ULB Münster Rücksprache mit den Lehrenden der Fakultät.

Zur Evaluation des Webquests findet seit dem Wintersemester 2019/2020 eine Online-Umfrage unter den Studierenden statt. Die Online-Umfrage wird mittels der Software EvaSys erstellt und ausgewertet. EvaSys ist das Evaluierungs-Instrument der WWU.[38] Die Dozenten geben Ihren Studierenden während des Seminars die Gelegenheit, an der Online-Umfrage teilzunehmen. Dadurch zeigt sich bereits zum Ende des Wintersemesters 2019/2020 ein hoher Rücklauf. Am Ende des Sommersemesters 2020 wird die Umfrage geschlossen und abschließend die Ergebnisse ausgewertet.

Im Jahr 2019 wurden im Webquest Theologie und Religionswissenschaft für ca. 200 Tests Bescheinigungen über das erfolgreiche Bestehen ausgestellt. Vergleicht man die Anzahl der Bescheinigungen für alle fachspezifischen Webquests und das allgemeine Webquest, wurden im Jahr 2019 5.469 Bescheinigungen und im Jahr 2011 420 Bescheinigungen ausgestellt. Daran erkennt man einen deutlichen Anstieg an Teilnehmern der Learnweb-Angebote der ULB Münster. Diese Anzahl beinhaltet alle Webquest-Tests, den Audio-Tour-Test sowie zwei Quiz.

4. Reflexion und Ausblick

Diese Art der Vermittlung von Informationskompetenz und die Einführung in das wissenschaftliche Arbeiten bietet allen Beteiligten Vorteile:

- Die Studierenden setzen sich mit den Techniken der Literaturrecherche selbstständig auseinander und erlernen an konkreten Fallbeispielen die Grundlagen des wissenschaftlichen Arbeitens in ihrem Fach. Der Mehrwert zeigt sich darin, dass bereitgestellte und aktuelle Materialien nicht allein für das Webquest zur Anwendung kommen, sondern für jede andere wissenschaftliche Arbeit zur Verfügung stehen, was die Nachhaltigkeit des angeeigneten Wissens erhöht.

---

38 Vgl. WWU MÜNSTER: Evaluationsinstrumente.

- Einerseits können die Lehrenden bezüglich der Literaturrecherche ihren Wissensstand aktuell halten und damit Hilfestellungen bei Fragen der Studierenden hinsichtlich der Recherche geben. Andererseits stellen die Lehrenden der Katholisch-Theologischen Fakultät durch die gemeinsame Konzeption des Webquests sicher, dass die in ihrem Formalia-Handbuch beschriebenen Regeln zum wissenschaftlichen Arbeiten bekannt sind und eingesetzt werden.
- Die Dienstleistungsangebote der ULB Münster zum Erwerb von Informationskompetenz werden durch die Kooperation mit der Fakultät stärker wahrgenommen. Mit der Einbindung von Informationskompetenz-Angeboten in die curriculare Lehre ist die ULB Münster ein fester Baustein in der Vermittlung von Recherchestrategien und den Techniken des wissenschaftlichen Arbeitens. Die ULB Münster stellt sicher, dass diese in stets aktueller Form direkt an die Studierenden und Lehrenden gelangen.
- Die Kooperation zwischen den Lehrenden der Fakultät und der ULB Münster trägt dazu bei, Kompetenzen zu bündeln und die Wissensvermittlung im Bereich des wissenschaftlichen Arbeitens zu fördern. Diese Art der Zusammenarbeit ist eine für beide Seiten gewinnbringende und sehr konstruktive Zusammenarbeit, die den Studierenden im Bereich des wissenschaftlichen Arbeitens zu Gute kommt.

Beispiele für verschiedene Aufgabentypen im Learnweb

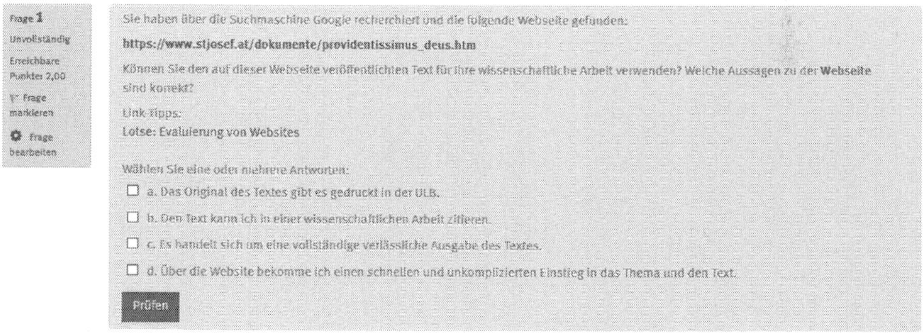

Abb. 6: Screenshot aus dem Learnweb (Modul 4 Frage 1) – Prüfen-Button.

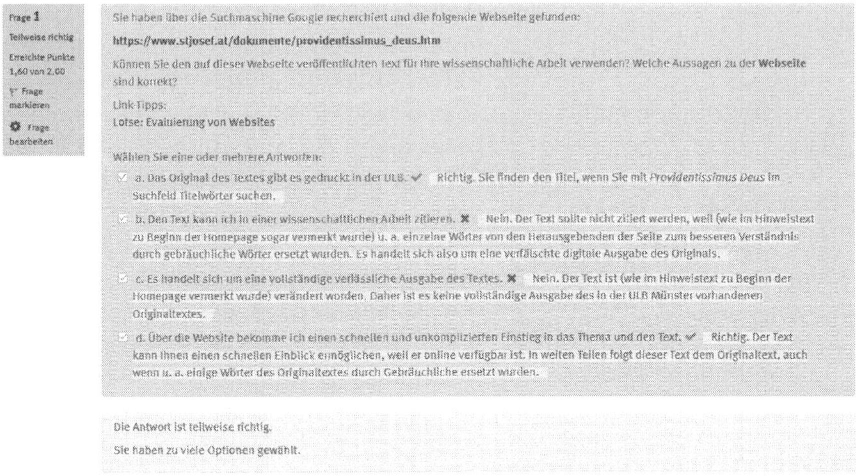

Abb. 7: Screenshot aus dem Learnweb (Modul 4 Frage 1) – Nach dem Klick auf den Prüfen Button erhält man ein Feedback zu den richtigen und falschen Antworten.

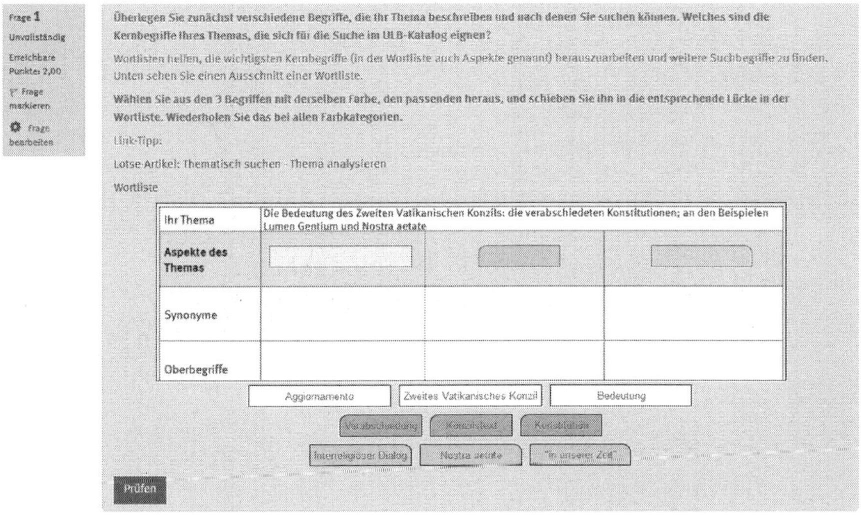

Abb. 8: Screenshot aus dem Learnweb (Modul 3 Frage 1) – Aufgabentyp Drag-and-drop auf Bild.

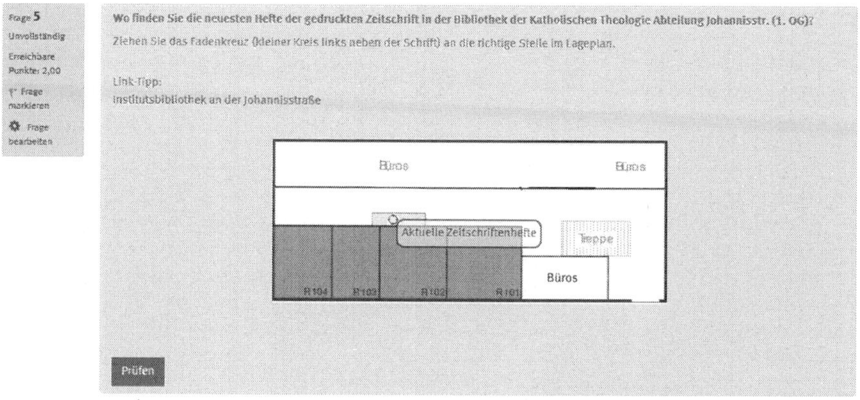

Abb. 9: Screenshot aus dem Learnweb (Modul 2 Frage 5) – Aufgabentyp Drag-and-drop auf Markierung.

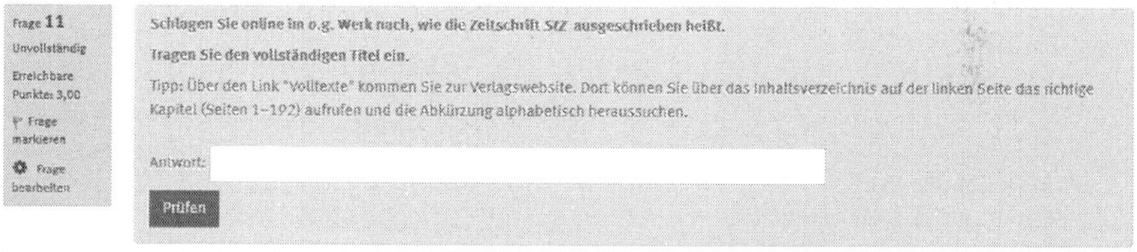

Abb. 10: Screenshot aus dem Learnweb (Modul 1 Frage 11) – Aufgabentyp Kurztext.

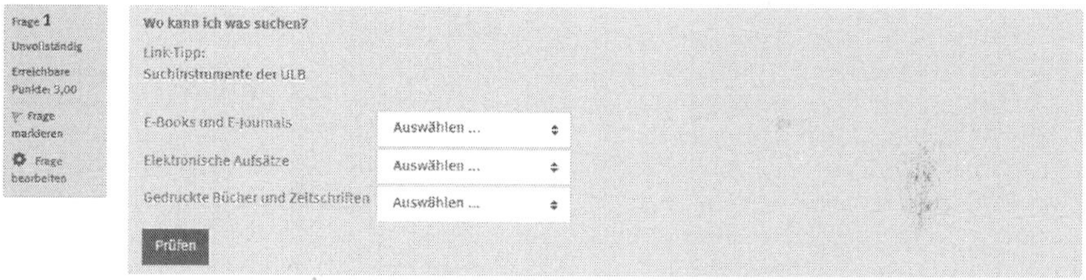

Abb. 11: Screenshot aus dem Learnweb (Modul 1 Frage 1) – Aufgabentyp Zuordnungsfrage.

Literatur

Bendel, Oliver: Blended Learning. In: Gabler Wirtschaftslexikon, 2018. Online unter: https://wirtschaftslexikon.gabler.de/definition/blended-learning-53492/version-276579 (Stand: 26.03.2020).

Dodge, Bernie: Some Thoughts About WebQuests. Online unter: http://webquest.org/sdsu/about_webquests.html (Stand: 25.03.2020).

Dorgerloh, Stephan: Mehr Zeit für den Unterricht gewinnen? – Videoeinsatz am Beispiel des Flipped-Classroom-Konzepts. In: Wolf, Karsten D./Dorgerloh, Stephan (Hgg.): Lehren und Lernen mit Tutorials und Erklärvideos. Weinheim 2020, 134.

Fachbereich Katholische Theologie der WWU Münster: Prüfungsordnung für den Studiengang „Katholische Theologie“ mit dem akademischen Abschlussgrad „Magistra Theologiae“/„Magister

Theologiae“ des Fachbereichs Katholische Theologie an der Westfälischen Wilhelms-Universität vom 11.09.2017, in: REKTOR DER WESTFÄLISCHEN WILHELMS-UNIVERSITÄT MÜNSTER (Hg.): Amtlichen Bekanntmachungen 2016/24, 1927–2141, hier 1980–1983; 1990–1993 (auch online unter: https://www.uni-muenster.de/imperia/md/content/wwu/ab_uni/ab2017/ausgabe24/gesamt_mit_db.pdf (Stand: 01.04.2020)).

FACHBEREICH KATHOLISCHE THEOLOGIE DER WWU MÜNSTER: Prüfungsordnung für das Fach Katholische Religionslehre zur Rahmenordnung für die Bachelorprüfungen innerhalb des Studiums für das Lehramt an Grundschulen an der Westfälischen Wilhelms-Universität Münster vom 18.09.2018, in: , in: REKTOR DER WESTFÄLISCHEN WILHELMS-UNIVERSITÄT MÜNSTER (Hg.): Amtlichen Bekanntmachungen 2018/43, 3529–3614, hier 3542–3545 (auch online unter: https://www.uni-muenster.de/imperia/md/content/wwu/ab_uni/ab2018/ausgabe43/gesamt_mit_db.pdf (Stand: 01.04.2020)).

HIEPEL, Ludger/ZIMMERMANN, Barbara u. a.: Formalia-Handbuch. Ein Leitfaden für Studierende der Katholisch-Theologischen Fakultät. Online unter: https://www.uni-muenster.de/imperia/md/content/fb2/zentraleeinrichtungen/studienbuero/startseiteundallgemeines/fb02_formalia-handbuch_ws2019-20.pdf (Stand: 18.03.2020).

KATHOLISCH-THEOLOGISCHE FAKULTÄT: Gemeinschaftsbibliothek der Katholisch-Theologischen Fakultät. Online unter: https://www.uni-muenster.de/FB2/bibliothek/ (Stand: 19.03.2020).

MOODLE: Was ist Moodle. Online unter: https://docs.moodle.org/38/de/Was_ist_Moodle (Stand: 10.03.2020).

MOSER, Heinz: Abenteuer Internet: Lernen mit WebQuests. Zürich 2000, 27f.

SÜHL-STROHMENGER, Wilfried: Zur Einführung: Neudefinition von Informationskompetenz notwendig?, in: Handbuch Informationskompetenz. Berlin [2]2016, 1–6. Online unter: https://doi.org/10.1515/9783110403367 (Stand: 19.08.2020).

UB PADERBORN: BlogQuest Informationsrecherche in der Universitätsbibliothek Paderborn. Online unter: https://web.archive.org/web/20150626181409/http://www.ub.uni-paderborn.de/questwiwi/ (Stand: 24.03.2020).

ULB MÜNSTER: Audio-Tour der Zentralbibliothek. Online unter: https://www.ulb.uni-muenster.de/ulb-tutor/audiotour/index.html (Stand: 23.03.2020).

ULB MÜNSTER: Der ULB-Tutor. https://www.ulb.uni-muenster.de/ulb-tutor/ (Stand: 23.03.2020).

ULB MÜNSTER: Disco-Hilfe. Online unter: https://www.ulb.uni-muenster.de/recherche/kataloge/disco-hilfe.html (Stand: 19.03.2020).

ULB MÜNSTER: Katalog. Online unter: https://www.ulb.uni-muenster.de/katalog (Stand: 25.03.2020).

ULB MÜNSTER: Katalog. Online-Hilfe. Online unter: https://katalogix.uni-muenster.de/Katalog/jsp/common/metaHelp.jsp?helpfile=rech_erweitert.html (Stand: 06.04.2020).

ULB MÜNSTER: LOTSE. 1. Was suchen Sie? – Thema analysieren. Online unter: https://www.ulb.uni-muenster.de/lotse/literatursuche/suchstrategien/thematisch_suchen/analysieren.html (Stand: 18.03.2020).

ULB MÜNSTER: LOTSE. Online unter: https://www.ulb.uni-muenster.de/lotse/ (Stand: 05.03.2020).

ULB MÜNSTER: Projekte. Online unter: https://www.ulb.uni-muenster.de/bibliothek/aktivitaeten/projekte/ (Stand: 27.03.2020).

ULB MÜNSTER: Startseite. Online unter: https://www.ulb.uni-muenster.de/ (Stand: 19.03.2020)

WWU MÜNSTER: Evaluationsinstrumente. Online unter: https://www.uni-muenster.de/lehre/qualitaet/eva/index.html (Stand: 10.03.2020).

WWU MÜNSTER: Learnweb – Startseite. Online unter: https://www.uni-muenster.de/LearnWeb/learnweb2/ (Stand: 05.03.2020).

Wissensarchitekturen im digitalen Zeitalter. Zwischen Aufbau und Abbruch

Christian Henkel

„Digital ist besser“, das wusste die Band Tocotronic schon 1995. Knapp ein Vierteljahrhundert später ist die anfängliche Euphorie merklich getrübt. Die Rede von der Freiheit im virtuellen Raum ist der Sorge um die eigenen Daten in den Mühlen selbstlernender Algorithmen großer Plattformanbieter gewichen. Der Apple-Mitbegründer Steve Wozniak löscht sein Facebook-Profil. Der parlamentarische Staatssekretär im Bundesinnenministerium, Günter Krings, fordert gar ein Verbot des Darknets.[1] Auch für Theologie stellt sich die Frage, wie wir zum digitalen Zeitalter stehen. Das gilt besonders zu einer Zeit, in der Wissensvermittlung und Seelsorge plötzlich und notgedrungen ins Internet wandern. Dieser Beitrag versucht, die gegenwärtige Verlagerung von theologischer Lehre und pastoralen Angeboten ins Netz, zwar aus Betroffenensicht, aber doch aus der Distanz heraus zu betrachten.

Erster Rückblick

Jede neue Technologie löst Euphorie aus. Mit gewissem Abstand sehen wir dann, dass sich ein ambivalentes Bild aus Chancen und Risiken, eingelösten Hoffnungen und eingetretenen Enttäuschungen ergibt. Für unser Thema, das Internet als Plattform für Lehre – und aus meiner Perspektive als Pastoraltheologe auch als Plattform für die Seelsorge –, ist der Blick auf eine andere, längst vergangene Kommunikationsrevolution erhellend, der Beginn des Radios:

An einem Nachmittag im Juli 1921 in New York stand J. Andrew White am Ring eines Boxkampfs und war auf dem Weg, der erste Livekommentator der Welt zu werden. In seiner Hand ein Mikrofon, daran ein Kabel, das aus dem Stadion und zu einem gigantischen Radiosender mit ebenso großer Antenne im Stadtteil Hoboken führte. Dass White mit dieser waghalsigen Konstruktion hunderttausend Hörerinnen und Hörer erreichen konnte, erscheint heute unspektakulär. Aber dieser Boxkampf war das erste Event, das Menschen erleben konn-

---

[1] Vgl. BORCHERS: Polizeikongress.

ten, obwohl sie nicht vor Ort waren. Wie Tim Wu in seiner Geschichte der Kommunikationsindustrie in Amerika schreibt, war das eigentlich Spektakuläre aber nicht die Technik, sondern die Organisation. White und seine Kollegen

> were in no sense inventing radio broadcasting. They were, rather, trying to bring to the mainstream an idea that amateurs had been fiddling with for years. Just as email had been around since the late 1960s, through reaching the general public only in the 1990s, broadcasting in some form had been occurring since as early as 1912, and perhaps even earlier.[2]

Mit der Erfindung des Radios und der Verbreitung von Sendeanlagen herrschte eine Goldgräberstimmung im Amerika der „roaring twenties".

> Early radio was, before the Internet, the greatest open medium in the twentieth century, and perhaps the most important example since the early days of newspaper of what an open, unrestricted communications economy looks like.[3]

„Unrestricted" und „open" sind wichtige Schlagwörter. Denn das frühe Radio war nicht reglementiert, jeder Amateur konnte mit überschaubaren Kenntnissen einen eigenen Sender betreiben. Wu beschreibt aber auch die großen Hoffnungen, die sich an das neue Medium knüpfen:

> Better communications, it is believed, lead to better mutual understanding, perhaps a recognition of a shared humanity, and the avoidance of needless disaster. Perhaps it is for this reason that the advent of every new technology of communication brings with it a hope for ameliorating all the ills of society.[4]

Eine ähnliche Aufbruchsstimmung herrscht gerade in der Lernbranche, wenn auch gezwungenermaßen.[5] Mit der temporären Schließung von Schulen und Universitäten, aber auch von Kirchen, wird ein weites Feld eröffnet, auf dem sich Amateure – und das sind wir als ausgebildete Theologinnen und Theologen in der digitalen Lehre meist – in der Produktion von Videos und der Gestaltung von Online-Lernumgebungen ausprobieren können. Zugleich verbinden sich mit dem Wechsel ins Digitale Hoffnungen, auch für Theologie und Kirche.

Zweiter Rückblick

Eine solche Goldgräberstimmung kennen wir aber auch aus der jüngeren Geschichte der Kirche selbst. In der Mitte des 20. Jahrhunderts, noch vor dem Be-

---

2 Wu: Master Switch, 29.

3 Ebd., 30.

4 Ebd., 31.

5 Dieser Beitrag entstand während der Coronavirus-Pandemie im Frühjahr 2020 als der Lehrbetrieb der deutschen Universitäten vollständig von der Präsenz- auf die Onlinelehre umgestellt wurde. Der Verfasser hat an diesem Übergang an der Universität Eichstätt-Ingolstadt mitgearbeitet.

ginn des Zweiten Vatikanischen Konzils, herrschte Aufbruchsstimmung im katholischen Milieu, jedenfalls in der Bundesrepublik. Und auch hier wurde mit großem Optimismus gebaut – diesmal keine Radiostationen, sondern Kirchen. Ein Beispiel liegt vor der Haustüre des Autors:

In den 50er und 60er Jahren entstehen in der Zeit von Wirtschaftswunder und Bevölkerungswachstum neue Orts- und Stadtteile auf der „grünen Wiese". Auch in meiner Heimatgemeinde Neuhof: In Neuhof-Ellers siedeln die Bergleute des wiedereröffneten Kalibergwerks. In dieser Region sind die Menschen mehrheitlich katholisch und so nimmt es nicht Wunder, dass sich die Bewohnerinnen und Bewohner eine Kirche wünschen, einen Kirchenbauverein gründen und schließlich im Juli 1963 ihre eigene Kirche, St. Barbara, weihen können. Der Ortspfarrer Wilhelm Hasenau schreibt zur Eröffnung über die große Hallenkirche des Kasseler Architekten Josef Bieling:

> Sie steht da wie ein Dreiklang von Stein, Beton und Glas, ein Jubel eine Verherrlichung Gottes, wovon man sagen kann: „Wenn hier die Menschen nicht mehr ihr Hosianna singen, dann wird das durch Meisterhand lebendig gewordene Material das Lob Gottes verkünden.[6]

Andere Festschriften zu Kircheneröffnungen in dieser Zeit blicken ähnlich optimistisch und technikbegeistert – das meisterhafte Material Beton – in die Zukunft wachsender Gemeinden.

Von der Euphorie zum Katzenjammer?

Im Oktober 2018 wurde St. Barbara geschlossen. Die Kirche war der kleiner werdenden Gemeinde im Unterhalt zu teuer geworden. Die Heizung – in Zeiten vor dem Ölpreisschock installiert – war ausgefallen und das moderne Flachdach undicht geworden. Zum Abschlussgottesdienst hisste der Bergmannsverein, auch seine Mitglieder waren alt geworden, ein letztes Mal seine Fahne, bevor das ewige Licht gelöscht wurde.

Anderen Bauten aus dieser Zeit erging es ähnlich: Das Allwetterbad der Gemeinde – noch 1973 in einem Fachaufsatz für seine innovative Dachkonstruktion aus Aluminium und Acrylglas gepriesen,[7] die eine vollständige Öffnung des Hallenbades im Sommer ermöglichte – musste bereits 20 Jahre zuvor schließen.

Die bauliche Euphorie der 60er ist an ein Ende gekommen. Manchen ist sie regelrecht peinlich geworden. In seinem Artikel „Das Modernde und das Moderne" schreibt der Architekturkritiker Niklas Maak in der F.A.S. über Bauten als

---

6 HASENAU: Zum Geleit, 5.

7 Vgl. RÖPER: Allwetterbad.

vergessene Zukunftsorte. Sein Beispiel ist das ehemalige VEB Rechenzentrum in Potsdam. An seiner Außenfassade

> [d]as Langmosaik, Titel „Der Mensch bezwingt den Kosmos", stellt Stufen der wissenschaftlich-technischen Evolution des Menschen dar – von Landmaschinen über Raumfahrt bis zur Datenverarbeitung. Im Silicon Valley würden sie so ein Haus sofort als Teil ihrer eigenen Antike, als frühen Tempel der Zukunftseuphorie, unter Schutz stellen. In Potsdam nicht.[8]

Was Maak damit ausdrückt ist ein Unbehagen vieler Bürgerinnen und Bürger gegen die betongewordene Utopie vor der eigenen Haustüre. Das lässt sich übertragen auf das Unbehagen vieler gegenüber dem, was vor wenigen Jahren noch Zukunftsvision war.

Digitaler Kulturwandel

Womit wir nun mitten im Thema Digitalisierung wären. Die Halbwertszeit dessen, was heute an Hard- und Software teuer beschafft und anfangs begeistert genutzt wird, unterschreitet deutlich die der sozialistischen Bauten Potsdams. Und zugleich ist mit jeder immer schneller auf uns zukommenden großen oder kleinen technischen Revolution immer noch ein Stück jener Anfangseuphorie verbunden, die den Radiopionieren zu Beginn des 20. Jahrhunderts zu eigen war.

Der oft beschworene „digitale Kulturwandel" verschlagwortet diese Entwicklung. Er ist als Phänomen nicht von der Hand zu weisen. Ein Beispiel, ein Artefakt vielmehr, soll das verdeutlichen:

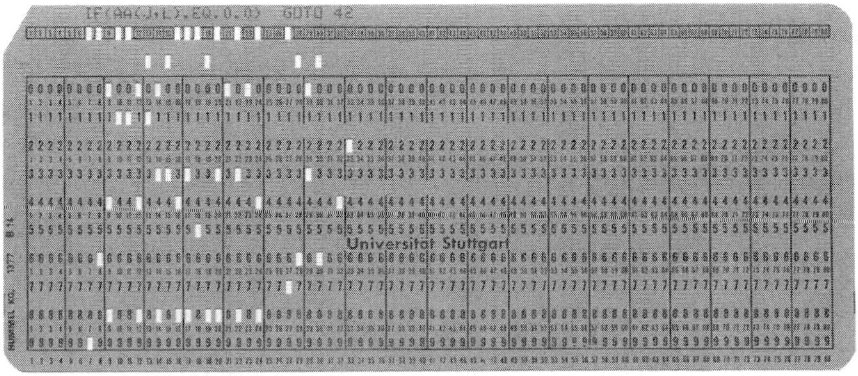

Abb. 1: Lochkarte nach IBM-Standard mit einem if goto-Statement – wenn folgende Bedingung erfüllt ist, dann gehe zu folgender Programmzeile (in Klartext auf dem oberen Kartenrand) – in der Programmiersprache Fortran.[9]

---

8 Maak: Das Modernde, 35.

9 Harke: Lochkarte.

Zu sehen ist eine Lochkarte, ein physisches Medium, um Daten zu speichern. Auf immensen Stapeln dieser Karten hatten Programmiererinnen und Programmierer in den 70ern Computerprogramme in der Sprache Fortran gespeichert. Schrankwandgroße IBM Computer konnten die Karten einlesen und die darauf notierten Befehle ausführen.

Digitalisierung ist also zunächst einmal die Umformung der Welt in Code. Nur was Menschen in Programmcode aufschreiben, kann der Computer berechnen. Die Anfänge des Computers, die der Technikhistoriker David Gugerli in seinem Buch „Wie die Welt in den Computer kam“ beschreibt, sind geprägt vom Bemühen, Informationen in maschinenlesbare Form zu bringen. Eine typische Verwaltungsaufgabe: Zensusdaten, Versicherungspolicen, Verbrecherkarteien und selbst die Gästemeldescheine der Kurverwaltung Bad Tölz mussten umstrukturiert werden, damit sie für den Computer Sinn ergaben. Erst dann konnte man rechnen und spektakuläre Ergebnisse bei der Rasterfahndung oder der Kurgaststatistik präsentieren.[10]

Diese Umformung der Welt ist jedoch ein reziproker Prozess. Die mächtigen Werkzeuge, mit denen wir uns die Welt gefügig machen, machen zunächst einmal uns selbst gefügig. Und das nicht nur auf der Ebene der Verwaltung, sondern in unserem Alltagsleben. Die Psychologin Betsy Sparrow und ihre Kolleginnen und Kollegen ziehen aus einer Studie zum Erinnerungsvermögen und der Nutzung von Suchmaschinen den Schluss, dass wir uns mehr und mehr auf das Internet als kollektives Gedächtnis verlassen: „The Internet has become a primary form of external ... memory, where information is stored collectively outside ourselves.“[11] Was wir googlen können, müssen wir nicht erinnern, eine stabile Internetverbindung vorausgesetzt.

Wir sind keine solipsistischen Denker im Descart'schen Sinne, sondern leben symbiotisch mit den Maschinen zusammen. Bereits 1998, vor der Verbreitung des ständig internetangebundenen Smartphones, stellen Andy Clark und David Chalmers die Frage: „Where does the mind stop and the rest of the world begin?“[12] Wenn wir den menschlichen Geist auf die technische Umgebung ausdehnen, dann hat eine Veränderung dieser Umgebung Konsequenzen für die Person. Ein veränderter Suchalgorithmus kann tiefgreifend in unsere Persönlichkeit eingreifen, wenn wir Google als Erinnerungsspeicher nutzen.

Viele unserer Vorstellungen von der Digitalisierung gehen davon aus, dass wir hier ein Werkzeug gebrauchen. Der Mensch als „homo faber“ ist dann ein geschickter Handwerker. Mein Argument ist, dass das Handwerk auf den Handwerker zurückwirkt. Max Frischs gleichnamiger Roman macht das deutlich. Wie Walter Faber sich und die Welt sieht, ist aufs Engste mit den Werkzeugen verknüpft, mit denen er seine Umgebung wahrnimmt. Die Schreibmaschine, die

---

10 Vgl. GUGERLI: Welt.

11 SPARROW: Google Effects, 776.

12 CLARK/CHALMERS: Extendet Mind, 7.

Filmkamera, das Flugzeug.[13] Auch die Art und Weise, wie die Fortran-Programmiererinnen und -programmierer die Welt sehen, wie sie Probleme bearbeiten und in den Beziehungen zu ihren Mitmenschen leben, ist technisch konfiguriert.

Digitale Wissensarchitekturen

In dieser Welt bauen wir als Theologie-Lehrende unsere Wissensarchitekturen auf. Wenn wir Online-Kurse und Videokonferenzen anbieten, wenn wir Gottesdienste ins Netz streamen, aber auch wenn wir unsere Artikel schreiben, bewegen wir uns in einer digitalen Welt, in die hinein wir unsere Gedanken erst einmal transformieren müssen. Theologie insgesamt wird dadurch verändert, dass sie in digitale Formate überführt wird. Dadurch gehen Dinge verloren, aber es entsteht auch Neues.

Was wir verlieren

Was schon früh auf dem Weg ins Digitale verloren geht ist unsere erkenntnistheoretische Unschuld. Gegenüber dem, was wir bisher als festen Grund des Wissens und der Welterkenntnis ausgemacht hatten, ist Skepsis angebracht. Mit Pilatus stehen wir im Netz vor der Grundfrage: Was ist Wahrheit? (Joh 18,38)

Ein Beispiel soll das verdeutlichen: Im Jahr 2013 entdeckt der Informatiker David Kriesel bei einem befreundeten Architekten, dass dessen Kopierer die Zahlen auf Wohnungsplänen verändert.[14] Eine einfache Erklärung des Phänomens liegt in der Bilddatenkompression, die das Gerät verwendet. Ein Algorithmus sucht nach ähnlichen Mustern auf dem Bild. Ähneln sich die Muster stark genug, wird nur eine Variante abgespeichert. 6 und 8 sind sich auf einem schlechten Ausdruck so ähnlich, dass der Algorithmus nur eine Zahl speichert und damit 6er durch 8er ersetzt. Da Kopierer in nahezu allen Büros zu finden sind, hat der Fehler weitreichende Konsequenzen.

Was wir schwarz auf weiß sehen, muss also nicht den Tatsachen entsprechen. Inzwischen ist der Verdacht gegenüber digitalen Daten und ihrer Auswertung durch undurchsichtige Algorithmen für Laien wie Fachleute Allgemeingut geworden. Was in den Debatten darum, was nun im Netz wahr oder falsch ist, allerdings auf der Strecke bleibt, ist die Möglichkeit, einander diskursiv zu überzeugen, die eigene Meinung zu revidieren, sich zu irren. Die Ethikerin Regina Ammicht Quinn spricht davon, dass die größte „Gefährdung des Humanen" in

---

13 Vgl. FRISCH: Homo faber.

14 Vgl. KRIESEL: Xerox-Scankopierer.

„mangelnder Ambiguitätstoleranz“[15] liegt. Vor diesem Hintergrund muss es nachdenklich stimmen, wenn politische Debatten heute den binären Denkstil computergestützter Datenanalyse übernehmen. Sie fordern eine unumstößliche Festlegung der Diskurspartner gleich zu Beginn des Gesprächs. Aus dieser Festlegung entlassen wird nur, wer bereit ist, das Gesicht zu verlieren und sich als Verbreiter von „Fake News“ denunzieren lässt.

Dieser menschunfreundlichen Festlegung stellt der Praktische Theologe Michael Schüßler die jesuanische Urteilsenthaltung entgegen. Sie ist kein Zeichen von Schwäche. Sie ist erstens Ausdruck der Solidarität mit denen, deren Leben komplex und verwundbar ist. Sie ist zweitens, mit Judith Butler gesprochen, die Vermeidung von „ethischer Gewalt“, die das Gegenüber auf eine Sache festlegt und alles andere ausblendet.[16] Und sie ist drittens der Anspruch, sich nicht die empirische Wirklichkeit mit einfachen Urteilen „vom Leib“ zu halten.[17]

Oft machen wir mittels der Algorithmen aber genau das, wir halten uns die empirische Wirklichkeit vom Leib, indem wir sie in Daten umwandeln und dann sagen: der irrtumslose Algorithmus hat entschieden. Oder wir überlassen sie den Internetkonzernen. 2016 berichtete die Süddeutsche Zeitung über einen Dienstleister in Berlin, bei dem 600 Menschen angestellt waren, um gewaltverherrlichende oder pornographische Inhalte für Facebook zu löschen. Ein Ausschnitt aus dem Interview macht deutlich, worin hier – neben der mangelnden psychologischen Unterstützung solcher Arbeit – das erkenntnistheoretische Problem liegt. Ein Mitarbeiter berichtet: „Die Regeln waren kaum zu verstehen. Ich habe meinem Teamleiter gesagt: Das gibt’s doch nicht, das Bild ist total blutig und brutal, das sollte kein Mensch sehen müssen. Aber er meinte nur: Das ist deine Meinung. Aber du musst versuchen, so zu denken, wie Facebook es will. Wir sollten denken wie Maschinen.“[18]

Auch wenn niemand in der digitalen theologischen Lehre solche Bilder ansehen muss und niemand in der Seelsorge Entscheidungen am Fließband trifft, so sind wir doch selbst als Theologinnen und Theologen – und um die Komplexität ethischer Entscheidungsfindung Wissende – nicht davor gefeit, uns auf von Programmoberflächen oder Nutzungsgewohnheiten vorgegebene Entscheidungspfade leiten zu lassen, die den oben genannten Anspruch unterlaufen.

Was wir gewinnen

Bei der Transformation unserer Forschung und Lehre – und auch der Seelsorge – gewinnen wir aber auch. Der Ausdruck, dass wir etwas „ins Netz“ stellen, weist

---

15 BUCHER: Sicherheit.

16 Vgl. BUTLER: Kritik.

17 Vgl. SCHÜẞLER: Urteilsenthaltung.

18 KRAUSE/GRASSEGGER: Inside Facebook.

bereits auf die Netzwerkförmigkeit digitalisierter Kommunikation hin. In einem Netzwerk wird Kommunikation nicht zentral gesteuert, vielmehr kann jeder Knoten zum Sender von Botschaften werden. Mit dem Aufstieg der Videoplattformen verband sich beispielsweise das Versprechen, dass jede und jeder Medien produzieren und damit Reichweite erzielen kann. Diese Dezentralität hat auch neue Formen bürgerlichen Protests ermöglicht, gerade in Gesellschaften mit eingeschränkter Informations- und Demonstrationsfreiheit. Der Soziologe Manuel Castells beschreibt diese Entwicklungen in seinem Buch mit dem sprechenden Titel „Networks of Outrage and Hope".[19]

Diese Netzwerkförmigkeit kann eine große Ressource gerade für theologisches Wissen sein. In der Praktischen Theologie etwa sind Forscherinnen und Forscher aber auch Lehrende darauf angewiesen, dass die von ihnen Beforschten oder Unterrichteten nicht in einer passiven Rolle verbleiben, sondern aktiv ihr Wissen beitragen. Die Netzwerkförmigkeit digitaler Kommunikation erlaubt es Studierenden, aber auch Gemeindemitgliedern, zu Co-Kreatorinnen und -Kreatoren theologischen Wissens zu werden.

Was wir mit der Netzwerkförmigkeit zudem gewinnen, ist die Verknüpfung von Wissensbeständen. Theologisches Wissen ist nicht ein in sich geschlossener Kosmos – wie es die Handbuch-Theologie noch bis in die Mitte des 20. Jahrhunderts war –, sondern verknüpft sich mit anderen Wissensformen. Es wird, wie es beispielsweise Michael Schüßler sagt, „open-source":[20] Jede und jeder kann und darf sich der Theologie und ihrer Diskursarchive (ich verwende den Begriff in Anknüpfung an Foucault sowie die Diskursanalyse, etwa bei Hannelore Bublitz[21]) bedienen.

Beide Aspekte des Netzwerks setzen ein großes kreatives Potential frei, wie wir im theologischen Lehrbetrieb zu Zeiten geschlossener Universitäten entdecken.

– Erstens: Viele Lehrende werden im Netz kreativ. Sie treten bewusst als Sender auf und bereiten ihre Lehrinhalte so auf, dass von überall darauf zugegriffen werden kann. Viele nehmen sich dabei zum ersten Mal als Kreativschaffende wahr, die ansprechenden Content generieren.
– Zweitens: Diejenigen, die auf den Content zugreifen, nämlich die Studierenden, werden selbst wiederum kreativ, indem sie in unterschiedlichen Formen auf die Lehrinhalte antworten. Sie kommentieren, verlinken, erstellen Videos. Viele digitale Lehrformate verlangen einen Grad an Responsivität, der in Seminaren ungekannt war.
– Drittens: Die Lehrinhalte stehen im Netz neben anderen Informations- und Unterhaltungsangeboten. Sie werden Teil einer Landschaft und sind nicht mehr im exklusiven Raum der Universität verortet. Theologie wird damit

---

19 Vgl. CASTELLS: Networks.
20 Vgl. SCHÜßLER: Liquid church.
21 Vgl. BUBLITZ: Differenz.

auch Teil einer Informationskultur, in der Statusunterschiede – etwa zwischen Dozierenden und Studierenden – zugunsten einer gemeinschaftlichen Wissensproduktion verwischen.

Das Netzwerk ist aber nicht nur zum Bild für digitale Lehre geworden. Auch die Kirchenentwicklung nimmt darauf Bezug. Das Abschlussdokument des synodalen Prozesses im Bistum Trier beispielsweise gebraucht den Begriff „netzwerkartige Kooperationsformen“[22], wenn es über die zukünftige Ausrichtung der Pfarrei spricht, die Menschen in ganz unterschiedlicher Weise verbindet. Damit entsteht freilich, auch das erkennt das Dokument an, ein Konflikt zu bisherigen Handlungs- und Organisationsroutinen.

Ein Blick auf unsere Optionen

Wenn sich selbst innerkirchliche Konsensdokumente der Netzsprache bedienen, dann ist klar, dass wir hinter den Kulturwandel der Digitalisierung nicht mehr zurückkönnen. Wollten wir das, dann erginge es uns wie den Protagonisten von Fritz Langs Stummfilm „Metropolis“ (1927), in dem die Arbeiter die Maschinen, die sie versklavt haben, die aber auch ihre Stadt am Leben erhalten, zerstören: Mit der Zerstörung der Maschine wird auch die Stadt Metropolis vernichtet. Wir sind also mit unserer Zukunft an den Fortschritt digitaler Hard- und Software gebunden. Welche Optionen ergeben sich dann für uns?

Zunächst eine grundsätzliche: Im Anschluss an Gaudium et Spes 4 ist Kirche, aber auch Theologie, nicht nur zur Erforschung der „Zeichen der Zeit“ gehalten. Vielmehr finden sich in diesen Zeichen der Zeit, wie die Praktische Theologin Regina Polak schreibt, der eigentliche Nexus der bleibenden Beziehung Gottes zu den Menschen über die geschichtlich vermittelte Erfahrung:

> Ohne eine theologische Gegenwartsanalyse kann die Kirche die ihr in der Tradition geoffenbarte Wahrheit gar nicht verstehen! … Die Gegenwart ist nicht mehr nur der Ort, auf den die Kirche ihre Offenbarungswahrheit appliziert. Nein: Die Gegenwart wird zum Ort der Offenbarung. Daher braucht die Kirche eine theologische Analyse der Gegenwart, damit sie die ihr geoffenbarte Wahrheit immer tiefer erfassen, besser verstehen und passender verkünden kann.[23]

Das heißt für die Theologie in Forschung und Lehre, dass Digitalität eben keine Methode unter vielen ist, die zur Vermittlung schon bestehenden Wissens genutzt wird. Vielmehr verändert sich die Theologie und sie muss diese Veränderung reflektieren. Eine solche Reflexion hat auch der Theologe Peter Dabrock in der F.A.Z. angemahnt.

---

22 Bistum Trier; heraus gerufen, 20.

23 Polak: Pastoraltheologie, 74. Vgl. Polak: Grenzen.

> Um unter den komplexen Bedingungen des Big-Data- und Maschinellen-Lernen-Zeitalters als Einzelne und als ... Zusammenhalt suchende Gesellschaft zu überleben, bedarf es nicht nur einiger Kompetenzen wie Programmierung oder Medienkunde. Mehr denn je müssen Urteilskraft, Differenzkompetenz und Ambiguitätstoleranz gefördert werden – kurzum: klassische Bildung. Die Religionskultur des Christentums, die Kirchen und die christliche Theologie können Wichtiges dazu beitragen, um die Grundlagen unseres Zusammenlebens jenseits von Technik, Recht und Ökonomie zu kultivieren.[24]

Auf meine Frage zu Beginn dieses Textes hin gewendet, nämlich wie die Theologie zum digitalen Zeitalter steht, möchte ich drei Thesen in den Raum stellen, die sich aus dem Beschriebenen ergeben, um die Debatte über die Nutzung digitaler Tools durch die Theologie anzuregen:

1. Den digitalen Kulturwandel sichtbar machen: Gerade weil sich unser Weltverhältnis verändert, wenn es digital transformiert wird, müssen theologische Lernarrangements im Netz immer Raum zur Reflexion des Lernortes lassen. Das beginnt schon damit, dass wir offenlegen, wie wir Lerninhalte auswählen und wie wir sie und die Theologie im Netz darstellen. Das gilt übrigens auch und besonders für die Selbstdarstellung von Kirche. Eine scheinbar unschuldige Verwendung digitaler Medien ohne etwa darzustellen, was man tut und von welchen Agenturen oder professionellen Medienteams man sich beraten lässt, unterläuft das Komplexitätsniveau auf dem wir Wissenschaft betreiben. Hier muss die Theologie, gemeinsam mit den Medienwissenschaften, in die Tiefe gehen.
2. Was wir verlieren, benennen: Theologie im Netz muss auch benennen, was an Ambiguität und Ambiguitätstoleranz bei der Online-Kommunikation verloren geht. Das bedeutet, dass Digitales immer ergänzt werden muss durch die persönliche Begegnung mit anderen Menschen und der eigenen Umgebung. Wir können noch nicht absehen, was wir durch die gegenwärtigen Kontaktbeschränkungen verlieren und wie wir als Gesellschaft damit umgehen, dass ein zu intensiver Kontakt eine Gefahr für unsere Gesundheit darstellen kann. Es braucht allerdings schon jetzt eine Sprache, um den existentiellen Wert der Begegnung mit dem Anderen – „Ich und Du“ im Buber'schen Sinne oder etwa das Prinzip „Solidarität“ in der Sozialethik – herauszustellen.
3. Was wir gewinnen, nutzen: Zugleich ermöglicht das Engagement im Digitalen vielen Menschen, präsent zu werden, auch denen, die bisher kaum in unseren Seminaren oder unseren Gemeinden auftauchten. Daraus ergibt sich für uns die Verpflichtung eine Beteiligungskultur zu kultivieren, die echte Netzwerkförmigkeit herstellt. Das heißt auch, immer wieder zu prüfen, ob sich die Gewichte im Netz nicht von der Egalität der Beteiligten hin zu dem verschieben, was der Historiker Niall Fergusson Superstar-Netzwerke nennt: Netze, in denen nur wenige Knoten wichtig sind.[25]

---

[24] DABROCK: Stadt, 6.

[25] Vgl. FERGUSON: Türme und Plätze.

Ein Ausblick auf Aufbrüche und temporäre Bauprojekte

Es wird uns nicht anders gehen als den Radiopionierinnen und -pionieren der 1920er: Wir werden nach der ungeordneten, aber eben auch freien Aufbruchszeit eine Phase der Konsolidierung und Kommerzialisierung digitaler Angebote erleben. Deshalb ist es umso wichtiger, dass wir es uns als Theologinnen und Theologen leisten, in unserem Arbeitsbereich etwas vom Geist des Anfangs zu bewahren. Das heißt vor allem, dass wir die Offenheit von Wissensressourcen und von Software zu bewahren helfen. Erstes durch die Praxis von „open access" nicht nur für unsere Publikationen, sondern auch für unsere Lernangebote, von denen gerade viele entstehen, die jedoch oft hinter der Mauer universitärer Zugangskontrollen verschwinden.

Zweites durch die Nutzung quellenoffener Software und die Unterstützung von deren Entwicklerinnen und Entwicklern, gerade wenn uns Bequemlichkeit und scheinbare Pfadabhängigkeiten in den vermeintlich sicheren Hafen geschlossener kommerzieller Softwarearchitekturen führen. Viele Universitäten gehen hier mit gutem Beispiel voran: Ihre Bibliotheken unterstützen bei offenen Publikationen und ihre Rechenzentren pflegen offene Softwareinstallationen auf den eigenen Servern.

Es wird uns aber auch gehen wie den Kirchenbauerinnen und -bauern der 1960er: Manches von dem, was wir gerade aufbauen, wird nicht auf ewig bestehen. Gerade deshalb ist eine Bewegung weg von permanenten hin zu temporären Strukturen wichtig, die sich an die Nutzerinnen und Nutzer immer wieder neu anpassen. Zugleich aber sind viele der Kirchen der 60er in ihrer Offenheit und ihrem Optimismus für eine menschenfreundliche Zukunft immer auch zugleich Zeichen einer Utopie, für die es sich auch heute zu streiten lohnt. Was der Theologe Eric Jacobson für die Präsenz von Kirchen in der Stadt beschreibt, kann auch für die Theologie im Netz gelten: Sie muss immer wieder neue Gegenorte schaffen, an denen die gängige Kommerzialisierung und Kapitalisierung zumindest für einen Augenblick unterbrochen wird, an denen Menschen nicht auf ihre Rolle als Konsumenten oder Datenlieferanten reduziert werden.[26] Kirchen in der Stadt können solche Orte sein, selbst wenn sie nicht mehr allein sakral, sondern etwa von Künstlerkollektiven genutzt werden. Wäre es nicht an der Zeit, dass wir solche Orte auch im Netz schaffen und Rechenzentren für eine offenere und gerechtere Welt bauen?

---

26 Vgl. JACOBSON: Space.

Literatur

BISTUM TRIER (Hg.): heraus gerufen. Schritte in die Zukunft wagen. Abschlussdokument der Synode im Bistum Trier. Merzig 2016.

BUBLITZ, Hannelore (2001): Differenz und Integration. Zur diskursanalytischen Rekonstruktion der Regelstrukturen sozialer Wirklichkeit. In: KELLER, Rainer u. a. (Hg.): Handbuch Sozialwissenschaftliche Diskursanalyse. Band I: Theorien und Methoden. Opladen 2001, 225–260.

BUCHER, Rainer: Über Sicherheit und Angst. Regina Ammicht-Quinn antwortet auf Fragen von Rainer Bucher. Online unter: www.feinschwarz.net/ueber-sicherheit-und-angst-interview-mit-regina-ammicht-quinn (Stand: 29.5.2020).

BUTLER, Judith: Kritik der ethischen Gewalt. Adorno-Vorlesungen 2002. Berlin 2007.

BORCHERS, Detlef: Europäischer Polizeikongress. Weg mit dem Darknet. Online unter: www.heise.de/newsticker/meldung/Europaeischer-Polizeikongress-Weg-mit-dem-Darknet-4313276.html (Stand: 29.5.2020).

CASTELLS, Manuel: Networks of Outrage and Hope. Social Movements in the Internet Age. Cambridge 2015.

CLARK, Andy/CHALMERS, David: The Extended Mind. In: Analysis 58/1 (1998), 7–19.

DABROCK, Peter: Suchet der Stadt Bestes. In: F.A.Z. vom, 24.12.2018, 6.

FERGUSON, Niall: Türme und Plätze. Hierarchien und der Kampf um die globale Macht. Berlin 2018.

FRISCH, Max: Homo Faber. Ein Bericht. Frankfurt a. M. 1977.

GUGERLI, David: Wie die Welt in den Computer kam. Zur Entstehung digitaler Wirklichkeit. Frankfurt 2018.

HARKE: Lochkarte im 80-Spalten-Format nach dem IBM-Standard. Online unter: https://commons.wikimedia.org/wiki/File:Punch_card_Fortran_Uni_Stuttgart_(6).jpg?uselang=de (Stand: 29.05.2020).

HASENAU, Wilhelm: Zum Geleit. In: KATHOLISCHES PFARRAMT NEUHOF KRS. FULDA (Hg.): Festschrift zur Konsekration der St. Barbarakirche Neuhof-Ellers bei Fulda. Frankfurt a. M. 1963, 5.

JACOBSON, Eric O.: The Space Between. A Christian Engagement with the Built Environment. Grand Rapids 2012.

KRAUSE, Till/GRASSEGGER, Hannes: Inside Facebook. In: SZ-Magazin vom 15.12.2016.

KRIESEL, David: Xerox-Scankopierer verändern geschriebene Zahlen. Online unter: www.dkriesel.com/blog/2013/0802_xerox-workcentres_are_switching_written_numbers_when_scanning (Stand: 29.05.2020).

MAAK, Niklas: Das Modernde und das Moderne. In F.A.S. vom 26.4.2020, 35.

POLAK, Regina: Pastoraltheologie. Eine Selbstvergewisserung der Kirche im Licht der Gegenwart. In: theologie aktuell. Die Zeitschrift der theologischen Kurse. Sonderheft 75 Jahre Theologische Kurse 31 (2015a), 71–76.

POLAK, Regina: An den Grenzen des Faches. In: PThI 35/2 (2015b), 83–88.

RÖPER, Wilhelm: Allwetterbad Neuhof. Ein Schwimmbad mit wandelbarer Kuppel. In: Stahlbau 42/12 (1973), 368–371.

SCHÜSSLER, Michael: Liquid church als Ereignis-Ekklesiologie. Über Verflüssigungsprozesse in Leben, Lehre und Kirche. In: PThI 34/2 (2014), 25–43.

SCHÜSSLER, Michael: ... zu retten, nicht zu richten (Joh 3,17/GS 3). Urteilsenthaltung als Orientierungsfigur christlicher Existenz. In: ThQ 196/3 (2016), 213–234.

SPARROW, Betsy/LIU, Jenny/WEGNER, Daniel: Google Effects on Memory. Cognitive Consequences of Having Information at Our Fingertips. In: Science 333/6043, 776–778.

WU, Tim: The Master Switch. The Rise and Fall of Information Empires. New York 2011.

Ausgabe

Nicht auf Sand gebaut – Bibelwissenschaftliche Lehre im digitalen Zeitalter

Ludger Hiepel und Volker Niggemeier

Der Frage, wie sich die bibelwissenschaftlichen Fächer in Zeiten des digitalen Wandels zu verorten haben, ist seit einigen Jahren zwar verstärkt nachgegangen worden – ob man jedoch davon sprechen kann, dass sich die exegetischen Fächer bereits dem digitalen Wandel unterzogen haben, bleibt zu hinterfragen. Dass sich durch fortschreitende und seit Ausbruch von Covid-19 noch weiter forcierte Digitalisierung (universitäre) Lehre verändert hat und es im Zuge der *Digital Humanities* zu prüfen gilt, wie und was Studierende am besten lernen sollten, ist längst bemerkt worden.[1] Mit Blick in exegetische Methodenbücher zu beiden Testamenten gilt jedoch der bereits 2017 von Künzel und Wegscheider erhobene *status quo*, dass gebotene Potentiale digitaler Medien noch immer nicht zum „Standardrepertoire dessen gehören, womit Studierende der Theologie *von Anfang an* vertraut gemacht werden."[2]

In der Tat entsteht der Eindruck, dass digitale Tools zwar ihren Einsatz in Lehrveranstaltungen der biblischen Fächer finden, aber ihr Potential längst nicht umfassend genutzt wird. Dies erstaunt umso mehr, als dass bereits exemplarisch für die ntl. Exegese ebenfalls im Jahr 2017 von Garcés und Heilmann gezeigt wurde, dass gerade das Feld der *Digital Humanities* im 21. Jahrhundert zu wichtigen Hilfswissenschaften der Exegese geworden ist.[3]

Der vorliegende Beitrag befasst sich, ganz im Sinne der „Ausgabe", mit Perspektiven und Visionen für die Gestaltung bibeltheologischer Lehre. In Analogie zur biblischen Tradition orientieren wir uns zur Illustration am Bildwort vom

---

1 Vgl. neben einer großen Zahl generalisierbarer und empirisch abgesicherter Erkenntnisse über Bedingungen, die für erfolgreiche Lehre unter Einbeziehung digitaler Medien gegeben sein müssen (exemplarisch sei an dieser Stelle nur verwiesen auf: HOCHSCHULFORUM DIGITALISIERUNG: The Digital Turn.; SCHMID/GOERTZ/RADOMSKI/THOM/BEHRENS: Monitor Digitale Bildung; GETTO/HINTZE/KERRES: Digitalisierung sowie neuerdings GIERCKE-UNGERMANN/HANDSCHUH: Digitale Lehre) speziell für die Bibelwissenschaft, mit einem Schwerpunkt auf der ntl. Exegese vgl. GIERCKE-UNGERMANN/HUEBENTHAL: Orks in der Gelehrtenwerkstatt.

2 KÜNZEL/WEGSCHEIDER: Faszination Digital Humanities, 55 (Hervorhebung im Original). – Solche Möglichkeiten würden im Wesentlichen als Bonus betrachtet, „auf den man zurückgreifen *kann*, wenn man mit dem ‚Erprobten' durch ist." (Ebd.)

3 Vgl. GARCÉS/HEILMANN: Digital Humanities und Exegese.

Hausbau (vgl. Lk 6,47–49). Dabei wird in einem ersten Teil (1.) kurz der Baugrund vorgestellt und das Feld abgesteckt, auf dem sich solche Visionen aufbauen lassen. Was sind formale und inhaltliche Voraussetzungen für die Gestaltung bibeltheologischer Lehre und welche Kompetenzen sollen im Studium der biblischen Fächer im Hinblick auf Digitalität erworben werden? Dieser Bezugsrahmen wird in zweifacher Weise abgesteckt, einmal aufgrund der Vorgaben für die Lehre seitens der Kirche – ein anderes Mal aus hochschuldidaktischer Perspektive. In diesem zweiten Teil sollen die „Adressaten" besonders in den Blick genommen, also die Lebenswelt der Studierenden dezidiert mitberücksichtigt werden. Sodann ist der Fokus auf methodisch-technische Aspekte – denn um im Bild zu bleiben, ist es wichtig die handwerklichen Techniken zu kennen und zu beherrschen – zu richten (2.). Am Ende (3.) steht unter Benennung von Konsequenzen und auftretenden Problemstellungen eine konkrete didaktische Vision, die in Form von Bausteinen für das Haus ausgearbeitet wird.

1. Ein doppelter Bezugsrahmen als Baugrund

1.1 Inhaltliche und formale Rahmenbedingungen

Um in einem ersten Schritt den Rahmen markieren zu können, muss in aller Kürze auf inhaltliche und formale Vorgaben mit Blick auf die Gestaltung der Lehre eingegangen werden. An welchen Eckdaten gilt es, sich als Bibelwissenschaftler*innen und Exeget*innen auszurichten? Hierzu nehmen wir Orientierung an der Rahmenordnung für die Priesterbildung, die für die Gestaltung der Lehre an Katholisch-Theologischen Fakultäten und die Entwicklung von Curricula in den einzelnen Studiengängen nicht nur im Theologischen Vollstudium einen zentralen Referenzrahmen bildet. Welche inhaltlichen und formalen Vorgaben lassen sich hier in Bezug auf unsere Fächergruppe finden? Wie erlauben diese eine visionäre Perspektive auf bibelwissenschaftliche Lehre unter den Vorzeichen der Digitalisierung?

Als Gesamtziel des Studiums der Theologie müsse selbige sich, so formuliert es das Dokument, mit der Realität der Menschen in der Welt im Horizont dieses Glaubens auseinandersetzen. Einer Verpflichtung dieser Aufgabe unterliege den theologischen Disziplinen unter Berücksichtigung ihrer jeweiligen inhaltlichen Ausrichtung und Methoden.[4] Weiter wird festgehalten:

> Zum zweiten ist die Relevanz der Theologie für die Gesellschaft und die Welt von heute gründlich zu bedenken. Soll die Theologie nicht zu einer lebens- und weltfremden Wissenschaft verkümmern, muss sie an die Wurzel der Hoffnungen und Sorgen der Menschen

---

[4] Vgl. SEKRETARIAT DER DEUTSCHEN BISCHOFSKONFERENZ: Rahmenordnung, 51.

> unserer Zeit heranfahren (vgl. Gaudium et spes, Nr. 1) und mit dem technisch-wissenschaftlichen Denken vertraut machen, das immer breiter und tiefer das Verhalten der Menschen unseres Zeitalters prägt.[5]

Im letzten Halbsatz wird durch die Formulierung der Relevanz des Vertrautmachens mit „technisch-wissenschaftliche[m] Denken" zwar Digitalisierung nicht direkt thematisiert; es ist aber eine Offenheit dafür gegeben, von der man erwarten kann, dass sie im Folgenden weiter ausdifferenziert werde. In den sich anschließenden Ausführungen zu Kompetenzen und Aufgaben der exegetischen Fächergruppe finden sich jedoch keinerlei Überlegungen zu Digitalität oder einer Füllung der genannten Schlagworte. Fluchtpunkt sei eine Vertrautheit aufseiten der Studierenden mit der biblischen Überlieferung von Altem und Neuen Testament, die Kenntnis der geschichtlichen Situation und Umwelt der biblischen Texte und ein theologisch verantwortliches Umgehen mit selbigen. Darüber hinaus sollten Studierende zentrale Texte beider Testamente kennen und auslegen können und exemplarisch lernen, Methoden der Textinterpretation zur Anwendung zu bringen, die dazu befähigen sich andere Texte sachgemäß und selbstständig zu erschließen.[6]

Für die einzelnen Fächer, das Studium der beiden Testamente, wird neben inhaltlichen Lernzielen (literarische Entstehung der biblischen Schriften in ihren jeweiligen Kontexten und Umfeldern; Hermeneutische Prozesse und geschichtlich-theologische Zusammenhänge; Erkennen der Relevanz der biblischen Texte für kirchliche Lehre, Liturgie und Verkündigung) die Fähigkeit zur Textauslegung mittels exegetischer Methoden betont.[7] Der Aspekt der Technica in Bezug auf das wissenschaftliche Denken wird hier also ehestens in den Methoden-Kompetenzerwerb gelagert.

In einem 2016 herausgegebenen Leitfaden zu „Medienbildung und Teilhabegerechtigkeit" setzt die Publizistische Kommission der DBK Impulse zu den Herausforderungen, welche die Digitalisierung bietet.[8] In diesem Leitfaden wird neben Fragen zur digitalen Ethik in einem Kapitel zur Medienkompetenz und Medienbildung die mediale Vermittlung digitaler Inhalte in vielerlei medialen Formen hervorgehoben. Es wird gefordert, Medienbildung müsse durch spezielle Angebote und Anknüpfungspunkte etwa im Bereich der formalen Bildung (sc. Bildungsinstitutionen) forciert werden und die „unterschiedlichen Lebenswelten der Akteure"[9] in den Blick nehmen.

---

5 Vgl. ebd., 53.

6 Vgl. ebd., 59f.

7 Vgl. ebd.

8 Vgl. Dass.: Medienbildung. Der Begriff der Medienkompetenz „umfasst [dabei] neben den technischen Kompetenzen und Wissensbeständen auch eine normative Orientierung an gesellschaftlichen und damit an Prinzipien der katholischen Soziallehre." (Ebd. 23). Vgl. zu einer solchen Perspektive in Ansätzen den Beitrag von BECKER in diesem Band.

9 Vgl. ebd., 24.

1.2 *Lebenswelt der Studierenden*

Nimmt man das im Dokument unter 1.1 formulierte Gesamtziel der Theologie insgesamt ernst, dann muss in einem weiteren Schritt auf die Lebenswirklichkeit der Studierenden Bezug genommen werden. Hier sei an einige Aspekte des Beitrags von Bartnick, Kelm und Wedeking erinnert, die betonen, dass „digital" und „analog" zwei Seiten der einen lebensweltlichen Medaille (sc. der Realität) seien, die sich für Studierende nicht getrennt betrachten und nicht voneinander abgrenzen lassen. Studierende „leben in einer Gleichzeitigkeit von Möglichkeiten."[10] In ihrem „Eingabe"-Beitrag formulieren die Autor*innen wichtige Aspekte:

> An dieser Stelle stellt sich die Frage, inwiefern das Theologiestudium [und hier ließe sich konkreter weiter fragen: die bibelwissenschaftlichen Fächer] [...] auf diese Lebenswelt von Student*innen eingehen können [...]. Könnten Dozent*innen die digitalen Angebote, die momentan außerhalb ihres Veranstaltungskonzepts genutzt werden, nicht selbst anbieten, passgenau und individualisiert für die Belange von Student*innen, aber auch für das Ziel ihrer Veranstaltung? Dann könnten Dozent*innen fördern, dass Student*innen lernen, ihre digitalen und theologischen Kompetenzen in einer Realität, die heute grundlegend auch digital ist, weiter zu verknüpfen und theologisch ausdrucks- und handlungsfähiger zu werden. Gerade eine Theologie, die diesen Spagat versuchen will, muss somit in einer Zeit, in der der Mensch sich als gleichzeitig analoges wie digitales Wesen in der Welt bewegt, über diese Erweiterung des Menschseins nachdenken. [...] Für Student*innen von heute sind diese Fragen [...] hoch relevant.[11]

Hier werden mehrere Aspekte deutlich. Studierende fordern nicht nur eine Dynamik im Lehr-Lernangebot, die sich an ihrer Lebenswelt orientiert, sondern zugleich einen passgenauen Zuschnitt digitaler Angebote innerhalb des Veranstaltungskonzepts der Lehrenden. Zugleich werden Aspekte der Kompetenzorientierung (auch aufseiten der Dozierenden) angesprochen. Es wird jedoch auch herausgestellt, dass sich die heutige Studierenden-Generation mit „traditionellen" Herangehensweisen an die Wissensvermittlung schwertut. Das bedeutet, dass sich bibeltheologische Lehre – genau wie andere hochschuldidaktische Kontexte – in ihrem methodischen Spektrum einerseits an der postulierten „Gleichzeitigkeit von Möglichkeiten" ausrichten muss, andererseits, so zeigt es der formale Rahmen, lassen sich Visionen formulieren, da es in Forschung und Methodik Leerstellen gibt, die mit Blick auf die Digitalisierung in der Lehre gefüllt werden können.

Es gilt also, genauso eine allgemeine, für alle theologischen Disziplinen geltende, methodische Dimension von Digitalisierung mitzudenken, wie auch die Ambivalenz von Digitalisierung herauszustellen, auf die Burke und Harrich in ihrem „Ausgabe"-Beitrag aus pastoraltheologischer Perspektive ausführlich aufmerksam machen: „[W]enn ich nicht partizipieren kann, weil mir Fähigkeiten

---

10 Vgl. den Beitrag der Studierenden BARTNICK/KELM/WEDEKING in diesem Band.

11 BARTNICK/KELM/WEDEKING in diesem Band, 16f.

oder Voraussetzungen fehlen, *bin* ich in digitalen Räumen nicht." In diesem Zusammenhang müssen – auch wenn die Autoren diese Frage bewusst ausblenden – auch technisch grundlegende Skills bzw. die dahinterstehende Technik bspw. eines Tools selbst berücksichtigt werden.[12] Solche Fragen sollen in unseren weiteren Überlegungen mitbedacht werden.

2. Effizient bauen – alles eine Frage der Technik

Wer sucht, der findet (Mt 7,8) – mit Software und Technik effizienter: Im Theologiestudium erscheint es geboten, dass nicht nur mit Hilfe von digitalen Tools (Lernplattformen etc.) exegetische Kompetenzen und bibelwissenschaftliches Wissen vermittelt und erworben werden, sondern auch der Umgang und der Einsatz von Digitalität zum selbstverständlichen Teil des Kompetenzerwerbs in den biblischen Fächern werden sollte. Wenn Forschung und Lehre im Ansatz des forschenden Lernens zusammengedacht werden, dann sollten Studierende mit den gleichen exegetischen Programmen und entsprechenden Techniken auch ihre Forschungsfragen – sei es im Pro-, Haupt-, oder Oberseminar bzw. Doktorandenkolloquium – erarbeiten. Die Studierenden müssen dazu in den Gebrauch dieser Techniken und Programme eingeführt werden und von den gleichen Ressourcen profitieren – vor allem auch Zugang zu spezieller Software –, die auch ihre Dozierenden zur Verfügung haben, um *state of the art* arbeiten zu können. Wenn Studierende bereits im Lehramts- oder im Vollstudium mit dem Einsatz von digitalen Methoden, Techniken und Programmen vertraut sind, werden sie diese nach dem Studium weiternutzen und können sie als Multiplikator*innen in Schule, Kirche und an den vielen anderen Orten, an denen Theolog*innen arbeiten, mit Gewinn einsetzen. Promovierende können dann vielleicht auch Forschungsfragen und Ansätze auf diesen Grundlagen entwickeln. Denn es ist wohl viel wahrscheinlicher, dass digitale Ansätze zur Erforschung der Bibel und ihrer Umwelt weiterentwickelt werden, wenn diese im Studium bereits eingeführt wurden. Weitergehende Fragestellungen, die sich aus der exegetischen Beschäftigung im digitalen Raum im Studium ergeben, können dann in Promotions- oder Habilitationsprojekten weiterentwickelt werden. Diese Vision, aber auch die damit verbundene Problematik soll in zwei Beispielen veranschaulicht werden.

U. a. für digitale Editionen hat sich XML, *Extensible Markup Language* (dt. Erweiterbare Auszeichnungssprache) als offener Standard etabliert. Mit dieser menschen- und maschinenlesbaren Sprache lassen sich Daten ohne Bindung an

---

12 Vgl. dazu auch den Beitrag von BURKE/HIEPEL in diesem Band.

kommerzielle Softwarehersteller auszeichnen. So können beispielsweise zunächst Handschriftenfragmente ediert werden, anschließend verglichen und schließlich Unterschiede – seien es versehentliche Veränderungen oder gezielte Überarbeitungen – durch Schichtenmodelle z. B. farblich gekennzeichnet werden. Wer diese Grundlagen zum Auszeichnen der Texte kennt und z. B. mit TEI, der *Text Encoding Initiative*[13] vertraut ist, lässt sich vielleicht (leichter) begeistern, Texte in dieser Weise aufzubereiten, zu edieren und darauf aufbauend exegetische Fragestellungen zu bearbeiten (u. a. Textwachstum, den Erarbeitungsprozess von antiken Übersetzungen oder Kommentaren etc.) und hat im besten Fall Ideen für eigene digitale Projekte.

Problematisch wird der Einsatz von Technik und Programmen aber dann, wenn diese nicht OpenAccess oder sogar OpenSource zur Verfügung stehen. Bei professioneller Bibelsoftware ist das derzeit leider der Fall. Nachdem der Anbieter *BibleWorks* 2018 seine Dienste eingestellt hat, steht an vielen Universitäten keine Campus-Lizenz und damit flächendeckend keine professionelle Bibelsoftware zur Verfügung. Die Mitbewerber – das sind vor allem *Faithlife* mit dem Programm *Logos*[14] und *Oak Tree* mit *Accordance*[15] – bieten nur Einzellizenzen, die entweder personalisiert oder an ein Endgerät gebunden werden müssen. Damit ist es kaum mehr möglich die professionellen Programme für ein Arbeiten *state of the art* in der akademischen Lehre einzubringen. Natürlich gibt es hier und da Freeware für einzelne Fragestellungen (z. B. STEP bible[16], SHEBANQ[17], KATABIBLON[18]), aber so wird der wissenschaftliche Nachwuchs nicht mit der Professionalität vertraut, mit der u. a. etablierte Professor*innen arbeiten können. Die Fragen von Bildungsgerechtigkeit etc. können in diesem Zusammenhang nicht behandelt werden, aber hier sollte wenigstens im Sinne einer Anzeige auf derzeitige Probleme verwiesen werden, die einem flächendeckenden Einsatz von professioneller Software im Studium der Bibelwissenschaft entgegenstehen. Ohne sie sind Studierende, Nachwuchswissenschaftler*innen und Bibelwissenschaftler*innen beispielsweise auf die gedruckten Konkordanzen zurückverwiesen. Mit Blick auf die Konkordanzen in den biblischen Sprachen könnte man pointiert festhalten, dass die Bibelwissenschaft damit um 100 Jahre zurückgeworfen wird in die Zeit, in der diese entstanden sind.

---

13 https://tei-c.org.

14 Faithlife wurde 1992 von Microsoft-Entwickler Bob Pritchett als Bibelsoftware-Unternehmen. 2016 wurde diese Bibelsoftware erstmals auch in deutscher Sprache veröffentlicht.

15 www.accordancebible.com.

16 www.stepbible.org.

17 https://shebanq.ancient-data.org.

18 www.katabiblon.com.

3. Den Bauplan umsetzen

3.1 *Das Fundament legen – Etablierung einer Struktur und ihre Implementierung*

Aus dem Vorherigen wird zunächst unmittelbar deutlich, dass der Erwerb von digitalen, informatischen Kenntnissen und Kompetenzen sowie der Einsatz von Software und digitaler Technik in das Theologiestudium insgesamt und das bibelwissenschaftliche Studium im Speziellen integriert und implementiert werden muss. So wie die biblische Archäologie als Hilfswissenschaft zum Fächerkanon gehört, so sind die *Digital Humanities* nun ebenso zu begreifen. Allein der didaktische Einsatz und die Aufbereitung von Wissen in digitaler Form führt noch nicht zu einem spezifischen Kompetenzerwerb.[19] Für den Einsatz, den reflektierten Umgang und die Entwicklung von neuen Ideen bedarf es mehr – nämlich einer grundlegenden Einführung in die Methoden, Ansätze und Techniken der *Digital Humanities* oder präziser einer *Digital Theology*.[20] Zur Illustration unserer Vision bietet sich hier wiederum das Bild des Hauses an, welches nicht nur auf einem festen Grund stehen muss (vgl. Lk 6,48), sondern stets mit allen Bestandteilen als Ganzes geplant wird. Schon mit Blick auf ein antikes Haus ist selbstverständlich, dass niemand nachträglich Fenster in eine Wand schlägt – mit Blick auf gegenwärtige Häuser tritt noch deutlicher hervor, dass die Gewerke noch komplexer ineinandergreifen: Dies betrifft nicht nur statische Berechnungen, sondern auch Elektro-, Wasser-, Heizungstechnik etc.

Besonders in der Studieneingangs- und Basis-, aber auch in der anschließenden Aufbauphase theologischer Studiengänge, ergibt sich großes Potential für den Einsatz digitaler Fachkonzepte, die als Fundament gelegt werden können. Zu Beginn des Studiums der *Katholischen Religionslehre* (Bachelorstudiengänge mit dem Ziel Lehramt in den verschiedenen Schulformen) oder der *Katholischen Theologie* (mit den Abschlüssen Magister/Magistra Theologiae) zeigen sich immer deutlicher veränderte Rahmenbedingungen: Die religiöse Sozialisation ist bei den Studierenden stark heterogen. Es lässt sich kein einheitliches biblisches,

---

19 Vgl dazu den Beitrag von HUNZE in diesem Band.

20 Der Begriff *Digital Theology* erscheint geeignet und präzise, um das Spezifische der Theologie herauszustellen: Der Einsatz digitaler Methoden, Ansätze und Techniken in der Theologie führt wiederum zu theologischen Fragestellungen und Reflexionen. Ein Beispiel aus dem Bereich Bibelwissenschaft: Am Institut für Neutestamentliche Textforschung (INTF) in Münster wird u. a. mit Algorithmen die Textgeschichte des Neuen Testaments erforscht und sein griechischer Ausgangstext auf Basis der gesamten handschriftlichen Überlieferung, der frühen Übersetzungen und patristischen Zitate rekonstruiert. Pointiert könnte man nun fragen, ob die Algorithmen und Programme die Offenbarung/biblische Überlieferung verändern. Solche Überlegungen führen dann in die biblischen Hermeneutik und Fundamentaltheologie.

kirchenhistorisches, katechetisches oder liturgisches Wissen voraussetzen, das aus einer homogenen Alltagspraxis abgeleitet werden könnte.

Für ein digitales Fachkonzept könnte eine Moodle-basierte Lernplattform[21] weiterentwickelt und damit prototypische Lehr-Lern-Konzepte erarbeitet bzw. zugänglich gemacht werden. Diese Konzepte wären in der Studieneingangsphase und in der Basisphase anzuwenden. In der Studieneingangsphase sollen die digitalen Bausteine so gestaltet sein, dass die Studierenden mit heterogenen Wissens- und Kenntnisständen sowie Kompetenzen ein individuell angepasstes Wissens- und Kompetenzniveau erreichen können – ein individuell gestaltetes, digitales Propädeutikum –, auf das weitere digitale Lehr-Lern-Konzepte der Basisphase aufbauen können. Diese zeichnen sich durch selbstbestimmtes Lernen aus, das sich auch am problemorientierten forschenden Lernen orientiert. Am Ende stehen so auch wissens- und kompetenzorientierte Prüfungsformate, die ebenfalls digital durchgeführt werden können. Innerhalb solcher Bausteine erfolgt das Feedback zum Gelernten sowohl quantitativ, insbesondere bei der Rekonstruktion von Sachwissen, als auch qualitativ, insbesondere bei Transferfragen.

Neben der Entwicklung und Bereitstellung des oben Skizzierten erscheint es sinnvoll, im Bereich der historisch-kritischen Fachdisziplinen der Theologie weitere fachspezifische digitale Lehr-Lernformate für die bisher in Form von Proseminaren stattfindenden Einführungen in die Methoden der Exegese zu entwickeln. Während sich die vorgestellten Bausteine digitaler fachdidaktischer Konzepte für die Einführung in die Theologie bedienen und damit insgesamt digitale Kompetenzen auf allgemeiner Ebene vermittelten, sollen in diesen Bereichen auch spezifische Kenntnisse informatischer Prozesse sowie Kompetenzen im Umgang mit digitaler Technik erworben werden, die für die wissenschaftliche Arbeit in der Bibelwissenschaft nötig sind (siehe unter 2.).

Wie Garcés und Heilmann[22] exemplarisch für die Exegese des Neuen Testaments gezeigt haben, sind Informatik und *Digital Humanities* im 21. Jahrhundert zu wichtigen Hilfswissenschaften der Exegese geworden. Dies gilt aber selbstverständlich auch für das Erste Testament. Das muss zukünftig Auswirkungen auf den in den Curricula zu formulierenden Kompetenzerwerb haben.

> Die Studierenden ...
> *Suchen, Verarbeiten und Aufbewahren*
> – ... kennen und verwenden fachspezifische digitale bibliographische Hilfsmittel (möglichst) im Zusammenhang mit einem Literaturverwaltungsprogramm.
> – ... kennen und nutzen die Grundfunktionen gängiger Bibelprogramme: z. B. für die Konkordanzarbeit, zur Identifizierung von Strukturen, also für die Beantwortung sprachlich-syntaktischer und semantischer Fragestellungen.

---

21 An der WWU ist das Moodle-basierte „Learnweb" die zentrale e-Learning-Plattform. Es ist erreichbar unter: https://www.uni-muenster.de/LearnWeb/.

22 Garcés/Heilmann: Digital Humanities und Exegese.

> – … verwenden einfache Datenbankstrukturen, um ihre Forschungsdaten zu dokumentieren.
> *Kommunizieren und Kooperieren*
> – …nutzen digitale Möglichkeiten, gemeinsam exegetische Fragestellungen zu bearbeiten und die Ergebnisse kollaborativ zu formulieren.
> *Produzieren und Präsentieren*
> – … benennen die wichtigsten Strukturmerkmale und Anwendungsbereiche von digitalen Auszeichnungssprachen (XML) in der exegetischen Forschung. – … transkribieren gut lesbare griechische Handschriften (Papyri und frühe Majuskeln) biblischer Texte und zeichnen diese in XML aus. – … nutzen digitale Präsentationsmöglichkeiten (z. B. Blogs, Wikis), um die Ergebnisse ihrer exegetischen Arbeit zielgruppenorientiert darzustellen.
> *Problemlösen und Handeln*
> – … setzen digitale Methoden und Werkzeuge bedarfsgerecht, bezogen auf die exegetische Fragestellung und zielorientiert ein.
> – … benennen die algorithmischen Strukturen in verwendeten Werkzeugen und setzen diese in einen Bezug zu den etablierten exegetischen Methoden.
> *Analysieren und Reflektieren*
> – … filtern Informationen im digitalen Raum unter der Maßgabe fachspezifischer Relevanz und beurteilen ihre wissenschaftliche Validität anhand von Kriterien wie Nachvollziehbarkeit, Transparenz der Entscheidungen und Schlussfolgerungen, Quellenbezug etc.
> – … benennen Potentiale digitaler Methoden für die wissenschaftliche Exegese. – … reflektieren und problematisieren Implikationen digitaler Methoden (insbesondere des Einsatzes, der Transparenz bzw. Intransparenz von Algorithmen) und Forschungsansätze für wissenschaftliche Erkenntnisprozesse in der Exegese. Das heißt, dass sie grundlegende analytische Algorithmen kennen und die Auswirkungen der Analyseparadigmen einschätzen können.
> – … reflektieren die Interdependenz von Medientechnologien und Auffassungen von Texten, insbesondere im Hinblick auf die Textgrundlage wissenschaftlicher Exegese.[23]

Im Rahmen künftiger Reakkreditierungen der genannten Studiengänge sollen sie fester Bestandteil der Studienordnungen werden. Ausgehend von ihnen können hiermit konkrete Bausteine entwickelt werden.

In einem weiteren Schritt innerhalb eines zu etablierenden Konzeptes soll auch die Aufbauphase Berücksichtigung finden. In den zuletzt akkreditierten Curricula der Münsterschen Studiengänge (Studium zum Mag. theol. und Lehramtsstudiengänge) wurde das Format der Modulkurse entwickelt:

> Modulkurse bieten Raum, um ein Thema aus der Perspektive eines theologischen Fachs intensiv und vielfältig zu bearbeiten. Es kann Elemente von Vorlesungen, Seminaren, Exkursionen, Studiengruppen, e-Learning- und/oder Lektüre enthalten. Durch Modulkurse in der Aufbau- und Vertiefungsphase wird im Sinne aufbauenden Lernens der Aufbau von Fach- und Methodenkompetenz ermöglicht.[24]

Neben einer gewissen Anzahl an Präsenzstunden sind bereits in den Studienordnungen LP für Selbststudium ausgewiesen, die für *Blended Learning* eingesetzt

---

23 Ebd., 47f. formulieren die Autoren, die sich dabei an SEKRETARIAT DER KULTUSMINISTERKONFERENZ (Hg.): Bildung in der digitalen Welt, 15–18 orientieren, diesen Minimalstandard für die Exegese.

24 FACHBEREICHS KATHOLISCHE THEOLOGIE: Prüfungsordnung, § 10.

werden können. Hier sind aber auch die Lehrenden befähigt, weitere digitale fachspezifische Lehr-Lern-Konzepte zu entwickeln und zu erproben.

Nimmt man all das ernst, dann ergeben sich Konsequenzen bereits für die Gestaltung der ersten Sitzungen des exegetischen Proseminars oder der einführenden Vorlesungen in die beiden Testamente innerhalb der Basisphase. Ob im Bereich einer bibelkundlichen Vergewisserung (die angesichts des heterogenen [Vor-]Wissens der Studierenden immer wichtiger wird), dem einleitungswissenschaftlichen Zugang zu einer biblischen Schrift, der Präsentation und eigenen Arbeit von und an Handschriften aus dem Forschungsfeld der Textkritik, die sprachliche-syntaktische Analyse, aber auch für den Vergleich von Gattungen in beiden Testamenten und der jeweiligen Umwelt oder dem Aufzeigen von redaktionellen Tendenzen innerhalb einer biblischen Schrift – überall hier ließen sich bereits digitale Tools einspielen bzw. digitale Methodik einüben. Im Rahmen von Veranstaltungen der Aufbauphase – im gewählten Bild des Hauses beginnt an dieser Stelle der Hochbau – können im Sinne des aufbauenden Lernens digitale Fähigkeiten zusammen mit exegetischer Kompetenz vertieft und erworben werden. Dies gelingt dann, wenn Tools und Methoden, die in der Studieneingangsphase vorgestellt und in Ansätzen bereits angewendet worden sind, nun weiter etabliert und für komplexere Fragestellungen tiefergehend genutzt werden. Wird neben den inhaltlichen Aspekten auch Digitalität im Sinne des aufbauenden Lernens konsequent während des gesamten Studienprozesses umgesetzt, ergibt sich ein doppelter Ertrag: die Studierenden haben auch digitale Fähigkeiten erworben, die ihnen einerseits eine effiziente Arbeit – vorausgesetzt, digitale Tools erleichtern und erschweren das exegetische Arbeiten nicht – am biblischen Text ermöglichen. Durch ein Verständnis digitaler Methodik werden andererseits möglicherweise Ansätze weiterentwickelt, die z. B. schon in Abschlussarbeiten erprobt oder in eigenen Projekten wie z. B. einer Dissertation realisiert werden können. Auf diese Weise wird der bibelwissenschaftliche Nachwuchs zum *native speaker* einer *Digital Theology*.

3.2 *Konkrete Bausteine*

Nachdem nun eine Struktur für das Studium vorgestellt wurde, können im Folgenden – um beim Bild des Hauses zu bleiben – mögliche Bausteine für ein bibelwissenschaftliches Fachkonzept ausführlich vorgestellt werden.

In *bibelkundlichen Bausteinen* für das Alte und Neue Testament werden Kenntnisse von Narrativen mit ihren Protagonist*innen, Motiven und Textstrukturen vermittelt. Für die Vermittlung des Grundwissens eignen sich aus medienpädagogischer Sicht vor allem gamifizierte Konzepte und ein personalisiertes storytelling (z. B. aus der Perspektive einer biblischen Figur), die für die Lernenden besonders motivierend sind. Das ist auch exegetischer Sicht sinnvoll, da die biblischen Texte selbst schon erzählte Geschichte und gedeutete Erfahrung sind.

Aufbauend auf den eher expositionistischen Bausteinen erwerben die Lernenden in weiteren konstruktivistischen Bausteinen u. a. die Kompetenzen, theologische Linien und Verbindungen in der Bibel zu erkennen und für sich zu erschließen.

Ein damit verbundenes *exploratives Modul* zur biblischen Landeskunde stellt das Land der Bibel vor. Durch interaktives Kartenmaterial und Modelle, die u. a. Ergebnisse der Archäologie Palästinas aufnehmen, werden die nötigen Kompetenzen vermittelt, um die biblischen Texte möglichst umfassend in ihrem Entstehungshorizont verstehen zu können. Dazu gehört zudem ein weiterer Baustein zur Zeit- und Religionsgeschichte, die die biblische Umwelt – Ägypten, Mesopotamien und die römisch-hellenistische Welt – vorstellen. An dieser Stelle wären interaktive Angebote (z. B. als Mitreisender des Paulus wird das antike Athen in Anlehnung an die Apostelgeschichte besucht) in Kombination mit einem multimedialen Zeitstrahl möglich und didaktisch geboten. In diesem Zusammenhang ist es zudem fachlich angebracht, dass auch Einheiten zur gegenwärtigen politischen Lage in diesen Gebieten eingespeist werden. Es sollen dadurch u. a. reflektierte bzw. kritische Haltungen eingenommen werden wie z. B. bei der Verwendung der Begriffe „Heiliges Land", „Land der Bibel", „Palästina" und „Israel".

In Bausteinen, die als *exegetische Toolbox* gedacht sind, werden mit einem *Blended Learning*-Konzept die Anwendung des klassischen historisch-kritischen Methodenkanons sowie synchroner Methoden eingeübt. Durch verschiedene Lehrmaterialien u. a. Lehrvideos, Podcasts und Präsenzveranstaltungen werden einzelnen Methoden zunächst vorgestellt, exemplarisch durchgeführt und eingeübt. Dadurch wird eine eigenständige und individuelle diachrone sowie synchrone Analyse von biblischen Texten möglich.[25]

In weiteren Bausteinen können Lernende selbstgesteuert die *textlichen Argumentationswege und innovatives Potential* anhand alttestamentlicher und neutestamentlicher Texte entdecken. Diese Bausteine sind teils kommunikativ mit qualitativem Feedback durch den Lehrenden ausgestattet. Mit dem didaktischen Konzept des problemorientierten Lernens werden hier Einheiten zu verschiedensten Texten des Alten und Neuen Testaments konzipiert, bei denen unterschiedlichste exegetische und digitale Kompetenzen erworben werden und Anwendung finden. Im Sinne des aufbauenden Lernens können beispielsweise literarkritische Problemstellungen bearbeitet werden, wie z. B. die widersprechende Anzahl der Tiere auf der Arche in der Flutgeschichte (Genesis 6–9)[26] oder auch die Frage nach der Wolken- bzw. Feuersäule und anderen Phänomenen –

---

25 Im Sinne von Maria Montessori kann hier von einer vorbereiteten Umgebung gesprochen werden.

26 Gute Orientierung bietet BAUMGART: Art. Sintflut.

Doppelungen und Spannungen im hebräischen Text – in der Meerwundererzählung (Exodus 13,17–14,31).[27] In die problemorientierten Lernszenarien werden auch gegenwärtige Forschungsfragen und gesellschaftspolitische Perspektiven eingebaut: z. B. die Briefe des Paulus unter genderspezifischer Perspektive. Denkbar wäre z. B. folgendes problemorientiertes Szenario: Paulus ein Macho? Im ersten Brief des Paulus an die Gemeinde in Korinth heißt es: „Denn der Mann stammt nicht von der Frau, sondern die Frau vom Mann. Der Mann wurde auch nicht für die Frau erschaffen, sondern die Frau für den Mann." (1 Kor 11,8–9). Damit identifiziert Paulus den ersten Menschen mit Adam als Mann und sieht in der Erschaffung der Frau den Zweck verwirklicht, für den Mann geschaffen zu sein. Aufgrund dieser Haltung könnte man Paulus als Macho bezeichnen. Oder vielleicht doch nicht? Wenn man andere Stellen – Röm 16 oder 1 Kor 15 oder 1 Kor 7 – hinzuzieht, dann ergibt sich ein differenziertes Bild. Wie lassen sich diese Unterschiede erklären?

Neben den etablierten historisch-kritischen Methoden werden u. a. auch neuere Ansätze der Literaturwissenschaft erlernt, um die biblischen Texte als Literatur wahrnehmen zu können. Auf diese Weise wird den Lernenden mittels der Exegese der biblischen Texte die Transferkompetenz zu kritischer Lektüre jeglicher Art von Texten vermittelt. Weitere Bausteine zu biblischer Hermeneutik oder Intertextualität, zu Rezeptionen in Kunst und Literatur ergänzen die vorgestellten Bausteine und schlagen interdisziplinär ausgerichtet die Brücke zu anderen wissenschaftlichen Disziplinen in der Theologie sowie den Geisteswissenschaften.

Im Rahmen von Hauptseminaren in der Aufbau- und Vertiefungsphase können Bausteine zum Einsatz kommen, die die *Umsetzung von digitalen Projekten* ermöglichen und erproben, die ggf. auch äquivalent zur klassischen Hausarbeit als Studien- oder Prüfungsleistung gewertet werden können. Wissenschaftliche Erkenntnisse können dann z. B. fachdidaktisch aufbereitet werden. So hat im vergangenen Sommersemester ein Student eine digitale Lerneinheit mit der App *Explain Everthing*[28] entwickelt, die zunächst zu einem Vergleich der beiden Dekalog-Fassungen (Ex 20 und Dtn 5) anleitet und dann einzelne exegetische Fragestellungen – u. a. Theorien zur Literar- und Theologiegeschichte der Zehn Gebote – modular erarbeitet.[29] Somit wird ein Kompetenzerwerb auf fachwissenschaftlicher, fachdidaktischer und digitaler Ebene ermöglicht.

In einem anderen digitalen Projekt versucht ein weiterer Student gerade über eine Analyse mittels Methoden, die sonst vor allem im Bereich der *Business Intelligence* Anwendung finden, Aussagen über die Worthäufigkeiten in den Texten des Pentateuch zu treffen. Konkret geht es dabei um neuronale Netze mit

---

27 Einen guten Überblick dazu gibt MICHEL: Art. Meerwundererzählung.

28 https://explaineverything.com/.

29 Tobias Bergold arbeitet hier mit verschiedensten Medien u. a. Erklärvideos oder interaktiven Grafiken.

verschiedenen Anwendungstypen, wie bspw. der Assoziationsanalyse. Durch diese werden Muster und Zusammenhänge sichtbar gemacht. Aufbauend auf dem Ergebnis soll analysiert werden, wie sich dieses zu den in der exegetischen Forschung definierten Texten der Priesterschrift verhält: Wo gibt es Übereinstimmungen, Abweichungen oder Auffälligkeiten? Mit gleicher Methodik des maschinellen Lernens – *Data-Mining* und *Big Data Analytics* – können dann ferner auch die priesterschriftlichen Texte betrachtet werden. Auf Grundlage der exegetischen Forschung zur Priesterschrift und in Verbindung mit den Ergebnissen der digitalen Analysen können ggf. neue Fragestellungen erwachsen, wenn in dem priesterschriftlichen Textcorpus Wörter/Verse/Texte identifiziert werden, die in irgendeiner Weise herausstechen.[30] Ihre tiefergehende Analyse kann dann möglicherweise zu neuen exegetischen Erkenntnissen führen.

Digitalisierung sollte bei der Planung – Curriculumsentwicklung – und beim Bau des Hauses – die konkrete Lehre – idealerweise von Anfang an integraler Bestandteil sein. Hierfür bieten sowohl die Strukturen der einzelnen Studienphasen als auch die unterschiedlichen Veranstaltungsformate der exegetischen Fächer Anknüpfungspunkte und Chancen, bewährtes Material mit neuen Bausteinen von Grund auf anzureichern, um am Ende ein Haus zu bauen, dessen Fundament mit Blick auf eine implementierte und reflektiv eingesetzte Digitalisierung innerhalb beider biblischen Fächer auf einem festen Grund steht (vgl. Lk 6,48).

Literatur

Baumgart, Norbert Clemens: Art. Sintflut/Sintfluterzählung. In: Das Wissenschaftliche Bibellexikon im Internet (www.wibilex.de), 2005, online unter: https://www.bibelwissenschaft.de/stichwort/11920/ (Stand: 01.05.2020).

Fachbereichs Katholische Theologie: Prüfungsordnung für den Studiengang „Katholische Theologie" mit dem akademischen Abschlussgrad „Magistra Theologiae"/„Magister Theologiae" des Fachbereichs Katholische Theologie an der Westfälischen Wilhelms-Universität vom 11.09.2017.

Garcés, Juan/Heilmann, Jan: Digital Humanities und Exegese. Erträge, Potentiale, Grenzen und hochschuldidaktische Perspektiven. In: Forum Exegese und Hochschuldidaktik: Verstehen von Anfang an 2 (2017), 29–52.

Getto, Barbara/Hintze, Patrick/Kerres, Michael (Hg.): Digitalisierung und Hochschulentwicklung. Proceedings zur 26. Tagung der Gesellschaft für Medien in der Wissenschaft e. V., Münster 2018.

Giercke-Ungermann, Annett/Handschuh, Christian (Hg.): Digitale Lehre in der Theologie. Chancen, Risiken und Nebenwirkungen (Theologie und Hochschuldidaktik 11), Münster 2020.

Giercke-Ungermann, Annett/Huebenthal, Sandra (Hg.): Orks in der Gelehrtenwerkstatt? Bibelwissenschaftliche Lehrformate und Lernumgebungen neu modelliert (Theologie und Hochschuldidaktik 7), Münster 2016.

---

30 Julian Beck, Informatiker und Theologiestudent, setzt hierzu die Software „Rapid Miner" (https://rapidminer.com/) ein. Das Projekt ist derzeit noch *work in progress*.

HOCHSCHULFORUM DIGITALISIERUNG (Hg.): The Digital Turn. Hochschulbildung im digitalen Zeitalter (Arbeitspapier Nr. 22), Berlin 2016.

KÜNZEL, Kevin/WEGSCHEIDER, Fridolin: Faszination Digital Humanities. Was benötigen Studierende in ihrer bibelwissenschaftlichen Ausbildung? In: Forum Exegese und Hochschuldidaktik: Verstehen von Anfang an 2 (2017), 53–67.

MICHEL, Andreas: Art. Meerwundererzählung. In: Das Wissenschaftliche Bibellexikon im Internet (www.wibilex.de), 2008, online unter: https://www.bibelwissenschaft.de/stichwort/26761/ (Stand: 01.05.2020).

SCHMID, Ulrich/GOERTZ, Lutz/RADOMSKI, Sabine/THOM, Sabrina/BEHRENS, Julia: Monitor Digitale Bildung. Die Hochschulen im digitalen Zeitalter, Gütersloh 2017.

SEKRETARIAT DER DEUTSCHEN BISCHOFSKONFERENZ (Hg.): Rahmenordnung für die Priesterbildung (Die deutschen Bischöfe 73), Bonn 2003.

SEKRETARIAT DER DEUTSCHEN BISCHOFSKONFERENZ (Hg.): Medienbildung und Teilhabegerechtigkeit Impulse der Publizistischen Kommission der Deutschen Bischofskonferenz zu den Herausforderungen der Digitalisierung (Arbeitshilfen 288), Bonn 2016.

SEKRETARIAT DER KULTUSMINISTERKONFERENZ (Hg.): Bildung in der digitalen Welt. Strategie der Kultusministerkonferenz, Berlin 2017.

Digitale Lehr- und Lernformate in der Kirchengeschichte – Chancen, Grenzen, Desiderate

Thomas Brockmann, Matthias Daufratshofer und Michael Pfister

1. Kriterien für den Einsatz digitaler Formate im Fach Kirchengeschichte

(1) Kann kirchenhistorische Lehre funktionieren, wenn Hörsäle, Seminarräume und Bibliotheken, Archive, Museen und historische Stätten geschlossen sind? – Die Corona-Krise zwingt den universitären Lehrbetrieb momentan[1] massiv zur Anpassung der Lehrformate und zur Nutzung digitaler Medien. Vorlesungen und Seminare finden in Gestalt virtueller Zusammenkünfte statt; für Vorlesungen kommt auch die Video-Aufzeichnung in Betracht. Zugleich gewinnen Lernplattformen wie Agora, Moodle oder Learnweb, die die herkömmlichen Präsenzveranstaltungen schon bislang oft flankiert haben, als Speicher für Lernmaterialien (Präsentationen, Aufsätze, Quellen) und als Foren der Kommunikation an Gewicht. Krisenbedingt folgt damit auch die universitäre Lehre verstärkt dem Trend zur Digitalisierung, der die Entwicklung in der geisteswissenschaftlichen Forschung unter dem Stichwort „Digital Humanities" schon länger mitbestimmt.[2]

Die digitalen Lehrformate und Lehrmittel erlauben den geistes- und kulturwissenschaftlichen Fächern – das aktuelle, durch die Umstände veranlasste „Experiment" scheint dies zu zeigen – offenbar durchaus die Aufrechterhaltung eines qualitätvollen universitären Lehrbetriebs.[3] Möglicherweise erzielen die vom heimischen Schreibtisch aus zu verfolgenden Online-Vorlesungen sogar eine höhere Teilnahmefrequenz als die entsprechenden Präsenzveranstaltungen. Ebenso offenkundig sind allerdings auch die Nachteile der Online-Lehre: Seminare leben von der Diskussion, und die verläuft im Online-Meeting oft eher

---

1 Der vorliegende Beitrag wurde im August 2020 abgeschlossen.

2 S. dazu THALLER: Digital Humanities. Zur digitalen Hochschuldidaktik in der Theologie vgl. GIERCKE-UNGERMANN/HANDSCHUH (Hg.): Digitale Lehre.

3 Vgl. zur Bewertung der Qualität der „Distanzlehre" im Sommersemester 2020 jetzt auch den Bericht über die Ergebnisse einer Umfrage des Philosophischen Fakultätentages: SOMMER: Notlösung. Zur aktuellen Debatte speziell in den Geschichtswissenschaften vgl. ferner auch das Forum: Digitales Lehren sowie GRAF: Reflexionen.

schleppend und umständlich; nimmt eine Quellen- oder Folien-Präsentation die Mitte des Laptop-Bildschirms ein, ist die Kommunikation der Teilnehmer*innen mit der/dem Lehrenden und untereinander stark erschwert; die Video-Aufzeichnung von Vorlesungen geht potenziell auf Kosten der Spontaneität des Vortrages; und überhaupt ist die Universität im Normalfalle eben (zumindest auch) ein Ort der persönlichen Begegnung neugieriger und lernbereiter Menschen – und das in erster Linie *live.*[4]

(2) Fragt man nach der künftigen Bedeutung digitaler Lehr- und Lernformate für das Fach Kirchengeschichte, wird man daher nicht von der Ausnahmesituation verunmöglichter Präsenzlehre ausgehen, in der selbstverständlich jede sinnvolle Form digitalen Lehrens hochwillkommen ist. Ebensowenig wird man andere fachfremde oder außerwissenschaftliche Kriterien anwenden wollen – das Einsparpotenzial fertiger digitaler Kurskonserven, hochschulübergreifend angebotener digitaler Standardmodule oder online verbreiteter Massenveranstaltungen etwa[5] oder eine vorgängige Präferenz für das digitale Angebot als das scheinbar „modernere“ Lehrformat. Zu fragen ist vielmehr, welche *neuen Perspektiven* digitale Lehrformen und Lernmittel für die Kirchengeschichte aus fachlicher und hochschuldidaktischer Sicht eröffnen, oder anders formuliert: was digitale Lehrformen und Lernmittel im Bereich der Kirchengeschichte möglicherweise *besser „können“* als herkömmliche Formate, und wie die *Propria digitaler Formate* für die Kirchengeschichtslehre fruchtbar zu machen sind.

(3) Wir gehen dabei von drei Grundüberlegungen aus – einer fachwissenschaftlichen, einer forschungspropädeutischen und einer hochschuldidaktischen. *Fachwissenschaftlich:* Die Kirchengeschichte hat es vor allem mit Texten zu tun; sie ist in hohem Maße *„Textwissenschaft“.* Es gilt, zumeist „ferne“ Texte im historischen Kontext zu erschließen und zu verstehen und auf dieser Basis kirchenhistorische Hypothesenbildung zu betreiben und Aussagen zur Kirchen- und Theologiegeschichte im Großen und im Kleinen zu treffen. Auf diese Weise, als text- und quellenbasierte historisch-theologische Forschungs- und Aussagepraxis, trägt die Kirchengeschichte zur Erkenntnisschöpfung der Theologie als ganzer bei.[6] Dementsprechend konzentrieren wir uns in den folgenden Erwägungen ganz bewusst besonders auf den Beitrag, den digitale Formate leisten

---

4 S. dazu etwa die folgenden, sehr begrüßenswerten aktuellen Interventionen zugunsten der Unverzichtbarkeit der Präsenzlehre: BREMER: Rendezvous; OESTMANN: Augenkontakt. Der Literatur- und Medienwissenschaftler Christian Kirchmeier beschrieb unlängst das infolge der Videokonferenzen entstandene Phänomen der „Generation unsichtbar“: Da viele Studierende während der Onlinelehrveranstaltungen ihre Kamera deaktivieren, sehen sich Lehrende häufig einer schwarzen Kachelwand gegenüber. Vgl. hierzu: KIRCHMEIER: Generation unsichtbar.

5 Zur allgemeinen Diskussion über die Anwendung von E-Learning-Kursen als „ressourcenschonende Lehrformate“ angesichts möglicher künftiger „erhebliche[r] Einschnitte in die theologische Universitätslandschaft“ vgl. HANDSCHUH/GIERCKE-UNGERMANN: E-Learning, 21f.

6 Zum Selbstverständnis der Kirchengeschichte vgl. WOLF: Kirchengeschichte.

können, um die Kompetenz der künftigen Theolog*innen und Religionslehrer*innen im Umgang mit kirchen- und theologiehistorischen Texten und Quellen zu fördern und zu stärken.[7] Im Mittelpunkt der hier vorgetragenen Überlegungen steht also nicht die digitale Vermittlung von „Basiswissen“ über die Epochen und Knotenpunkte der Kirchengeschichte – obwohl man darüber, etwa in Form interaktiver „Wissenschecks“ und digitaler Lernhilfen zum ereignisgeschichtlichen „Faktengerüst“, natürlich auch mit Gewinn hätte nachdenken können.

(4) In den der Kirchengeschichte fachlich benachbarten historischen Wissenschaften gehören die historischen Grund- und Hilfswissenschaften einschließlich der Quellenkunde ganz selbstverständlich zum universitären Curriculum.[8] In der Lehrpraxis der theologischen Kirchengeschichte kommen sie dagegen meist allenfalls am Rande vor. Das ist auch nicht verwunderlich – die historische Theologie stellt im Gesamt der Theologie nur eine von vier „Säulen“ (neben der biblischen, der systematischen und der praktischen Theologie) dar, so dass für die Vermittlung des historisch-kirchengeschichtlichen „Handwerkszeugs“ im knappen Lehrbudget der historischen Theologie meist wenig Raum bleibt. Eine derartige *forschungspropädeutische* Schulung wird aber wichtig, sobald es gilt, die historische Methode in kirchengeschichtlichen Abschlussarbeiten und Dissertationen zu praktizieren und im Forschungskonzert der historisch arbeitenden Kulturwissenschaften mitzuspielen.[9] Digitale Formate können hier als Module im Rahmen des „Blended Learning“ oder auch als Selbstlernangebote hilfreich sein.

(5) *Hochschuldidaktisch* ist uns der Gedanke der *forschungsnahen Lehre* wichtig, die ja ein Proprium universitärer Lehre überhaupt ist. Es gilt daher, das Potential digitaler Formate für eine forschungsnahe und „forschendes Lernen“ ermöglichende Kirchengeschichtslehre auszuloten und auszuschöpfen.[10] – Beides, die

---

7 Zur Diskussion um die Ziele kirchengeschichtlicher Lehre, die die Studierenden zu einem eigenständigen Umgang mit Geschichte, mit Geschichtsbildern und zu allererst mit historischen Quellen befähigen soll, vgl. Bock/Henkelmann: Einleitung, 12f.

8 Vgl. dazu nur beispielsweise etwa die etablierten Einführungen: von Brandt: Werkzeug; Opgenoorth/Schulz: Einführung; Beck/Henning (Hg.): Quellen.

9 Die im Rahmen dieser Studie unterbreiteten Vorschläge für eine digital unterstützte forschungspropädeutische Schulung konzentrieren sich bewusst weitgehend auf den zentralen Bereich der Quellenkunde und der klassischen historischen Hilfswissenschaften. Die Vermittlung spezifischer *Digital-Humanities*-Kompetenzen für künftige digitale Forschungen betrifft eine „spitzere“ Zielgruppe und ist hier ausgeklammert. Ihren Platz wird sie realistischerweise wohl weniger im dichtgepackten Pflichtcurriculum der theologischen Master- und Magisterstudiengänge finden als unter den methodischen Schulungsoptionen im Doktorandenstudium. – Vgl. speziell zur *Digital History* Koller: Geschichte digital, 49–65.

10 Zur Vielgestaltigkeit der hochschuldidaktischen Konzepte des forschungsorientierten, forschungsbasierten oder forschenden Lernens vgl. Huber: Entwicklung, 23–26; Nünning:

Förderung der historisch-kritischen Textkompetenz und das forschungsnahe Lehren und Lernen mithilfe digitaler Formate, dient zugleich auch der Nachwuchsentwicklung im Bereich der wissenschaftlichen Theologie.

(6) Die Stichworte „Textkompetenz" und „forschungsnahe Lehre" deuten schon darauf hin, dass der didaktische Ort digitaler kirchengeschichtlicher Lehr- und Lernformate vor allem im Bereich von *„Anreicherung" („Supplemental Model")* und *„Blended Learning"*[11], also im Gesamtrahmen von Präsenzlehre-Veranstaltungen, zu suchen ist: Es geht nicht um den Ersatz der Präsenzlehre, sondern um ihre Ergänzung mit digitalen Angeboten, und zwar sowohl im Sinne der „Anreicherung" des präsentischen Unterrichts als auch im Sinne separat, aber i. d. R. in Anbindung an die Präsenzlehrveranstaltung zu absolvierender, u. U. interaktiver digitaler Teil-Lerneinheiten.

2. Digitale Formate, Materialien und Kompetenzen im Fach Kirchengeschichte – Desiderate und Optionen

2.1 *Komplexe historische Texte analysieren*

Quellen begegnen im theologischen Studium in aller Regel bereits in edierter (und oft auch schon in kommentierter) Form. Bereits in dieser Form stellt der Umgang mit den Quellen jedoch oft hohe Anforderungen an die Studierenden: Es handelt sich nicht selten um fremdsprachige Texte (in den biblischen Sprachen, in der Kirchensprache Latein, in anderen Fremdsprachen), um Texte aus weit zurückliegenden Entstehungskontexten mit fremdem Vokabular, ungewohnter Stilistik und schwieriger grammatikalischer Struktur, um Texte mit hohem Abstraktionsgrad und von hoher inhaltlicher und syntaktischer Komplexität.

Aktualität. Zum forschenden Lernen in der Kirchengeschichte vgl. BLUM/BOCK/HENKELMANN: Königsweg.

11 Den Überlegungen liegt die Unterscheidung digitaler Lehr- und Lernformate nach dem Grad ihrer Digitalität zugrunde, wobei zwischen „Anreicherung (Supplement)" von klassischen Präsenzveranstaltungen, „Blended Learning" in Form eines Wechsels von digitalen und präsentischen Lernphasen und „E-Learning" als Lehre in komplett digitalen Lehrveranstaltungen differenziert wird; vgl. WANNEMACHER: Lernszenarien.
Zu den Modellen „Blended Learning" und „Inverted/Flipped Classroom", die in besonderer Weise die hochschuldidaktische Wende „Vom Lehren zum Lernen" begünstigen sollen, vgl. ferner auch ECK: Lehrstückdidaktik; MISERA: Blended Learning; SCHINS: Flipped Classroom.

In den Philologien finden Strukturierungshilfen für komplexe Satzgefüge tagtäglich Verwendung – es sei hier nur die in der Latinistik zur Anwendung gebrachte Methode der kolometrischen Gliederung eines langen Satzgefüges samt Einrückmethode in Erinnerung gerufen. Erstaunlicherweise fehlen aber sogar dort bisher eigens hierfür entwickelte und in der schulischen oder in der universitären Lehre erprobte und bewährte digitale Tools zur Dekodierung. Auch wenn bei Textanalysen kaum mehr mit dem klassischen Tafelanschrieb oder der Overheadfolie gearbeitet wird, erstellen zumindest viele Lehrende mit einem Textverarbeitungs- oder Präsentationsprogramm nur ganz individuelle, semiprofessionelle Visualisierungen des zu behandelnden Textes. Solche digitalen Eigenkreationen sind jedoch in der Vorbereitung nicht nur mit einem enorm hohen Zeitaufwand verbunden, sondern in der Lehrveranstaltung selbst zumeist auch umständlich zu bedienen; außerdem schränken sie die Spontaneität des Seminargeschehens massiv ein.

Lehrenden der Theologie wäre es in ihrer Arbeit mit (kirchen)historischen Quellen eine enorme Hilfe, wenn sie auf eine professionelle digitale Strukturierungshilfe zur Textanalyse zurückgreifen könnten. Zugleich sollte ein solches Tool auch auf die Nutzung durch die Studierenden bei der selbständigen Quellenarbeit hin angelegt sein. Nicht selten sind ja gerade Quellen von ganz zentraler kirchenhistorischer Bedeutung aufgrund ihrer komplexen Satzstruktur für Studierende der Theologie trotz guter Fach- und Fremdsprachenkenntnisse nahezu unverständlich – fast als seien sie das Produkt einer geheimen Codierung. Exemplarisch sei auf den bekannten Abschnitt der dogmatischen Konstitution „Pastor aeternus“ vom 18. Juli 1870 verwiesen, in dem Papst Pius IX. und die Konzilsväter des Ersten Vatikanums das Dogma der päpstlichen Unfehlbarkeit promulgierten.[12] Diese entscheidende Passage ist ein einziges „Bandwurmsatzgefüge“, das aus nicht weniger als 13 Zeilen (im Denzinger/Hünermann) und 71 Wörtern besteht – die Originalsprache ist selbstredend Latein. Um den Studierenden dieses und andere schwierige Textgefüge grammatikalisch und inhaltlich näherzubringen, sollte das neue Tool die Möglichkeit bieten, den Text in ein Ordnungsraster einzugeben, in dem die komplexe Satzstruktur grafisch in ihre Einzelbestandteile aus Haupt- und Nebensätzen usw. aufgegliedert und „hierarchisch“ dargestellt erscheint. Zusammengehöriges und satzhierarchisch oder inhaltlich Vorrangiges sollten farbig oder typographisch markiert werden können. Denkbar wären auch Zusatzfunktionen wie die Aufblendung von Übersetzungshilfen und Hintergrundinformationen an Kernstellen des Textes (im Falle von „Pastor aeternus“ etwa bei „fide vel moribus“ oder „ex sese, non autem ex consensu Ecclesiae“) oder das Ein- und Ausblenden der deutschen Übersetzung in Form einer Synopse. Die Entwicklung einer derartigen digitalen Strukturierungshilfe für die Textanalyse betrachten wir im Hinblick auf die Erfordernisse der kirchenhistorischen Lehr- und Lernpraxis als ein echtes Desiderat.

---

12 Denzinger/Hünermann 3050–3075, hier 3074.

2.2 *Quellenkunde für Kirchenhistoriker – digitale Zugänge*

Das quellenkundliche Rüstzeug, das für die Interpretation kirchengeschichtlicher Texte erforderlich ist, deckt sich weitgehend mit dem der historisch arbeitenden Kulturwissenschaften. Klassische Unterscheidungen wie die zwischen Tradition und Überrest und das Instrumentarium der geschichtswissenschaftlichen Akten- und Urkundenlehre sind hier wie dort relevant, und dasselbe gilt grundsätzlich auch für die von den historischen Hilfswissenschaften entwickelte Typologie der Quellengattungen.

Gleichwohl spricht vieles dafür, ein digitales quellenkundliches Schulungsangebot zu konzipieren, das speziell auf die Bedürfnisse der Theologiestudierenden und des Faches Kirchengeschichte zugeschnitten ist. Das Theologiestudium umfasst – anders als das Geschichtsstudium, in dem die Quellenkunde fest zum Kanon gehört – eben in der Regel keine vergleichbar ausführliche historisch-hilfswissenschaftliche Einführung, so dass ein in unterschiedlichen Studienphasen vielseitig einsetzbarer digitaler Kursus zur kirchengeschichtlichen Quellenkunde als bedarfsgerechte Ergänzung sinnvoll wäre. Auch sachlich lassen die klassischen geschichtswissenschaftlichen Quellenkunden Raum für eine Quellenkunde, die einen Schwerpunkt auf die kirchengeschichtlich besonders relevanten Aspekte und Quellengattungen legt. Das Angebot an Einführungen mit diesem Schwerpunkt ist bislang auch in „analoger" Buchform nicht sehr groß.[13] Nach unserem Eindruck sind vor allem fortgeschrittene Studierende, die an eine Abschlussarbeit im Bereich der Theologie- und Kirchengeschichte denken, oft sehr an einer Vertiefung ihrer quellenkundlichen (und paläographischen) Kenntnisse interessiert. Im Sommersemester 2020 haben wir daher in Münster ein speziell auf diese Zielgruppe zugeschnittenes Hauptseminar „Vom Ablassbrief bis zur Zirkumskriptionsbulle – Kirchengeschichte an Originalquellen studieren" angeboten. Ursprünglich war eine Veranstaltung mit mehreren Archivbesuchen geplant; daraus wurde dann ein Online-Seminar, in dem wir (dank der Unterstützung durch das Bistumsarchiv Münster und durch das Landesarchiv NRW, Abteilung Westfalen) Quellen von der frühen Neuzeit bis zur kirchlichen Zeitgeschichte in Form von Digitalisaten haben studieren können. Damit haben wir gute Erfahrungen gemacht.

Eine Verzahnung von quellenkundlicher Darstellung und Quellendigitalisaten hat im Bereich der Geschichtswissenschaften schon 2009 die vorzügliche „Aktenkunde" von Michael Hochedlinger geboten, eine „Urkunden- und Aktenlehre der Neuzeit" (Untertitel). Die dem Buch beigegebene CD enthält zahlreiche Digitalisate von Archivalien vor allem aus dem Österreichischen Staatsarchiv,

---

[13] Das Standardwerk von Christoph Markschies (MARKSCHIES: Arbeitsbuch) ist derzeit vergriffen; der Verlag Mohr Siebeck kündigt für September 2020 einen Nachdruck an. Zu nennen ist ferner das Studienbuch MÖLLER/AMMERICH: Einführung; einschlägig ist hier das Kapitel „Methoden kirchengeschichtlichen Arbeitens" (94–110).

die jeweils mithilfe eines standardisierten Formulars detailliert beschrieben werden, und auf die die Darstellung des Buches jeweils *suo loco* am Rande verweist.[14] Mittlerweile finden sich auch manche Archivalienkunden mit Quellenbeispielen und entsprechenden Texttranskriptionen im Netz.[15]

Für die Lehrpraxis des Faches Mittlere und Neuere Kirchengeschichte wäre eine Quellenkunde wünschenswert, die ebenfalls Darstellung und Anschauung, quellenkundliche Information und digitale Quellenabbildungen verbindet. *Ein* Schwerpunkt sollte auf der Vorstellung kirchenhistorisch wichtiger Textgattungen aus allen Bereichen – Verkündigung und Lehramt, gelehrte Theologie, kanonisches Recht und kirchliche Gerichtspraxis, kirchliche Diplomatie, kirchliche Verwaltung und behördliche Meinungsbildung, pastorale Praxis, kirchliche Memorialkultur, religiöse Publizistik, Wissenskontrolle und Zensur usw. – liegen. Hier würde erklärt werden, was ein Ablassbrief und eine Enzyklika, ein Indult, ein Konkordat oder ein Motu proprio sind, und Darstellung und Bildmaterial würden synchrone und diachrone Vergleiche ermöglichen. Einen *zweiten* Schwerpunkt könnten die Behördenpraxis der römischen Kurie und ihr aktenmäßiger Niederschlag bilden. Hier ginge es darum, an einer Anzahl exemplarischer Fälle und anhand des digitalisierten Original-Aktenmaterials z. B. zu zeigen, wie sich aus den römischen Quellen ein Buchverbotsverfahren des 17. Jahrhunderts, die Vorbereitung einer kurialen Disziplinarmaßnahme aus dem 19. oder eine diplomatische Initiative des Heiligen Stuhls aus dem 20. Jahrhundert rekonstruieren lassen.

2.3 Originalquellen lesen lernen – paläographische Übungen online

Sobald Studierende – für die Abschlussarbeit oder im Rahmen eines Promotionsprojekts – neben gedruckten oder edierten Quellen auch Aktenmaterial aus dem Archiv heranziehen wollen, ist neben der quellenkundlichen auch paläographische Kompetenz gefragt.[16] Dies gilt nicht nur für handschriftliche Quellen aus fernen Jahrhunderten – Probleme bereitet oft schon die Lektüre der in Deutschland bis in die Mitte des 20. Jahrhunderts vorherrschenden Fraktur-Kurrentschrift, die hier erst seit 1941 von der heute üblichen Antiqua-Schrift verdrängt worden ist. Die historischen Hilfswissenschaften haben „analoge" Tafelwerke erstellt, mit denen sich das Lesen alter Handschriften des Mittelalters und der

---

14 HOCHEDLINGER: Aktenkunde.

15 Vgl. z. B. WILD: Archivalienkunde.

16 Vgl. zur Paläographie und Schriftgeschichte BECK: Schrift; BOSNJAK/NOICHL/SCHMEISSER: Übungsbuch.

Neuzeit üben lässt.[17] Seit einiger Zeit kommen Web-Übungsplattformen hinzu, die ebenfalls neben der Abbildung der Originalquelle eine Transkription in moderner Schrift vorhalten. Eine derartige, sehr instruktive „Digitale Schriftkunde“ bietet etwa die Generaldirektion der Staatlichen Archive Bayerns an.[18]

Einzelne Angebote besitzen Eingabefelder, in die Nutzerinnen und Nutzer eine Transkription der jeweils eingeblendeten Originalquelle eintragen können; anschließend kann dann ein Fehlerfeedback abgerufen werden. Das gilt etwa für das von Peter Orth und Georg Vogeler herausgegebene Schulungsprogramm „Paläographie Online“ mit Texten „[v]on der römischen Antike bis zum Ende des Handschriftenzeitalters (1.–16. Jahrhundert)“[19] sowie für das Ad-Fontes-Programm der Universität Zürich[20].

Schon die beiden genannten Paläographiekurse eignen sich sehr gut auch für die Übungszwecke der Kirchengeschichts-Studierenden. Für den Schulungsbedarf der Historischen Theologie wäre gleichwohl auch eine eigene Plattform wünschenswert, die insbesondere ein breites Spektrum von Übungsbeispielen aus dem kirchlichen Verwaltungsschrifttum des Spätmittelalters und der Neuzeit einschließlich paläographisch charakteristischer römischer Vorlagen sowie Beispiele individueller Handschriften aus der neueren Kirchengeschichte bieten sollte. Technisch wäre auch hier an ein interaktives Tool zu denken, das die Eingabe des Studierenden im Transkriptionsfeld automatisch überprüft und direkt oder auf Anforderung ein Fehlerfeedback gibt, so dass der Nutzer ohne den ständigen Abgleich mit einer komplett sichtbaren Mustertranskription auskommt und in einer echten Testsituation üben kann.

Paläographische Kenntnisse erwirbt man vor allem durch „Learning by Doing“. Übungsaufwand und Lerntempo fallen dabei erfahrungsgemäß sehr unterschiedlich aus. All dies macht die Schulung in einer größeren Seminargruppe oft schwierig – und prädestiniert das paläographische Lernen und Üben geradezu für die Nutzung eines feedbackfähigen Trainingsprogramms. Die oben genannten Paläographiekurse eignen sich für den Gebrauch in Verbindung mit einer einschlägigen Präsenzlehrveranstaltung, aber auch als veranstaltungsunabhängige Schulungskurse, etwa zur Vorbereitung auf Archivaufenthalte für eine Master-/Magisterarbeit oder Promotion. Wer an der Paläographie Gefallen gefunden hat oder im Rahmen eigener Forschungen mit handschriftlichen Quellen arbeitet, wird sich dann vielleicht auch dem wissenschaftlichen Edieren zuwenden und dafür professionelle Transkriptions- und Erschließungssoftware verwenden wollen. Für diesen Zweck wurde an der Universität Innsbruck das Pro-

---

17 S. z. B. NOICHL/SCHMEISSER (Bearb.): Schriftkunde; DÜLFER/KORN: Schrifttafeln; BOSNJAK/NOICHL/SCHMEISSER: Übungsbuch.

18 https://www.gda.bayern.de/DigitaleSchriftkunde/ (Stand: 20.08.2020).

19 https://www.palaeographie-online.de (Stand: 20.08.2020).

20 https://www.adfontes.uzh.ch/ (Stand: 20.08.2020).

gramm „Transkribus" entwickelt, das eine gute Grundlage für eigene Transkriptionsvorhaben bietet und u. a. auch „Trainingsdaten" für die Handwritten Text Recognition (HTR, automatisierte Handschriftenerkennung) generieren helfen kann.[21]

2.4 *Digitale Editionen kompetent nutzen*

Das zentrale Kommunikationsformat im geistes- und kulturwissenschaftlichen Diskurs stellen nach wie vor „lineare", in ihrer Abfolge und Argumentation fixe und stabile Texte dar – sei es in Form der Monographie oder des Aufsatzes. Ob diese Texte in Buchform oder als E-Book gelesen werden, macht dabei – jedenfalls prinzipiell, im Hinblick auf ihren Charakter als Stellungnahmen im wissenschaftlichen Diskurs – kaum einen Unterschied. Vorteile bietet das E-Book lediglich im Hinblick auf die Suchfunktionen und u. U. durch die Möglichkeit, Links zu setzen, die im Netz ebenfalls digital vorhandene Quellen und Diskursbeiträge, auf die der Ausgangstext sich bezieht, bequemer und schneller ansichtig werden lassen können (sowie je nachdem wegen seiner leichteren Zugänglichkeit).

Viel hat sich aber getan, was den Zugang zu den Quellen angeht. Zum einen stellen immer mehr Archive Digitalisate handschriftlicher Quellen ins Netz, die bislang als „Unikate" nur im Archiv selbst oder in Form einzeln angefertigter Reproduktionen verfügbar waren.[22] Dies ist eine Entwicklung, die in der kirchengeschichtlichen Lehre thematisiert werden muss – sie eröffnet Chancen, schafft aber auch Orientierungsbedarf. Zum anderen hat die Digitalisierung das neue Format der digitalen Edition hervorgebracht, mit dessen Nutzung Studierende der Theologie ebenso vertraut gemacht werden müssen wie mit der fachgerechten Nutzung der klassischen „analogen" Edition.

Digitale Editionen haben sich innerhalb kurzer Zeit als gängiges Publikationsformat etabliert; das digitale Edieren bildet eines der wichtigsten Arbeitsfelder der Digital Humanities.[23] Digitale Editionen sind der Forschung und einer interessierten Öffentlichkeit noch leichter zugänglich als buchförmige Editionen. Vor allem aber erweitern sie den Rahmen der Möglichkeiten des Edierens als „erschließende Wiedergabe historischer Dokumente". Je nach Anlage des Projekts können die historisch-kritische Kommentierung wie auch die internen Links und die externen Links etwa zu anderen Editionen und Internetressourcen ständig aktualisiert werden. Dies macht eine

21 S. dazu die Website: https://transkribus.eu/Transkribus/ (Stand: 20.08.2020).

22 Als Beispiele hierfür seien nur die digital zugänglichen Tauf-, Trau- und Sterbebücher des Archivs des Erzbistums München und Freising (https://www.erzbistum-muenchen.de/archiv-und-bibliothek/digitales-archiv) und das reichhaltige digitale Archiv des Landesarchivs NRW, Abteilung Westfalen (https://www.archive.nrw.de/lav/abteilungen/westfalen/bestaende_/index.php; beide Stand: 20.08.2020) genannt.

23 Vgl. SAHLE: Digitale Editionen, 239.

voranschreitende Vertiefung und Vernetzung möglich, zu der auch die Nutzerinnen und Nutzer beitragen können.[24] Die technische Grundlage bildet der in ein digitales Format (etwa in TEI-XML) übertragene Quellentext. Mit diesem rein digitalen Text lassen sich passgenaue Lösungen entwickeln, die den Besonderheiten des zu edierenden Textkorpus ebenso Rechnung tragen wie den Bedürfnissen der Nutzerinnen und Nutzer. So kann etwa das Set der *gleichzeitig* genutzten und auf dem Bildschirm sichtbaren Texte und Informationen *variabel* gestaltet werden – abhängig von der jeweiligen Fragestellung und vom konkreten „Servicebedarf". Auch besteht die Möglichkeit, *vertiefte Informationen und zusätzliche Materialien* wie etwa ein Digitalisat oder ein Faksimile des edierten Originals *in einem gestaffelten Datenbanksystem* vorzuhalten, dessen Elemente je nach Wunsch per Mausklick abrufbar sind. Differenzierte Suchfunktionen, die über die Erschließungsleistung eines Registers u. U. weit hinausgehen, erleichtern es zudem, das edierte Quellenmaterial gemäß dem eigenen Forschungsinteresse zu durchsuchen.

Zu den wichtigen digitalen Editionen aus dem deutschen Sprachraum gehört die Netzversion der beiden Vertragsinstrumente des Westfälischen Friedens von Münster und Osnabrück (1648), der bekanntlich auch einen der großen Religionsfrieden der frühen Neuzeit darstellt. Die Edition bietet nicht nur den lateinischen Original-Vertragstext; es besteht auch die Möglichkeit, diesen in einer Synopse mit ein oder zwei Übersetzungen in unterschiedlichen europäischen Sprachen zu kombinieren, wobei zwischen einer Anzahl historischer und neuerer Übersetzungen gewählt werden kann.[25]

Auch in der Zeitgeschichtsforschung wird zunehmend digital ediert. Eine Vorreiterrolle hat hierbei die „Kritische Online-Edition der Nuntiaturberichte Eugenio Pacellis (1917–1929)" innegehabt.[26] Die Edition umfasst ca. 20.000 Dokumente der Korrespondenz des Apostolischen Nuntius in Deutschland Eugenio Pacelli (*1876), des späteren Papstes Pius XII. (1939–1958). Die Korrespondenz gewährt Einblick in die Beurteilung der Lage von Kirche, Politik und Gesellschaft durch die Kurie während des Ersten Weltkriegs und der Weimarer Republik und gibt Aufschluss über die Prägungen und Erfahrungen des später umstrittenen Papstes in dieser Zeit. Hubert Wolf und sein Forschungsteam am Seminar für Mittlere und Neuere Kirchengeschichte der Universität Münster haben im Rah-

[24] Die Nutzung einer Edition „in progress" kann freilich auch Probleme aufwerfen, weil Bezugnahme und Zitation sich nur auf eine nach einiger Zeit u. U. wieder hinfällige „Momentaufnahme" richten, die nicht mehr rekonstruierbar ist. Auf diese Problematik kann hier nur stichwortartig hingewiesen werden.

[25] http://www.pax-westphalica.de/index.html (Stand: 20.08.2020). – Vgl. auch die ebenfalls im Rahmen der Bonner „Acta Pacis Westphalicae" erschienene gedruckte Vertragsedition: APW III B 1/1–3.

[26] Vgl. Pacelli-Edition, online unter: http://pacelli-edition.de/index.html (Stand: 20.08.2020).

men eines DFG-Langfristvorhabens bis Ende 2019 in Kooperation mit dem Vatikanischen Apostolischen Archiv und dem Deutschen Historischen Institut in Rom das gesamte einschlägige Quellenkorpus ediert. Dabei handelt es sich um die größtenteils italienischsprachigen Berichte, Weisungen und Anlagen, die zwischen der Nuntiatur und dem Vatikan hin- und hergeschickt wurden. Diese werden in der Originalsprache als Volltext ediert und kommentiert.[27] Den einzelnen Dokumenten ist ein deutschsprachiges Regest vorgeschaltet; die Kommentierung kann durch Verlinkungen im originalsprachlichen Text per Mausklick abgerufen werden. Die Suchfunktionen der Online-Edition bieten verschiedene Recherchemöglichkeiten.[28] Das gesamte Quellenkorpus lässt sich über die Schaltfläche „Dokumente“ anzeigen und nach Archiven, nach Themen oder chronologisch ordnen. Zahlreiche Links zu anderen Online-Editionen und Internetressourcen und die Verwendung allgemeiner Normdaten, etwa der GND-Beacons der Deutschen Nationalbibliothek, erleichtern die weiterführende Recherche.[29]

Als weiteres, aktuelles Beispiel aus der digitalen Editionspraxis der kirchlichen Zeitgeschichte kann die im Entstehen begriffene und ebenfalls von der DFG finanzierte „Kritische Online-Edition der Tagebücher Michael Kardinal von Faulhabers (1911–1952)“ angeführt werden, die gemeinsam vom Institut für Zeitgeschichte in München (Andreas Wirsching) sowie vom Seminar für Mittlere und Neuere Kirchengeschichte der Universität Münster (Hubert Wolf) und in Kooperation mit dem Erzbischöflichen Archiv München realisiert wird.[30] Ziel ist es, die überwiegend in Gabelsberger Stenographie verfassten Einträge und angehängten Beiblätter in den Besuchstagebüchern des langjährigen Erzbischofs von München und Freising zu transkribieren und kommentiert herauszugeben.[31] Als Besonderheit hervorzuheben ist, dass die Dokumente in drei Varianten angezeigt werden können – in einer Leseversion, als diplomatisch genaue Transkription sowie als Digitalisat des Originals.

---

27 Vgl. die Editionsrichtlinien, online unter: http://pacelli-edition.de/editionsrichtlinien.html (Stand: 20.08.2020).

28 So können Nutzerinnen und Nutzer nach Dokumenten, erwähnten Personen („Kurzbiographien“) und Schlagwörtern suchen. Ausführlich zur konkreten Nutzung vgl. HINKEL/WOLF: Standards.

29 Zu den für „Personen, Körperschaften, Konferenzen, Geografika, Sachschlagwörter und Werktitel“ vergebenen eindeutigen GND-Nummern vgl. Gemeinsame Normdatei (GND), online unter: https://www.dnb.de/DE/Professionell/Standardisierung/GND/gnd_node.html (Stand: 20.08.2020); KLUTTIG: Normdatei; WIECHMANN: Normdatei.

30 Vgl. Faulhaber-Edition, online unter: https://www.faulhaber-edition.de/index.html (Stand: 20.08.2020).

31 Vgl. die Editionsrichtlinien, online unter: https://www.faulhaber-edition.de/richtlinien.html (Stand: 20.08.2020).

Mit dem wachsenden Angebot an digitalen Editionen[32] wird es immer wichtiger, Studierende mit der fachgerechten Nutzung dieses neuen Formats vertraut zu machen. Neben der Behandlung der Thematik in der Präsenzlehre käme auch die Entwicklung eines eigenen Online-Kurses in Frage, der ausgewählte kirchengeschichtliche (oder im Hinblick auf die Kirchengeschichte relevante) digitale Editionen per Infotext und Link präsentiert, für jede Edition Recherche-Übungsaufgaben (mit den entsprechenden Möglichkeiten der Erfolgskontrolle) bereitstellt und im Rahmen des „Blended Learning" von den Studierenden selbständig absolviert werden kann.

2.5 *Kirchengeschichte in Raum und Zeit darstellen*

Kirchengeschichte ist – im Großen wie im Kleinen – ein Geschehen in Zeit und Raum.[33] Die räumliche Dimension veranschaulicht und dokumentiert vor allem das Kartenbild. Viele Studierende der Theologie haben schon einmal mit dem „Atlas zur Kirchengeschichte"[34] oder – für die Kirchengeschichte im römisch-deutschen Reich und im zentraleuropäischen Raum – mit dem „Atlas zur Kirche in Geschichte und Gegenwart"[35] gearbeitet und gelernt. Der kirchengeschichtliche Orientierungswert dieser „analogen" Kartenwerke ist anerkanntermaßen hoch.

Mit Schwierigkeiten und hohem Aufwand verbunden war in der „vordigitalen" Zeit jedoch die *Erstellung* von Karten für studentische Haus- und Abschlussarbeiten sowie für wissenschaftliche Publikationen. Die Anfertigung von Karten für wissenschaftliche Publikationen wurde oft in die Hände des Experten, der Kartographin oder des Kartographen, gegeben. In manchen Fällen wird bei Publikationen auch heute noch die Unterstützung des Kartographen unerlässlich sein. Eine Möglichkeit, selbst brauchbare Karten zu gestalten, bieten grundsätzlich jedoch auch digitale Grundkarten, die für die Weiterbearbeitung geeignet und dafür freigegeben sind. In derartige Grundkarten können z. B. Itinerare kirchenhistorischer Protagonisten, Standorte von Ordensniederlassungen, Wallfahrtsrouten, ausgewählte kirchenhistorische Schauplätze, Verbreitungsgebiete bestimmter Kult- und Frömmigkeitsformen und vieles andere mehr eingetragen werden. Auch ließen sich durch Kartenabfolgen oder Überblendung („Slider"-Funktion) im Rahmen digitaler Präsentationen Entwicklungen und Veränderun-

32 Vgl. dazu auch die Berichterstattung in dem Rezensionsorgan für digitale Editionen und Ressourcen: RIDE – A Review Journal for Digital Editions and Resources, https://ride.i-d-e.de/ (seit 2014, bislang zwölf Ausgaben).

33 Zum Raum als Dimension der Kirchen- und Christentumsgeschichte s. BREMER: Christentum.

34 JEDIN/LATOURETTE/MARTIN (Hg.): Atlas.

35 GATZ (Hg.): Atlas.

gen darstellen und veranschaulichen. Dass die digital unterstützte Kartenerstellung eine wertvolle Gestaltungsoption gerade auch für studentische Referate, Haus- und Qualifikationsarbeiten darstellt, bedarf keiner weiteren Erläuterung.

Digitale historische Grundkarten für Deutschland und den europäischen Raum hat das Projekt „IEG-MAPS" am Mainzer Leibniz-Institut für Europäische Geschichte entwickelt.[36] Es wäre wünschenswert, wenn auch ein ähnlich ausdifferenziertes, spezifisch kirchengeschichtliches Set an digitalen Grundkarten zur Verfügung stünde. Hier würden wir vor allem an Karten zum europäischen und zentraleuropäischen Raum denken, die für unterschiedliche, historisch sinnvolle Stichdaten die Bistums- und Metropolitanverbandsgrenzen (u. U. in Verbindung mit politischen Grenzen) zeigen. Für das römisch-deutsche Reich sollten außerdem Karten angeboten werden, die die geistlichen Reichsterritorien (Erz- und Hochstifte, Reichsabteien) im politischen Gefüge des Reiches abbilden, ebenso Karten zu den einzelnen Fürstbistümern, die die differierenden Grenzen von (Erz-, Hoch-)Stift und (geistlicher) Diözese (Erzbistum, Bistum) sichtbar machen („analog" finden sich derartige Karten bekanntlich in Erwin Gatz′ „Bistumslexikon"[37]).

Nur der Vollständigkeit halber sei noch daran erinnert, dass der digitale Fortschritt es mittlerweile auch möglich macht, bei hinreichender Datenlage untergegangene, heute stark veränderte oder schwer zugängliche bauliche Schauplätze der Kirchengeschichte in 3D-Optik virtuell zu rekonstruieren und noch vorhandene bauliche Schauplätze in Gestalt von 3D-Rekonstruktionen aus ungewohnter Perspektive zu sehen. Auch derartige, veranschaulichende Rekonstruktionen lassen sich je nachdem mit Gewinn für universitäre Lehrveranstaltungen nutzen.[38]

---

36 S. dazu die Website: https://www.ieg-maps.de (Stand: 26.08.2020). Zu den Nutzungsbedingungen s. https://www.ieg-maps.de/info.htm und https://www.ieg-maps.de/nutz.htm (Stand jeweils: 26.08.2020). Herausgeber von IEG-MAPS ist Andreas Kunz.

37 Gatz (Hg.): Bistümer, 844–935.

38 Zu Chancen und Grenzen der geschichtsdidaktischen Nutzung vgl. Laubinger/Lösche: 3D-Modelle; Messemer: 3D-Modelle.
Als Beispiele seien genannt: Der Petersdom in Rom und die Ausgrabungen unter dem Petersdom (http://www.vatican.va/various/basiliche/san_pietro/vr_tour/index-it.html; http://www.vatican.va/various/basiliche/necropoli/scavi_italian.html; beide Stand: 20.08.2020); die infolge der Französischen Revolution weitgehend zerstörte Klosteranlage von Cluny (http://www.cluny-abbaye.fr/; Stand: 20.08.2020); die virtuelle Ausstellung der TU Darmstadt „Synagogen in Deutschland – virtuelle Rekonstruktionen" (https://www.dg.architektur.tu-darmstadt.de/forschung_ddu/digitale_rekonstruktion_ddu/synagogen/index.de.jsp; Stand: 27.08.2020).

3. Ergebnisse

1. Welche Bedeutung hat Digitalität – jenseits der besonderen, aktuellen Krisenerfordernisse – für die kirchengeschichtliche Hochschullehre? Bei der Beantwortung dieser Frage haben wir aus fachwissenschaftlichen, forschungspropädeutischen und hochschuldidaktischen Gründen vor allem *kompetenzorientiert* gedacht und hier die Förderung der Fähigkeit zur Erschließung kirchen- und theologiehistorischer Quellen in den Mittelpunkt unserer Überlegungen gestellt.
2. Als Desiderat betrachten wir in diesem Zusammenhang insbesondere die Entwicklung oder Weiterentwicklung von digitalen Instrumenten, die komplexe historische Texte strukturieren (und damit verstehen) helfen, allgemeines und spezifisch kirchengeschichtliches quellenkundliches *Know-how* vermitteln und die Fähigkeit zur selbständigen Lektüre kirchenhistorischer Originalquellen unterschiedlicher Epochen und Herkünfte trainieren. Wir plädieren also für den Einsatz *philologischer, quellenkundlicher* und *paläographischer* Tools.
3. Wichtig erscheint uns ferner, die Studierenden zur fachkundigen Nutzung der Erträge der *Digital Humanities* zu befähigen; hier denken wir besonders an die neuen Zugänge zum (kirchen-)historischen Quellenmaterial, die durch die digitalen Editionen eröffnet werden.
4. Außerdem wünschen wir uns eine Erweiterung der Möglichkeiten, räumliche Befunde mit digitalen Mitteln *kartographisch* zu dokumentieren und zu veranschaulichen.
5. Wir sehen die digitalen Formate und Tools nicht in Konkurrenz, sondern vor allem im *Konnex mit der unverzichtbaren Präsenzlehre*; sie können als „Anreicherung“ der Präsenzlehre wie auch als Elemente im Rahmen des „Blended Learning“ fungieren.
6. Die von uns vorgeschlagenen digitalen Formate und Tools ersetzen also keine Lehrveranstaltungen; wohl aber eignen sich Instrumente wie die vorgeschlagene Strukturierungshilfe, die digitale Quellenkunde, das paläographische Training auch oder sogar besonders für das eigenständige Studium. Im Sinne einer *„Hochschullehre der unterschiedlichen Geschwindigkeiten“* tragen sie zur Ermöglichung eines individuell gestalteten Studiums mit – je nach Begabung, Interesse und Vorkenntnissen – angepasstem Lerntempo und -rhythmus bei.

Literatur

[APW III B 1/1-3] Acta Pacis Westphalicae, hg. von der Nordrhein-Westfälischen Akademie der Wissenschaften in Verbindung mit der Vereinigung zur Erforschung der Neueren Geschichte e.V. durch Konrad REPGEN [APW III B 1/1] bzw. durch Konrad REPGEN und Maximilian LANZINNER [APW III B 1/2.3], Serie III, Abt. B: Verhandlungsakten, 1: Die Friedensverträge mit Frankreich und Schweden, Teilband 1: Urkunden, bearb. von Antje OSCHMANN, Münster 1998; Teilband 2: Materialien zur Rezeption, bearb. von Guido BRAUN, Antje OSCHMANN und Konrad REPGEN, Münster 2007; Teilband 3: Materialien zur Erschließung und Register, bearb. von Antje OSCHMANN, Münster 2007.

BECK, Friedrich: Schrift. In: DERS./Eckart HENNING (Hg.): Die archivalischen Quellen. Mit einer Einführung in die Historischen Hilfswissenschaften, Köln u. a. [5]2012, 225–276.

BLUM, Daniela/BOCK, Florian/HENKELMANN, Andreas: Der hochschuldidaktische Königsweg? Forschendes Lernen in kirchenhistorischen Seminaren. In: BOCK, Florian/HENKELMANN, Andreas/HANDSCHUH, Christian (Hg.): Kompetenzorientierte Kirchengeschichte. Hochschuldidaktische Perspektiven „nach Bologna" (Theologie und Hochschuldidaktik 6), Münster/Berlin 2015, 91–111.

BOCK, Florian/HENKELMANN, Andreas: Einleitung. In: DIES./HANDSCHUH, Christian (Hg.): Kompetenzorientierte Kirchengeschichte. Hochschuldidaktische Perspektiven „nach Bologna" (Theologie und Hochschuldidaktik 6), Münster/Berlin 2015, 1–15.

BOSNJAK, Ellen/NOICHL, Elisabeth/SCHMEISSER, Christa: Übungsbuch Deutsche Schriftenkunde. Schriftbeispiele des 12. bis 20. Jahrhunderts aus bayerischen Archiven, München 2015.

BREMER, Kai: Rendezvous mit Maske. Im Seminar gelten andere Regeln als vor dem Monitor. Deshalb darf die Präsenzlehre nicht verschwinden. In: Frankfurter Allgemeine Zeitung, 3. Juni 2020, Forschung und Lehre, S. N 4.

BREMER, Thomas: Christentum in Raum und Zeit. In: BISCHOF, Franz Xaver/BREMER, Thomas/COLLET, Giancarlo/FÜRST, Alfons: Einführung in die Geschichte des Christentums, Sonderausgabe Freiburg/Br. 2014, 19–36.

DENZINGER, Heinrich/HÜNERMANN, Peter (Hg.): Kompendium der Glaubensbekenntnisse und kirchlichen Lehrentscheidungen (Enchiridion symbolorum definitionum et declarationum de rebus fidei et morum). Verbessert, erweitert, ins Deutsche übertragen unter Mitarbeit von Helmut HOPING, Freiburg/Br. u. a. [43]2010.

DÜLFER, Kurt/KORN, Hans-Enno: Schrifttafeln zur deutschen Paläographie des 16.–20. Jahrhunderts, Marburg [12]2007.

ECK, Sebastian: Geht das zusammen: Lehrstückdidaktik und Forschendes Lernen im Inverted Classroom Model? Eine historisch-theologische Lehrveranstaltung anlässlich des Reformationsjubiläums. In: GIERCKE-UNGERMANN, Annett/HANDSCHUH, Christian (Hg.): Digitale Lehre in der Theologie. Chancen, Risiken und Nebenwirkungen (Theologie und Hochschuldidaktik 11), Berlin 2020, 195–204.

Forum: Digitales Lehren. In: H-Soz-Kult, 31.03.2020 <www.hsozkult.de/debate/id/diskussionen-4949>.

GATZ, Erwin (Hg.) in Zusammenarbeit mit Rainald BECKER, Clemens BRODKORB und Helmut FLACHENECKER: Atlas zur Kirche in Geschichte und Gegenwart. Heiliges Römisches Reich – Deutschsprachige Länder, Regensburg 2009.

GATZ, Erwin (Hg.) unter Mitwirkung von Clemens BRODKORB und Helmut FLACHENECKER, Die Bistümer des Heiligen Römischen Reiches von ihren Anfängen bis zur Säkularisation, Freiburg/Br. 2003.

GIERCKE-UNGERMANN, Annett/HANDSCHUH, Christian (Hg.): Digitale Lehre in der Theologie. Chancen, Risiken und Nebenwirkungen (Theologie und Hochschuldidaktik 11), Münster/Berlin 2020.

GRAF, Tobias: Reflexionen über das digitale Sommersemester 2020. In: H-Soz-Kult, 28.07.2020 <https://www.hsozkult.de/debate/id/diskussionen-5036>.

HANDSCHUH, Christian/GIERCKE-UNGERMANN, Annett: E-Learning als Zukunftskonzeption in der Theologie. In: GIERCKE-UNGERMANN, Annett/HANDSCHUH, Christian (Hg.): Digitale Lehre in der Theologie. Chancen, Risiken und Nebenwirkungen (Theologie und Hochschuldidaktik 11), Berlin 2020, 11–28.

HINKEL, Sascha/WOLF, Hubert: Standards der kritischen Online-Editionen der Nuntiaturberichte Pacellis und der Tagebücher Faulhabers. In: Digitales Edieren im 21. Jahrhundert (Veröffentlichungen des Landesarchivs Nordrhein-Westfalen 67), Essen 2017, 59–71, online unter: http://www.archive.nrw.de/lav/abteilungen/rheinland/BilderKartenLogosDateien/Tagung DigitalesEdieren/8_Hinkel_Wolf.pdf.

HOCHEDLINGER, Michael: Aktenkunde. Urkunden- und Aktenlehre der Neuzeit (Historische Hilfswissenschaften), Wien/München 2009.

HUBER, Ludwig: Die weitere Entwicklung des forschenden Lernens. Interessante Versuche – dringende Aufgaben. In: DERS./Margot KRÖGER/Heidi SCHELHOWE (Hg.): Forschendes Lernen als Profilmerkmal einer Universität, Bielefeld 2013, 21–36.

JEDIN, Hubert/LATOURETTE, Kenneth Scott/MARTIN, Jochen (Hg.)/MARTIN, Jochen (Bearb.): Atlas zur Kirchengeschichte. Die christlichen Kirchen in Geschichte und Gegenwart, Sonderausgabe Freiburg/Br. 2004.

KIRCHMEIER, Christian: Generation unsichtbar (6. Juni 2020), online unter: https://www.sueddeutsche.de/bildung/videokonferenzen-video-studium-1.4926852.

KLUTTIG, Thekla: Gemeinsame Normdatei und Archive – was soll das? In: REHM, Clemens/STORM, Monika/WETTMANN, Andrea (Hg.): Nachlässe – Neue Wege der Überlieferung im Verbund (Veröffentlichungen des Sächsischen Staatsarchivs, Reihe A: Archivverzeichnisse, Editionen und Fachbeiträge 17), Halle a.d.S. 2014, 85–88.

KOLLER, Guido: Geschichte digital. Historische Welten neu vermessen, Stuttgart 2016.

LAUBINGER, Andreas/LÖSCHE, Daniel: 3D-Modelle und Visualisierung. In: BERNSEN, Daniel/KERBER, Ulf (Hg.): Praxishandbuch Historisches Lernen und Medienbildung im digitalen Zeitalter, Stuttgart 2017, 283–291.

MARKSCHIES, Christoph: Arbeitsbuch Kirchengeschichte, Tübingen 1995.

MESSEMER, Heike: Digitale 3D-Modelle historischer Architektur. Entwicklung, Potenziale und Analyse eines neuen Bildmediums aus kunsthistorischer Perspektive, Heidelberg 2020.

MISERA, Carsten: Vom Blended Learning zum Flipped Classroom: Das Flipped Classroom Konzept im Religionsunterricht. In: GIERCKE-UNGERMANN, Annett/HANDSCHUH, Christian (Hg.): Digitale Lehre in der Theologie. Chancen, Risiken und Nebenwirkungen (Theologie und Hochschuldidaktik 11), Berlin 2020, 141–150.

MÖLLER, Lenelotte/AMMERICH, Hans: Einführung in das Studium der Kirchengeschichte (Einführung Theologie), Darmstadt 2014.

NOICHL, Elisabeth/SCHMEISSER, Christa (Bearb.): Deutsche Schriftkunde der Neuzeit. Ein Übungsbuch mit Beispielen aus bayerischen Archiven (Sonderveröffentlichung der Staatlichen Archive Bayerns 5), München 2006.

NÜNNING, Ansgar: Zur Aktualität der Einheit von Forschung und Lehre. Bildung durch forschendes Lehren und Lernen in der literatur- und kulturwissenschaftlichen Hochschuldidaktik. In: HALLET, Wolfgang (Hg.): Literatur- und kulturwissenschaftliche Hochschuldidaktik. Konzepte, Methoden, Lehrbeispiele (Giessen Contributions to the Study of Culture 10), Trier 2013, 25–50.

OESTMANN, Peter: Augenkontakt ist unersetzbar. Die Hochschulen feiern die Online-Lehre. Doch ein Studium lebt von der Begegnung. In: Frankfurter Allgemeine Zeitung, 6. Juni 2020, Feuilleton, S. 12.

OPGENOORTH, Ernst/SCHULZ, Günther: Einführung in das Studium der neueren Geschichte, Paderborn u. a. [6]2001.

SAHLE, Patrick: Digitale Editionen. In: JANNIDIS, Fotis/KOHLE, Hubertus/REHBEIN, Malte (Hg.), Digital Humanities. Eine Einführung, Stuttgart 2017, 234–249.

SCHINS, Fabrice: Flipped Classroom – der umgedrehte Klassenraum. In: BERNSEN, Daniel/KERBER, Ulf (Hg.): Praxishandbuch Historisches Lernen und Medienbildung im digitalen Zeitalter, Stuttgart 2017, 327–336.

SOMMER, Michael: Eine respektable Notlösung. Ergebnisse einer Umfrage zum „Corona-Semester". In: Forschung & Lehre 27/8 (2020), 666f.

THALLER, Manfred: Digital Humanities als Wissenschaft. In: JANNIDIS, Fotis/KOHLE, Hubertus/REHBEIN, Malte (Hg.): Digital Humanities. Eine Einführung, Stuttgart 2017, 13–19.

VON BRANDT, Ahasver: Werkzeug des Historikers. Eine Einführung in die Historischen Hilfswissenschaften, mit aktualisierten Literaturnachträgen und einem Nachwort von Franz FUCHS, Stuttgart [18]2012.

WANNEMACHER, Klaus u. a.: Digitale Lernszenarien im Hochschulbereich, Berlin 2016, online unter: https://hochschulforumdigitalisierung.de/sites/default/files/dateien/HFD%20AP%20Nr%2015_Digitale%20Lernszenarien.pdf.

WIECHMANN, Brigitte: Die Gemeinsame Normdatei (GND) – Rückblick und Ausblick. In: Dialog mit Bibliotheken 2 (2012), 20–22.

WILD, Joachim (Bearb.): Kleine Archivalienkunde in ausgewählten Beispielen, auf der Website der Generaldirektion der Staatlichen Archive Bayerns: https://www.gda.bayern.de/service/archivalienkunde/kleine-archivalienkunde-in-beispielen/ (Stand: 20.08.2020).

WOLF, Hubert: Was heißt und zu welchem Ende studiert man Kirchengeschichte? Zu Rolle und Funktion des Faches im Ganzen katholischer Theologie. In: KINZIG, Wolfram/LEPPIN, Volker/WARTENBERG, Günther (Hg.): Historiographie und Theologie. Kirchen- und Theologiegeschichte im Spannungsfeld von geschichtswissenschaftlicher Methode und theologischem Anspruch (Arbeiten zur Theologiegeschichte 15), Leipzig 2004, 53–65.

Sozialethische Visionen für die Gestaltung theologischer Forschung und Lehre im digitalen Zeitalter

Josef Becker

1. Einleitung

Wir sind längst im digitalen Zeitalter angekommen – diese Feststellung ist so banal, dass sie nicht eigens erwähnt werden müsste. Dass wir uns dennoch – wieder oder weiterhin – um Visionen bemühen müssen, macht aber deutlich, dass dem Digitalen immer noch etwas Zukünftiges anhaftet. Wir befinden uns in einer eigentümlichen Zeit, in der längst Gegenwärtiges und visionär Zukünftiges sich überlagern oder sogar zusammenfallen.

Dieser Beitrag ist darum bemüht, sich diesem Umstand zu nähern und auf dem Grat zwischen adäquater Situationsbestimmung und der Reflexion von Visionen zu wandern. Nach einigen Vorbemerkungen zum (intellektuellen Umgang mit dem) digitalen Zeitalter (2.) und einer kurzen Vergewisserung über die Art von Vision, mit der wir es hier zu tun haben (3.) werden am Beispiel der Methode „Sehen – Urteilen – Handeln", die in der akademisch betriebenen christlichen Sozialethik katholischer Provenienz breite Anwendung findet, Visionen für die Gestaltung theologischer Forschung und Lehre im digitalen Zeitalter aus sozialethischer Perspektive reflektiert (4.).

2. Zum digitalen Zeitalter. Vorbemerkungen

Die folgenden Beobachtungen beziehen sich auf besonders relevante Aspekte sozialethischen Nachdenkens über das digitale Zeitalter. Denn zur Formulierung von Visionen gehört aus sozialethischer Perspektive, zu fragen, was ist, bevor gesagt werden kann, wie es sein soll. Allerdings beginnen die Schwierigkeiten mit Blick auf das digitale Zeitalter bereits an dieser Stelle. Zum einen, weil eine saubere Trennung zwischen Beschreibung und normativer Begründung kaum möglich ist; zum anderen, weil das sozialethische Denken sich häufig geradezu reflexhaft in eine normative Position begibt, die Maß und Mitte anstrebt, und das Beschreiben in einem funktionalen Verhältnis dazu steht.

2.1 *Deskriptiv-normative Terminologie*

Für das, was gegenwärtig in der Gesellschaft geschieht, kursieren verschiedene Bezeichnungen. Während sowohl evident als auch common sense zu sein scheint, dass massive Veränderungen stattfinden,[1] bestehen in Bezug auf die Art, wie sie benannt werden sollen, durchaus substantielle Auffassungsunterschiede – zumindest wenn man den Begrifflichkeiten Beachtung schenkt, statt sie einfach als Varianten ein- und desselben Prozesses zu erachten: Die prominentesten Stichwörter lauten hier „Digitalisierung“[2], „digitaler (Struktur-)Wandel der Öffentlichkeit“[3], „Transformation“[4], „Bruch“ (durch das Adjektiv „disruptiv“ oft auch in Verbindung mit den beiden erstgenannten Begriffen) oder „Revolution“[5].

Die Wahl der Begriffe gibt teilweise Auskunft über intellektuelle Referenzpunkte. Der Digitalisierungsbegriff bemüht sich um eine möglichst beschreibende Erfassung der Dynamik, wobei theologisch-ethische Ansätze weniger die technische als die soziokulturelle Seite der Digitalisierung, also „den individuellen, wirtschaftlichen, gesellschaftlichen, politischen oder etwa militärischen Gebrauch“[6] digitaler Technik in den Blick nehmen.[7] Die Rede vom digitalen Strukturwandel der Öffentlichkeit knüpft an Habermas‘ Studie zur Entstehung einer bürgerlichen Öffentlichkeit in der Aufklärungsepoche an, wenn sie sich von ihm auch meist nur das Stichwort geben lässt, aber nicht unbedingt inhaltlich an Habermas anschließt.[8] Die Wendung der „digitalen Revolution“ hingegen stellt eine Verbindung zur industriellen Revolution her und will so das Ausmaß der Veränderungen, vor allem in ihren ökonomischen und sozialen Dimensionen, kenntlich machen. An den Umwälzungen in Wirtschaft und Arbeitswelt lassen sich seismographisch die gesamtgesellschaftlichen Umbrüche ablesen.[9]

Das Ringen um die adäquate Benennung der digitalen Veränderungsprozesse ist geprägt von einer Mischung aus deskriptiver und normativer Sprache. Einerseits handelt es sich um Bemühungen, das, was geschieht, treffend zu beschreiben, andererseits werden damit immer auch normative Vorstellungen transportiert oder aufgerufen – auch hinsichtlich der historischen Bedeutung dieser Dynamiken. Dessen sollte sich auch die Rede vom „digitalen Zeitalter“ be-

1 Vgl. SÜSSENGUTH: Organisation, 93.
2 Vgl. HÖHNE: Digitalisierung.
3 Vgl. BEDFORD-STROHM: Öffentlichkeit.
4 Vgl. WILHELMS: Transformation.
5 Vgl. FILIPOVIĆ: Revolution.
6 HÖHNE: Digitalisierung, 27.
7 Vgl. ebd., 27–28.
8 Vgl. BEDFORD-STROHM: Öffentlichkeit, 12; Zu begrifflichen und konzeptionellen Alternativen zu Habermas siehe auch FILIPOVIĆ: Habermas.
9 Vgl. FILIPOVIĆ: Revolution.

wusst sein, die ja nicht nur eine Feststellung, sondern auch eine programmatische Bezeichnung ist und eine neue Epoche ausruft, womit zugleich die Ablösung einer vorausgegangenen postuliert wird. Und das zieht wiederum theoretische wie praktische Konsequenzen nach sich.

2.2 Der „Dritter Weg"-Reflex

In christlich-sozialethischen Überlegungen zum digitalen Zeitalter ist häufig der Reflex zu beobachten, einen „dritten Weg" zu beschreiten. Entstanden ist diese – von aristotelischem Denken inspirierte – Tradition in den großen weltanschaulichen Kämpfen des 19. Jahrhunderts, in denen sich die Kirche weder auf die Seite des Liberalismus noch auf die von Marxismus bzw. Sozialismus schlagen wollte und stattdessen nach einem alternativen dritten Modell suchte.[10] In digitalen Fragen nimmt sich die Darstellung dann recht ähnlich aus: Positionen des „Fortschritts" und des „Untergangs" werden dargestellt und im selben Atemzug distanziert. Sozialethiker*innen wollen sich weder Fortschrittsoptimismus noch Verfalls- und Untergangsszenarien anschließen und üben stattdessen einen nüchternen Blick ein.[11] Politisch und ethisch ist ein solches Verfahren oft mit einer Option für die „Mitte" oder das richtige Maß verbunden. Das wird u. a. auch daran sichtbar, dass häufig ethische Probleme oder Herausforderungen adressiert werden, die sich eher in bürgerlichen Mittelklassekontexten stellen. Dazu gehören etwa die Gefährdung des Rechts auf informationelle Selbstbestimmung, Einschränkungen bürgerlicher Freiheiten durch Kontrolle via Datenspeicherung oder die zunehmende Bestimmung der Lebenswelt durch die Datenökonomie.[12] Es geht an dieser Stelle nicht darum, die Relevanz dieser Fragestellungen in Abrede zu stellen, sondern nur aufzuzeigen, dass sie sich in einem spezifischen Kontext besonders zeigen. Auch dieser Beitrag leugnet nicht, in einem spezifischen Kontext – dem universitär-wissenschaftlichen – situiert zu sein, aus dem heraus und auf den bezogen das Folgende zu verstehen ist.

Die Überlegungen versuchen, von dem sozialethischen Reflex des „Dritten Wegs" loszukommen, weil es nicht zielführend zu sein scheint, Visionen zu formulieren, die sogleich in eine Balance von Chancen und Risiken, Möglichkeiten und Gefahren eingehegt werden. Die hier diskutierten gesellschaftlichen Bedingungen sozialethischen Nachdenkens über das digitale Zeitalter spielen dabei ebenso wie die im Zusammenhang christlicher Sozialethik formulierten Gedan-

---

10 Aus der Philosophie ist eine solche Frontstellung (incl. des Versuchs, diese zu unterlaufen) ebenfalls bekannt, z. B. in der Gegenüberstellung von Aufklärung und Romantik oder in der Liberalismus-Kommunitarismus-Kontroverse.

11 Vgl. Wilhelms: Digitalisierung, 3–6.

12 Vgl. Filipović: Datafizierung.

ken für die Gestaltung der digitalen Gesellschaft im Bewusstsein, die Vermischung von deskriptiver und normativer Sprache in diesen Zusammenhängen mitdenken zu müssen, immer wieder eine Rolle.

3. Welche Art von Vision?

Doch zunächst ist noch ein weiterer Zwischenschritt zu gehen. Mit welcher Vision haben wir es hier eigentlich zu tun? Und welcher Art von Vision sollten wir uns anschließen? Tatsächlich scheint ein weiteres Merkmal des digitalen Zeitalters zu sein, seit seinen Anfängen von Visionen und Utopien begleitet zu werden. Es kursieren bereits allerlei Visionen.[13] Ein Beispiel ist die Declaration of Independence of the Cyberspace, die John P. Barlow 1996 auf dem Weltwirtschaftsforum in Davos verkündete. Er grenzt das Cyberspace von der „Industrial World"[14] ab und erklärt es für unabhängig von deren Gesetzen und Regierungen; die Repräsentanten der industriellen Welt würden immer „immigrants" bleiben, während ihre Kinder „natives" des Cyberspace seien.[15] Ein weiteres Zeugnis der Neigung des digitalen Zeitalters zu Visionen und Utopien ist das „Guerilla Open Access Manifesto"[16], das der junge US-Amerikaner Aaron Swartz 2008 veröffentlichte. Die Grundbotschaft lautet, die Information und das Wissen der Menschheit für alle frei zugänglich zu machen und die Macht der großen Verlagskonzerne zu brechen. Ein anderes Beispiel ist die Vision des „dataism"[17], die der israelische Historiker Yuval Harari mit warnendem Unterton referiert als „the creation of a new and even more efficient data-processing system"[18], mit dem das Datenverarbeitungssystem homo sapiens abgelöst und verschwinden werde.[19]

Auch Entwürfen digitaler Theologie fehlt es nicht an visionären Attributen. Sie formulieren den Anspruch, „kollaborativ", „experimentell", „explorativ", „symmetrisch", „partizipativ" oder „kommunikativ" zu sein.[20] Mit diesem Anspruch wollen sie sich zum einen von der herkömmlichen, etablierten Theologie abheben, stattdessen

---

13 Vgl. BUSCH/KÄRCHER: Digitalisierung, 33.
14 BARLOW: Independence, 5.
15 Vgl. ebd., 6.
16 SWARTZ: Manifesto.
17 HARARI: Homo deus, 367.
18 Ebd., 380.
19 Vgl. ebd.
20 Exemplarisch: MEIREIS: Zungen; FRIEDRICH: Citizen Theology.

> Theologie als partizipative und kollaborative Produktion des Gesamtleibes unter strategischer Aufwertung der oft unterminierten epistemischen Autorität marginalisierter Stimmen von non-professionals und in engem koproduktiven (sic!) Austausch mit diesen[21]

betreiben. Zum anderen werden sie aber auch zum Maßstab des digitalen Zeitalters selbst und hier ist ein deutlicher Abstand zwischen Anspruch und Wirklichkeit, Versprechen und Einlösung, Verheißung und Erfüllung festzustellen, wie Matthias Möhring-Hesse mit Blick auf den Stand politischer Partizipation formuliert: „Das große Versprechen auf ein Mehr an demokratischer Beteiligung hat das Internet bisher nicht einlösen können."[22]

Die hier betrachteten Konzepte von Visionen machen deutlich, dass diese an einem eigentümlichen Ort zwischen Gegenwart und Zukunft angesiedelt sind. Aus der sozialethischen Tradition lässt sich darüber hinaus ein weiterer Entwurf entfalten, der sich ebenfalls mit diesem Ort zwischen Gegenwart und Zukunft auseinandersetzt, sich aber an der Struktur der sozialethischen Methode Sehen-Urteilen-Handeln orientiert. Das Sehen steckt ja schon im Begriff Vision – was als eine Vision artikuliert wird, ergibt sich oft aus Tendenzen, die bereits in der Gegenwart deutlich zutage treten. Visionen sind aber darüber hinaus in der Regel mehr als eine möglichst wache und scharfe Beobachtung des zu untersuchenden Gegenstandes. Sie enthalten, wie aus den vorangegangenen Überlegungen hervorgegangen ist, auch normative Aussagen, die sich vor allem in der Erwartung einer besseren Zukunft bündeln, an der dann auch die Gegenwart gemessen werden kann. Sie berühren somit auch den Bereich des Urteilens. Und Visionen haben immer auch ein Handlungsmoment, weil sie die Adressat*innen dazu anstiften sollen, sie entweder Wirklichkeit werden zu lassen oder – im Falle von Schreckensszenarien – möglichst zu verhindern. In jedem Fall werden Vision aber für gewöhnlich nicht so gedacht, dass sie einfach eintreten.[23]

4. Sehen – Urteilen – Handeln. Sozialethik im digitalen Zeitalter

Die im Folgenden zu entfaltende Vision ist also zugleich eine methodologische Reflexion. Das Schema Sehen-Urteilen-Handeln bildet den Rahmen für konkrete Phänomene und Leitkategorien des digitalen Zeitalters, wobei die Phänomene dem Sehen, die Leitkategorien dem Urteilen zugeordnet werden. Die Überlegungen verfolgen das Interesse auf Tuchfühlung mit ihren Gegenständen zu gehen und dort Fragen und Probleme der theologischen Forschung zu identifizieren.

---

21 FRIEDRICH: Citizen Theology, 185.

22 MÖHRING-HESSE: Gesellschaft, 10.

23 Vgl. ebd.

4.1 *Sehen – eine Phänomenologie des digitalen Zeitalters*

Das Sehen als erster Schritt sozialethischer Methodologie wird häufig gleichgesetzt mit der Beschreibung eines Sachverhalts, was meist unter Zuhilfenahme sozialwissenschaftlicher Forschung geschieht. Angesichts der oben beschriebenen Schwierigkeiten (Kap. 2.) wird hier jedoch ein begrifflich-phänomenologischer Zugang gewählt und zugleich darüber nachgedacht, wie die Phänomene, die auch im wissenschaftlichen Alltag schon so vertraut sind, dass sie gar nicht mehr Gegenstand, sondern Voraussetzung von Reflexionen zu sein scheinen, bereits das sozialethische Sehen verändern. Das digitale Zeitalter beginnt für die sozialethische Methodologie demnach mit einer Irritation – und zwar nicht nur der Sehgewohnheiten, sondern auch des ganzen Apparats, der das Sehen anleitet.[24] Darauf machen die ausgewählten Phänomene in besonderer Weise aufmerksam.

Ein zentrales Phänomen des digitalen Zeitalters sind Plattformen. Für alle möglichen alltäglichen Vollzüge gibt es sie bereits: Gastronomie, Unterkünfte, Dates, Fahrdienste, Kleidung, Musik, Arbeit ... Auch im wissenschaftlichen Bereich sind Plattformen, wie ResearchGate, verbreitet. Sie zeichnen sich dadurch aus, dass sie selbst keine Produkte anbieten, sondern Infrastrukturen bereitstellen, damit Angebot und Nachfrage zueinander finden können. Im Prinzip wird hier das, was traditionell vom Staat geleistet wird – eine Infrastruktur bereitzustellen, die das Entstehen von Märkten, auf denen mit Waren gehandelt werden kann – kapitalisiert, d. h. von privatwirtschaftlichen Akteuren mit dem Interesse an der Erzielung von Profiten, übernommen. Im Anschluss daran erscheint es dann auch folgerichtig, dass die digitale Plattform-Ökonomie aus Winner takes all-Märkten besteht.[25] Eine marktführende Stellung verspricht hier nicht nur die Steigerung des Profits, sondern ist die einzige Möglichkeit, überhaupt einigermaßen dauerhaft profitabel wirtschaften zu können. Das macht wiederum erhebliche Risikoinvestitionen und -bereitschaft sowie schnelles Wachstum und aggressives Marketing erforderlich. Eine weitere Eigenschaft dieses Wirtschaftsmodells ist die zum Teil sehr lange Dauer, die es braucht, bis entsprechende Plattformen überhaupt Gewinne abwerfen. Oft ist daher das Geschäftsmodell darauf ausgelegt, von einem größeren Wettbewerber für eine Summe aufgekauft zu werden, die reich macht, was den großen Digitalkonzernen nicht nur erhebliche Wirtschaftsmacht verleiht. Sie sind auch politische Machtfaktoren.[26] Hier hat die Problemanzeige von Machtasymmetrien und Herrschaftsförmigkeit der Digitalisierung, die, wie wir gesehen haben, nicht

---

24 Laut Florian Süssenguth ist das auch ein besonderes Merkmal im Verhältnis von Gesellschaft und Digitalität – vgl. SÜSSENGUTH: Gesellschaft, 8.

25 Vgl. RECKWITZ: Gesellschaft, 155–160.

26 Vgl. SÜSSENGUTH: Organisation, 94.

unwesentlich durch Visionen für das digitale Zeitalter motiviert ist (Kap. 3.), ihren Sinn.[27]

Tendenzen zum plattform-ökonomischen Modell des Winner takes all sind auch im wissenschaftlichen Bereich erkennbar. Sie sind zwar nicht nur digitalwirtschaftlich induziert, sondern stehen im größeren Zusammenhang der (neoliberalen) Hochschulreformen zu Beginn des Jahrtausends. Sie werden aber von allenthalben angetriebenen und beförderten Digitalisierungsprozessen beflügelt. Programme für die Digitalisierung der Universitäten sind vor diesem Hintergrund also sehr aufmerksam zu beobachten. Die (katholische) Theologie konkurriert auf dem Wissenschaftsmarkt um Aufmerksamkeit und finanzielle Mittel. In der ganzen Breite des Faches hat sie dabei durchaus strukturelle Vorteile, weil sie unterschiedliche Fördertöpfe im geistes-, sozial- oder kulturwissenschaftlichen Spektrum anzapfen kann – auch wenn das Label „Theologie" in manchen Kontexten alles andere als ein Kassenschlager ist. Unter den gegenwärtigen Bedingungen wären Arbeit an der Außendarstellung und am Image, Investitionen in Personal, das Gelder einwerben und auf eine Akkumulation der Fördermittel hinwirken müsste, sowie die Verdrängung oder Einverleibung von wissenschaftlichen Mitbewerbern zu empfehlen. Dass, sich in derartigen Forschungszusammenhängen und Denkstrukturen zu bewegen, Auswirkungen auf die Entwicklung von Forschungsprojekten und Identifikation von wissenschaftlich relevanten Themen hat, liegt auf der Hand. Daher stellt sich die Frage, ob die Theologie von ihrem Selbstverständnis her auf diese Weise Wissenschaft betreiben *will* – selbst wenn es ihr so gelänge, gute theologische Forschung zu machen. Sie wird darauf Antworten finden und nach Alternativen ‚solidarischen Wissenschaftens' suchen müssen, wenn sie sich dem sich abzeichnenden Status quo nicht einfach fügen will.

Das Phänomen der Datenbanken hat eine doppelte Bedeutung. Der Begriff verweist einerseits auf ein Depot, eine Zentralstelle, in der etwas aufbewahrt wird – in diesem Sinne führt der Duden Datenbanken neben anderen Beispielen wie Blutbank, Organbank, Samenbank. Andererseits sind Daten das wertvollste Gut der Digitalisierung, so dass das Kompositum Datenbank auch von den Kredit- und Finanzinstituten abgeleitet werden kann. Die Grundlage für diese Sichtweise liefert die „Datafizierung der Welt"[28], in der immer mehr Daten produziert werden, so dass sie mit „herkömmlichen" Methoden der Datenverarbeitung nicht mehr ausgewertet werden können (Big Data). Manche warnen sogar davor, dass Datenverarbeitung zu einem totalen Phänomen wird und eine neue Religion – die „data religion"[29] – entsteht.

---

27 Vgl. MEIREIS: Zungen, 53; MÖHRING-HESSE: Gesellschaft, 12–15.

28 Vgl. FILIPOVIĆ: Datafizierung; BIEBER: Daten.

29 HARARI: Homo deus, 367.

Datenbanken greifen insofern in das sozialethische Sehen ein, als es sich dabei nicht bloß um die subjektiven Wahrnehmungen einzelner Forschender handelt, sondern um eine unter Einbeziehung wissenschaftlicher Erkenntnisse bestimmte Sichtung, Exposition und Analyse eines Problemfeldes handelt. Im wissenschaftlichen Kontext sind Literaturdatenbanken – z. B. Index theologicus oder JSTOR –, die unfassbar viel Wissen versammeln, mittlerweile zum Standard der Recherche geworden. Vor allem für Fachzeitschriften ist es deshalb wichtig, in Datenbanken geführt zu werden, damit theologische Forschung überhaupt wahrgenommen wird. So wird das wissenschaftlich angeleitete Sehen von einem paradoxen Umstand geprägt: Die Möglichkeit, im Prinzip durch die Erhöhung des Spektrums verfügbarer Literatur zu einem Thema immer differenzierter und detaillierter zu arbeiten, wird konterkariert durch die Gefahr, in der riesigen Menge an Daten in der Versenkung zu verschwinden. Mechanismen und Methoden der effizienten Datenverarbeitung scheinen also tatsächlich auch im wissenschaftlichen Bereich eine immer größere Bedeutung zu bekommen.

Dies erscheint vor allem auch vor dem Hintergrund der weitläufigen Überzeugung problematisch, dass das Wissen, an dessen Produktion die Theologie beteiligt ist, sich nicht einfach darin erschöpft, Daten zu erheben und zu verarbeiten. Vielmehr werden in der Theologie, etwas pathetisch formuliert, Fragen bearbeitet, die das betreffen, was „uns unbedingt angeht" (Paul Tillich), und erhebliche intellektuelle Anstrengungen unternommen, vom Grund der christlichen Hoffnung Rechenschaft abzulegen (vgl. 1 Petr 3,15). Anders gesagt: Aus dem Inhalt bzw. Gegenstand theologischer Forschung leitet sich eine Nicht-Gleichgültigkeit gegenüber der Form, oder digital gesprochen: dem Format des Wissens, ab. Daran schließen sich weitreichende Fragestellungen an: Was bedeutet die „Datenwerdung wissenschaftlichen Wissens" für die Theologie? Welche Verluste gäbe es auf dem Weg der Verwandlung theologischer Gedanken in Daten zu verzeichnen? Wie kann Theologie sich einen widerständigen Charakter gegenüber der Tendenz bewahren, zu einer reinen Verarbeitungsmaschine zu werden, deren Daten zufällig theologische Informationen enthalten? Und welche theologischen Wissensbestände müssen davor geschützt werden, Daten zu werden?

Eines der entscheidenden Hilfsmittel beim Versuch, sich in der Daten-Welt zu orientieren sind Suchmaschinen. Sie sorgen jedoch nicht nur für die Verteilung von Wissen, sondern auch für dessen Veränderung, indem sie durch die Kombination unterschiedlicher Faktoren, die z. T. durch personalisierte Algorithmen hochgradig individualisiert sind, Wissen nach oben spülen und anderes als irrelevant unsichtbar werden lassen.[30] Sofern es sich um rein kommerzielle Suchmaschinen handelt, die mitunter auch Angebote für Wissenschaftler*innen vorhalten (etwa Google Scholar), haben diese eine kapitalistische Funktions-

[30] Vgl. Ladeur: Gesellschaft, 231.

weise. Der erste Platz auf Seite 1 der Suchergebnisse kann gekauft werden. Sofern die Nutzer*innen das Speichern von Cookies, also die Aufzeichnung und Mitverfolgung von Nutzungsgewohnheiten etc. erlauben, werden die Ergebnisse algorithmisch auf die jeweiligen Nutzungsgewohnheiten angepasst.

Bei wissenschaftlichen Suchmaschinen findet sich neben chronologischen Sortierungen (Älteste oder Jüngste zuerst) auch das Kriterium der „Relevanz". Allerdings ist recht intransparent, was die Relevanz eigentlich ausmacht: Ist diese inhaltlich begründet? Dann stellt sich die Frage, wer das wie entscheidet und ob die Beurteilung der „Relevanz" ein Ergebnis und nicht Voraussetzung der Forschung sein sollte. Oder ist sie aus der Zahl der Zitationen eruiert? Dann lässt sich daraus zunächst einmal nur ableiten, dass viele Menschen darauf (in irgendeiner Weise) Bezug nehmen, ob das gleichbedeutend mit Relevanz ist, ist zu bezweifeln: Schließlich ist ja auch denkbar, dass all diese Zitate die Irrelevanz der betreffenden Forschung feststellen. Suchmaschinen, die als Instrumente der Arbeitserleichterung helfen sollen, aus der unüberschaubaren Menge an Daten einen sinnvollen Zusammenhang herzustellen, erzeugen wiederum Probleme und Herausforderungen eigener Art, die ebenso berücksichtigt werden müssen.

Zur alltäglichen geisteswissenschaftlichen Arbeitsumgebung im digitalen Zeitalter gehören Oberflächen, die Schnittstellen zwischen Nutzer*innen und Software. Sie sind übersichtlich gestaltet, funktionieren intuitiv und sollen möglichst ‚natürlich' genutzt werden können. Zugleich müssen sie die Nutzer*innen auch an sich binden, weil sie meist mit einer bestimmten Marke verknüpft sind und die Kund*innen gehalten werden sollen.[31] Zugespitzt formuliert, haben Oberflächen nicht nur den Zweck arbeitserleichternde Instrumente zu sein; in ihnen ist darüber hinaus angelegt, zu einer Art Paradigma zu werden, also mehr und mehr die Wahrnehmung und das Denken zu prägen. Oberflächen ermöglichen allen, die sich einmal mit ihnen vertraut gemacht haben, immer und überall dort arbeitsfähig zu sein, wo die entsprechende Software verfügbar ist. Auch wenn sich auf den jeweiligen Desktops als einem Beispiel für Oberflächen die Arbeitsweise der jeweiligen Nutzer*innen abbilden sollte, z. B. durch eine Ansammlung von Einzeldateien, die dann einen mit allerlei Notizen und Zetteln vollgepackten Schreibtisch illustrieren, so ist die Funktionsweise und das Prinzip von Oberflächen darauf ausgelegt, intuitiv zugänglich und übersichtlich zu sein. Mit einem derart gestalteten Desktop kann trotzdem auch eine andere Person arbeiten, was mit dem physischen Gegenstück nicht möglich wäre. Selbst bei relativer Unordnung, kommen Oberflächen also dem menschlichen Bedürfnis nach Ordnung und Übersichtlichkeit entgegen.

Theologisches Wissen ist jedoch oft von Unübersichtlichkeit geprägt, womit etwas anderes gemeint ist als ein unaufgeräumter Schreibtisch oder die kaum überschaubare Menge an Datenmaterial, von der schon die Rede war. Die Theologie als Denkraum und Arbeitsumgebung ist eben oft kontraintuitiv, fügt

---

[31] Vgl. WILHELMS: Digitalisierung, 5.

sich nicht in Funktionalitäten ein und ist auf den ersten Blick auch nicht von unmittelbarem Nutzen. Sie verlangt, sich intensiv mit einem Gegenstand zu befassen und in eine zunächst fremde Situation hineinzudenken, mit Ambivalenzen und Uneindeutigkeiten umzugehen – was nicht notwendiger Weise bedeutet, sie tolerieren zu müssen – und sie nicht einfach zu übergehen. (Wie) lässt sich diese Erfahrung ins Digitale übertragen, traditionell theologisch gesprochen: im digitalen Zeitalter tradieren?

Anhand dieses phänomenologischen Durchgangs ist sichtbar geworden, wie tief die Irritation des sozialethischen Sehens sitzt, die auch auf die ganze Theologie ausstrahlt. Der so geschärfte Blick auf die Gegenwart des digitalen Zeitalters fordert die theologische Reflexion auf jeden Fall heraus.

4.2 *Urteilen – Leitkategorien des digitalen Zeitalters*

Nicht weniger herausfordernd ist die Auseinandersetzung mit den Leitkategorien des digitalen Zeitalters auf der Ebene des Urteilens. Hier scheinen im wissenschaftlichen Zusammenhang vor allem zwei virulent zu sein – Offenheit und Zukunft -, die im Folgenden eingehender untersucht werden.

Die Leitkategorie Offenheit ist nicht zu verwechseln mit dem Prinzip Öffentlichkeit, auch wenn im Namen der Öffentlichkeit nach mehr Offenheit gerufen werden kann. Offenheit meint eher so etwas wie den freien Zugang zu Information und Wissen ohne Bezahlschranken o. Ä. Verfechter*innen der Offenheit monieren, dass „[s]tatt umfassender Verschiebungen hin zur Praxis des Open Access und Open Science vielerorts weiterhin restriktive Zugangsbeschränkungen [herrschen].“[32] Nicht quelloffene Codes für Software und offener Zugang zu Daten, Erkenntnissen und Wissen prägen das digitale Zeitalter, sondern urheberrechtlich geschützte Programme und von großen Verlagshäusern, die z. T. globale Wissenskonzerne mit durchaus fragwürdigen Geschäftspraktiken sind, kontrollierte, zugangsbeschränkte Veröffentlichungen.

Wie umstritten die Kategorie der Offenheit ist, lässt sich an der Geschichte des bereits erwähnten Aaron Swartz, wie sie von Yuval Harari erzählt wird, verdeutlichen. Im Mittelpunkt steht ein Konflikt zwischen Swartz und dem Massachusetts Institute of Technology (MIT) als Betreiber der Datenbank JSTOR. Der Programmierer, Unternehmer und Aktivist wurde im Jahr 2011 beschuldigt, Millionen Dokumente von der kostenpflichtigen wissenschaftlichen Datenbank JSTOR illegal heruntergeladen zu haben, woraufhin die Staatsanwaltschaft Anklage wegen Urheberrechtsverletzungen erhob. Nachdem er sich mit JSTOR zwischenzeitlich geeinigt hatte, sollte es dennoch zum Prozess kommen, da die Staatsanwaltschaft den Fall weiterverfolgte. Noch vor Prozesseröffnung nahm sich Swartz, der an Depressionen litt, im Januar 2013 das Leben.

---

[32] FRIEDRICH: Citizen Theology, 177.

Hararis Version der Geschichte hat zwei große Gegenspieler: Die Daten bzw. die Information, zu deren Werkzeug sich der Open Access-Aktivist macht, der in seinem Guerilla Open Access Manifesto die Ansicht vertritt, dass Information für alle offen sein und daher von Zahlungsbeschränkungen befreit werden müsse, und die gemeinnützige, wissenschaftliche Datenbank JSTOR, deren Vertreter*innen den Grundsatz vertreten, dass es auch die Freiheit der Urheber*innen gebe, ihre Ideen nur gegen Bezahlung zur Verfügung zu stellen. Der Konflikt wird zum dramatischen Kampf zwischen Mensch und Maschine erhoben und Swartz zum Märtyrer der Offenheit, der „freedom of information“[33], wobei die Information hier nicht Objekt, sondern Subjekt der Freiheit ist. In Hararis Variante ist die Freischaltung vieler zuvor zahlungsbeschränkter JSTOR-Inhalte eine Konsequenz aus Swartz‘ Suizid und des öffentlichen Drucks, den andere Open Access-Aktivisten ausübten.[34] Der Fall Swartz zeigt, dass die Leitkategorie der Offenheit nicht nur von großen Verlagen, die an der Einhaltung des Urheberrechts ein Profitinteresse haben, skeptisch beäugt wird. Für Harari steht sie z. B. im Kontext des „dataism“, den er als neue Religion des digitalen Zeitalters heraufziehen sieht und als Gefahr betrachtet, das Leben auf „data processing and decision-making“[35] zu reduzieren und zunehmend die Deutungshoheit über Fragen der Moral und der Lebensführung zu erlangen.[36] Unbestreitbar wird aber auch deutlich, dass ein an der Offenheit orientiertes Wissenschaftssystem massive Veränderungen der gängigen wissenschaftlichen Praxis bedeuten würde, die im Moment noch weitgehend – den einen hoffnungsvolle, den anderen bedrohliche – Zukunftsmusik ist.

Damit ist das zweite Stichwort genannt: Zukunft. Auch wenn die Gegenwart längst digital ist, umgibt die Rede vom Digitalen immer noch die Aura des gänzlich Neuen, der Innovation, der Zukunft.[37] Die Hoffnung auf oder Erwartung einer besseren Zukunft hilft, Rückschläge zu verkraften und Durststrecken zu überstehen – das ist aus der Geschichte der religiösen wie der utopischen Bewegungen bekannt. In ihren Anfängen waren auch große Teile der Netzbewegung Utopisten, bewegt von dem Glauben an eine freie und demokratische Gesellschaft und einen ethischen Kapitalismus.[38] Sie füllten damit eine erschütterte und ins Stocken geratene Tradition der Moderne[39] wieder mit Leben: den Glauben an den Fortschritt durch Technologie. Auch wenn der naive Fortschrittsoptimismus der 1990er-Jahre mittlerweile einige Dämpfer erhalten hat und sich

---

33 HARARI: Homo deus, 384.

34 Vgl. ebd., 383. In anderen Versionen ist dagegen davon die Rede, dass Swartz und JSTOR sich bereits außergerichtlich geeinigt hätten; viele Inhalte wurden bereits ab 2011 freigeschaltet – Vgl. HAMMOND: Literature, 49.

35 HARARI: Homo deus, 394.

36 Vgl. ebd., 380.

37 Vgl. MÖHRING -HESSE: Gesellschaft, 12; BEDFORD-STROHM: Öffentlichkeit, 13.

38 Vgl. BUSCH/KÄRCHER: Digitalisierung, 33.

39 Vgl. METZ: Gedächtnis, 399.

einige ehemalige Protagonisten, wie Jaron Lanier, abgewandt und zu großen Mahnern entwickelt haben, ist der Glaube an Zukunft und Fortschritt immer noch ein konstitutiver Bestandteil des digitalen Zeitalters. Der Reiz des Zukünftigen lässt sich sehr gut mit einem anderen Zukunftsthema, dem Erhalt der Lebensgrundlagen für zukünftige Generationen verbinden. Umweltschutz und Bekämpfung des Klimawandels durch digitale Technik ist eines der großen Versprechen dieser Zeit. Wo die Zukunft so präsent ist, drängt sich aus theologischer Perspektive die Frage nach der Vergangenheit, nach Geschichte und Gedächtnis auf.[40] Damit ist keine rückwärtsgewandte Fortschrittskritik gemeint, sondern die Frage, aus welchem Stoff die Hoffnungen, Motive und Antriebe der Arbeit an einer besseren Zukunft gemacht sind. Die Tradition der memoria passionis, des Eingedenkens fremden Leids, betont gegenüber der Fortschrittsgeschichte die Leidensgeschichte der Menschheit.[41] Dabei geht es jedoch nicht nur um die Erinnerung vergangenen Leids, sondern darum, sensibel für die gegenwärtig Leidenden zu werden.[42] Das meint auch etwas Anderes, als Ethik in Algorithmen einzuschreiben (wie es gerade mit Blick auf die Programmierung selbstfahrender Autos diskutiert wird) oder den digitalen Wandel in Wirtschaft und Arbeit (im globalen Norden) sozialverträglich zu gestalten. Hier stehen die grundlegende Botschaft und Gestalt des christlichen Glaubens zur Debatte. Wem gebührt im digitalen Zeitalter die Aufmerksamkeit und Solidarität des Christentums? Aber auch: Welches Christentum hat im digitalen Zeitalter überhaupt Zukunft?

5. Statt eines Fazits. Handeln oder: Gestaltung theologischer Forschung und Lehre?

Die in diesem Beitrag zutage getretenen Fragen wiegen schwer. Sie sollten nicht leichtfertig und optimistisch mit der „Bindung an die christliche Botschaft von Tod und Auferstehung Christi“[43], die es – wie zu früheren Zeiten – auch gegen die nicht zu leugnenden totalitären Tendenzen im digitalen Zeitalter schon richten werde,[44] beantwortet werden. Das Prinzip, sorgsam Möglichkeiten und Gefahren, Chancen und Risiken abzuwägen, ist zwar praktikabel und genügt den Ansprüchen von Politik als Kunst des Möglichen. Für Visionen taugt es aber nicht. Die Chancen und Möglichkeiten des digitalen Zeitalters – Kollaboration,

40 Vgl. ebd., 401.
41 Vgl. PETERS: Metz, 67–68.
42 Vgl. MANEMANN: Exoduspolitik, 348–350; DERS.: Demokratie, 69–74.
43 NORD: Gestaltungsaufgabe, 53.
44 Vgl. ebd.

Partizipation, Exploration usw. – beinahe trotzig auch gegen die zeitgenössischen digitalen Entwicklungen zu betonen und zur Grundlage theologischer Entwürfe zu machen, erscheint allerdings auch nicht so vielversprechend – jedoch weniger aus Sorge vor dem Scheitern an den Beharrungskräften des Altbekannten, als dem Problem, die aus theologischer Perspektive entscheidenden Fragen zu verfehlen.

Wie aber lassen sich dann theologische Forschung und Lehre im digitalen Zeitalter gestalten? Die in diesem Beitrag formulierte Vision enttäuscht möglicherweise die Erwartung, klare Perspektiven für das Handeln zu formulieren. Sie ist eher zu einer Re-Vision des visionären Denkens im digitalen Zeitalter geraten. Wie gesagt, scheinen mir die auf dem Weg identifizierten Fragen und Probleme so gewichtig, dass sie sehr sorgsam und bedacht bearbeitet werden müssen. Mein Wunsch wäre, dass dies mit der nötigen Aufmerksamkeit für Inhalt und Form der Theologie, mit einer widerständigen Haltung im digitalisierten Wissenschaftsbetrieb und mit der Beharrlichkeit, sich die theologisch gewichtigen Fragen auch im digitalen Zeitalter nicht nehmen zu lassen, geschieht.

Literatur

BARLOW, John Perry: A Declaration of Independence of the Cyberspace. In: Duke Law & Technology Review 18/1 (2019), 5–7.

BEDFORD-STROHM, Jonas/HÖHNE, Florian/ZEYHER-QUATTLENDER, Julian: Digitale Öffentlichkeit zwischen Euphorie und Frustration: Hinführung zur ethischen und politischen Reflexion einer Generationenaufgabe. In: Dies. (Hg.): Digitaler Strukturwandel der Öffentlichkeit. Interdisziplinäre Perspektiven auf politische Partizipation im Wandel (Kommunikations- und Medienethik, 10). Baden-Baden 2019, 9–22.

BEDFORD-STROHM Jonas/HÖHNE Florian/ZEYHER-Quattlender, Julian (Hg.): Digitaler Strukturwandel der Öffentlichkeit. Interdisziplinäre Perspektiven auf politische Partizipation im Wandel (Kommunikations- und Medienethik, 10.). Baden-Baden 2019. Online unter: http://digitale-objekte.hbz-nrw.de/storage2/2019/12/12/file_6/8788858.pdf (Stand: 05.06.2020).

BIEBER, Christoph: Daten vs. Netz. Bausteine und Perspektiven eines unfertigen Politikfeldes. In: SÜSSENGUTH, Florian (Hg.): Die Gesellschaft der Daten. Über die digitale Transformation der sozialen Ordnung. Bielefeld 2015, 173–198.

BUSCH, Thorsten/KÄRCHER, Tobias: Digitalisierung menschlich gestalten: unternehmerische Verantwortung in Zeiten von Big Data. In: Amosinternational 12/1 (2018), 33–39.

FILIPOVIĆ, Alexander: Die Datafizierung der Welt. Eine ethische Vermessung des digitalen Wandels. In: Communication Socialis 48/1 (2015), 6–15.

FILIPOVIĆ, Alexander: Alles Habermas?! Alternative Theorien für eine Ethik öffentlicher Kommunikation in Zeiten der Digitalität. In: BEDFORD-Strohm, Jonas/HÖHNE, Florian/ZEYHER-QUATTLENDER, Julian (Hg.): Digitaler Strukturwandel der Öffentlichkeit. Interdisziplinäre Perspektiven auf politische Partizipation im Wandel (Kommunikations- und Medienethik, Band 10). Baden-Baden 2019, 219–232.

FILIPOVIĆ, Alexander: Art. Digitale Revolution, IV. Sozialethische Herausforderungen. In: Das Staatslexikon. Freiburg ^{8}2019. Online unter: https://www.staatslexikon-online.de/Lexikon/Digitale_Revolution#IV._Sozialethische_Herausforderungen (Stand: 29.05.2020).

FRIEDRICH, Benedikt/REICHEL, Hanna/RENKERT, Thomas: Citizen Theology. Eine Exploration zwischen Digitalisierung und theologischer Epistemologie. In: BEDFORD-Strohm, Jonas/HÖHNE, Florian/ZEYHER-QUATTLENDER, Julian (Hg.): Digitaler Strukturwandel der Öffentlichkeit. Interdisziplinäre Perspektiven auf politische Partizipation im Wandel (Kommunikations- und Medienethik, Band 10). Baden-Baden 2019, 175–192.

HAMMOND, Adam: Literature in the digital age. An introduction. Cambridge u. a. 2016.

HARARI, Yuval Noaḥ: Homo deus. A brief history of tomorrow. London 2016.

HÖHNE, Florian: Darf ich vorstellen: Digitalisierung. Anmerkungen zu Narrativen und Imaginationen digitaler Kulturpraktiken in theologisch-ethischer Perspektive. In: BEDFORD-STROHM, Jonas/HÖHNE, Florian/ZEYHER-QUATTLENDER, Julian (Hg.): Digitaler Strukturwandel der Öffentlichkeit. Interdisziplinäre Perspektiven auf politische Partizipation im Wandel (Kommunikations- und Medienethik, Band 10). Baden-Baden 2019, 25–46.

LADEUR, Karl-Heinz: Die Gesellschaft der Netzwerke und ihre Wissensordnung. Big Data, Datenschutz und die "relationale Persönlichkeit". In: SÜSSENGUTH, Florian (Hg.): Die Gesellschaft der Daten. Über die digitale Transformation der sozialen Ordnung. Bielefeld 2015, 225–251.

MANEMANN, Jürgen: Exoduspolitik – Politik ex memoria passionis. In: KÜHNLEIN, Michael (Hg.): Das Politische und das Vorpolitische. Über die Wertgrundlagen der Demokratie. Baden-Baden 2014, 339–359.

MANEMANN, Jürgen: Demokratie und Emotion. Was ein demokratisches Wir von einem identitären Wir unterscheidet. Bielefeld 2019. Online unter: http://digitale-objekte.hbz-nrw.de/storage2/2020/01/30/file_5/8811402.pdf (Stand: 05.06.2020).

MEIREIS, Torsten: „O dass ich tausend Zungen hätte". Chancen und Gefahren der Digitalisierung politischer Öffentlichkeit – die Perspektive evangelischer Theologie. In: BEDFORD-STROHM, Jonas/HÖHNE, Florian/ZEYHER-QUATTLENDER, Julian (Hg.): Digitaler Strukturwandel der Öffentlichkeit. Interdisziplinäre Perspektiven auf politische Partizipation im Wandel (Kommunikations- und Medienethik, Band 10). Baden-Baden 2019, 47–62.

METZ, Johann Baptist: Zukunft aus dem Gedächtnis des Leidens. eine gegenwärtige Gestalt der Verantwortung des Glaubens. In: Concilium 8 (1972), 399–407.

MÖHRING-HESSE, Matthias: In Gesellschaft der Daten: demokratische Beteiligung und Digitalisierung. In: Amosinternational 12/1 (2018), 10–17.

NORD, Ilona (2019): Eine langfristige Gestaltungsaufgabe. Digitalisierung und politische Partizipation als Herausforderung für Kirche und Praktische Theologie. In: BEDFORD-STROHM, Jonas/HÖHNE, Florian/ZEYHER-QUATTLENDER, Julian (Hg.): Digitaler Strukturwandel der Öffentlichkeit. Interdisziplinäre Perspektiven auf politische Partizipation im Wandel (Kommunikations- und Medienethik, Band 10). Baden-Baden 2019, 63–82.

PETERS, Tiemo Rainer: Johann Baptist Metz. Theologie des vermißten Gottes. Mainz 1998.

RECKWITZ, Andreas: Die Gesellschaft der Singularitäten. Zum Strukturwandel der Moderne. Berlin [3]2017.

SÜSSENGUTH, Florian: Die Organisation des digitalen Wandels. zur Funktion von Digitalisierungssemantiken in Wirtschaft, Medien und Politik. In: Ders. (Hg.): Die Gesellschaft der Daten. Über die digitale Transformation der sozialen Ordnung. Bielefeld 2015, 93–121.

SÜSSENGUTH, Florian: In Gesellschaft der Daten. ein kurzer Problemaufriss. In: Ders. (Hg.): Die Gesellschaft der Daten. Über die digitale Transformation der sozialen Ordnung. Bielefeld 2015, 7–14.

SWARTZ, Aaron: Guerrilla Open Access Manifesto. Online unter: http://archive.org/stream/GuerillaOpenAccessManifesto/Goamjuly2008_djvu.txt (Stand: 29.05.2020).

WILHELMS, Günter: Digitale Transformation. sozialethische Überlegungen zu einem „Zeichen der Zeit". In: Ethica 25/2 (2017), 167–188.

WILHELMS, Günter: Wie die Digitalisierung das Verhältnis des Menschen zu seiner Arbeit verändert. Versuch einer Kritik; Schwerpunktthema. In: Amosinternational 12/1 (2018), 3–9.

Lebendiges Argumentieren: Philosophische Medien und digitale Lehre

Thomas Hanke und Anna Puzio

Philosophische Theorien neigen dazu, entweder Ideale für die Realität auszugeben oder die Realität zum Ideal zu verklären. Seit dem Sommersemester 2020 hat plötzlich – und vermutlich in mancher Hinsicht definitiv – die Realität digitaler Lehre auch in die Philosophie Einzug gehalten. Wie nahe kommt sie dem, was philosophisch als Ideal gelten kann, und wie prägt sie das konkrete philosophische Arbeiten?

Zu Beginn der Corona-Krise und in der Vorbereitung des digitalen Semesters waren die Signale und Anordnungen der Hochschul-, Fakultäts- und Institutsleitungen vielfältig und teils widersprüchlich.[1] Die Situation im März und April 2020 war offensichtlich neu, so nicht vorhergesehen, alle mussten „auf Sicht fahren" und dabei verantwortungsvoll handeln. Sicher gab und gibt es Defizite an digitaler Ausstattung, Ausbildung, Erfahrung. Das ist allerdings nicht unser Thema. Im Fokus dieses Ansatzes steht vielmehr, dass die Vielfalt der Signale und Anordnungen, die – speziell für die geisteswissenschaftlichen Fächer – gegeben wurden, in der Summe durchaus treffend waren. An einigen Orten wurde früh und mit Nachdruck auf synchrone Lehre gesetzt, wurden Sonderlizenzen für entsprechende Online-Dienste erworben und weitere entsprechende Maßnahmen ergriffen. Das Ideal des lebendigen Austausches zwischen Lehrenden und Studierenden und jeweils untereinander sollte nicht aufgegeben werden. An anderen Orten war man skeptischer mit Blick auf Serverkapazitäten und Datenschutz: Es wurde vertreten, dass nur asynchrone Lehre möglich und dass dies auch gut so sei, schließlich bestehe das Ideal der Geisteswissenschaften in sorgfältiger Textarbeit, die man nun noch besser pflegen könne. Die Realität der ersten Semesterhälfte sah dann so aus, dass die Uni-Server nach erwartbaren Anlaufschwierigkeiten tatsächlich relativ schnell ausgebaut und stabilisiert wurden. Es stellte sich jedoch heraus, dass es auf Studierendenseite weitaus mehr Härtefälle bei Equipment, Internetanschluss und privater Situation gibt, die Live-Schaltungen erschweren und einschränken. Es war ebenso konsequent wie sinnvoll, dass zur Semesterhälfte signalisiert wurde, am besten synchrone und asynchrone Lehr-Lern-Konstellationen miteinander zu kombinieren.

---

[1] Wir beziehen uns auf öffentliche wie interne Mitteilungen von Universitäten, Fachbereichen etc. aus den Ländern Bayern, Hessen, Niedersachsen und Nordrhein-Westfalen.

Aus philosophischer Perspektive können wir gut unterschreiben, was über akademisches, speziell geisteswissenschaftliches Arbeiten gesagt wurde: Es geht um sorgfältige Textarbeit *und* es geht um einen lebendigen Austausch zwischen den vielen und diversen am Diskurs teilnehmenden Personen. Diese Thematik wollen wir im Folgenden vertiefen: In einem ersten Schritt diskutieren wir die Transformation von Menschenbild und Anthropologie unter technisierten und digitalen Bedingungen sowie die Wiedergewinnung eines Begriffs menschlicher Interaktion. Die digitale Welt wird als ein mögliches philosophisches Medium ausgewiesen. Im zweiten Schritt sollen einige Beispiele verdeutlichen, wie sorgfältige Textarbeit und lebendiges Argumentieren im digitalen Zeitalter didaktisch fruchtbar (nach-)vollzogen werden können.

1. Menschenbild-Transformationen

Wie verändern sich philosophische Fragestellungen vor dem Hintergrund der neuen technologischen Entwicklungen? Der zunehmende technologische Fortschritt fordert tradierte philosophische Konzepte heraus und führt zu grundlegenden Veränderungen im Menschenverständnis. Besonders radikal stellen die gegenwärtigen Entwicklungen in KI und Robotik infrage, was Leben, Materie, Bewusstsein, Intelligenz und phänomenales Erleben bedeuten. Humanoide Roboter und Maschinenintelligenz lassen die Grenzen zwischen belebt und unbelebt sowie zwischen Mensch, Tier und Maschine verschwimmen. Was unterscheidet den Menschen noch von der Maschine? Oder: Was soll ihn von der Maschine unterscheiden?[2]

Der technologische Wandel betrifft aber nicht nur philosophische Konzepte, sondern hält seit langem Einzug in den menschlichen Alltag. Schon in der unmittelbaren Lebenswelt wird deutlich, wie Medien und Technologien das Menschsein und damit auch das menschliche Selbstverständnis prägen. Dabei ergänzen diese – entgegen häufiger Annahme – das Menschsein nicht einfach nur, sondern verändern wesentlich die Strukturen menschlichen Lebens. Social Media weiten Kommunikation nicht bloß über zeit- und ortsgebundene Präsenz hinaus aus, sondern wandeln soziale Beziehungen, führen zu neuen sprachlichen Ausdrucksmöglichkeiten (z. B. Emojis) und Identitätskonzepten (z. B. Selfies, Profilfotos, Memojis, idealisierte Selbstdarstellung mit Fotofiltern), transformieren Strukturen der gesellschaftlichen und politischen Teilhabe. Auch medizinische Visualisierungstechniken (z. B. Ultraschall, EEG, Ultramikroskop) oder Fitnesstracker erweitern nicht nur die Wahrnehmung des Körpers oder die

[2] Vgl. ausführlicher zur Veränderung von Anthropologie durch Technologien: PUZIO: Ent- und Begrenzung.

Auskunft über den Fitness- und Gesundheitszustand, sie prägen und ermöglichen Körpervorstellungen, die über Daten oder Methoden bildgebender Verfahren bezogen werden (z. B. Gesundheitsdaten, Hirnbilder).[3] Auf diese Weise haben Medien und Technologien auch Auswirkungen auf das menschliche Handeln: Sie „konstituieren eine bestimmte Art Sprache für die Gesellschaft, die mit ihnen arbeitet, eine Sprache des sozialen Handelns"[4].

Diese sich vollziehende bzw. bereits vollzogene Transformation kann dazu verleiten, die Realität des Menschseins auf eine bestimmte Perspektive zu verengen. Populär geworden sind die Anwendung der Computermetapher auf den Menschen, informationszentrierte Auffassungen von Wissen und Handeln sowie die Reduktion von organischen Prozessen auf Ursache-Wirkungs-Verhältnisse. Besonders die Einflüsse der Kybernetik und Informationstheorie seit den 1940er Jahren haben bewirkt, alle Lebensvorgänge im lebendigen Organismus auf Informationsverarbeitung zu reduzieren und den Menschen als „informationsverarbeitende Maschine"[5] zu deuten. Diesem Bild zufolge wird Menschsein nur noch über Input-Output-Verhältnisse definiert. Wenn der Mensch so zum Informationssystem wird, dann wird er entmaterialisiert: Die Information wird der Materie übergeordnet und der Körper rückt als bloßer Datenträger in den Hintergrund. Auch wenn die Kybernetik und Informationstheorie ihre Hochphase in der Nachkriegszeit hatten, haben sie vor allem die Molekularbiologie und Neurowissenschaften bis heute nachhaltig geprägt.

Im Angesicht der Technik vollzieht sich menschliche Selbstverständigung. Den genannten Entwicklungen und entsprechend technologisch beeinflussten Menschenbildern ist der Mensch jedoch nicht einfach machtlos ergeben. Es handelt sich vielmehr um „‚anthropomachinale[...]' Selbstverständigungsdiskurse[...]"[6], die vom Menschen ausgehen und die von ihm verantwortungsbewusst und kreativ mitgestaltet werden (sollten). Den im Verhältnis zur Technik entwickelten Vorstellungen über den Menschen, seinen Körper, über menschliche Gemeinschaft und Gesellschaft sind Menschen nicht ausgeliefert, sondern sie selbst sind es, die sie entwerfen. Für die Philosophie ist also ein Dreischritt wichtig: wahrzunehmen, dass die menschliche Lebenswelt schon eine technisierte ist;[7] zu erkennen, wie sich im Angesicht der Technisierung sowohl vorwissenschaftliche Menschenbilder als auch wissenschaftliche Anthropologie verändern; schließlich, diese Veränderungen aktiv mitzugestalten.[8] Das hat auch eine

---

3 Vgl. BÖHME: Invasive Technisierung, z. B. 20, 224–247. – Vgl. ebenfalls: DERS.: Leib, 67–70. – Böhme orientiert sich an DUDEN: Frauenleib. – Vgl. SALASCHEK: neuronale Maschine.

4 WEIZENBAUM: Ohnmacht, 61.

5 Z. B. KRÜGER: Virtualität, 182f., 201, 422.

6 MÜLLER/LIGGIERI: Mensch-Maschine-Interaktion, 13.

7 Darauf haben in diesem Band bereits die Beiträge von BARTNICK/KELM/WEDEKING und WODE hingewiesen.

8 Dies ist zugleich eine ethische Frage: Vgl. den Beitrag von KIRCHSCHLÄGER in diesem Band.

öffentlich-politische Dimension: Unseres Erachtens kann der Begriff des Handelns, wie Hannah Arendt ihn im Unterschied zum bloß funktionierenden, tierischen Arbeiten und zum technokratischen, verdinglichenden Herstellen starkgemacht hat, treffend auf die digitale Welt, in der Menschen miteinander interagieren, angewendet werden.[9]

An dieser Stelle können erste Weichenstellungen für die digitale Lehre in der Philosophie vorgenommen werden. Wir plädieren dafür, die digitale Welt als ein mögliches „philosophisches Medium" zu verstehen und zu nutzen. Nach dem bisher Ausgeführten ist das gerade keine Kapitulation vor einem technokratischen Menschenbild:

> Die Kommunikation im Medium digitaler Weltvernetzung ist [...] keine vom ursprünglichen In-der-Welt-sein getrennte Infosphäre, sondern sie ist [...] eine besondere Form unseres leiblichen, weltbezogenen und sozialen Im-Raum- und In-der-Zeit-seins.[10]

Die Veränderungen der Interaktion und Kommunikation durch den fortschreitenden technologischen Wandel sind vielfältig.[11] So wird Online-Kommunikation einerseits als beziehungsfördernd empfunden, da sie z. B. die zeitliche und räumliche Reichweite vergrößert und sich unabhängig von Einschränkungen in der physischen Mobilität ereignen kann. Andererseits gilt sie als störend, insofern sie zu ständigem Erreichbarkeitsdruck, Ablenkungen und Unterbrechungen („digital distraction") oder sozialer Isolation führen kann.[12] Neben der Individualkommunikation kommen zahlreiche weitere Veränderungen in Gemeinschaftsbildungen und Handlungsstrukturen, im Wissens-, Daten-, und Informationsmanagement etc. hinzu.[13] Für die digitale Lehre besteht die Herausforderung offensichtlich darin, die genannten Vorteile und Potentiale zu nutzen und die Störfaktoren so gut es geht auszuschalten. Dabei kann es sich nicht um eine bloße Übertragung der analogen Lehrinhalte ins Digitale handeln, sondern es ist dem Umstand Rechnung zu tragen, dass digitale Kommunikation andere Strukturen und Ausdrucksmöglichkeiten hat.[14]

---

9 Vgl. Arendt: Vita activa.

10 Capurro: Homo Digitalis, 96.

11 Vgl. z. B. Beck/Jünger: Online-Kommunikation; Vgl. auch weitere Beiträge im „Handbuch Online-Kommunikation", bspw. zu veränderter politischer Kommunikation, Gesundheitskommunikation und Wissensmanagement.

12 Vgl. Döring: Sozialkontakte online, 182–184.

13 Vgl. dazu auch den Beitrag von Klaholz/Schmidt in diesem Band.

14 Mit Blick auf das Theologiestudium vgl. die lehrreichen Erfahrungsreflexionen von Adams/Weirer in diesem Band.

2. Digitale Lehre in der Philosophie

Eingangs haben wir gesagt, dass wir unter dem Geschäft der Philosophie sowohl sorgfältige Textarbeit als auch den lebendigen Austausch miteinander diskutierender Menschen verstehen. Im vorhergehenden Abschnitt haben wir dafür argumentiert, dass die digitale Welt als aktiv zu gestaltender Ausdruck menschlichen Geistes verstanden werden kann. Die digitale Welt ist dem Menschen nicht nur etwas Fremdes, sondern in erster Linie etwas Eigenes. Was folgt daraus für das philosophische Lernen und Lehren? In diesem Abschnitt wollen wir nun noch stärker auf die Frage nach der „Ausgabe" fokussieren.

Zunächst zur Textarbeit: Im Lauf eines Studiums werden Schritt für Schritt entsprechende Kompetenzen erlernt, entfaltet und trainiert. Dies beginnt mit der Einführung ins wissenschaftliche Arbeiten, reicht über Proseminare bis hin zur Abschlussarbeit nach wissenschaftlichen Standards. In den zurückliegenden Jahren war dabei eine gewisse Verschiebung weg vom physischen Buch (bzw. den entsprechenden Kopien) hin zu digitalisierten Texten festzustellen. Die wichtigste Kompetenz, die diesbezüglich ab Beginn des Studiums einzuüben ist – und zwar von Studierenden wie von Lehrenden (!) –, besteht in der Fähigkeit zur Unterscheidung der vorfindbaren digitalen Text-Angebote und zur Auswahl einer für akademische Zwecke angemessenen Grundlage. Nicht alles, was man auf die Schnelle findet, ist geeignet. Das gilt offensichtlich für eine Sekundärquelle wie die *Wikipedia*, deren Artikel qualitativ unterschiedlich ausfallen, aber auch für die Anbieter von (vermeintlichen) Primärtexten wie das (momentan für deutsche IP-Adressen gesperrte) *Project Gutenberg* bzw. seinen (zugänglichen) deutschsprachigen Ableger sowie die Plattform *zeno.org*. Abgesehen davon, dass in den dort dargebotenen Texten nicht besonders komfortabel zwischen den Kapiteln und Abschnitten eines Buches navigiert werden kann, hat man es meistens mit – für den heutigen Forschungstand – fragwürdigen Quellen zu tun. Übersetzungen aus anderen Sprachen ins Deutsche sind häufig solche aus dem 19. Jahrhundert, die nicht nur altmodisch sind, sondern vor allem keine stabile Terminologie aufweisen (ein Beispiel dafür sind die Werke Descartes'[15]). Im Falle der *Metaphysik* des Aristoteles stößt man auf die idiosynkratische Anordnung der einzelnen Bücher durch Adolf Lasson von 1907, die heute keine Rolle mehr

[15] Vgl. die Übersicht Zeno: Descartes. Wie wohltuend präzise sind demgegenüber die Neuübersetzungen von René Descartes' Schriften durch Christian Wohlers im Meiner-Verlag, angefangen mit Descartes: Die Prinzipien der Philosophie. Dies ist ein gutes Beispiel für das Verantwortungsbewusstsein und die Leistungsfähigkeit von Verlagen, die also durch unsere Open-Access-Beispiele in diesem Artikel keinesfalls missachtet werden sollen. Vielmehr scheint uns eine noch bessere Vernetzung von Verlagen, Bibliotheken und Seminarräumen erstrebenswert zu sein.

spielt.[16] Die Liste ließe sich fortsetzen. Nicht alles, was gemeinfrei ist, ist deshalb schon original.

Wie gesagt sind wir der digitalen Welt nicht ausgeliefert, sondern können mit ihr umgehen und sie selbständig gestalten. Ein Vergleich der bei *Wikipedia* zu findenden Darstellungen von Personen aus der Philosophiegeschichte und ihrer Werke und Theorien mit den Einträgen in der *Stanford Encyclopedia of Philosophy* wird schnell deutlich machen, inwiefern die Erstgenannten oft holzschnittartig, traditionalistisch oder mit willkürlichen Schwerpunktsetzungen vorgehen, während sich die Letztgenannten der Dynamik der Forschungsgeschichte und des aktuellen Forschungsstandes bewusst sind und ihre Deutung und Bewertung mit Argumenten abgewogen haben.[17] Vergleiche verschiedener Online-Lexika durchzuführen – und dabei sowohl inhaltlich eine Menge zu lernen als auch die philosophische (theologische, politische, ästhetische ...) Urteilskraft zu schärfen –, lässt sich unseres Erachtens gut in einem Proseminar durchführen. Auf diese Weise können Studierende in einer frühen Phase ihres Studiums die Kompetenz für einen selbstständigen Umgang mit Online-Ressourcen entwickeln und trainieren.

Mit Blick auf Primärquellen darf das *Cambridge Platonism Sourcebook* als vorbildlich gelten. Dort sind Texte von Henry More, Ralph Cudworth, Anne Conway und anderen, die der Gruppierung der Cambridge Platonists aus dem 17. Jahrhundert zugeordnet werden, zugänglich gemacht worden. Es handelt sich dabei sowohl um die digitale Neu-Edition gedruckter Werke als auch um die Transkription von Handschriften aus der British Library. Erschlossen werden die Texte nicht nur durch Suchfunktionen, Kommentare und weitere Hilfsmittel, sondern auch durch eine detaillierte Offenlegung der Digitalisierungsmethoden. Auf diese Weise können sich Lehrende wie Studierende an einem *best practice*-Beispiel den Einsatz von XML vor Augen führen.[18] Wie wäre es mit einem Haupt- oder Oberseminar zu den Personen, Texten und Argumenten, die hier versammelt sind, *unter Einbezug* des praktischen Nachvollzugs solcher digitaler Präsentationsformen?

Ein weiteres positives Beispiel, wiederum aus der Philosophie der Neuzeit, ist *projectvox.org*. Diese Plattform richtet sich explizit sowohl an Lehrende als auch an Studierende. Sie wurde gegründet, um gegenüber der auf einen Kanon weniger Autoren reduzierten Philosophiegeschichtsschreibung eine breitere und akkuratere Zugangsweise zu etablieren und dabei insbesondere der bisher oft missachteten Präsenz von philosophierenden Frauen einen angemessenen

16 Vgl. Aristoteles: Metaphysik.

17 Vgl. z. B. N. N.: Hegel (Wikipedia), mit Redding: Hegel; oder N. N.: Edith Stein (Wikipedia), mit Szanto/Moran: Edith Stein.

18 Vgl. Hawkins: Platonism.

Raum zu geben. Auch hier werden Methoden und Schwerpunktsetzungen transparent erläutert.[19] In einer wachsenden Galerie werden ausführliche Würdigungen des Lebens und Werks von Philosophinnen im nordwestlichen Europa des 17. und 18. Jahrhunderts mit reichlichen Querverweisen und Quellenangaben versammelt. Eine weitere Besonderheit der Website besteht in der Betonung der bildlichen Elemente philosophischer Überlieferung. Eine Vielzahl von Bildern der besagten Philosophinnen wie der Personen, Orte und Werke in ihrem Umfeld sind hier in exzellenter Bildqualität und mit Angaben zu ihrer Provenienz zusammengetragen. Die Website bietet somit viele praktische Hinweise für Lehrende im Hinblick auf die Vorbereitung und Durchführung von Seminaren und Vorlesungen. Sie lädt zugleich durch das bildhafte In-Szene-Setzen der Mimik, Körperhaltung, Verortung von Denker*innen sowie ihrer geistigen Produktionen (handschriftliche Notizen, Briefe, Titelseiten von Büchern etc.) eine mit Instagram herangewachsene und an Fotos, Videos und Graphiken hohe ästhetische Ansprüche stellende Studierendengeneration dazu ein, sich in die leib- und lebhafte Welt philosophischen Argumentierens hineinzubegeben. Bei der Durchführung von Lehrveranstaltungen und im Rahmen der Prüfungsleistungen solche Potentiale fotografischen, filmischen, digital verfremdeten und verfeinerten Inszenierens von Philosophie zur Performanz zu bringen, erscheint uns attraktiv.

Von der Reflexion auf sorgfältige Textarbeit sind wir so bereits zum zweiten wesentlichen Bestandteil philosophischer Tätigkeit und des Lehrens und Lernens von Philosophie gelangt, der immer unterschwellig mitläuft: zum lebendigen Argumentieren. Denn philosophische Texte sind nichts anderes als geronnene philosophische Argumentation. Philosophische Texte sind Medien, in denen Philosophie sich vollzieht, der menschliche Geist sich ausdrückt, ebenso wie es ausgesprochene philosophische Argumente sind, die sich im Diskurs mit anderen, im interaktiven „Spiel des Gebens und Nehmens von Gründen" zu bewähren haben. Es sind Medien, in denen man lebt, nicht nur Werkzeuge, die man kurz benutzt und wieder liegen lässt. Zumindest ist das ihr Anspruch. Diese Medien können sich in die analoge wie in die digitale Lebenswelt erstrecken. Eine völlige Trennung zwischen analog und digital wäre heutzutage künstlich.[20]

Bereits 1998 haben Andy Clark und David Chalmers in einem Aufsatz für die These vom „ausgedehnten Geist" geworben:

> Wenn [...] ein Teil der Welt wie ein Prozess funktioniert, der – *würde er im Kopf vollzogen* – von uns, ohne zu zögern, als Teil eines kognitiven Prozesses anerkannt würde, dann ist [...] dieser Teil der Welt *tatsächlich* ein Teil des kognitiven Prozesses. Kognitive Prozesse laufen nicht (alle) nur im Kopf ab![21]

---

19 Vgl. PROJECT VOX TEAM: Methods.

20 Vgl. den Beitrag von BARTNICK/KELM/WEDEKING in diesem Band.

21 CLARK/CHALMERS: ausgedehnte Geist, 207.

Das prägnanteste Beispiel aus jenem Aufsatz ist das Notizbuch des Alzheimer-Patienten Otto, das dieser ganz selbstverständlich zur Erinnerung und Orientierung in New York verwendet und das damit eine ähnliche Funktion erfüllt wie der „normale" Erinnerungs- und Orientierungssinn von Inga, die nicht an Alzheimer leidet. Das Notizbuch wird hier zu einem Teil von Ottos „Geist". Das ist ein aufschlussreiches Bild. Aus heutiger Sicht geht es aber noch nicht weit genug. Clark und Chalmers verstanden es nämlich recht statisch: das Notizbuch (oder auch Dateien in einem Computer) als Behälter für Informationen, an die man sich sonst nicht gut erinnert. Sie sahen noch nicht die Bedeutung digitaler *Interaktion* als Medium des „ausgedehnten Geistes" – was sich u. a. darin äußerte, dass sie dem Internet eine relevante Rolle für ihre Theorie explizit absprachen.[22] Geht man zu einem Interaktionsmodell über, lassen sich die Überschneidungen von analoger und digitaler Welt in der Philosophie des Geistes und eben auch die Konsequenzen, die daraus für die Konzeption philosophischer Medien und digitaler Lehre erwachsen, noch weit besser nachvollziehen.

Wir behaupten nicht, dass menschliche Interaktion vollständig virtuell erfolgen oder dass dies das Ideal universitärer Lehre sein sollte. Das ohne jede Präsenzveranstaltung durchgeführte Sommersemester 2020 hat auch vor Augen geführt, dass lebendiges Argumentieren oftmals schwerer fällt, wenn man sich nicht physisch im selben Raum befindet. Die klassische Seminardiskussion im Plenum wie in Kleingruppen lässt sich nicht ohne Weiteres digital umsetzen. Jedoch ist auch wahr, dass der Wegfall einer Bühne für das körperlich-habituelle Raumgreifen bestimmter Charaktere den positiven Effekt hatte, dass etablierte Hierarchien infrage gestellt wurden und demgegenüber Stimmen und Argumente, die sonst marginalisiert werden, sich das Gehör verschaffen konnten, das ihnen gebührt. Dieses kritische Potential der Digitalisierung philosophischen Lernens und Lehrens möchten wir zum Abschluss unseres Beitrags gern unterstreichen. Wir tun dies nicht zuletzt angesichts der Tatsache, dass die Corona-Krise für viele Menschen, darunter Studierende wie Wissenschaftler*innen, den Rückfall bzw. die Zurückdrängung in längst überwunden geglaubte soziale Rollenmuster bedeutet hat. Mit Hannah Arendt sei noch einmal auf die Differenzierung von Arbeiten, Herstellen und Handeln und die jeweils implizierten Menschenbilder hingewiesen. Eine aufgeklärte, demokratische, pluralistische Gesellschaft kann es nur geben, wenn Menschen nicht auf die ersten beiden Aktivitäten festgelegt werden, sondern wenn der letztgenannten Aktivität der Primat eingeräumt wird. Unser Plädoyer für lebendiges Argumentieren, philosophische Medien und digitale Lehre verstehen wir in diesem Sinne.

22 Vgl. ebd., 221.

Literatur

ARENDT, Hannah: Vita activa oder Vom tätigen Leben. München/Zürich [6]2007.

ARISTOTELES: Metaphysik. Übers. u. hg. v. Adolf Lasson. Jena 1907. Online unter: www.zeno.org/Philosophie/M/Aristoteles/Metaphysik (Stand: 16.07.2020).

BECK, Klaus/JÜNGER, Jakob: Soziologie der Online-Kommunikation. In: SCHWEIGER, Wolfgang/BECK, Klaus (Hg.): Handbuch Online-Kommunikation. Wiesbaden [2]2019, 7–33.

BÖHME, Gernot: Invasive Technisierung. Technikphilosophie und Technikkritik (Die Graue Reihe 50). Kusterdingen 2008.

BÖHME, Gernot: Leib. Die Natur, die wir selbst sind. Berlin 2019.

CAPURRO, Rafael: Homo Digitalis. Beiträge zur Ontologie, Anthropologie und Ethik der digitalen Technik (Anthropologie – Technikphilosophie – Gesellschaft). Wiesbaden 2017.

CLARK, Andy/CHALMERS, David: Der ausgedehnte Geist. In: FINGERHUT, Joerg/HUFENDIEK, Rebekka/WILD, Markus (Hg.): Philosophie der Verkörperung. Grundlagentexte zu einer aktuellen Debatte. Berlin 2013.

DESCARTES, René: Die Prinzipien der Philosophie. Lateinisch-Deutsch. Übers. u. hg. v. Christian WOHLERS. Hamburg 2005.

DÖRING, Nicola: Sozialkontakte online. Identitäten, Beziehungen, Gemeinschaften. In: SCHWEIGER, Wolfgang/BECK, Klaus (Hg.): Handbuch Online-Kommunikation. Wiesbaden [2]2019, 167–194.

DUDEN, Barbara: Der Frauenleib als öffentlicher Ort. Vom Missbrauch des Begriffs Leben. Frankfurt a. M. 2007.

HAWKINS, Michael: Cambridge Platonism Project. Transcription Guidelines. Online unter: www.cambridge-platonism.divinity.cam.ac.uk/our-methodology/transcription-guidelines (Stand: 16.07.2020).

KRÜGER, Oliver: Virtualität und Unsterblichkeit, Gott, Evolution und die Singularität im Post- und Transhumanismus (zugl. Diss. Bonn 2004, Titel: „Virtualität in der Mediengesellschaft") (Rombach Wissenschaften, Litterae 123). Freiburg i. Br./Berlin/Wien [2]2019.

MÜLLER, Oliver/LIGGIERI, Kevin: Mensch-Maschine-Interaktion seit der Antike. Imaginationsräume, Narrationen und Selbstverständnisdiskurse. In: DIES. (Hg.): Mensch-Maschine-Interaktion. Handbuch zu Geschichte – Kultur – Ethik. Berlin 2019, 3–14.

N. N.: Art. „Georg Wilhelm Friedrich Hegel". Online unter: https://de.wikipedia.org/wiki/Georg_Wilhelm_Friedrich_Hegel (Stand: 16.07.2020).

N. N.: Art. „Edith Stein". Online unter: https://de.wikipedia.org/wiki/Edith_Stein (Stand: 16.07.2020).

N. N.: Übersicht über einige Werke von René Descartes. Online unter: www.zeno.org/Philosophie/M/Descartes,+René (Stand: 16.07.2020).

PROJECT VOX TEAM: Methods. Editorial process – Images methodology. Online unter: www.projectvox.org/methods (Stand: 16.07.2020).

PUZIO, Anna: Zwischen Ent- und Begrenzung – Anthropologische und ethische Perspektiven auf die Grenzen des Menschen im Transhumanismus. In: BECKER, Josef/KISTLER, Sebastian/NIEHOFF, Max (Hg.): Grenzgänge der Ethik. Münster 2020, 151–180.

REDDING, Paul: Art. „Georg Wilhelm Friedrich Hegel". Online unter: https://plato.stanford.edu/entries/hegel/ (Stand: 16.07.2020).

SALASCHEK, Ulrich: Der Mensch als neuronale Maschine? Hirnbilder, Menschenbilder, Bildungsperspektiven. Bielefeld 2012.

SCHWEIGER, Wolfgang/BECK, Klaus (Hg.): Handbuch Online-Kommunikation. Wiesbaden [2]2019.

SZANTO, Thomas/MORAN, Dermot: Art. „Edith Stein", in: The Stanford Encyclopedia of Philosophy. Online unter: https://plato.stanford.edu/entries/stein/ (Stand: 16.07.2020).

WEIZENBAUM, Joseph: Die Macht der Computer und die Ohnmacht der Vernunft. Übers. v. Udo Rennert. Titel. i. Orig.: „Computer power and human reason". Frankfurt a. M. 2003.

Digitalisierungskompetenzen in der Theologischen Ethik

Rudolf B. Hein

0. Einholung: Erfahrungsbezogener Kompetenzerwerb in Corona-Zeiten

Der Erstkontakt mit den ernsthaften Auswirkungen der Corona-Pandemie (korrekt: Covid-19 Pandemie) verlief nicht selten in Form von Auseinandersetzungen mit normativen Weisungen, die viele bislang für selbstverständlich gehaltene Alltagsroutinen grundlegend infrage stellten: Sind Restaurantbesuche überhaupt noch erlaubt? Welchen Abstand muss ich zu Joggern einhalten, wenn ich im Park mit meinem Hund Gassi gehe? Wann und wo genau sind Schutzmasken zu tragen? Solche und ähnliche Alltagsproblematiken, die ebenso tiefgreifende Auswirkungen auf das Berufs- und Sozialleben hatten (und noch haben), betrafen spätestens seit dem April 2020 faktisch alle Menschen auf dem Erdball. Man könnte also ohne weiteres von einer globalen ethischen Herausforderung durch Covid-19 sprechen.

Diese kondensiert in den drei Fragen: Was ist mir wo erlaubt? Wie soll ich mich verhalten? Was kann ich tun? Sie berühren Normen, Regelungen, Erwartungen und Handlungsprinzipien – allesamt das typische Reflexions-Beuteschema der Ethiker*innen. Stets eingebunden in dieses ethische Nachdenken waren die technischen Hilfsmittel der digitalen Welt: der vernetzte Computer, das Smartphone, die eingebaute Kamera im Laptop – all dies Hilfen, mit der Außenwelt und ihren neuen ethischen Herausforderungen in Kontakt zu bleiben und auf sie (angemessen) zu reagieren. Mit anderen Worten: die allseits präsente Digitalisierung hat unsere Krisenerfahrung begleitet, welche stets unter dem Zeichen des richtigen und rechten Handelns stand.

Von einer didaktischen Warte aus betrachtet mögen die Komplexität der verschiedenen Vorschriften und Verfügungen sowie die Herausforderung des ethischen Reflektierens darüber vielerorts einen Kompetenzgewinn erbracht haben; viele Menschen hatten zuhause Zeit zum Nachdenken über den Sinn und den Hintergrund normativer Regelungen, aber auch zum Ausprobieren von Strategien des rechten Umganges miteinander und der Krisenbewältigung. So wurden Fragen aufgeworfen wie: Welche von der Politik ergriffenen Maßnahmen sind im Hinblick auf die Herausforderungen die richtigen, indem sie die gewünschten Effekte zeitigen? Wie können die Güter Gesundheit, Wohlstand und persönliche Sicherheit gegeneinander abgewogen werden? Damit sind die ersten Monate der nach Europa geschwappten Corona-Krise mehr als nur ein globales psychologisches Experiment, sondern immer auch eine „Spielwiese der Ethik", die seit jeher und von vornherein unsere von der Digitalisierung geprägten Lebensstile angefragt, reflektiert und begleitet hat.

Die allfällig wahrnehmbare ethische Auseinandersetzung mit der Digitalisierung in Zeiten von Corona vollzieht sich augenscheinlich auf zwei Ebenen: Zum einen auf der Ebene des Individuums, das sich selbst „zu Hause", also in einem konkreten Umfeld erfährt (und das damit ebenfalls eine ethische Relevanz besitzt) und zum anderen auf der gesellschaftlichen bzw. politischen Ebene (Staats-Apps, Steuerung der Informationen, Vernetzung des Meldewesens).

Das digitale Instrumentarium ist also Gegenstand/Objekt und Mittel der Reflexion zugleich. Es bildete in Zeiten der Quarantäne quasi das „Fenster zur Welt", eine Art Aussichts- und Beteiligungsplattform, die zum Rettungsanker psychischen und auch physischen Überlebens geworden ist. Auf diese Weise haben sich bereits begonnene Prozesse der Einbindung von Digitalität in unseren Lebensalltag auch in ethischer Hinsicht weiter intensiviert. Damit einhergehend ist sicherlich auch ein gewisser Kompetenzerwerb zu erwarten, der unsere Lebenswirklichkeit weiter prägen wird: im gesellschaftlichen Umfeld, auf dem Arbeitsplatz, in der Schule und eben auch an der Universität. Insofern gibt es angesichts der aktuellen Situation gute Gründe, sich mit der didaktisch verordneten Kompetenzfrage innerhalb der theologischen Ethik im Hinblick auf die Digitalisierung zu beschäftigen. Als systematisches Fach im Kanon der Theologie bleibt die theologische Ethik einem entsprechend systematischen Ansatz gerade in dieser Hinsicht verpflichtet. Aufgrund der zahlreichen ethischen Problematiken im Zusammenhang mit der Digitalisierung ist natürlich die Versuchung sehr groß, sich einige Themen herauszupicken und diese inhaltlich näher zu diskutieren. Damit wäre allerdings für ein didaktisches Interesse nicht viel gewonnen, zumal der ethische Lichtkegel auf die Digitalisierung wohlmöglich nur einen kleinen Teil der auftretenden Problematiken erfasst. Die Ethik der Digitalisierung erweist sich somit als „weites Feld", das in der jüngsten Zeit erst in Ansätzen erschlossen wird.

Von daher wird auch ein didaktischer Fokus auf die Kompetenzen, die im Hinblick auf die Digitalisierung für Studierende der theologischen Ethik relevant sein dürften, niemals mit dem Anspruch auf Vollständigkeit einhergehen. Dennoch kann das didaktische Desiderat nicht übersehen werden: Die beschriebenen, aktuell mehr denn je erfahrenen Herausforderungen der Digitalisierung für die Lebenswirklichkeit macht einen Kompetenzerwerb für die Studierenden gerade auf ethischem Gebiet unabdingbar.

Hierbei erscheint mir eine fundamentale Unterscheidung von Bedeutung, nämlich die zwischen Begriff, Methode und Inhalt. Wer also einen kompetenten Umgang mit den ethischen Dimensionen der „Rolle der Digitalisierung für das

Individuum bzw. für die Politik und Gesellschaft" anstrebt, sollte logisch vorgängig zunächst eine Begriffsdefinition vornehmen: Was ist unter „Digitalisierung" zu verstehen, was unterscheidet sie von „Robotik" und „Künstlicher Intelligenz (KI)"? Auch wenn an dieser Stelle vermutlich keine allgemeingültigen, von allen Seiten akzeptierten Definitionen eruiert werden können, so schälen sich dennoch begriffliche Arbeitshypothesen heraus, die für den nächsten analytischen Schritt von Bedeutung sind, nämlich die Frage nach der methodischen Einbindung digitaler Techniken in die Forschung und Lehre der theologischen Ethik. Erst danach möchte ich in einem dritten Schritt den Kompetenzerwerb für eine inhaltliche Auseinandersetzung mit der Ethik der Digitalisierung auf individualethischer Ebene ansprechen, indem einzelne Themenfelder des ethischen Diskurses umrissen und ihnen entsprechende Kompetenzen zugewiesen werden.

1. Begriffsdefinitionen

Eine erste, kaum überraschende Bemerkung vorweg: Für die *theologische* Ethik scheint das Feld der Digitalität bzw. die Herausforderung der Digitalisierung noch weitgehend nicht systematisch erschlossen zu sein. Weder die neueren theologisch-ethischen Gesamtdarstellungen noch spezifische Monographien widmen dem Thema einen orientierenden Überblick.[1] Selbstverständlich will ich damit nicht behaupten, dass der Thematik seitens der theologischen Ethik überhaupt keine Aufmerksamkeit gewidmet wurde. Allerdings scheint es immer wieder erstaunlich zu beobachten, wie an zahlreichen Orten der Reflexion über „Digitalisierung" und „Künstliche Intelligenz" den eigentlichen

[1] Vgl. beispielsweise ROSENBERGER: Frei. In diesem Werk wird die sittliche Autonomie in den Mittelpunkt der Betrachtungen gerückt, den Fokus einer Fundamentalethik durchaus angemessen. Dabei findet sich allerdings an keiner Stelle – weder in der anthropologischen Grundlegung noch bei der Erwähnung der Gefahren für die sittliche Autonomie – ein Hinweis auf die durch die Digitalisierung entstehenden Problematiken und ontologischen Anfragen. Ähnliches gilt für die theologische Gesamtdarstellung der Ethik von Eberhard Schockenhoff (SCHOCKENHOFF: Grundlegung.). Diese ist als Tugendethik angelegt und zielt ebenfalls auf eine fundamentale theologische Grundlegung ab, sodass man einen Verweis auf die Probleme der Digitalisierung möglicherweise nicht erwarten würde. Doch ergeben sich gerade hieraus tiefgreifende Anfragen an die sittliche Autonomie, den Tugenderwerb, die zwischenmenschliche Kommunikation usw.
Eine der wenigen Monographien zur Thematik liefert OHLY: Ethik. Mit einem Umfang von 167 Seiten kann sie jedoch nur auf einige wenige Aspekte eingehen, behandelt aber immerhin anthropologisch relevante Statusfragen aus protestantischer Perspektive, beispielsweise die nach dem Subjektstatus Künstlicher Intelligenz. Einen orientierenden und systematisierenden Überblick hinsichtlich der fundamental ethischen oder auch ontologischen Herausforderungen der Digitalisierung für die theologische Ethik sucht man jedoch vergebens.

Begriffsdefinitionen faktisch keine spezifische Bedeutung beigemessen wird. Vielmehr setzt man bei der*dem Leser*in einen entsprechenden ausdifferenzierten und allgemein akzeptierten Begriff dieser Vokabeln voraus.

So merkt Lukas OHLY beispielsweise an: „Unter dem Begriff der Digitalisierung werden so unterschiedliche Themen diskutiert wie etwa virtuelle Welten, Datenschutz und Eigentumsrechte…“[2] An dieser Stelle wird also keine Begriffsdefinition vorgenommen, sondern die Bedeutung der Vokabel „Digitalisierung“ als bekannt vorausgesetzt. Sie besitzt – zumindest von dieser Aussage her – einen einzigen Begriff, welcher nun von seiner Vielschichtigkeit her betrachtet wird.[3] Hier stehen offenkundig die Anwendungsbereiche im Mittelpunkt der Reflexion.

Es dürfte nicht leichtfallen, aus dieser Unschärfe heraus zu klaren metaethischen Einordnungen bzw. normativ-ethischen Schlussfolgerungen hinsichtlich dessen zu gelangen, was der Autor unter „Digitalisierung“ versteht. Jedoch bleibt die Einschätzung OHLYS durchaus berechtigt, wonach die begriffliche Unschärfe („undifferenzierte Verwendung“)[4] von „Digitalisierung“ zum Symptom des ethischen Problems gehört und damit für eine adäquate Bearbeitung der Problemstellung wenig hilfreich erscheint.[5] Aus didaktischer Sicht bliebe also zu vermerken, dass eine Vergegenwärtigung jener begrifflichen Unschärfe geradezu als methodische Voraussetzung für jegliche weitere ethischen Betrachtungen zu gelten hat. Wenn also unterschiedliche ethische Positionierungen von unterschiedlichen Begrifflichkeiten her begründet werden, so darf die auf den ersten Blick verwirrende Vielgestalt der Ergebnisse nicht verwundern. Ferner ist aus diesem Grund zu erwarten, dass auch in der Lehre (wie zumeist auch sonst in der Ethik) keine eindeutigen, scharf umrissenen normativen Positionen zu beziehen sind. Dies kann jedoch auch als Offenheit und Flexibilität für den Lehr-Lernprozess gewertet werden, der gerade im Bereich der Digitalität auf ständige Aktualisierung und den Input der Studierenden (*digital natives*) angewiesen ist.

Bei diesen wenigen, für die Sache einer Begriffsklärung eher enttäuschenden Bemerkungen will ich es allerdings nicht bewenden lassen. Ein flüchtiger Blick zu *der* digitalen Informationsquelle unserer Zeit, der Internet-Enzyklopädie Wikipedia, offenbart drei Begriffe, die mit der Vokabel ‚Digitalisierung‘ in Verbindung gebracht wurden bzw. werden. Erstens: Die älteste Wortbedeutung zielt auf eine medizinische Behandlung mit Digitalis ab. Man konnte also ein Pferd digitalisieren, indem man ihm eine Gabe Digitalis verabreichte.[6] Zweitens:

---

2 OHLY: Ethik 26.

3 Man unterscheidet zwischen einer Vokabel und ihren Bedeutungen, wobei bei mehreren Bedeutungen von einer homonymen Vokabel die Rede ist. Ein Begriff verweist auf den Bedeutungsgehalt einer Vokabel und kann eindeutig, zweideutig oder auch vielschichtig sein. Vgl. hierzu Vgl. dazu SCHÜLLER: Mensch.

4 Vgl. OHLY: Ethik, 26.

5 Vgl. ebd., 27.

6 Vgl. WIKIPEDIA: Digitalisierung.

Mit dem Aufkommen der digitalen Technik bezeichnete man etwa ab den siebziger Jahren (des 20. Jahrhunderts) „das Umwandeln von analogen Werten in digitale Formate und ihre Verarbeitung oder Speicherung in einem digitaltechnischen System“[7] als Digitalisierung. Produziert beispielsweise eine Tonaufnahme ein elektromagnetisches Signal, so wird dieses im Verlauf der Digitalisierung in ein Signal zerlegt, das ausschließlich aus sogenannten diskreten Werten besteht. Das digitalisierte Signal weist also eine Reihung von elektromagnetischen Stromimpulsen auf, denen eine Kodierung von 0 oder 1 zugeordnet werden kann.[8] Drittens: Im Zuge der Weiterverbreitung dieser Technologie in die Produktionsprozesse der Wirtschaft und die Kommunikationsabläufe der Gesellschaft hinein formte sich ein neuer, erweiterter Begriff von Digitalisierung, der mit dem Konzept einer digitalen Transformation eng verbunden ist. In einer Übergangsphase bis etwa zu Beginn des Millenniums sprach man noch von „Computerisierung“ oder „Informationszeitalter“,[9] seit etwa 2013 zeigen die Google-Suchanfragen allerdings deutlich die Verwendung des dritten Begriffs von Digitalisierung „im Sinne der umfassenden Megatrends der digitalen Transformation und Durchdringung aller Bereiche von Wirtschaft, Staat, Gesellschaft und Alltag.“[10] Auf diesen erweiterten Begriff zurückgehend erfolgt die aktuelle Verwendung von „Digitalisierung“ in der Theologie als Bezeichnung eines interdisziplinären Projektes, das über die Informatik hinaus eben auch die Geisteswissenschaften berührt.[11] Von hier aus eröffnet sich die fundamental philosophische Perspektive einer digitalen Ontologie, die nach einer möglichen Bestimmung des Seins jenes Seienden fragt, das von der Digitalisierbarkeit her erfasst werden kann.[12]

Prägendes Merkmal für diesen transformativen Prozess der Digitalisierung ist also nicht nur der Einsatz digitaler Techniken, sondern immer auch eine ontologische Rückfrage, die sich aus der Einbindung von Künstlicher Intelligenz (KI) ergibt. Letztere könnte sich mit Peter G. KIRCHSCHLÄGER als datenbasiertes System beschreiben lassen, das in der Lage ist, in menschenähnlicher Weise zu denken und dabei höhere intellektuelle Fähigkeiten bzw. professionelle Fertigkeiten einschließlich der Korrektur eigener Fehler zu entwickeln.[13] Dabei wäre

---

7 Ebd.

8 Vgl. CAPURRO: Homo, 5. Von dieser binären Kodierung her, die mit dem Wert eins verknüpft ist, lässt sich der Wortstamm *digitus* (Finger) erkennen.

9 Vgl. GABLER WIRTSCHAFTSLEXIKON: Digitalisierung.

10 Vgl. WIKIPEDIA: Digitalisierung.

11 Vgl. OHLY: Ethik, 26. Vgl. auch die Anmerkungen von BECKER in diesem Band, 233.

12 Vgl. CAPURRO: Homo, 4: „Die digitale Ontologie ist ein mögliches Seinsverständnis menschlicher endlicher Erkenntnis. Alle Regionen oder Sphären des Seienden erscheinen oder werden aufgefasst als digital-seiend. Wir sprechen von e-Commerce, e-Economy, von virtuellen Gemeinschaften und virtuellen Hochschulen, von digitalen Bibliotheken, usw.“

13 Vgl. den Beitrag von KIRCHSCHLÄGER in diesem Band, 125f.

zwischen einer schwachen, nur bestimmte Aufgaben erfüllenden und einer starken KI zu unterscheiden, die eigenständig Lösungen suchen und entwickeln kann.[14] Es geht also nicht nur um die Erfassung und Speicherung von Daten, sondern auch um deren Deutung im Sinne der Herstellung einer Beziehung zwischen den Daten.[15] Vorbild und Maßstab für die Zuordnung eines digitalen Systems als Künstliche Intelligenz waren und sind in erster Linie menschliche kognitive Kompetenzen und zwar solche, die über das reine Erfassen und Memorieren von Informationen (Sinneseindrücken) hinausgehen.

Abschließend seien zum Begriff der Kompetenz noch einige Anmerkungen hinzugefügt, auch wenn er an dieser Stelle selbstverständlich nicht erschöpfend entfaltet werden soll und kann. Mir geht es hier in erster Linie darum, seine ethische Verwurzelung herauszustellen. „Kompetenz" kann gar nicht anders verstanden werden als im Zusammenhang mit einer Handlungsrelevanz: Wem von anderen das Prädikat „kompetent" zugesprochen wird, vermag mehr als nur gespeichertes Wissen punktgenau abzurufen, sondern kann es in einen Zusammenhang mit den aktuellen Herausforderungen des Handelns bringen – und zwar nicht nur an einer Stelle und ein einziges Mal, sondern dauerhaft. Aus diesem Grunde ist es sinnvoll, eine Kompetenz als eine *Befähigung zum Handeln* zu definieren, die mit einer *Disposition* verbunden ist.[16] Man beachte hier die enge Verwandtschaft zum klassischen Tugendbegriff, der auf eine Disposition (im Sinne einer Haltung) zum guten Handeln aufbaut. Von daher steht bei der Kompetenz nicht etwa die Beherrschung bestimmter Techniken, Methoden oder Wissensbereiche im Mittelpunkt, sondern zugleich immer auch der habituelle gestalterische Umgang mit diesen Fertigkeiten/Techniken, der insofern ethisch reflektiert ist, als er „verantwortungsvoll"[17] geschehen soll. Somit würde man zu folgender Kompetenzdefinition gelangen:

> Wir schlagen vor, dass eine Person dann, und nur dann, kompetent handelt, wenn sie in einer Handlungssituation, in der es im allgemeinen mehrere Handlungsoptionen gibt, in der Lage ist, ihr Können, Dürfen, Wollen und Sollen/Müssen als zentrale Aspekte ihres Handelns zu reflektieren und ihre Entscheidung für eine der Handlungsoptionen auf dieser Grundlage zu begründen.[18]

Hier wird sehr gut deutlich, dass sämtliche didaktisch relevanten Kompetenzen letztlich (aber nicht ausschließlich) auf ein Handeln abzielen, das *verantwortet* werden soll und damit eine Orientierung an basalen, allgemein akzeptierten

---

14 Vgl. ebd.

15 Vgl. OHLY: Ethik, 23 (mit Elsbeth Stern). Dabei betont der Autor, dass das Bewusstsein keine notwendige Bedingung für das Vorhandensein einer so definierten (künstlichen) Intelligenz sei.

16 MACKE/HANKE (Hg.): Hochschuldidaktik, 66.

17 MACKE/HANKE (Hg.): Hochschuldidaktik. mit K WILBERS.

18 MACKE/HANKE (Hg.): Hochschuldidaktik, 67.

Werten voraussetzt.[19] MACKE/HANKE u. a. entwickeln daraus eine Kompetenzmatrix, die sich auf der Y-Achse an den kognitiven Taxonomiestufen nach BLOOM orientiert, auf der X-Achse hingegen die ethischen Kompetenzsäulen[20] Können, Dürfen, Wollen und Sollen vorsieht.

Damit ergibt sich folgendes Schema:[21]

Stufen des Handelns	**Kompetenzsäulen**			
	Können	Dürfen	Sollen	Wollen
Verstehen				
Anwenden				
Analysieren				
Bewerten				
Entscheiden				
Begründen				

Ich will an dieser Stelle darauf verzichten, dieses Schema in seinen Details weiter zu erläutern[22] und damit für die folgenden Betrachtungen exakt zu kopieren und zu implementieren, es geht mir bei dieser Darstellung des Kompetenzbegriffes allein um die Hervorhebung seiner zutiefst ethischen Ausprägung. Wird eine Kompetenz nicht bloß im Sinne einer Fertigkeit, sondern einer Haltung (griech: *hexis*) verstanden, so muss sie sich insofern als praxisrelevant erweisen, indem sie auf jeder kognitiven Taxonomiestufe die ethischen Dimensionen mit reflektiert. Wer beispielsweise ein theologisches Problem analysieren kann (dritte Stufe, erste Säule) hat damit zwar eine Fertigkeit erworben, die aber weiterhin auf ihre Handlungsrelevanz für die Einzelne untersucht werden muss. Inwieweit hat das Analysierte eine Relevanz für mein eigenes Wollen (Motivation) oder Sollen (Selbstverpflichtung)? Gibt es rechtliche oder weitere normative Dimensionen?

Es ist von daher also durchaus sinnvoll, sich stets dieser säulenartig gestaffelten ethischen Dimension hinter den kognitiven Taxonomiestufen gewärtig zu sein.

19 Vgl. ebd., 68–69.
20 So die Bezeichnung in MACKE/HANKE (Hg.): Hochschuldidaktik, 66–67.
21 Vgl. ebd., 72.
22 Dies geschieht MACKE/HANKE (Hg.): Hochschuldidaktik, 91. für die einzelnen Felder, die als Kompetenzfacetten aufgefasst werden.

2. Methode

Nach dieser begrifflichen Erörterung soll in einem nächsten Schritt nicht etwa primär versucht werden, die Digitalisierung in ihren ethisch relevanten Auswirkungen auf bestimmte individuelle Lebensfelder zu betrachten, sondern sie als *Instrument für den Lehr-Lernkontext* zu ermessen. Man beachte: hierbei handelt es sich eher um den dritten Begriff von Digitalisierung als um den zweiten. Die immer weiter fortschreitende Entwicklung der Digitalisierung (dritter Begriff) erfordert geradezu den kompetenten Einsatz digitaler Methoden, der allerdings stets den Lernzielen angepasst werden muss.[23] Damit ist ein Sollen formuliert, welches eine Dimension der Anwendungskompetenz von Digitalität im Lehr-Lernkontext markiert und sich gegenüber einem Erwartungshorizont abgrenzt, der sowohl die Studierenden als auch die Dozierenden in gleicher Weise prägt oder auch bedrängen kann.[24] Von daher sollte der Einsatz digitaler Methoden niemals ein Selbstzweck sein, sondern in erster Linie dem Kommunikationsgeschehen zwischen Dozierenden und Studierenden dienen.[25]

In einem ersten Schritt möchte ich meinen Fokus auf die Dozierenden im Lehr-Lernumfeld richten. Hier dienen die unterschiedlichen digitalen Instrumentarien (Videos, animierte Präsentationen, Chats mit Expert*innen, Smartboard-Befragungen und Abstimmungen, Zoom-Konferenzen etc.), die seitens der Dozierenden eingesetzt werden (unter anderem) zu folgenden didaktischen Zwecken:

- Darstellung der Relevanz des Themas
- Förderung der Aufnahmebereitschaft
- Organisation und Strukturierung des zu vermittelnden Inhaltes
- Erweiterung des Wahrnehmungshorizontes
- Förderung von Kommunikation zwischen Dozierendem und Studierenden
- Vernetzung unterschiedlicher Wissens- und Lernquellen[26]

Die Kompetenz des/der Dozierenden liegt hier also nicht etwa bei einer möglichst fachgerechten Anwendung attraktiver digitaler Präsentationsformate („Aufhübschung der Lehre“) sondern immer auch beim persönlichen Einsatz (Wollen) und im Ermessensbereich der Verhältnismäßigkeit (Sollen): Inwieweit dient der Einsatz digitaler Medien dem Lernziel und den Lernprozessen?[27] In diesem Zusammenhang mag es bisweilen angeraten sein, einen Gegenimpuls durch die Schaffung von nicht-digitalen Oasen zu setzen.[28]

---

23 Vgl. PFÄFFLI: Lehren, 270–271.
24 Vgl. MACKE: Hochschuldidaktik, 72.
25 Vgl. PFÄFFLI: Lehren, 271.
26 Vgl. ebd., 217.
27 Vgl. ebd., 218.
28 Vgl. den Beitrag von KIRCHSCHLÄGER in diesem Band 6, Abschn 1.

Blicken wir nun auf die Studierenden. Hier können digitale Instrumente und Methoden (Internetrecherche, eigeninitiierte Erstellung von Präsentationen und Videos etc.) als Medium selbstorganisierten Lernens fungieren. Hierzu bietet das Problem Based Learning (PBL) von seiner methodischen und didaktischen Ausrichtung her eine ideale Basis.[29] Gerade die Rolle des Tutors stellt diese selbstorganisierende Kompetenz der Lernenden heraus.[30]

Von einem dritten Blickwinkel her kann man das digitale Instrumentarium allerdings auch als *Mittel und Objekt* des gegenseitigen Lernens begreifen. Die Studierenden als *digital natives* vermitteln dem/der Dozierenden Anwendungskompetenzen im Umgang mit digitalen Medien und beteiligen sich so aktiv am Lehr-Lernprozess. Das klassische Machtgefüge von Dozierenden und Studierenden wird an dieser Stelle aufgebrochen, indem eine gegenseitige Kompetenzbereicherung ermöglicht wird. Der/die Dozierende kann gegebenenfalls auf einer höheren Taxonomiestufe als der des reinen Anwendens einen Beitrag zur Einordnung und Bewertung des Medieneinsatzes leisten, aber auch die Studierenden zum Erwerb ebenjener Kompetenzen motivieren. Es ist ohnehin anzunehmen, dass eine Wertschätzung studentischer Kompetenz zur Motivation auf beiden Seiten beiträgt.

Abschließend für dieses Kapitel sei auf die Verwendung des digitalen Instrumentariums in Forschung und Publikation verwiesen. Hier bedarf es nicht nur der adäquaten Anwendung von Archivierungs- und Cloudtechnologien, von Zitations-Tools und Literaturdatenbanken (um nur einige wenige Beispiele zu nennen), sondern immer auch eines methodisch sauberen Umgangs mit künstlicher Intelligenz, die beispielsweise zur Plagiatsprüfung oder zur Auswertung von Texten herangezogen werden kann. Gleiches gilt für die Verwendung von Diktierprogrammen, die ebenfalls auf dieser Basis arbeiten. Eine letzte Überprüfung der Qualität und Angemessenheit dieser Instrumentarien obliegt letztlich den Forschenden selbst. Hierbei ist stets zu berücksichtigen, dass der kommerzielle Hintergrund von digitalen Angeboten zu Verzerrungen führen kann (Beispiel: Ergebnisse von Suchmaschinen).[31] Auf diese Weise kommt die persönliche Verantwortung (und damit die Kompetenzsäule des Sollens und Dürfens) zum Tragen.

3. Inhalt

An welchen Stellen sind die Kompetenzen der Studierenden der Moraltheologie gefordert, wenn die Digitalisierung (dritter Begriff) *Gegenstand* und nicht Mittel

---

29 Vgl. BECKER/HERRLER/JÖRIS (Hg.): PBL.

30 Vgl. HERRLER: Problembasiertes Lernen.

31 Vgl. den Beitrag von KIRCHSCHLÄGER in diesem Band 6, Abschn 1.

der Reflexion bildet? Dieser Frage soll im vorliegenden Abschnitt nachgegangen werden, den ich entlang der üblichen ethischen Reflexionsbereiche weiter unterteilen möchte. Dabei bleibt natürlich festzuhalten, dass eine auch nur annähernde Vollständigkeit hier niemals erreicht werden kann. Dies müsste einem umfassenden Werk zur Theologischen Ethik der Digitalisierung vorbehalten bleiben. Auch werden unterschiedliche Dozierende unterschiedliche Schwerpunkte bilden. Man mag also die nun folgende rudimentäre Aufzählung eigenhändig ergänzen oder auch einkürzen. Ausdrücklich möchte ich hier betonen, dass für einen rein didaktischen Fokus *keine inhaltlichen Debatten* wiedergegeben oder auch angestrengt werden können. Ich werde hingegen versuchen, einige von ihnen zu benennen, sie methodisch einem ethischen Reflexionsbereich zuzuordnen, um sie dann nach Möglichkeit mit einer Kompetenzanforderung zu verknüpfen.

Grundsätzlich ist hinsichtlich des Kompetenzprofils der Studierenden die Bemerkung von KIRCHSCHLÄGER in diesem Band hervorzuheben, der von einem wissenschaftlichen *empowerment* der Studierenden im Hinblick auf die Anwendung, aber auch die ethische Bewertung der Digitalisierung spricht.[32] Letzteres beinhaltet zunächst eine Kompetenz hinsichtlich der Folgenabschätzung der digitalen Transformation,[33] die in erster Linie auf der Säule des Könnens, aber auch des Dürfens (rechtliche Beschränkungen) und des Sollens (normativ-ethische Erwägungen) angesiedelt ist. Hier wäre dann nicht nur eine wissenschaftlich abgesicherte Kenntnis der Begriffe, Sachverhalte, Zusammenhänge, Anwendungsmöglichkeiten und -bereiche von Digitalität gefragt, sondern zusätzlich auch eine ethische Abschätzung ihrer anthropologisch-systematischen Implikationen. Diese doch sehr allgemeine Kompetenzanforderung gilt es nun, für die unterschiedlichen Bereiche der Individualethik herunter zu brechen.

3.1 *Fundamentalethik*

Allein die Art und Weise, wie im Allgemeinen in wissenschaftlichen Kreisen über die Digitalisierung gesprochen wird, lässt Fundamentales vermuten: Da ist von „digitaler Revolution" die Rede, gerade in geisteswissenschaftlichen Zusammenhängen von „digitaler Transformation" oder im wirtschaftlichen Bereich von „Industrie 4.0". So stellt sich systemisch für die gesamte Ethik die Frage nach einem ebensolchen tiefgreifenden (metaethischen oder normativ-ethischen) Wandel, der durch die Digitalisierung ausgelöst wird. Wenn normative Entscheidungen in der nächsten Zukunft von intelligenten Systemen übernommen werden, braucht es dann eine völlig neue ethische Herangehensweise, die sich die-

32 Vgl. den Beitrag von KIRCHSCHLÄGER in diesem Band, 124.
33 Vgl. den Beitrag von KIRCHSCHLÄGER in diesem Band.

sen Mechanismen der digitalen „Entscheidungsfindung" anpasst? Ein Nachdenken über Handlungsmotive und emotive Strukturen sittlicher Urteile wäre dann beispielsweise hinfällig.

Solche Fragen führen hin bzw. sind unmittelbar verknüpft mit einer noch tiefergreifenden Suche nach einer digitalen Ontologie, die damit auch die Anthropologie erfasst.[34] Hier stellen sich Herausforderungen erstens für den Freiheitsdiskurs, zweitens für die Subjektbestimmung und drittens für die Menschenwürde. Darauf ist im Folgenden noch näher einzugehen. Auf der Kompetenzebene werden hier jeweils die Kompetenzsäulen des Sollens und des Dürfens angesprochen, also der normativen Implikationen für die gesamte Ethik, die sich aus diesen Erwägungen ergeben, wobei die Säule des (Verstehen-) Könnens dazu die Voraussetzung liefert. Eine letzte, sicherlich bedeutsame Säule erfasst das Wollen, also die motivationale Kompetenz, die sich auf den jeweiligen Stufen der Taxonomie realisiert. Ihr müsste an dieser Stelle eine eher nachrangige Position zugewiesen werden, da hier in erster Linie eine fundamentale Einordnung der Fragestellungen gefordert wird.

3.1.1 *Freiheitsdiskurs*

Blickt man mit der Hermeneutik der Digitalisierung auf den Menschen selbst und seine Gehirnfunktionen, so liegt eine mechanistische Deutung nahe, die den neuronalen Prozessen keine Selbstursächlichkeit zubilligt. Funktioniert also das menschliche Gehirn ähnlich einer digitalen Entität, so bleibt letztlich die Frage offen, ob man dieser eine fundamentale Freiheit zugesteht oder nicht. Das bedeutet – so betrachtet – entweder besitzen Mensch *und* Maschine eine solche Freiheit oder keine von beiden.[35] Dies hat Konsequenzen für die Rede von Geist und Materie: Ist es angesichts einer solchen Sichtweise auf das menschliche Denken sinnvoll, jene althergebrachte anthropologische Differenzierung überhaupt noch aufrecht zu erhalten?[36] In ähnlicher Weise wäre die Leib-Seele-Relation grundsätzlich infrage gestellt und der Mensch selbst in eine Art ontologische Unbestimmtheit hinein entlassen.[37] Als Kontrapunkt hierzu hat die theologische Anthropologie in den letzten zwei Jahrzehnten versucht, die menschliche Verletzbarkeit als soteriologisch durchformtes Proprium stark zu machen und sogar von diesem Konzept her den Würdegedanken zu begründen.[38] Diese Verletzbarkeit ist auch wesentlicher und begründender Bestandteil der menschlichen Selbstwahrnehmung und von daher der Perspektive der Ersten Person.[39] Es stellt

---

34 Vgl. CAPURRO: Homo, 3–16.
35 Vgl. den Beitrag von KIRCHSCHLÄGER in diesem Band, 126f.
36 Vgl. KOLB: Ontologie, 30–32; CAPURRO: Homo, 52.
37 Vgl. OHLY: Ethik, 35–37.
38 Vgl. KIRCHSCHLÄGER: soziale Gerechtigkeit, 241–245; Vgl. KOLB: Ontologie, 31.
39 Vgl. den Beitrag von KIRCHSCHLÄGER in diesem Band, 123.

sich von hier aus die Frage, inwieweit es auch eine maschinelle Verletzbarkeit im Sinne einer Störanfälligkeit geben könnte, auf deren Basis ähnliche Begründungsabwägungen möglich wären.

3.1.2 *Subjektbestimmung*

Diese Überlegungen fließen ein in die fundamentale Frage, inwieweit einer mit künstlicher Intelligenz ausgestatteten Maschine ein Subjektcharakter zuzuerkennen sei.[40] Damit einhergehend wäre auch deren Moralfähigkeit zu diskutieren.[41] Besäße nämlich eine digitale Entität ähnlich dem Menschen so etwas wie eine fundamentale Freiheit, aus der sich eine Handlungsfreiheit ableiten ließe, so könnte man von einem sittlichen Subjekt reden, das eigenverantwortlich handelnd in Erscheinung tritt. Es wäre nur noch ein kleiner Schritt, dieser Entität ein sittliches Gewissen zuzubilligen, was sicherlich aufgrund der intuitiven und emotiven Komponente des (christlichen) Gewissensbegriffs („Gewissen als Herz") zur Diskussion stünde.[42]

3.1.3 *Menschenwürde*

Gerade dort, wo ein kriterienabhängiger Menschenwürdebegriff postuliert wird, stellt sich die Frage nach der Würde von Maschinen, die diesen meist kognitiv verankerten Kriterien entsprechen.[43] Umgekehrt wäre natürlich eine solche Würdezuschreibung bei denjenigen Menschen in Gefahr, die den kognitiven Mindestanforderungen des sittlichen Subjekt-Seins nicht entsprechen, beispielsweise schwer dementen Personen. Hier könnte man demnach einen didaktischen Schwerpunkt gerade in Bezug auf die genaue Begründung, Ausformung und Konsequenz des Menschenwürdebegriffes ausmachen. Mit einer bloßen Konstatierung der Unvereinbarkeit von Menschenwürde (theologisch gegründet in der Gottesebenbildlichkeit) und „Maschinenwürde" ist es hier nicht getan. Auch dort, wo man einen relationalen Würdebegriff voraussetzt, gibt es noch keine einfachen Antworten, da sich an vielen Stellen sehr menschliche Beziehungen zu mit künstlicher Intelligenz ausgestatteten Maschinen nachweisen lassen.[44] Leiten sich nun unverlierbare Anspruchsrechte von einem solcherart fundierten Würdebegriff her, müsste man sich logischerweise über Grundrechte für Maschinen Gedanken machen, die über von selbstständigen Rechtsträgern

---

40 Vgl. OHLY: Ethik 72.

41 Vgl. den Beitrag von KIRCHSCHLÄGER in diesem Band, 127f.

42 Vgl., ebd., 128.

43 Vgl. OHLY: Ethik 41.

44 Vgl. ebd., 42–43.

zugestandene Schutzrechte hinaus Bestand hätten.[45] Ich möchte es hier bei diesen wenigen Andeutungen zu den anthropologischen Grundkonstanten bewenden lassen. Man sieht sehr deutlich, dass nicht nur spezifische Kenntnisse der Funktionsweise künstlicher Intelligenz (Stichwort Algorithmen), sondern auch der Begriffsgeschichte jener Grundkonstanten Voraussetzung für eine kompetente Diskussion und Bewertung auf diesem Feld sind.

3.1.4 Autonomiedebatte

Wird dem (mit KI ausgestatteten) Roboter selbst mit dem sittlichen Subjektcharakter auch eine sittliche Autonomie (oder umgekehrt) zugewiesen,[46] so liegt infolge einer solchen Entwicklung auch generell die Gefahr einer Heteronomie durch Digitalität auf der Hand. Diese Gefährdung ist allerdings nicht nur dort gegeben, wo in zunehmendem Maße intelligente, selbst lernende Systeme Entscheidungen für den Menschen übernehmen (beispielsweise in der medizinischen Diagnostik),[47] sondern bereits im Kommunikationsgeschehen selbst. Angesichts des menschlichen Autonomieanspruches liegen die Risiken einer Fremdsteuerung beispielsweise durch Algorithmen in Newsfeeds offen. Da die theologische Ethik in besonderer Weise (Urteilsbegründung, Entscheidungsfindung, Wertabwägung) auf eine Analyse des Kommunikationsgeschehens angewiesen ist (Gegenstand der Metaethik), sollte gerade hier ein Kompetenzschwerpunkt in der Didaktik liegen. Die Studierenden der theologischen Ethik sollten im Zuge eines solchen Kompetenzerwerbs (Säulen „Können“ und „Sollen“) neben den Informations- und Kommunikationsquellen (Social Media) allerdings auch das Lerngeschehen selbst als zum Teil digital gesteuert kritisch hinterfragen. Darüber hinaus verändert die Digitalisierung auch den Blick auf die anderen, nimmt also Einfluss auf die Perspektive der Zweiten und der Dritten Person, dort nämlich, wo das Du oder der/die andere zum digitalen (Selbst-)Konstrukt mutiert.[48]

Eine weitere fundamentalethische Fragestellung im Hinblick auf selbst lernende, intelligente Systeme ist auf dem Feld der Tugendethik zu finden: Würde man Robotern generell Moralität bzw. Moralfähigkeit zugestehen (siehe oben), so müsste man über Tugenderwerb und Charakterstärken nachdenken, die sich im Laufe des Aneignungsprozesses von Informationen und deren Vernetzung bilden könnten.[49] Selbstverständlich würde sich eine solche Frage immer auch

---

45 Vgl. den Beitrag von KIRCHSCHLÄGER in diesem Band, 122.

46 Vgl. die Debatte bei NIDA-RÜMELIN/WEIDENFELD: Digitaler Humanismus, 198–202.

47 Vgl. HARARI: Homo, 425–428.

48 Vgl. ebd., 424–425.

49 Vgl. CAPURRO: Homo, 50–51.

im Tugendbegriff selbst zurückspiegeln. Das bedeutet, der Tugend- und Erfahrungsbegriff müsste auf seine kognitive Dimension hin eng geführt werden, insofern man die Ansicht vertritt, dass KIs zwar Emotionen simulieren und ausdrücken, aber selbst nicht erleben können.

3.2 *Normative Ethik*

Im Bereich der normativen Ethik stellt sich natürlich zu Beginn einer jeglichen Beschäftigung mit der Digitalisierung die Frage nach den Regeln, Gesetzen und Prinzipien, die zur Grundlage des Operierens von KIs dienen sollen. Solcherlei normative Strukturen sind ihnen von Beginn an quasi einprogrammiert. Als klassisches Beispiel eines solchen Regelkataloges gelten die Asimovschen Gesetze,[50] die im Wesentlichen eine Art Schutzrecht der menschlichen Spezies gegenüber der KI und eine Begrenzung der Autonomie von KI implizieren. Man könnte es daher als grundlegende Digitalisierungskompetenz innerhalb der theologischen Ethik bezeichnen, sich mit dieser Frage der Normativität für KIs auf den Säulen des Dürfens und des Sollens auseinandergesetzt zu haben. Damit zusammenhängend könnte auch eine Diskussion über einen „Digitalen Humanismus", wie ihn NIDA-RÜMELIN/WEIDENFELD vorschlägt, angestrengt werden.[51] Die Frage eines Propriums christlicher Ethik im Angesicht einer solchen normativen Diskussion wäre ebenso interessant zu beleuchten: Müsste also eine normative Ethik für KIs aus theologischer Perspektive andere Schwerpunkte bilden und die Gestalt des Digitalen Humanismus verändern?

Die rechtliche und normativ-ethische Problematik von autonomen Fahrzeugen gehört ebenso zu den schon fast klassischen Topoi der Digitalisierungsdebatte: Wer ist eigentlich schuld an einem Unfall, der durch ein autonomes Fahrzeug aufgrund eines Systemfehlers verursacht wird? Welche Wertabwägungsmechanismen sind dem System für den Notfall einzuprogrammieren (Schutz der Insassen versus Schutz unbeteiligter Personen)? Können und dürfen die autonomen Fahrsysteme dazulernen und damit evtl. auch ihre Abwägungsregeln verändern?[52]

3.3 *Bioethik*

Das wohlmöglich fruchtbarste Feld unter den Bereichsethiken, welches individualethisch von der Digitalisierung geradezu durchdrungen wird, ist offenkundig die Bioethik. Zur Verbesserung der medizinischen Versorgungsqualität setzt

---

50 Vgl. OHLY: Ethik, 145–155.

51 Vgl. NIDA-RÜMELIN/WEIDENFELD: Humanismus, 77–78. 203–207.

52 Vgl. BARTNECK/LÜTGE: Ethik, 121–139.

man schon seit längerer Zeit KI beispielsweise bei der Diagnose oder der Entwicklung von Impfstoffen ein.[53] Hier stellen sich Fragen nach der Fehleranfälligkeit solcher Systeme und, wie schon oben formuliert, der Kontrolle durch Digitalität. Diese Fragen sind allerdings nicht auf einer solch grundsätzlichen Ebene angesiedelt wie die Problematik des sog. *Human Enhancement*,[54] also der Verbesserung (im Gegensatz zur Restauration) körperlicher oder zerebraler Funktionen beim Menschen vermittels eingepflanzter digitaler Systeme. Mit dieser Frage zusammenhängend sind nicht nur anthropologische Grundlegungen, sondern immer auch spezifische Wertabwägungen zu diskutieren. Die zuweilen bedrückende Vision der Entwicklung sogenannter Cyborgs, also Mischwesen zwischen organischem Körper und „nicht-organischen Apparaten"[55] bewegt sich auf ähnlicher Ebene, geht aber noch einen Schritt weiter, indem spezielle Zwecke zur Schaffung solcher Wesen postuliert werden (zum Beispiel Kriegführung oder eben die Optimierung medizinischer Versorgung).[56] Hierbei muss stets für die Gerechtigkeitsdebatte der enorme Kostenfaktor berücksichtigt werden.

Der Einsatz von Robotern in der Pflege[57] und in der operativen Medizin oder ganz allgemein bei der Organisation und für den laufenden Betrieb eines Krankenhauses ist ein viel diskutiertes Feld,[58] das etliche aktuelle Fallbeispiele produzieren kann. Gerade an dieser Stelle kann für differenzierte Diskussionen jenseits von düsteren Zukunftsvisionen genügend Material zusammengestellt werden. Neben den Säulen des Dürfens und des Sollens kommt hier auch der Kompetenzbereich des Wollens ins Spiel, beispielsweise dort, wo die emotionale Bindung an einen Roboter als dessen therapeutische Funktion untersucht und begriffen wird.[59] Könnte man sich selbst vorstellen, im Falle sozialer Isolation durch Krankheit oder Alter eine solche emotionale Bindung aufzubauen und zu unterhalten? Welchen sittlichen Status hätte dann dieses digitale Gegenüber, den eines Spielzeugs, den eines Tieres oder den eines sittlichen Subjektes? Von dieser oben bereits angedeuteten fundamentalethischen Frage aus ließe sich dann auf der Ebene normativer Begründung weiter diskutieren: Sind allein die realistisch erwartbaren Folgen maßgeblich für die sittliche Bewertung dieser Verwendungsweise von Robotern? Entstehen durch die Perspektiven der Care-Ethik bzw. eines relationalen Ansatzes neue Bewertungshorizonte? Oder ist die Verwendung von Robotern mit menschenähnlichen Funktionen eine Art kategorisch abzulehnende Vortäuschung von natürlichen Prozessen, die in sich ihre eigene Zweckbestimmung tragen? Welche Bewertungsaspekte ergeben sich in

---

53 Vgl. MITTELSTADT: Sprechstunde.

54 Vgl. BARTNECK/LÜTGE: Ethik, 109–112.

55 HARARI: Homo, 64.

56 Vgl. Harari: Homo, 65–66. 451.

57 Vgl. LEIGH ANDERSON/ANDERSON: Ethische Roboter.

58 Vgl. CAPURRO: Homo, 109–124; BARTNECK/LÜTGE: Ethik, 112–117.

59 Vgl. BARTNECK/LÜTGE: Ethik, 114–115.

Bezug auf die Gerechtigkeitsproblematik (Kostenreduktion versus Arbeitsplatzabbau)?

3.4 *Sexualethik*

Da das menschliche Beziehungsgefüge nicht nur durch die digitale Kommunikation, sondern auch in direkter Weise durch digitale Entitäten beeinflusst wird, ist diesem Kernbereich der klassischen Moraltheologie im Hinblick auf die Digitalisierung ebenfalls besondere Aufmerksamkeit zuzuwenden. Dort, wo von Servicerobotern sexuelle Dienstleistungen angeboten werden, stellt sich erneut die Frage nach der Beziehungsfähigkeit von KIs. Ist es beispielsweise eine unzulässige Verzweckung, sich eines Roboters zur Befriedigung sexueller Lüste zu bedienen (Stichwort Subjektdebatte, siehe oben)?[60] Wäre es dem mit KI ausgestatteten Roboter erlaubt, von sich aus diesen Funktionszusammenhang aufzuheben? Ist der Robotersex eine legitime Variante des menschlichen sexuellen Ausdrucks? Welche Auswirkungen hat er auf zwischenmenschliche Beziehungen? Anhand dieser wenigen Fragen lässt sich die große Bandbreite ermessen, mit der diese Thematik im Sujet „Beziehungsfähigkeit von und Beziehungen zu Robotern" in den zwei Kompetenzsäulen des Sollens und des Wollens diskutiert werden kann. Eine wichtige thematische Ergänzung in diesem Zusammenhang liefert auch die Frage nach der Verwendung der im Umgang mit Sexrobotern gespeicherten Daten.[61]

Weitere, tiefergreifende Fragen beispielsweise nach den Auswirkungen der Digitalisierung auf die geschlechtlichen Identitäten oder die sexuellen Selbstentwürfe (Social Media und Internetplattformen als Mittel der Beziehungsfindung und der Beziehungserhaltung) dürften ebenso von Interesse sein, lassen sich allerdings nur sehr schwer systematisch erarbeiten, da hier in verstärktem Maße auf soziologische Daten zurückgegriffen werden müsste. Sie liefern dennoch ein großes, eher ergänzendes Spektrum zum Thema „Gender-Identität", das innerhalb der Ethik an anderer Stelle zu behandeln sein wird.

4. Fazit

Die Unvollständigkeit des Unterfangens, methodisch und materialiter mit den ethischen Fragen der Digitalisierung aus hochschuldidaktischem Blickwinkel umzugehen, hatte ich bereits zu Beginn dieses Artikels eingepreist. Vielleicht

---

60 Bendel: Sexroboter.

61 Vgl. ebd., 39.

wird den einen oder die andere überrascht haben, wie fundamental manche ethischen Konsequenzen bedacht werden müssen, die sich aus der digitalen Transformation für das Individuum und die Gesellschaft ergeben. Gerade diesen Umstand wahrzunehmen, ihn zu analysieren und in das eigene ethische Verständnis zu integrieren, halte ich für eine der Kernkompetenzen in dieser Hinsicht. Auch wenn jedwede Schwerpunktsetzung hinsichtlich der semantischen, methodischen und inhaltlichen Auseinandersetzung mit den ethischen Dimensionen der Digitalisierung subjektiv erscheinen muss, möchte ich dennoch um der guten Übersicht willen zu guter Letzt die vier Kompetenzsäulen betrachten und ihnen Inhalte zuordnen. Dies bedeutet nicht, dass eine Art Ausschließlichkeit vorherrscht, dass also beispielsweise die Beherrschung, Analyse und Bewertung von digitalen Präsentationstechniken *allein* in der Kompetenzsäule des Könnens erfasst werden können. Darüber hinaus spielen sicherlich auch rechtliche, motivationale und ethische Dimension eine Rolle. Mir geht es an dieser Stelle allein um einen Fokus, der immer auch simplifizierend wirkt.

Kompetenzebene des Könnens:

– digitale Präsentations-und Recherchetechniken (benennen – anwenden – analysieren – bewerten – für die Verwendung entscheiden – Entscheidung begründen)
– begriffliche Klarstellungen der zentralen Termini (Digitalisierung, Roboter, KI, Algorithmus, Blockchain etc.)
– fundamentalethische Konsequenzen der Digitalisierung in den Bereichen
    – Ontologie
    – Autonomie
    – sittliches Subjektsein
    – Würdezuschreibung

Kompetenzebene des Dürfens:
– autonome Fahrzeuge als „Verursacher" von Unfällen – Haftungsfragen bei Einsätzen von KI – Datenschutzregeln in Forschung, Lehre und digitaler Kommunikation
Kompetenzebene des Sollens:
– Einsatz von KI für die medizinische Diagnostik – *Human Enhancement* – Einsatz von Pflegerobotern – persönliche Verwendung von Sexrobotern – christliche Konsumethik und das *Smart Home*
Kompetenzebene des Wollens:
– Umgang mit Social Media – persönliche Beziehungen zu Robotern

Es ist davon auszugehen, dass die fortschreitende Digitalisierung auf vielen verschiedenen Ebenen noch weitere ethische Fragestellungen und Probleme aufwerfen wird. Von daher ist diese Liste und auch der gesamte Aufsatz als *work in progress* zu betrachten. Gerade diese Tatsache hat ja die Corona-Krise deutlich aufgezeigt und wird es wohl in der näheren Zukunft noch tun.

Literatur

Bartneck, Christoph/Lütge, Christoph/Wagner, Alan/Welsh, Sean: <Ethik> in KI und Robotik. München 2019.

Becker, Patrick/Herrler, Andreas/Jöris, Steffen (Hg.): Problem Based Learning (PBL) in der Theologie (Theologie und Hochschuldidaktik 10). Berlin 2020.

Bedford-Strohm, Jonas/Filipovic, Alexander: Mediengesellschaft im Wandel. Theorien – Themen – ethische Herausforderungen. In: Otto, Philipp/Graf, Eike (Hg.): 3TH1CS. Die Ethik der digitalen Zeit. Berlin ^{2}2018, 47–69.

Bendel, Oliver: Sexroboter und Robotersex aus Sicht der Ethik. In: Otto, Philipp/Graf, Eike (Hg.): 3TH1CS. Die Ethik der digitalen Zeit. Berlin ^{2}2018, 30–42.

Capurro, Rafael: Homo Digitalis. Beiträge zur Ontologie, Anthropologie und Ethik der digitalen Technik (Anthropologie – Technikphilosophie – Gesellschaft). Wiesbaden 2017.

Gabler Wirtschaftslexikon: Art. Digitalisierung. Online unter: https://wirtschaftslexikon.gabler.de/definition/digitalisierung-54195 (Stand: 17.06.2020).

Harari, Yuval Noah: Homo Deus. Eine Geschichte von morgen. München ^{11}2017.

Herrler, Andreas, Problembasiertes Lernen – was kann man sich darunter vorstellen? In: Becker, Patrick u. a. (Hg.): PBL in der Theologie. Theologie und Hochschuldidaktik 10). Berlin 2020, 13–30.

Kirchschläger, Peter G.: Omni-dynamische soziale Gerechtigkeit und ihre Bedeutung für medienethische Überlegungen. in: Ulshöfer, Gotlind/Wilhelm, Monika (Hg.). Theologische Medienethik, (Ethik – Grundlagen und Handlungsfelder 14). Stuttgart 2020., 237–254.

Kolb, Anton: Virtuelle Ontologie und Anthropologie. in: Kolb, Anton/Esterbauer, Reinhold/Ruckenbauer, Hans-Walter: Cyberethik. Verantwortung in der digital vernetzten Welt. Stuttgart/Berlin/Köln 1998, 11–50.

Leigh Anderson, Susan/Anderson, Michael: Ethische Roboter für die Altenpflege. In: Otto, Philipp/Graf, Eike (Hg.): 3TH1CS. Die Ethik der digitalen Zeit. Berlin 22018, 90–100.

Macke, Gerd/Hanke, Ulrike u. a. (Hg.): Kompetenzorientierte Hochschuldidaktik. Lehre – vortragen – prüfen – beraten. Weinheim/Basel ^{3}2016.

Mittelstadt, Brent: Die Sprechstunde fällt aus. Die Verdrängung der werteorientierten Medizin durch Algorithmen. In: Otto, Philipp/Graf, Eike (Hg.): 3TH1CS. Die Ethik der digitalen Zeit. Berlin ^{2}2018, 78–89.

Nida-Rümelin, Julian/Weidenfeld, Nathalie: Digitaler Humanismus. Eine Ethik für das Zeitalter der Künstlichen Intelligenz. München ^{2}2018.

Ohly, Lukas: Ethik der Robotik und der Künstlichen Intelligenz (Theologisch-Philosophische Beiträge zu Gegenwartsfragen 22). Berlin 2019.

Pfäffli, Brigitta K.: Lehren an Hochschulen. Eine Hochschuldidaktik für den Aufbau von Wissen und Kompetenzen. Bern/Stuttgart/Wien 2005.

Rosenberger, Michael: Frei zu leben. Allgemeine Moraltheologie. Münster 2018.

Schockenhoff, Eberhard: Grundlegung der Ethik. Ein theologischer Entwurf. Freiburg/Basel/Wien 2007.

SCHÜLLER, Bruno: Der menschliche Mensch. Aufsätze zur Metaethik und zur Sprache der Moral (MSS 12). Düsseldorf 1981, 91–99.

WIKIPEDIA: Art. Digitalisierung. Online unter: https://de.wikipedia.org/wiki/Digitalisierung (Stand: 17.06.2020).

Dogmatik im digitalen Zeitalter

Markus Weißer

Kommunikation im Wandel

Mit der Digitalisierung verändern sich auch unsere Kommunikationsprozesse.[1] Angesichts ihrer rasanten Beschleunigung bleibt kaum Zeit für die Überprüfung von Informationen auf ihren Wahrheitsgehalt. In einem beinahe postfaktischen Zeitalter konkurriert Realität mit der virtuellen Streuung „alternativer Fakten". Dies geht einher mit der Reduktion von Komplexität, bis hin zur Trivialität. Von Facebook über Tweets hin zu einfachen Bildern auf Instagram. Die Wirklichkeit scheint oft nur noch schwarz oder weiß („gefällt" oder nicht); es bleibt wenig bis gar kein Raum für Differenzierungen. Längere Texte werden nicht mehr gelesen. So lautete das Motto der *re:publica19*, einer etablierten Berliner Konferenz für Web, soziale Medien und digitale Gesellschaft: „tl;dr" – Internet-Slang für: „too long; didn't read".[2]

Angesichts der kaum zu bewältigenden Informationsflut haben die meisten Nachrichten in unserer Wahrnehmung eine immer kürzere Halbwertzeit. Es werden „Stories" gepostet, die das Bild von unserem Frühstück bis zum Abendessen wieder vergessen sein lassen. Die digitale Welt ist im permanenten Fluss. Damit ist sie längst nicht mehr nur eine virtuelle Scheinwelt, sondern das Spiegelbild unserer täglichen Realität.

Unter solchen Bedingungen ist es schwierig, eine Botschaft dauerhafter Bedeutung zu transportieren, die nicht im digitalen Datenstrom des medialen Mainstreams untergeht. Doch auch die Kirche bedient sich als Global Player der neuen Medien, um ihre Botschaft zu verbreiten. Es gilt, die Zeichen der Zeit wahrzunehmen und um der eigenen Sendung willen in Bewegung zu kommen – und sei es manchmal auch gegen den Datenstrom. Nur in einer dynamischen und lernfähigen Kirche ist es möglich, das Evangelium in allen Sprachen und Kulturen authentisch und verständlich zu vermitteln.[3] Die Botschaft der Kirche gehört vermeintlich nicht mehr unter die Rubrik „News". Sie hat aber das Potential, ihrem lebendigen Geist entsprechend je neu zu zünden und Menschen anzusprechen – weil sie nicht nur informativ, sondern auch performativ zu

---

1 Vgl. WEIßER: Frage der Prioritäten.

2 Vgl.: https://19.re-publica.com/de/page/tldr (Stand: 02.06.2020).

3 Vgl. GS 44; AG 22.

verstehen ist[4] und in verschiedenen Kontexten aktuell werden kann. Wirft man dagegen einen Blick auf die katholische Dogmatik, die ja die inhaltliche Grundlage der kirchlichen Verkündigung bildet, so zeigt sich eine geradezu gegenläufige Entwicklung.

Herausforderungen für die Dogmatik

Die Glaubensbekenntnisse als klare Erkennungszeichen und Identitätsmarker des Christentums werden im Laufe der Zeit immer umfangreicher und diffiziler. Zunächst genügt das Bekenntnis zu Jesus als dem Messias: „Jesus Christus [est]". Früheste Bekenntnisformeln umfassen den Grund dieser Überzeugung: Leben und Sterben Jesu, seine Auferweckung als heilsbedeutsame Selbstzusage Gottes an alle Menschen. Aus den frühen Erkennungsmarken, den „Symbola", werden mehrgliedrige Bekenntnisse, um im Traditionsprozess die essentiellen Basics im Credo zusammenzufassen. Das „credere in" impliziert grammatikalisch noch die Dynamik einer existentiellen Bewegung in der Nachfolge Jesu: Es ist ein vertrauender Selbstvollzug. Das Credo enthält, trotz zunehmender Differenzierung durch die Klärung strittiger Fragen, einen knappen Aufriss der immer komplexer dargestellten Glaubensinhalte, die aber noch im Bezug zum Glaubensvollzug stehen.

Doch aus Symbola und Bekenntnissen wird sukzessiv ein *depositum fidei*, ein Glaubensgut als „Ablage" des Glaubens, dessen Umfang man weder existentiell ratifizieren noch intellektuell durchdringen kann. Dies scheint auch gar nicht mehr erforderlich, solange es formaliter bejaht, anerkannt, oder zumindest nicht geleugnet wird – als *fides implicita*. Über den Sinn entscheidet seit dem 19. Jh. kaum noch das glaubende Subjekt, sondern zunehmend das kirchliche Lehramt, das die Deutungshoheit für sich beansprucht und den passiven Empfängern zu glauben vorlegt. Der Inhalt des Glaubens steht und fällt dann mit der Autorität des Lehramtes, das nicht mehr nur über den Glauben wacht, sondern ihn selbst bestimmt.[5] So wird das Depositum schließlich zum Katechismus, der ins Bücherregal gestellt werden kann. Der *identitätsstiftende Inhalt* wird entkoppelt vom *gelebten Glaubensvollzug* und in seiner formalen Fixierung entbehrlich. Gerade wenn er undifferenziert wahrgenommen und lediglich autoritativ begründet wird. Er stirbt einen schleichenden Tod, mitten im Leben der Menschen, sobald die kirchliche Autorität nicht mehr um ihrer Autorität willen anerkannt wird. Dies aber wird in der Neuzeit zunehmend problematisch, da die Anerkennung des kirchlichen Lehramtes selbst an den vorgelegten Inhalt des Glaubens in seiner *Glaubwürdigkeit* gebunden ist.

---

4 Vgl. BENEDIKT XVI.: Spe salvi, 2.

5 Vgl. SEEWALD: Reform, 49–64.

Doch was vermögen einzelne Gläubige von dem Gehalt des Glaubens, seiner Differenzierung und notwendigen Rechtfertigung vor der Vernunft reflektiert (aktiv und bewusst) zu glauben? Worin müssten sie eine existentielle Bedeutung für sich erkennen, aus der heraus sie ihr Leben gestalten? Blickt man auf die Diskrepanz[6] zwischen Kerninhalten der Dogmatik und der Überzeugung zahlreicher Jugendlicher, die zumindest nominell als Christen gelten, so könnte man von einer handfesten Glaubenskrise der Kirche sprechen. Nicht, weil Jugendliche nichts glauben würden, sondern weil es der Glaubenslehre und ihrer dogmatischen Darstellung vielfach nicht mehr gelingt, den vorhandenen Suchbewegungen und Glaubensregungen eine tragfähige Sinnoption und Ausdrucksgestalt anzubieten, mit der sich die Suchenden existentiell identifizieren könnten. Ohne eine solche Identifikation scheint aber auch der Glaube selbst in seiner Rezeption und Tradition unterlaufen. Der Prozess dieser identitätsbildenden Identifikation mit den christlichen Grundüberzeugungen scheitert oft daran, dass deren Kern hinter einer breiten Diskussion sekundärer Ausgestaltungen, Vorschriften und vermeintlich unveränderlicher Implikationen verschwindet. Dieses Phänomen wird durch die Verwendung überkommener Begriffe, Denkmuster und Ausdrucksgestalten verstärkt. Die selektive Wahrnehmung der neuen Medien tut ihr Übriges, wie Papst Franziskus richtig erkannt hat.[7]

Ziel einer katholischen – universal offenen – Dogmatik muss es aber sein, die Gläubigen selber als Subjekt ihres für sie selbst heilsrelevanten Glaubens zu betrachten. Sie sind keine passiven Objekte einer einbahnigen Lehrverkündigung, sondern partizipieren aktiv am Glauben der Überlieferungsgemeinschaft. Die Dogmatik entsteht aus dem Glaubensdialog kirchlicher Taufpraxis und bleibt (auch *in* ihrer Wissenschaftlichkeit) korrelativ an ihre kollektive *Rezeption* durch die glaubende Gesamtkirche gebunden, die sich in einem synchronen wie diachronen Dialog ihrer eigenen Identität vergewissert.[8]

Wenn Glaube niemals nur eine kognitiv verengte Anerkennung fixierbarer Wahrheit, sondern dynamischer Selbstvollzug der eigenen Existenz vor Gott, auf ihn hin und für die Mitmenschen ist, der durch das menschliche Wort Gottes in dessen Geist getragen wird und auf Gemeinschaft zielt, so stellt sich die Frage: Wie kann die Kirche im Kontext ihrer zeitlichen, regionalen und kulturellen Bedingungen Glauben als *Antwort* auf das begegnende Wort Gottes ermöglichen? Dem Taufdialog (Glaubst Du...? – Ich glaube...!) müsste eine *glaubwürdige* und *verständliche Vermittlung* der in Christus *je persönlich* begegnenden Selbstzusage Gottes vorausgehen. Mit Vehemenz betonte J. Ratzinger einst mit Verweis auf Tertullian, Christus habe sich die Wahrheit genannt, nicht die Gewohnheit.[9] Diese

---

6 Vgl. 18. Shell Jugendstudie: Jugend 2019, 152–157.

7 Vgl. Papst Franziskus: Evangelii gaudium, 34f.

8 Vgl. Beinert: Glaube – Einführung in die Dogmatik, 24; Das kirchliche Dogma habe von Grund auf einen „dialogischen Charakter. Es ist Teil eines Kommunikationsprozesses."

9 Vgl. Ratzinger: Einführung, 130.

Wahrheit ist eine konkrete Person, die uns eine neue Beziehung zu Gott und den Mitmenschen ermöglicht.[10] Eine Beziehung, die individuell verschieden ist. Daher gebe es so viele Wege zu Gott, wie es Menschen gibt.[11] Alle diese Wege konvergieren auf den einen Weg der Liebe hin, der sich nach christlicher Überzeugung in Jesus Christus irreversibel als der Weg des Lebens erwiesen hat. Diese Explikation liegt auf der Linie des II. Vatikanischen Konzils und seines kommunikationstheoretischen Offenbarungsverständnisses: Gott offenbart *sich* selbst *durch* Jesus Christus *im* Heiligen Geist.[12] Aber was bedeutet diese *personale* Orientierung für die Arbeitsweise und Kommunikation der Dogmatik heute?

Ihre primäre Aufgabe ist nicht das Wachen über die Vollständigkeit und summarische Darstellung eines „Glaubensgutes", das in der Rezeption durch den Einzelnen in allen Differenzierungen anzueignen und kognitiv zu forcieren wäre.[13] Die dringlichste Herausforderung für die Dogmatik ist heute weniger, eine ideale „Summa Theologiae" zu bieten, sondern theologisch verantwortet und vernünftig begründet Wege aufzuzeigen, um gemeinsam ein Leben im Glauben entsprechend dem zu führen, was man in der frühen Kirche die *regula fidei* nannte: eine *Richtschnur* und Ausrichtung am Glauben, der zu Gott führt. Damit verbunden ist eine Systematik, die die Dogmatik prinzipiell immer schon geprägt hat, insofern sie *Prioritäten* setzen und sich auf ihr eigentliches *Ziel* konzentrieren[14] musste: Das Heil (*soteria*) der Menschen.

Soteriologische Priorisierung und Konzentrierung

Eine notwendige *Differenzierung* – Unterscheidung[15] – bildet die Grundlage für eine adäquate *Wahrnehmung* und *Rezeption* der Glaubensinhalte. Die Gläubigen erhalten durch diese Differenzierung (um die auch die Neuscholastik auf ihre Weise bemüht war[16]) eine theologisch begründete Orientierung. Die

10 Vgl. BENEDIKT XVI.: *Deus caritas est,* 1; vgl. Papst Franziskus: Evangelii gaudium, 7.

11 Vgl. RATZINGER: Salz der Erde, 35.

12 Vgl. DV 1–6.

13 Vgl. MÜLLER: Katholische Dogmatik, 82: „Gegenüber einer unterschiedslosen Gleichstellung aller einzelnen Dogmen [...] ergibt sich [...] eine inhaltliche Gewichtung und organische Zuordnung zum Zentrum der Offenbarung: der Selbsterschließung des dreieinen Gottes. Darum muss vom einzelnen Gläubigen nicht für jedes Dogma eine ausdrückliche und vollreflexe Aneignung gefordert werden".

14 Vgl. BÖTTIGHEIMER: Hierarchie der Wahrheiten, 337; der feststellt, dass auch Thomas von Aquin die Glaubensartikel nach soteriologischen Kriterien systematisierte.

15 Vgl. PAPST FRANZISKUS: *Gaudete et exsultate,* 166ff.

16 Man versucht, theologische Qualifikationen und Verbindlichkeitsgrade der Glaubenswahrheiten von ihrem Bezug zur göttlichen Offenbarung her anzuführen. Vgl. SCHEEBEN: Handbuch, 186–195; OTT: Grundriss, 35f.

Ausrichtung am Glaubenszentrum – dem dreifaltigen Gott selbst – bietet eine *regula fidei*, einen Maßstab für die Lebensgestaltung im Glauben und dessen weitere Entfaltung. Dass die Lehre des II. Vaticanums von der „Hierarchie der Wahrheiten" (UR 11) im Paradigmenwechsel hin zur personal-dialogischen Selbstmitteilung Gottes noch der Umsetzung bedarf, liegt auf der Hand: Statt Informationsverarbeitung steht die Zuwendung Gottes selbst im Mittelpunkt. Man kann nicht instruktionstheoretisch feststehende Sätze als vermeintlich überzeitliche Lehre ableiten, sondern nimmt das Mysterium (*sacramentum*) Gottes selbst in den Blick (DV 2). Diese göttliche Selbstoffenbarung wird durch die Kirche bezeugt und weitervermittelt (LG 1), in ihren Selbstvollzügen gefeiert und vergegenwärtigt. Damit ergibt sich eine *sakramentale Grundstruktur* des christlichen Glaubens, auf die hin alle Glaubensinhalte konzentriert werden müssen und die höchste Priorität besitzt: Der Glaube an die Liebe des dreifaltigen Gottes, die Inkarnation seiner erlösenden Selbstzusage und die Gnade seines befreienden Geistes, der uns hoffen lässt.

Wird diese Selbstoffenbarung Gottes in ihrer kommunikationstheoretischen Tragweite heute *medial* angemessen dargestellt und als *persönlicher Zuspruch* produktiv kommuniziert?[17] Wenn in kirchenpolitischen Debatten oft pauschal „die" Lehre der Kirche beschworen wird, die entgegen ihrer faktisch belegbaren dogmengeschichtlichen Entwicklung[18] als überzeitlich und unantastbar dargestellt wird, so fällt man de facto hinter das heilsgeschichtlich-personal orientierte Offenbarungsverständnis und die sich daraus ergebende Antwortworthaltung von Glaube, Hoffnung und Liebe zurück. Wo „die" Lehre auf fragwürdige Weise verabsolutiert wird und gerade so den Zugang zum lebendigen Zentrum des christlichen Glaubens verstellt, bedarf es einer kritischen Aufarbeitung und Revision dogmatischer Sprache und Denkmuster, die stets in der Brechung menschlicher Möglichkeiten und ihrer situativen Rahmenbedingungen auf *die* Wahrheit des christlichen Glaubens verweisen, die sich je neu entfalten muss und die daran geknüpften Konsequenzen *neu* bedenken lässt. Der permanente Deutungs- und Fortschreibungsprozess der Dogmen mündet in ihrer Ausrichtung auf den dreifaltigen Gott in eine *offene* Zukunft.[19] Die Dogmengeschichte ist keineswegs abgeschlossen – sie läuft weiter und bezieht sich in ihrer Dynamik auf Gott, der selbst das Heil des Menschen *ist*.

Eine *soteriologische Konzentrierung der Dogmatik*, für die hier mit Nachdruck plädiert wird[20], bedeutet eine konsequente Ausrichtung an der Frage, was für die *Vermittlung des Heils* – einer erlösenden Beziehung zu Gott durch Christus im Heiligen Geist – dienlich oder hinderlich ist. Man wird nicht behaupten können, dass dieses *dogmatische Kriterium* in den teils ideologisch vorbelasteten Debatten

---

17 Vgl. SPADARO: The Challenges, 78–81.

18 Vgl. SEEWALD: Dogma im Wandel.

19 Vgl. MÜLLER: Katholische Dogmatik, 81; 87ff.

20 Vgl. WEIẞER: Heilige Horizont.

über die Reform der Kirche genügend Beachtung findet. Die Dogmatik kann und muss insofern ihren Beitrag dazu leisten, als sie die heute so notwendige *Differenzierung* von primärem Ziel und sekundären Implikationen oder Interpretationen immer wieder vornimmt. Diese Systematik ist nicht neu (vgl. Apg 15,6–29). Vermeintlich logische Deduktionen und unhinterfragte Gebräuche sind nicht schon identisch mit der göttlichen Offenbarung selbst. Prioritäten zu setzen, wurde von Papst Franziskus vehement eingefordert.[21] Zurecht, wenn man in Kommentaren auf „kath." Internetseiten beobachten muss, dass „die" Lehre undifferenziert als katalogartige, im Katechismus verbalinspiriert anmutende Sammlung verabsolutierter Wahrheit*en* verstanden wird. Franziskus verweist demgegenüber auf *die* zentrale – befreiende – Wahrheit, die sich in der Begegnung mit Christus konkretisiert und in seinem Geist weiter entfalten lässt:

> Zuerst möchte ich jedem die erste Wahrheit sagen: ‚Gott liebt dich.' Wenn du das schon mal gehört hast, egal, ich möchte dich daran erinnern: Gott liebt dich. Zweifle nie daran, egal, was dir im Leben passiert. Egal in welcher Lebenslage du dich befindest, du bist unendlich geliebt.[22]

Zu oft wird der falsche Eindruck erweckt, es gäbe im Gesamtzusammenhang der Glaubensinhalte (*nexus mysteriorum*) keine Differenzierung oder Gewichtung. Wenn aber Gott selbst als *Mysterium fidei* den Maßstab des Glaubens markiert, dann ist eine solche Verzerrung inakzeptabel. Sie blockiert ergebnisoffene Dialogprozesse (vgl. 1 Thess 5,19–21) und behindert eine lebendige Tradition, die sich für ihre stets notwendige Selbstvergewisserung und Übersetzung in neue Kontexte und Kulturen am Ursprung, Zentrum und Ziel des Glaubensaktes kritisch und konstruktiv orientiert: Gottes personale Selbstoffenbarung und das bedingungslose Angenommensein aus reiner Gnade, die unsere Freiheit fördert und fordert. Das *Mysterium* bleibt, so Viera Pirker, auch heute zentral:

> Die Annahme der eigenen Vulnerabilität und Sterblichkeit, eine Gelassenheit, die technische Verhältnisse nicht verabsolutiert, auch wenn diese das Leben heute maßgeblich strukturieren, sowie Offenheit für das sich ereignende Geheimnis heißen die wesentlichen theologischen Grundhaltungen nach der *Digitalen Revolution*.[23]

Der Mensch ist ein fragendes und fragwürdiges Wesen. In Zeiten künstlicher Intelligenz und technischer Perfektion wird ihm seine eigene Unzulänglichkeit bewusst. Was oder wer rechtfertigt mich und mein Dasein, welchen Ansprüchen müsste es genügen, wenn ein Algorithmus uns plötzlich ersetzen könnte? Das bedingungslose Angenommensein durch eine grenzenlose Liebe, die uns in unserer Unverwechselbarkeit und Einzigartigkeit bejaht, uns einen *Horizont* von Sinn und *Hoffnung*[24] eröffnet, den wir nicht selbst verdienen oder gewährleisten

---

21 Vgl. Papst Franziskus: Evangelii Gaudium, 11; 34f.; 43; 7, mit Bezug auf Benedikt XVI.

22 Papst Franziskus: Christus vivit, 112.

23 Pirker: Geheimnis im Digitalen, 140.

24 Die christliche Zukunftshoffnung gilt auch den Opfern der Geschichte und Verstorbenen, die die Verheißungen des digitalen Zeitalters nie erreichten. Sie dürfen bei aller Euphorie

müssen – das dürfte eine frohe Botschaft sein, die in Zeiten digitaler Funktionalisierung und Optimierung aktueller ist denn je.

Diese Konzentrierung der Dogmatik deckt sich mit der prophetischen Prognose Karl Rahners, die Theologie der Zukunft werde „sich sehr entschlossen auf den Kern und die letzten Grundfragen der christlichen Botschaft konzentrieren." Gemeint ist eine Konzentration auf das „Verständnis der ursprünglichsten und fundamentalsten Offenbarung Gottes, seiner Gnade, des einen Mittlers, der Verantwortung für die Welt und der eschatologischen Hoffnung."[25] Diese Aufgabenbeschreibung sollte man im digitalen Zeitalter nicht unterschätzen. Rahner hatte Recht:

> In dem dauernden Kampf auf Leben und Tod innerhalb einer säkularisierten Gesellschaft wird die Theologie unvermeidlich immer aufs neue in einer sie absorbierenden Weise die letzten Fragen einer personalen Entscheidung für Gott, für Jesus Christus und (natürlich in sehr abgeleiteter Weise) für die Kirche stellen und beantworten müssen. Das bedeutet natürlich nicht, daß nicht auch sehr intensiv ‚spezielle' Dogmatik betrieben werden müsse [...].[26]

Die derzeitigen Diskussionsschwerpunkte in Theologie und Kirche (Amtstheologie, Zölibat, Empfängnisverhütung, Umgang mit wiederverheiratet Geschiedenen, mit Homosexualität etc.) und ihre Abbildung in der öffentlichen Wahrnehmung behandeln primär Fragen, die – so einst J. Ratzinger[27] – nicht die „Essentials" des Christentums seien. Aber warum beharrt man dann ausgerechnet in *diesen* Fragen auf der Verteidigung des Status quo? Bei all diesen Debatten stellt sich doch die nüchterne – dogmatische! – Frage, ob die *Selbst*offenbarung Gottes im Vordergrund steht, oder doch die

> Verästelungen, die damit zusammenhängen und die sicher zum ganzen Baum gehören, aber nicht alle von der gleichen Wichtigkeit sind. Die Identität der Kirche hat klare Erkennungsmarken, also sie ist nicht starr, sondern Identität des Lebendigen, das in der Entwicklung sich selber treu bleibt.[28]

Angesichts dieser lebendigen und entwicklungsoffenen Dynamik erfordert auch die didaktische Ausrichtung der Dogmatik eine theologisch begründete *reductio in Mysterium*, die das *Wesentliche* des christlichen Glaubens erkennbar werden lässt und als Ziel im Blick behält. Die Wahrheit dieses Glaubens ist dabei stets verwiesen auf ihre erfahrungsbezogene Kommunikabilität im Hier und Heute.[29]

---

für himmlische (cloud-basierte) Zukunftsvisionen nicht aus dem Blick geraten. Die eschatologische Vollendung unserer Wirklichkeit transzendiert digitale Optimierung oder Konservierung.

25 Rahner: Die Zukunft der Theologie, 151.

26 Rahner: Über künftige Wege, 49.

27 Vgl. Ratzinger: Salz der Erde, 222.

28 Ebd.

29 Hünermann: Dogmatische Prinzipienlehre, 17f., hebt dieses „Sprach- und Wahrheitsgeschehen" explizit hervor. Auch er verweist auf die selektive Funktion der Medien, die eine

Interaktiver Dialog als Weg zur aktiven Partizipation

Ubi caritas et amor, Deus ibi est. Diese zentrale Maxime des Christentums ist so schlicht, dass einfache Fischer sie verstehen und weltweit „teilen" konnten. Und das noch ohne digitale Medien. Es ist die Aufgabe der Dogmatik, dass trotz aller Wissenschaftlichkeit und detaillierter Vertiefung das „pulsierende Herz"[30] dieses Glaubens nicht nur den Ausgangs-, sondern auch wieder den Zielpunkt aller Theologie markiert. Wo dies der Fall ist, ist sie gut gerüstet für das digitale Zeitalter, das in ständiger Bewegung vom Wesentlichen zu den Details gelangt und eben nicht umgekehrt. Eine *soteriologische* Ausrichtung der Dogmatik eröffnet Spielräume kirchlichen Handelns und neue Interaktionen, die noch gar nicht absehbar sind. Denn sie steht für die universale Offenheit der Liebe Christi, die zur Nachfrage provoziert und sich selbst immer wieder neu befragen lässt.

Ähnlich wie die Missionen auf neuen Kontinenten ein Katalysator für die Ökumene waren, so könnte auch das digitale Neuland heute frischen Wind in die Dogmatik bringen. Doch die permanente Selbstvergewisserung und Aktualisierung in Sprache, Denkmustern und Prämissen ist nur möglich im Dialog. Denn ohne einen ehrlichen und *interaktiven Dialog*, der um gegenseitiges Verständnis bemüht ist, ist eine *Wahrnehmung* der zahlreichen Verständnis- und Vermittlungsprobleme des christlichen Glaubens nicht möglich. Dass Papst Franziskus in der Vorbereitung der Jugendsynode 2018 auf Umfragen durch Online-Fragebögen setzte, ist ein Indiz dafür, dass die Fragen nach den Rezeptionsschwierigkeiten und -hindernissen, nach den Gewissensfragen und -nöten der alltäglichen Glaubenspraxis als *sensus fidelium* Eingang in die systematische Theologie finden. Sie müssten auch in Lehr- und Lernprozessen der Dogmatik eine stärkere Rolle spielen. Die Dogmatik nutzt in Forschung und Lehre nicht nur digitale Hilfsmittel, die den Zugang zu Quellen oder die Analyse von Daten erleichtern, sondern sie wird die „Kulturveränderung"[31] durch die Digitalisierung auch *inhaltlich* annehmen und in ihre didaktische Konzeption integrieren müssen: In der systematischen Reflexion und Erschließung von Glaubensinhalten, deren Entwicklung, Kohärenz und Plausibilität sie darstellen will, ist die Dogmatik immer auch eine zuhörende und fragende Disziplin.[32] Der Gegenstand ihrer Betrachtung (der verbindende und verbindliche Glaube einer durch Vielfalt geprägten Glaubensgemeinschaft) entwickelt sich. Nur in einem diskursiven Umfeld kann das kritische und konstruktive Potential von interaktiven Kommunikationsprozessen

---

Herausforderung für die funktionale Spezialisierung der Theologie darstelle und eine Gewichtung erfordert (vgl. 193–207). Die notwendige „Rückübersetzung" theologischer Sprache in Glaubens- und Verkündigungssprache müsse die „Mediensprache" berücksichtigen.

30 Papst Franziskus: Misericordiae vultus, 12.

31 Pirker: Digitalität, 151; vgl. auch Merle: Religion; Stalder: Kultur der Digitalität.

32 Vgl. Dirscherl/Weißer: Dogmatik, 16; Spadaro: The Challenges, 76ff.

und -schwierigkeiten sensibel wahrgenommen und im Blick auf die soteriologische Zielrichtung des Glaubens differenziert ausgewertet werden.

Hierfür sind Phänomene der Interpretation, Rezeption bzw. Nichtrezeption zu berücksichtigen, wie sie sich in sozialen Medien und digitalen Netzwerken[33] anwendungs- und wertorientiert darstellen. Sie können von Studierenden nach eigener Recherche aktiv eingebracht und systematisch analysiert werden. Dies dient auch der Entwicklung einer Sprach- und Sachkompetenz, die im späteren Berufsleben angesichts der Heterogenität und unterschiedlichen Seriosität von Internetquellen oder fluiden Netzwerken notwendig ist. Die Vermittlung der theologischen Kompetenz, den normativen Orientierungsrahmen des christlichen Glaubens mit je aktuellen und individuellen Erfordernissen heutiger Glaubensfragen (und neuer Antworten!) in Beziehung setzen und je nach Kontext reformulieren zu können, ist ein zentrales Ziel der Dogmatik im digitalen Zeitalter. Damit korrespondieren neue Chancen kirchlicher Kommunikation und Partizipation, die „theologisches und ekklesiales Lernen"[34] vernetzen. Das setzt jedoch die Haltung einer *hörenden* Kirche[35] voraus, die sich auf einen offenen Dialog und theologische Diskurse einlässt, um auf dieser Basis die verbindlichen Inhalte ihres gemeinsamen Glaubens bestimmen und aktualisieren zu können.

Wenn es um die Ausgestaltung synodaler Strukturen geht, heißt es aber leider immer noch allzu häufig: „Error: Path not found." Die zarten Anfänge der (wiederentdeckten) synodalen Prozesse sind ausbaufähig. Denn die zentralen Kernelemente des Glaubens sind durch die apostolische Überlieferung vorgegeben, sie bedürfen aber immer wieder der gemeinsamen Deutung und Aktualisierung. So können auf der Basis des soteriologischen Zentrums *neue Differenzierungen, Akzentuierungen* oder *Korrekturen* vorgenommen werden, die den Glauben davor bewahren, im populistischen Schwarz oder Weiß zwischen „Placet" und „Anathema" zu versanden. Das menschliche Leben, das Gott selbst sich angeeignet hat, ist komplexer. Theologisches Unterscheidungsvermögen und Dialogfähigkeit können reflektierte Rezeptionsprozesse begleiten und dazu befähigen, *aktiv* an kirchlichen, ökumenischen und interreligiösen Diskursen zu *partizipieren*. Die Dogmatik kann somit ihren Beitrag dazu leisten, die Zeichen der Zeit wirklich zum Ausgangspunkt für eine Neuorientierung am *Ziel* des Glaubens zu nehmen und *gemeinsam* einen *Weg* (syn-hodós) dorthin zu bahnen. Die Weggemeinschaft der Weltkirche hätte dann noch keine fertigen Lösungen für all die anstehenden Fragen. Aber sie könnte diese im Austausch besser wahrnehmen und ihre Identität als Zeichen und Werkzeug – Medium – der universalen Liebe Gottes zurückgewinnen, indem sie der existentiellen und gesellschaftlichen Bedeutung seiner barmherzigen Zuwendung höchste Priorität einräumt.

---

33 Vgl. CAMPBELL/GARNER: Networked Theology.

34 PIRKER: Geheimnis im Digitalen, 137.

35 Vgl. PAPST FRANZISKUS: Christus vivit, 35–42; 65; 87; GS 44.

Entgrenzung inkarnierter Präsenz

Im Zuge der Covid-19-Pandemie, die zur Vermeidung von Ansteckungen ein „social distancing" notwendig machte, wurde deutlich, welche Rolle digitale Medien für die kirchliche Kommunikation und Seelsorge spielen können. Der christliche Glaube, der im Unterschied zu gnostischen Denksystemen aller Art[36] wesentlich auf die Inkarnation, die Menschwerdung und Verleiblichung der erlösenden Selbstzusage Gottes und ihre *spürbare* Vermittlung verwiesen ist, sieht sich an die unmittelbare Erfahrbarkeit einer fürsorglichen Zuwendung und Nächstenliebe gebunden.[37] Zugleich bedeutet diese Bindung an Leiblichkeit keine Begrenzung, im Gegenteil.[38] Das lebendige Wort Gottes wird im Sakrament leibhaftig spürbar, aber es lässt sich niemals darauf reduzieren und begrenzen. In der Inkarnation hat es vielmehr alle Grenzen überwunden und ist mit jedem von uns innig verbunden. Doch welche Formen performativer Präsenz und menschlicher Nähe kann Kirche für digitale Räume und darüber hinaus entwickeln, um die sakramentale Gegenwart Christi medial zu transportieren, ohne selbst die Zusage des universalen Heilswillens Gottes zu regulieren? Die persönliche Verkörperung des Wortes Gottes und seine reale Präsenz kann und soll dabei nicht ersetzt, aber sie muss medial entgrenzt werden – als eine an Leiblichkeit gebundene und zu ihr hinführende *Aktualpräsenz*, die alle Menschen einladend anspricht.

Die Kirche selbst wäre dann, was sie ihrem dogmatischen Selbstverständnis nach sein will: *Medium* – Mittlerin, nicht Kontrolleurin[39] göttlicher Gnade, als dynamisches „Zeichen und Werkzeug für die innigste Vereinigung mit Gott und für die Einheit der ganzen Menschheit." (LG 1) Wo dies realisiert wird, verlässt die

---

36 Das gilt auch für eine vermeintliche „Cyber-Gnosis". Vgl. MÜLLER: Endlich unsterblich.

37 Für Tertullian (res. 8,2) ist die Leiblichkeit und solidarische Verbundenheit in der gemeinsamen Heilsgeschichte „Dreh- und Angelpunkt" christlichen Erlösungsglaubens: *caro salutis est cardo*. Das medizinale Paradigma der Soteriologie (Christus als rettender „Arzt", als Heilsmittler und „Heilmittel") scheint heute fast vergessen. Dieser geerdete Aspekt des Erlösungsverständnisses war in der Patristik durch den Einsatz von Christ*innen in der Armen- und Krankenfürsorge real greifbar, während die Erfahrung des Heils allmählich spiritualisiert und auf Fragen nach Sünde und Schuld verengt wurde. Im Dienst der Menschen *für* Menschen in Not, in der gelebten *Proexistenz* – nicht nur der Christen! – realisiert sich eine unersetzbare, spürbare Wirklichkeit, die der Deutung bedarf. Umso wichtiger ist es, selbstlosen Einsatz der Menschen füreinander – als Phänomen grundloser Hilfsbereitschaft (sola gratia) und Hingabe – als Ort der leibhaftigen Erfahrbarkeit von Gnade zu würdigen, welche die Kirche nicht nur in Freude und Hoffnung, sondern auch in Trauer und Angst mit allen teilt (GS 1). *Jenseits* der Digitalisierung war dies auch der soteriologische Dreh- und Angelpunkt in der „Covid-19-Krise". Denn nicht alles lässt sich steril digitalisieren.

38 Vgl. WEISSER: Leibliche Präsenz in medialer Entgrenzung.

39 Vgl. PAPST FRANZISKUS: Evangelii gaudium, 47.

Kirche ihre eigenen Bastionen und begibt sich auf (digitales) Neuland; sie wartet nicht, bis Menschen zu ihr kommen, sondern sie macht sich auf den Weg – als eine dienende „Kirche im Aufbruch", wie Papst Franziskus fordert.[40]

Finden die digitale Erweiterung der kirchlichen Reichweite und die darin gewonnenen Erfahrungen ihren Weg von der Peripherie weltweiter Vernetzung zurück in die Lernprozesse der Dogmatik? Werden die (vermeintlichen) Ränder der Kirche und der Gesellschaft hier angemessen wahrgenommen? Und falls ja, durch wessen Stimme? Eine *einladende* Haltung, die in der Dogmengeschichte nicht immer selbstverständlich war, könnte sich didaktisch widerspiegeln und zu einem Perspektivenwechsel jenseits der eigenen Filterblase beitragen, der neue Verstehensprozesse in kultureller, ökumenischer und interreligiöser Offenheit ermöglicht. Ein fairer und um gegenseitiges Verständnis bemühter Kommunikationsstil im Umgang miteinander wäre dabei ein Desiderat christlicher Nächstenliebe, die dem Vorbild Jesu nachfolgt und niemanden ausgrenzt. In dieser empathischen und sympathischen Haltung würde jene heilsame Dynamik erfahrbar, deren eschatologische Tragweite es zu bezeugen gilt.

Literatur

ALBERT, Matthias/HURRELMANN, Klaus, u. a. (Hg.): 18. Shell Jugendstudie. Jugend 2019. Eine Generation meldet sich zu Wort. Weinheim 2019.

BEINERT, Wolfgang: Glaube – Einführung in die Dogmatik. In: BEINERT, W./KÜHN, U. (Hg.): Ökumenische Dogmatik. Leipzig 2013. 1–30.

BENEDIKT XVI.: Enzyklika Deus caritas est. Über die christliche Liebe. Hg. v. SEKRETARIAT DER DBK (VAS 171). Bonn 2006.

BENEDIKT XVI.: Enzyklika Spe salvi. Über die christliche Hoffnung. Hg. v. SEKRETARIAT DER DBK (VAS 179). Bonn ^{3}2008.

BÖTTIGHEIMER, Christoph: Hierarchie der Wahrheiten. In: BEINERT, W./STUBENRAUCH, B. (Hg.): Neues Lexikon der katholischen Dogmatik. Freiburg 2012, 336–340.

CAMPBELL, Heidi/GARNER, Stephen: Networked Theology. Negotiating Faith in Digital Culture. Grand Rapids 2016.

DISCHERL, Erwin/WEIẞER, Markus: Dogmatik – Mehr Antworten als Fragen? In: DIES., Dogmatik für das Lehramt. 12 Kernfragen des Glaubens. Regensburg 2019, 13–22.

HÜNERMANN, Peter: Dogmatische Prinzipienlehre. Glaube – Überlieferung – Theologie als Sprach- und Wahrheitsgeschehen. Münster 2003.

MERLE, Kristin: Religion in der Öffentlichkeit. Digitalisierung als Herausforderung für kirchliche Kommunikationskulturen. Berlin 2019.

MÜLLER, Gerhard L.: Katholische Dogmatik. Für Studium und Praxis der Theologie. Freiburg ^{2}2005.

MÜLLER, Klaus: Endlich unsterblich. Zwischen Körperkult und Cyberworld. Kevelaer 2011.

OTT, Ludwig: Grundriss der katholischen Dogmatik. Bonn ^{11}2005.

PAPST FRANZISKUS: Apostolisches Schreiben Evangelii gaudium. Über die Verkündigung des Evangeliums in der Welt von Heute. Hg. v. SEKRETARIAT DER DBK (VAS 194). Bonn 2013.

40 Vgl. ebd. 19–24.

PAPST FRANZISKUS: Apostolisches Schreiben Gaudete et exsultate. Über den Ruf zur Heiligkeit in der Welt von heute. Hg. v. SEKRETARIAT DER DBK (VAS 213). Bonn 2018.

PAPST FRANZISKUS: Misericordiae vultus. Verkündigungsbulle zum außerordentlichen Jubiläum der Barmherzigkeit. Hg. v. SEKRETARIAT DER DBK (VAS 200). Bonn 2015.

PAPST FRANZISKUS: Nachsynodales Apostolisches Schreiben Christus vivit an die jungen Menschen und an das ganze Volk Gottes. Hg. v. SEKRETARIAT DER DBK (VAS 218). Bonn 2019.

PIRKER, Viera: Das Geheimnis im Digitalen. Anthropologie und Ekklesiologie im Zeitalter von Big Data und Künstlicher Intelligenz. In: StZ 237 (2/2019), 133–141.

PIRKER, Viera: Digitalität als ‚Zeichen der Zeit'? In: THPQ 168 (2/2020), 147–155.

RAHNER, Karl: Die Zukunft der Theologie, in: DERS.: Schriften zur Theologie IX. Einsiedeln ²1972, 148–157.

RAHNER, Karl: Über künftige Wege der Theologie, in: DERS.: Schriften zur Theologie X, Einsiedeln 1972, 41–69.

RATZINGER, Joseph: Einführung in das Christentum. Vorlesungen über das Apostolische Glaubensbekenntnis. München ⁸2006.

RATZINGER, Joseph: Salz der Erde. Christentum und katholische Kirche im neuen Jahrtausend. Ein Gespräch mit P. Seewald. München ⁵2004.

SCHEEBEN, Matthias J.: Handbuch der katholischen Dogmatik. 1. Freiburg 1873.

SEEWALD, Michael: Dogma im Wandel. Wie Glaubenslehren sich entwickeln. Freiburg 2018.

SEEWALD, Michael: Reform. Dieselbe Kirche anders denken. Freiburg 2019.

SPADARO, Antonio: The Challenges of Digital Culture. In: NERG-CHAN, Esther/LUBER, Markus (Hg.): Christentum medial. Religiöse Kommunikation in digitaler Kultur. Regensburg 2020, 70–84.

STALDER, Felix: Kultur der Digitalität. Berlin 2016.

WEIẞER, Markus: Der Heilige Horizont des Herzens. Perspektiven einer trinitarischen Soteriologie im Anschluss an Karl Rahner (FThSt 186). Freiburg 2018.

WEIẞER, Markus: Eine Frage der Prioritäten. Zur Ausrichtung der Dogmatik in Zeiten digitaler Kommunikation. In: ThPQ 168 (3/2020), 300–308.

WEIẞER, Markus: Leibliche Präsenz in medialer Entgrenzung. Die Corona-Pandemie als theologische Herausforderung und Chance. Online unter: https://www.feinschwarz.net/leibliche-praesenz-in-medialer-entgrenzung-die-corona-pandemie-als-theologische-herausforderung-und-chance/ (Stand: 13.04.2020).

Pastoraltheologische Lehre im digitalen Zeitalter – einige Vorschläge

Andree Burke und Simon Harrich

> Take time to comment on a friend's photo, or to like photos. If you do this, others will reciprocate. If you never acknowledge your followers' photos, then they won't acknowledge you.[1]

Ein pastoraltheologischer Zugang zur Digitalisierung lässt sich über deren kulturelle und kommunikative Konsequenzen finden. Das obenstehende Zitat der freien Tutorial-Plattform „wikihow" deutet diese Konsequenzen exemplarisch an. Auf Instagram unterwerfe ich mich den Regeln der Community, um Teil eines gemeinsam geteilten Referenzrahmens zu sein. Kurz: Ich muss liken, um geliked zu werden. Und das heißt folglich, dass ich nur auf diese Weise überhaupt in Erscheinung treten kann.

Das zeigt beispielhaft für einen konkreten Fall, wie Kommunikation im digitalen Raum funktionieren kann. Diejenigen, die pastoral(-theologisch) arbeiten, werden von solchen Transformationen in neue oder veränderte Orte pastoraler Interaktionsmöglichkeiten hineingelockt.

Das bedeutet, dass die pastoraltheologische Lehre (wie auch andere hochschuldidaktische Kontexte), ihr methodisches Spektrum an den Möglichkeiten einer digitalen Lebenswelt ausrichten sollte. Diese allgemeine, für alle theologischen Fächer geltende methodische Dimension von Digitalisierung steht in unserem Beitrag allerdings eher im Hintergrund. Denn grundlegender bedeuten jene Veränderungen Verschiebungen im erkenntnisgenerativen Bezugsrahmen der Pastoraltheologie.[2] Eine solche Verschiebung im Bezugsrahmen, die sich aus der Veränderung der Welt in der Digitalisierung ergibt, bedarf dann ihrerseits wieder einer pastoraltheologischen Reflexion.

Dabei ist uns bewusst, dass wir an dieser Stelle weder singulär von *der* Pastoraltheologie und ihrer Forschung und Lehre noch von *der* Digitalisierung sprechen können.[3] Vielmehr wollen wir im folgenden Beitrag auf Grund einzelner Phänomene Denkanstöße dafür geben, was eine im digitalen Zeitalter relevante

---

1 Aus dem Tutorial „7 Ways to get more likes on your Instagram Photos" der offenen Plattform wikihow (vg. WIKIHOW: 7 ways.).

2 Zur Grundierung des hier herangezogenen Fachverständnisses vgl. FEITER: Zuspitzung.

3 Zum hier genutzten Begriff von Digitalisierung vgl. insb. STALDER: Kultur, und für die pastoraltheologische Reflexion ZPTh 39 (1/2019).

Pastoraltheologie leisten kann, um gemeinsam mit Theologiestudierenden einen fachlich angemessenen Umgang mit der Digitalisierung einzuüben.

Hierzu möchten wir einige Vorschläge anbieten. Dazu werden wir erstens drei exemplarische Charakteristika digitaler Lebenswelten benennen, um deren Bezug zur pastoraltheologischen Lehre herauszustellen. Wir greifen dabei die Beiträge des ersten Teils dieses Bandes auf. Zweitens benennen wir acht Schwellen, die pastoraltheologische Lehre im digitalen Zeitalter zu überschreiten versuchen sollte. Wir enden mit einem konkreten Vorschlag.

1. Drei exemplarische Charakteristika digitaler Lebenswelten

Gemäß der Struktur des vorliegenden Bandes benennen wir zunächst drei exemplarische Charakteristika digitaler Lebenswelten, die uns in den ersten Teilen des Bandes begegnen und aus denen sich pastoraltheologische Konsequenzen ergeben. Dem Input der Beiträge folgend bewegen sich diese Charakteristika nahe an Lehr-Lern-Settings, haben darüber hinaus aber auch allgemeine Implikationen.

1.1 Nützlichkeit

In einem der obigen Beiträge formulieren Sven Bartnick, Rebecca Kelm und Elisabeth Wedeking Wünsche für eine Digitalisierung des hochschulischen Lehrens und Lernens. Hierbei geht es weniger um eine Reflexion der Digitalisierung als um die Betonung des Nutzens, den digitale Hilfsmittel versprechen: „Student*innen unterscheiden nicht zwischen analog und digital: Für sie stellt sich vielmehr die Frage, was sie benötigen und in welcher Form sie es am einfachsten nutzen können, um ihr Lernen effektiver zu gestalten.“[4] Dies ist mit den Wünschen nach konkreten Tools wie dem Einsatz von Streaming, Vokabelprogrammen, Onlineübertragung und -teilnahme von und bei Veranstaltungen verbunden.

Wenn es im Text weiter heißt: „So ist quasi jede Information auf dieser Welt immer und fast überall unmittelbar zugänglich und verfügbar“[5], so deutet sich ein Verständnis von ‚Information‘ und ‚Wissen‘ an, das von seiner transformationslosen Zugänglichkeit geprägt ist. Bruno Latour bezeichnet das Verlangen

---

4 Bartnick/Kelm/Wedeking in diesem Band, 16.

5 Bartnick/Kelm/Wedeking in diesem Band, 16.

nach solchem Wissen bzw. solcher Information als „Doppelklick-Kommunikation“:

> Die Doppelklick-Kommunikation, dieser unmittelbare und kostenlose Zugang, diese Übermittlung, die keinerlei Transformation zu erfordern scheint, ist für unsere Zeitgenossen sogar zum Vorbild aller möglichen Kommunikation geworden, zum Ideal, zum Maßstab jeden Ortswechsels, zum Richter aller Zuverlässigkeit, zum Garanten aller Wahrheit.[6]

In dieser Kommunikationsform wird ein leichtfertiger Zugriff auf jegliche Information beansprucht. Mehr als einen „Doppelklick“ braucht es dafür nicht.

Damit benennen die Studierenden eine Voraussetzung gelungener digitaler Kommunikation. Dies gilt für das von ihnen beschriebene Lehr-Lern-Setting, lässt sich in Anlehnung an Latour allerdings verallgemeinern. Der Erfolg von Kommunikation bemisst sich in dieser Logik an ihrer Schnelligkeit, Direktheit, Widerspruchsfreiheit. Dann ist sie im Sinne der studentischen Forderung nützlich – und insofern ist Nützlichkeit als Charakteristikum digitaler Kommunikation ernstzunehmen.

1.2 *Flüchtigkeit*

Ebenso schreiben die Studierenden, sie seien „im wahrsten Sinne des Wortes vernetzt – in einem komplexen Informationssystem, das unzählige Möglichkeiten bietet und sich in den unterschiedlichsten Formen, als Text, Audio-, Videostream oder Weiterem, darstellt. In jedem Augenblick neu und in jedem Augenblick anders. Aber immer im Jetzt.“[7] Hier deuten sich soziologisch diagnostizierbare Transformationen an, die in Auseinandersetzung mit der Digitalisierung ganz konkret werden. So verwundert es kaum, dass Ulrich Feeser-Lichterfeld für das Fernstudium in „Religionspädagogik/angewandter Theologie“ feststellt:

> Mehr als im klassischen Lehrbetrieb mit seinen typischen Orten, Ritualen und Rhythmen wird im Fernstudium spürbar, dass Individualisierung, Pluralisierung und Beschleunigung nicht nur spröde soziologische Kategorien, sondern den Studienbetrieb prägende Merkmale sind.[8]

Die Direktheit und Verfügbarkeit, das Im-Jetzt-Sein der Kommunikation, die sich aus beiden Zitaten ableiten lässt, kann man in Anlehnung an Matthias Sellmann als translokale, transzeitliche und transkörperliche Nutzbarkeit beschreiben. Digitale Medien trennen, so Sellmann, die Kommunikation vom direkten örtlichen und zeitlichen Umfeld.[9] Selbst wenn die Studierenden nicht im Seminarraum

---

6 LATOUR: Jubilieren, 36.

7 BARTNICK/KELM/WEDEKING in diesem Band, 16

8 FEESER-LICHTERFELD in diesem Band, 160.

9 Vgl. SELLMANN: Kirche, 83. Zwar bezieht Sellmann sich hier auf digitale Medien im explizit religiösen Kontext, die genannten Punkte lassen sich jedoch verallgemeinern.

sitzen und sich die Videoaufzeichnung eines Referats Zuhause ansehen, findet die Kommunikation ‚jetzt und hier' statt.

Pastoraltheologisch lassen sich diese Überlegungen zur Kommunikation im Hier und Jetzt mit Gedanken zum Ereignis-Dispositiv verbinden, wie sie Michael Schüßler formuliert hat:

> Im Ereignis-Dispositiv funktioniert die Welt wie die Benutzeroberfläche eines PCs. Nebeneinander und übereinander haben wir gleichzeitig mehrere Fenster offen, mit unterschiedlichen Inhalten, die womöglich aus sehr unterschiedlichen historischen Zeitabschnitten stammen, die Virtuelles und Reales kombinieren. Hier herrscht ein Vorrang der ‚gelebten Zeit', also der Zeitpraktiken. [...] Das entspricht der pragmatischen Wende im Zeitverständnis, die Ausdruck einer kontingenten, grundsätzlich situativen und gegenwartsbasierten Vollzugsform des menschlichen Lebens in der Gegenwart ist[10].

Durch dieses Im-Jetzt-Sein ist digitale Kommunikation hochgradig flüchtig. Um in der Analogie zu bleiben: Jede Datei, die nicht durch den Doppelklick geöffnet, schnell und direkt referenziert ist, ist im Ereignisdispositiv vergessen. Felix Stalder formuliert die Kehrseite dieser Kommunikation im Jetzt pointiert: „Die technische Vision der digitalen Kommunikation ist immer das Hier und Jetzt. Bei verzögerungsloser Informationsübertragung ist alles, was nicht ‚hier' ist, unerreichbar und alles, was nicht ‚jetzt' ist, verschwunden."[11]

1.3 *Ambivalenz*

Oben haben wir bereits Ulrich Feeser-Lichterfeld zitiert: „Individualisierung, Pluralisierung und Beschleunigung [sind] nicht nur spröde soziologische Kategorien, sondern den Studienbetrieb prägende Merkmale"[12]. Damit ruft er Kategorien auf, die die Digitalisierung in der Moderne situieren, die durch diese allerdings verschärft werden und eine eigene Ausprägung erhalten. Einerseits sorgen die benannten Entwicklungen für eine radikale Freisetzung, andererseits gehen sie einher mit einer Pflicht zur Entscheidung, „an welcher Formation [ich] teilnehmen will (*und kann*)".[13]

Das heißt: Es gibt Communities, an denen ich teilhaben kann, wenn ich die Regeln beherrsche und Fähigkeiten besitze. Felix Stalder beschreibt dies folgendermaßen:

> Auf der alltäglichen Ebene der kommunikativen Selbstkonstitution und der Schaffung eines persönlichen kognitiven Horizonts – in unzähligen Streams, Updates und Timelines

---

10 SCHÜSSLER: Gott, 141.

11 STALDER: Kultur, 147.

12 FEESER-LICHTERFELD in diesem Band, 160.

13 STALDER: Kultur, 139, zeichnet die Entwicklung von traditionellen Gemeinschaften über die Entwicklung der modernen Gesellschaft mit ihren Ambivalenzen hin zu verschiedenen digitalen Communities nach.

> in den sozialen Massenmedien – ist die wichtigste Ressource die Aufmerksamkeit der anderen, deren Feedback und die daraus resultierende gegenseitige Anerkennung.[14]

Das digitale Subjekt konstituiert sich durch die Aufmerksamkeit, die es erfährt, wenn es sich selbst in die Feedbackschleifen verschiedener Communities einbringt.

Hier wird die Digitalisierung zu einer hochgradig ambivalenten Entwicklung. Denn wenn ich nicht partizipieren kann, weil mir Fähigkeiten oder Voraussetzungen fehlen, *bin* ich in digitalen Räumen nicht. Die Frage nach dem digitalen Subjekt stellt sich damit nicht mehr von innen („Wer bin ich wirklich, frei von äußeren Einflüssen?"[15]) sondern von außen („Wer ist in meinem Netzwerk, und was ist meine Position darin?"[16]).

Hier geht es wiederum nicht um grundlegende technische Skills („Wie buche ich ein Ticket online?" oder „Wie benutze ich eine Streamingplattform?"), sondern darum, eine der Digitalisierung inhärente Ambivalenz offenzulegen. Was ist, wenn ich die entsprechenden Fähigkeiten nicht besitze oder unausgesprochene Voraussetzungen nicht erfülle? Was ist, wenn ich z. B. zu einer marginalisierten Gruppe gehöre und deswegen kein Gehör in der Community finde, die sonst für meine Peer-Group zentral ist? Was, wenn mein Aussehen mich daran hindert, Likes zu generieren?

Um dies anhand eines Beispiels zu konkretisieren: Erst im Dezember 2019 berichtete netzpolitik.org, dass die Plattform TikTok – eine Videoplattform mit über 800 Mio. Nutzern weltweit, die i. d. R. zwischen 13 und 23 Jahren alt sind – die Reichweite von Menschen mit Behinderungen eingeschränkt und ihnen damit einen „Platz auf der großen Bühne"[17] verweigert habe.[18]

Deshalb kann es auch nicht verwundern, dass Peter Kirchschläger seine theologisch-ethische Reflexion über die digitale Transformation in diesem Band mit einem Rekurs auf die Menschenwürde beginnt.[19] Seine Forderung, angesichts diverser Gefährdungen von Mensch und Umwelt seitens theologischer Ethik „kritisch Position [zu] beziehen"[20] verweist ebenfalls auf die Ambivalenz der Digitalisierung: Die in die Freiheit führenden digitalen Transformationen sind nur *ein* Charakteristikum der Digitalisierung. Auf der anderen Seite stehen ihre Exklusionsmechanismen, ihre menschlichen Gefährdungen und Abgründe.

---

14 Ebd., 139.

15 Ebd., 140.

16 Ebd.

17 Köver/Reuter: Obergrenze.

18 Dieses ist nur eines einer Vielzahl denkbarer, konkreter und tatsächlicher Beispiele für Exklusion im digitalen Raum und die negative Kehrseite der Digitalisierung. Es kann u. a. genügen, mangelnde Textkompetenz, eine schlechte Internetanbindung oder keine Unterstützung bei der Einrichtung digitaler Infrastruktur zu haben.

19 Vgl. den Beitrag von Kirchschläger in diesem Band.

20 Vgl. ebd.

Für die Pastoraltheologie besteht in *beiden* Seiten dieser Ambivalenz das Zeichenhafte an digitalen Transformationen, ihr Signifikantes im Sinne der „Zeichen der Zeit“ (GS 4), „von denen her ein Blick auf großflächige Entwicklungen in Sachen Humanität und Inhumanität möglich wird.“ In der Ambivalenz der Digitalisierung als Zeichen der Zeit kommt „die Berufung der Menschen, Menschen zu werden, die sich vor Gott sehen lassen können, und die Gefährdung der Menschen, zu Unmenschen zu werden, zusammen.“[21] Deshalb sind digitale „Orte“ Orte der Pastoral und bedürfen der pastoraltheologischen Reflexion, die konkret auf die Begleitung von Menschen, die sich in diesen Räumen aufhalten oder aufhalten wollen, abhebt.

2. Acht Schwellen pastoraltheologischer Lehre

Aus den benannten Charakteristika digitaler Lebenswelten lassen sich Lernziele pastoraltheologischer Bildungsarbeit ableiten. Die Frage dieses Abschnitts lautet: Worauf muss pastoraltheologische Lehre im digitalen Zeitalter abzielen? Hierzu formulieren wir acht Schwellen, die pastoraltheologische Lehre überschreiten muss, wenn sie an digitale Transformation anschließen will. Vor Augen steht uns dabei ein pastoraltheologisches Seminar.

2.1 Nutzenorientierung

Die insbesondere von den Studierenden formulierte Forderung nach Nutzenorientierung ist zunächst bei der Vermittlung pastoraltheologisch reflektierter Inhalte ernst zu nehmen. Es geht uns hier jedoch weniger um eine digital passende Aufbereitung (z. B. dass der Vortrag überall eingesehen oder das Kolloquium per Stream von Zuhause aus besucht werden kann), als um die Frage, welchen Nutzen denn erworbenes pastoraltheologisches Wissen hat.

Denn die im obigen Abschnitt konstatierten Eigenschaften einer nützlichen Kommunikation als schnell, direkt und widerspruchsfrei passen nicht immer zur Vollzugsform pastoraltheologischer Reflexion. Natürlich spielt die Frage nach dem praktischen Nutzen der Pastoraltheologie eine Rolle, sie erschöpft sich aber nicht darin, als vermeintliche Anwendungswissenschaft möglichst einfach nutzbare, schnell erfassbare und widerspruchsfreie Konzepte bereitzustellen, die in konkreten Situationen direkt übernommen werden könnten. Wichtiger als die Vermittlung von pastoraltheologisch Reflektiertem sollte der Pastoraltheologie die Ermöglichung einer Teilhabe an der pastoraltheologischen Reflexion sein,

---

21 SANDER: Kommentar, 716.

sofern sie sich mit ihrem ständigen Rekurs auf die „Zeichen der Zeit" jeweils auf die Gegenwart beziehen will.

Daraus ließe sich dann auch ableiten, wie die Forderung nach Nutzenorientierung der Studierenden verstanden werden könnte: Nämlich, dass pastoraltheologische Reflexion einer wie auch immer gearteten Praxisbeschreibung verpflichtet ist (sei es in Form von erhobenen Daten, von Ereignisberichten, literarischen Zeugnissen u.v.m.), dass sie von ‚ihrer' Praxis ausgeht und am Ende in sie zurückführt.[22]

2.2 *Subjektorientierung (1)*

Diese Praxis ist nicht freischwebend, sondern immer die Praxis von Akteur*innen innerhalb einer sozialen Arena, sie ist Praxis von Subjekten *als handelnden Akteur*innen.* Als letztes Lernziel pastoraltheologischer Bildungsarbeit kann es darum nicht gelten, reflektiertes Wissen als ‚nützliche Information' weiterzureichen. Vielmehr geht es darum, den Lernenden anzubieten, ihre jeweilige eigene Praxis mit wissenschaftlicher Methodik reflektierbar zu machen und sich insofern an ihnen als Subjekten zu orientieren.

2.3 *Experimentierfreude*

Deshalb muss die folgende Forderung der Studierenden zu einem gegenseitigen Impuls werden: „Verstehen Sie Ihre Veranstaltungen auch als Denkfabriken und Versuchsräume [...]."[23] Insofern es nicht als alleiniges Lernziel pastoraltheologischer Bildungsarbeit gelten kann, Informationen zu vermitteln (auch nicht dann, wenn sie maximal innovativ ist!), muss diese Formulierung für die Pastoraltheologie zu einer Allgemeinbestimmung ihrer Lernform werden. Nicht nur Lehrende, sondern auch Studierende sollten pastoraltheologische Bildungsarbeit als „Versuchsraum" ansehen können. Und zwar grundsätzlich, nicht nur im Bezug auf digitale Orte und Formen. Im Ereignis-Dispositiv gilt dies umso mehr: Denn wenn Erkenntnisse je gegenwärtigen Charakter haben, sind sie immer wieder neu aufzurufen und zu reformulieren – und zwar als immer neue Erkenntnisse, sofern sie ihrer jeweiligen Zeit entsprechen wollen.

---

22 Vgl. BAUER: Indiana Jones, 31. Er spricht in diesem Sinne von der notwendigen pastoraltheologischen Verknüpfung von „Praxisfeldern und Diskursarchiven".

23 BARTNICK/KELM/WEDEKING in diesem Band, 17.

2.4 Technikbeherrschung

Ein Grundverständnis verschiedener technischer Praktiken ist notwendig. Bevor ich digitale Orte als pastorale Orte verstehen kann, muss ein Zugang zu ihnen bestehen. Das heißt es braucht ein relatives Wissen darum, wie Kommunikation über eine Plattform funktioniert und welche Inhalte über sie geteilt werden. Ebenso kann es um die Beherrschung von notwendiger Hard- und Software gehen, um solche Inhalte überhaupt angemessen erstellen und editieren zu können.

2.5 Regelbeherrschung

Die Technikbeherrschung für sich genommen nützt aber nichts, wenn sie nicht durch das Wissen um und die Fähigkeit zur Anwendung von plattformbezogenen Regeln ergänzt wird. So wie Kommunikation an der Supermarktkasse anderen Regeln folgt als in der KiTa, zeigt sie sich in je anderen Formen in Blogs, auf Discordservern, in Foren oder einzelnen sozialen Netzwerken. Diese Regeln zu kennen heißt, eigenen Content angemessen in bestehende Feedbackschleifen der Plattformen eingeben und somit Likes und dadurch Aufmerksamkeit generieren und sich selbst als Akteur in einer Community konstituieren zu können. Gleichzeitig geht dies mit der Erkenntnis einher, dass das „Selbst" in diesen verschiedenen Communitys „nicht mehr essentialistisch, sondern performativ verstanden"[24] wird. User*innen arbeiten aktiv an der Erstellung, Entwicklung und Transformation ihrer Online-Identität oder ihren Online-Identitäten. Sie existieren erst dadurch, dass sie in bestimmten Communities in Erscheinung treten. Eine Sensibilität und ein Bewusstsein für diese Regeln sind für das folgende Lernziel konstitutiv; ‚Anti-Haltungen', die sich jeglichem Zugang von vorneherein versperren, führen hingegen nicht weiter.

2.6 Reflektierte Souveränität

Technik- und Regelbeherrschung im digitalen Raum sind notwendig, um sich souverän in ihm aufhalten und sich in verschiedenen Communities positionieren zu können. Idealerweise geschieht dies mit einer Offenheit und Leichtigkeit, mit Lust an den verschiedenen Möglichkeiten und der oben genannten Freude

---

[24] STALDER: Kultur, 143. Praktisch-theologisch sowie sozialwissenschaftlich ist ein rein essentialistisches Verständnis des Selbst längst nicht mehr haltbar. Vgl. dazu z. B. Pirker: fluide.

am Experiment. Eine zu frühe Ausfahrt über eine Ablehnung digitaler Existenzweisen zu nehmen, entweder auf Grund mangelnder oben genannter Technik- oder Regelkenntnis oder auf Grund der Kritik an digitalen Kommunikationsformen, ist dem Weltbezug der Pastoraltheologie nicht angemessen.

Beherrsche ich die Technik und die Regeln, habe unterschiedliche Formate ausprobiert, digitale ‚Erfolge' und ‚Misserfolge' erlebt, fordert die eigene Praxis eine Reflexion ein. Hier können theologische Ansätze helfen, zu einem pastoral verantwortbaren Standing im digitalen Raum, zu einer reflektierten Souveränität zu gelangen.

Dies lässt sich anhand eines Beispiels konkretisieren: Das zum Eingang zitierte Tutorial von Wikihow geht davon aus, dass Kommunikation über Likes auf Instagram absichtsvoll geschieht, um selbst wiederum zu Aufmerksamkeit und damit zu einer performativen Schöpfung des Selbst zu gelangen. Christliche Kommunikation bezeichnet sich hingegen in einer bestimmten theologischen Reflexionslinie als grundsätzlich absichtslos, der Glaube ist ein gastfreundliches Begegnungs- und Beziehungsgeschehen.[25] Das Zusammentreffen beider ‚Regelsysteme' (hier: Glaubenskommunikation und Instagram) macht es erforderlich, Entscheidungen zu treffen, in denen das eine immer wieder mit dem anderen in Beziehung zu setzen ist. Dies erfordert erstens eine Reflexionsfähigkeit, die um die Regelhaftigkeit beider Systeme weiß. Und zweitens eine Souveränität, mit der man auch trotz gelegentlich fehlender Passungen handlungsfähig bleibt.

2.7 Digitale Kommunikation lernen

Ist von solch einer reflektierten Souveränität auszugehen, dann lohnt es sich, selbst digitale Kommunikation zu lernen. Neben den Technik- und Regelkenntnissen bedeutet das, konkrete Schreib- und Sprechweisen einzuüben, die auch im (halb-)öffentlichen digitalen Raum anschlussfähig sind. Mit Matthias Sellmann lässt sich festhalten, dass es sich dann nicht um assertorische, d. h. behauptende Aussagen handeln darf, die in kirchlicher Kommunikation häufig bemüht werden.[26] Es geht weniger darum, vorgefertigte Deutungen anzubieten. Vielmehr geht es darum, Räume zu öffnen, in denen menschliche Erfahrung auch religiös gedeutet werden kann und in denen auch andere ihre Deutungen anbieten.[27] Kommunikation zielt dann nicht auf den ‚Transport' einer eigenen Message, sondern *ist* bereits Vollzug praktizierten christlichen Glaubens.

---

25 Der Gedanke stammt aus THEOBALD: Christentum. Z. B. thematisiert er die „absichtslose heilige Gastfreundschaft" auf S. 188.

26 SELLMANN: Kirche, 91.

27 Das geht natürlich mit einer Abkehr von scheinbarer kirchlicher Kontrolle einher, was Matthias Sellmann betont und von Michael Schüßler auch außerhalb digitaler Räume theologisch eingeschätzt wird. Vgl. SCHÜSSLER: Differenzen.

Digitale Kommunikation zu erlernen kann dann in Anlehnung an Sellmann ganz konkret heißen:

- Religiöse Selbstdeutungen zeigen, die sich an anderen Formen von Selbstdeutungen im digitalen Raum messen lassen können (durch ihre Authentizität, durch ihre Ästhetik usw.).
- Räume öffnen, in denen menschliche Erfahrungen religiös gedeutet werden können, ohne sie zu bewerten.
- In Netzwerken kommunizieren, ohne zusätzliche Hierarchien einzuziehen.
- Digitale Formate wie Tweets, Sharepics, Memes, Videos usw. nutzen.

2.8 Subjektorientierung (2)

Oben haben wir bereits den Begriff der Subjektorientierung verwendet, um zu betonen, dass es pastoraltheologischer Lehre nicht nur um die Weitergabe ‚nützlicher' Informationen gehen kann, sondern dass sie zur reflektierten Praxis der Akteur*innen beitragen soll. Das Merkmal dieser pastoralen Praxis ist wiederum, dass sie nicht bei sich selbst bleibt, sondern Neues im Anderen und mit Anderen entdeckt.[28] Die Praxis der Lernenden als Subjekte bleibt, so wie unter Subjektorientierung (1) angemerkt, nicht bei sich. Sie orientiert sich am Anderen. Genauer: Sie kommt von dem oder der Anderen her, sofern sie an seine oder ihre Praxis anknüpft und darauf *antwortet* – digital wie analog. Damit wird die oder der Andere zum eigentlichen Subjekt, und ermöglicht den Lernenden, dass sie sich in dieser Antwort selbst zu erkennen geben.[29]

Als Besonderheit pastoraltheologischen Lehrens und Lernens im digitalen Raum (wie in jedem anderen Kontext auch) kann es insofern bezeichnet werden, dass es hier nicht um eine Subjekt-Objekt-Beziehung geht, sondern um eine Subjekt-Subjekt-Beziehung.[30] Mit der Rede von einer Subjektorientierung (2) ist dies eingeholt. Am Ende eines pastoraltheologischen Lehr-Lernprozesses muss bei aller Orientierung an Regeln, Techniken und Reflexionen die Gewissheit stehen, dass es *Andere* sind, von denen her das eigene pastoraltheologisch verantwortbare Handeln in den Zusammenhang einer Praxis mit Offenbarungsqualität gestellt wird.

---

28 Vgl. BAUER: Indiana Jones.

29 Vgl. dazu FEITER: Antwortendes Handeln, 9–10.

30 Weiter zu diskutieren wäre an dieser Stelle, was das spezifisch Eigene der Subjekt-Subjekt-Beziehung im digitalen Raum ist, auch und insb. mit Blick auf ein o. g. performatives Verständnis des Subjekts.

Das ist in der Pastoraltheologie weder eine überraschende noch eine neue Beobachtung. Dahinter steckt ihr Anspruch, dass sie „im reden, handeln und forschen wirklich mit der Gegenwart Gottes rechnet.“[31] Um dies im Bereich des Digitalen zu konkretisieren, möchten wir einen Vorschlag machen, wie ein digitaler und pastoraltheologisch verantworteter Zugang gestaltet werden kann.

3. Ein stilistischer Vorschlag: digital exposure

Eine Pastoraltheologie, die „wirklich mit der Gegenwart Gottes rechnet", hat einen ihr eigenen Stil. Es geht ihr nicht darum, etwas ‚in Ordnung‘ zu halten, sondern „die eigene Organisationsperspektive zu überschreiten, hin auf eine Logik der ungeplanten, aber möglichen Ereignisse"[32]. Das heißt, manchmal ungewöhnliche, jedenfalls auch „andere hotspots gegenwärtiger Existenz" aufzusuchen", denn „[d]as sind die *loci theologici* der Gegenwart, an denen der Theologie – auch ihr – Gott entgegenkommt"[33].

Versucht man, in diesem Sinne einen pastoralen Stil zu kultivieren, liegen verschiedene Praktiken näher als andere. Um die Präsenz Gottes zu *entdecken*, liegen in diesem pastoraltheologischen Verständnis einige Praktiken näher als andere. In Frage kommt es z. B., sich darauf einzulassen, jemandem zuzuhören, genauer hinzusehen, zu jemandem hinzugehen, etwas auszuprobieren, sich etwas Neuem auszusetzen. Zu vermeiden gilt es demgegenüber z. B., ungefragt Dinge festzustellen und zu begreifen, mit denen man eigentlich noch nicht in Kontakt stand, Gegebenheiten für andere einzusortieren, blindlings Ansprüche zu stellen.

Diesen Vorgehensweisen entspricht auch eine grundsätzliche Art und Weise, wie die Pastoraltheologie arbeitet bzw. dem, was ihr „Forschungsstil"[34] ist und was sie unter dem Stichwort des „Exposure" reflektiert. „Ein Exposure ist eine selbstgewählte Ausgrenzung aus der normalen Lebenswelt mit dem Ziel, sich neuen Erfahrungen auszusetzen, die den Alltag unterbrechen und den eigenen Horizont erweitern.“[35] Das Exposure will Fremdes als wirklich Fremdes verständlich machen, indem es die oder den Forschenden seiner Wirklichkeit existenziell aussetzt. Ein Exposure ist insofern eine „erfahrungsbezogene Alltagsüberschreitung“[36], auf die hin in der Regel nachträglich Beobachtungsberichte angefertigt werden.

---

31 SCHÜẞLER: Praktische Theologie, 100.
32 BUCHER: Kirche, 262.
33 BUCHER: Gottesfrage, 212–213.
34 SCHÜẞLER: Praktische Theologie, 99.
35 BAUER: Exposures, 20.
36 Ebd.

Auch wenn das so verstandene Exposure mehr ist als *nur* ein methodischer Zugang, können wir es hier als solchen beschreiben und zwar in einem ganz spezifischen Sinne. Denn *sich auszusetzen* bezieht sich in einem Theologiestudium im digitalen Zeitalter auf analoge wie digitale Lebenswelten – und Mischformen. Wir möchten mit unserem Vorschlag von digital exposures dafür sensibilisieren, dass es digitale Lebenswelten sind, in denen sich Menschen natürlicherweise aufhalten.

Wenn man sich diesen Lebensräumen bewusst aussetzen will, kann ein gezieltes digital exposure mit einem irritationsfähigen, eine offene Reflexion ermöglichenden Arbeitsauftrag ein erster Schritt sein: einen Stream bei twitch.tv aufrufen, die Beiträge eines*r bekannten Contentcreators*in bei Youtube kommentieren, einer*m Influencer*in bei Instagram folgen und auf Posts antworten.[37]

Im Sinne obiger Schwellen kann neben einer unmittelbaren Sichtbarkeit des Nutzens solcher Erfahrungen und der eindeutigen Orientierung an den Lernenden als Subjekten ihres Lernprozesses damit erreicht werden, dass

- experimentierfreudig Technik und Regeln der Kommunikation der jeweiligen Plattform erlernt werden,
- die Lernenden zu einer souveränen eigenen Positionierung herausgefordert sind,
- verschiedene Möglichkeiten digitaler Kommunikation ausprobiert werden.

Die Anregung eines solchen Ansatzes gilt nicht bloß für Lehr-Lern-Kontexte im universitären Bereich. Vielmehr bricht sich die Praxisnähe der Pastoraltheologie hier insofern Bahn, als dass ein entsprechender methodischer Ansatz in anderen Kontexten (bspw. Fort- und Weiterbildung) ebenso zu dienlichen Ergebnissen führen kann.

Literatur

Bauer, Christian: Exposures in der Pastoral – Mehr als ‚Studiosus' für Kirchenleute? Anmerkungen mit Simone Weil. In: Pock, Johann/Hoyer, Birgit/Schüßler, Michael (Hg.): Ausgesetzt. Exklusionsdynamiken und Exposureprozesse in der Praktischen Theologie (Werkstatt Theologie. Praxisorientierte Studien und Diskurse 20). Wien und Berlin 2012, 19–35.

Bauer, Christian: Indiana Jones in der Spätmoderne? Umrisse einer Pastoraltheologie kreativer Differenzen. In: Lebendige Seelsorge 62 (1/2011), 30–35.

37 Bei der Auswahl dieser Beispiele, die im weiteren Sinne digitale Lebenswelten Jugendlicher benennen, befinden wir uns natürlich selbst schon in einer Filterblase. Je nach Ziel eines Exposures könnten auch andere digitale Orte mit höherem Befremdungsgrad gewählt werden. So könnte man sich für andere pastorale Fragestellungen z. B. Datingportalen, Selbstverwirklichungsforen, Gamingplattformen, Onlinecasinos etc. aussetzen.

BUCHER, Rainer: Die Kirche, der Geist und die ‚brauchbare Unordnung'. In: RAHNER, Johanna/SÖDING, Thomas (Hg.): Kirche und Welt – ein notwendiger Dialog. Stimmen katholischer Theologie (QD 300). Freiburg i. Br. 2019, S. 255–265.

BUCHER, Rainer: Gottesfrage und christliche Theologie in kapitalistischen Zeiten. In: KNOP, Julia (Hg.): Die Gottesfrage zwischen Umbruch und Abbruch. Theologie und Pastoral unter säkularen Bedingungen (QD 297). Freiburg i. Br. 2019, S. 199–213.

FEITER, Reinhard: Antwortendes Handeln. Praktische Theologie als kontextuelle Theologie – ein Vorschlag zu ihrer Bestimmung in Anknüpfung an Bernhard Waldenfels' Theorie der Responsivität. Münster 2010. Online-Veröffentlichung unter: http://miami.uni-muenster.de/servlets/DocumentServlet?id=5088 (21.05.2020).

FEITER, Reinhard: Von der pastoraltheologischen Engführung zur pastoraltheologischen Zuspitzung der Praktischen Theologie, Online-Veröffentlichung unter: https://www.uni-muenster.de/imperia/md/content/fb2/d-praktischetheologie/pastoraltheologie/service/pastoraltheologie_und_praktische_theologie.pdf. Zuerst veröffentlicht in: Göllner, Reinhard (Hg.): „Es ist so schwer, den falschen Weg zu meiden". Bilanz und Perspektiven der theologischen Disziplinen (Theologie im Kontakt 12). Münster 2004.

KÖVER, Chris/Reuter, Markus: TikToks Obergrenze für Behinderungen. In: https://netzpolitik.org/2019/tiktoks-obergrenze-fuer-behinderungen/ (21.04.2020).

LATOUR, Bruno/Russer, Achim (Übers.): Jubilieren. Über religiöse Rede (suhrkamp taschenbuch wissenschaft 2186). Berlin 2016.

PIRKER, Viera: fluide und fragil. Identität als Grundoption zeitsensibler Pastoralpsychologie (Zeitzeichen 31). Mainz 2013.

SANDER, Hans-Joachim: Theologischer Kommentar zur Pastoralkonstitution über die Kirche in der Welt von heute: Gaudium et spes. In: HÜNERMANN, Peter/HILBERATH, Bernd Jochen (Hg.): Herders Theologischer Kommentar zum Zweiten Vatikanischen Konzil. 4. Freiburg i. Br. 2005, 581–886.

SCHÜẞLER, Michael: Differenzen der Spiritualität – praktisch-theologisch beobachtet. In: ECKHOLT, Margit/SIEBENROCK, Roman/WODTKE-WERNER, Verena (Hg.): Die große Sinnsuche. Ausdrucksformen und Räume heutiger Spiritualität. Ostfildern 2016, 21–40.

SCHÜẞLER, Michael: Mit Gott neu beginnen. Die Zeitdimension von Theologie und Kirche in ereignisbasierter Gesellschaft (Praktische Theologie heute 134), Stuttgart 2013.

SCHÜẞLER, Michael: Praktische Theologie im Ereignis-Dispositiv. Positionen zwischen Dekonstruktion und Option. In: PThI 35 (2/2015). 97–103.

SELLMANN, Matthias: Als Kirche digital zur Sprache finden. Zum pragmatistischen Zusammenhang von Pluralität, Weltanschauung, Religiosität und digitalen Medien. In: ZPTh 39 (1/2019), 73–93.

STALDER, Felix: Kultur der Digitalität (edition suhrkamp 2679). Berlin ^{4}2019.

THEOBALD, Christoph: Christentum als Stil. Für ein zeitgemäßes Glaubensverständnis in Europa (Veröffentlichungen der Papst-Benedikt XVI.-Gastprofessur an der Fakultät für Katholische Theologie der Universität Regensburg). Freiburg im Breisgau 2018.

WIKIHOW: 7 Ways to get more likes on your Instagram Photos. Online unter: https://www.wikihow.com/Get-More-Likes-on-Your-Instagram-Photos (14.04.2020).

Sinnenfällig und schwerfällig. Liturgie und Liturgiewissenschaft und die Herausforderungen der Digitalität

Martin Lüstraeten

Digitalität ist in der liturgiewissenschaftlichen Forschung bislang weitgehend vernachlässigt worden, was an der sehr überschaubaren Literatur zu diesem Komplex deutlich wird:

- 2005 veröffentlichte Stefan Böntert seine Dissertation „Gottesdienste im Internet. Perspektiven eines Dialogs zwischen Internet und Liturgie".[1]
- 2009 folgte dann die Dissertation von Anna-Katharina Lienau „Gebete im Internet. Eine praktisch-theologische Untersuchung",[2] die aber auf katholischer Seite praktisch gar nicht rezipiert wurde.
- Es erschienen vereinzelte Aufsätze, dann auch Themenhefte der überkonfessionellen Zeitschrift „Liturgy" (2015), der katholisch-theologischen Zeitschrift „Heiliger Dienst" (ebenfalls 2015) sowie der evangelisch-theologischen Zeitschrift „Liturgie und Kultur" (2018), die aber im Wesentlichen zwischen Appellen zu mehr digitalen Angeboten und der Präsentation von Fallbeispielen oszillieren.
- 2017 veröffentlichte Tim Hutchings die Monographie „Creating Church Online. Ritual, Community and New Media",[3] die jedoch nicht primär liturgiewissenschaftlich ist.
- 2018 folgte dann Teresa Bergers „@worship. Liturgical Practices in Digital Worlds"[4] und damit die erste Monographie, die sich systematisch und grundlegend mit dem Thema auseinandersetzt.
- 2020 erschien mit Katherine G. Schmidts „Virtual Communion. Theology of the Internet and the Catholic Sacramental Imagination"[5] eine weitere Monographie, die jedoch deutlich stärker von systematisch-theologischen Erwägungen ausgehend die digital vermittelte Feier der Eucharistie thematisiert.

---

1 Böntert: Gottesdienste im Internet.
2 Lienau: Gebete im Internet.
3 Hutchings: Creating Church Online.
4 Berger: @Worship.
5 Schmidt: Virtual Communion.

Insgesamt gibt es also bislang nur sehr wenige Studien zur Digitalität aus liturgiewissenschaftlicher Perspektive.

Möglicherweise ist der Themenkomplex „Digitalität“ in der Liturgiewissenschaft so unterrepräsentiert, weil zentrale Aspekte des Themas, beispielsweise Visualität, Medialität und Verinnerlichung, die Frömmigkeitspraxis der Liturgie im Hoch- und Spätmittelalter stark und nachhaltig prägten und in ihrer Reflexion vor dem Hintergrund der Reformation, der Liturgischen Bewegung und der Liturgiereform eine negative Konnotation erhielten. Hinzu kommt, dass in der jüngeren bis jüngsten Entwicklung des Fachs die Ritualität, die Symbolhaftigkeit und Sakramentalität sowie die leibliche Dimension der Liturgie wiederentdeckt wurden und ohne diese Aspekte selbst in Frage stellen zu wollen, ist doch zu hinterfragen, ob die hierbei entwickelten Kategorien den Herausforderungen einer zunehmend digitalisierten Gesellschaft gerecht werden. Liturgie ist Selbstausdruck der Gläubigen und somit selbstverständlich abhängig von der Kultur, in der Digitalität zunehmend relevanter wird. Liturgiewissenschaft, die ihren Anfang bei der Feier der Gläubigen nimmt, muss die wachsende Selbstverständlichkeit des Digitalen auch entsprechend berücksichtigen, um ihre Aufgabe erfüllen zu können.

1. Probleme des liturgiewissenschaftlichen Zugangs zum Thema

1.1 Aufgabe der Liturgiewissenschaft

In der liturgiewissenschaftlichen Auseinandersetzung mit Digitalität hilft eine Besinnung darauf, was der Forschungsgegenstand, also die Liturgie, eigentlich ist: ein dialogisches Geschehen zwischen Gott und den Menschen. Die Probleme in der Reflexion der digital vermittelten Begegnung mit Gott sind dabei nicht auf der Seite Gottes zu suchen, der sich situativ selbst offenbart, sondern vor allem auf der Seite des Menschen.[6] Ob eine digital vermittelte Gottesbegegnung stattfindet oder nicht, entzieht sich außerdem dem Zugriff der Liturgiewissenschaft. Es kann daher in der liturgiewissenschaftlichen Auseinandersetzung mit Digitalität nur die Plausibilität und die Kohärenz digitaler Feierformen und deren Deutung behandelt werden.

---

6 Vgl. BERGER: @Worship, xi.

1.2 *Subjekt und Identität*

Das Thema Digitalität in der Liturgie hängt dabei eng zusammen mit anderen Komplexen. Dies ist zum einen die Frage nach Subjekt und Identität in der Liturgie. Kritiker digital vermittelter Liturgien beklagen häufig, dass das Element körperlicher bzw. leiblicher Erfahrung fehle.[7] Andere Einwände beziehen sich auf die Frage nach der Anonymität im Netz und der Identität von Online- und Offline-Subjekt.[8] Dieser Ansatz kann auch auf Fragen der Raumerfahrung ausgedehnt werden: Wie wichtig ist das bewusste Erleben des Kirchenraumes für die Mitfeier der Liturgie?

Derartigen Einwänden kann jedoch entgegengehalten werden, dass formal neben Geburt und Tod einzig noch die Taufe leibliche Präsenz voraussetzt, diese aber bei allen weiteren liturgischen Vollzügen im Notfall auch übergangen werden kann.[9] Es gab aber in der Geschichte der Liturgie diverse Formen körperloser Liturgie, so beispielsweise die Schaufrömmigkeit des Mittelalters und die Berichte der Mystikerinnen, die den Empfang der Kommunion spürten ohne sie realphysisch empfangen zu haben.[10] Und auch heute ist es bei der Anbetung des Leibes Christi in der Monstranz nicht üblich, die Monstranz auch leiblich zu erfassen. Vielmehr noch: Solchen Kritiken kann man die Frage entgegenhalten, ob digital vermittelte Liturgien tatsächlich weniger körperlich sind. Denn zunächst kann ein digitales Angebot nur aufgerufen werden mit einer entsprechenden Regung des Körpers.[11] Durch den Einsatz von VR-Brillen, Handschuhen u. ä. wird der Einbezug der körperlichen Ebene auf Dauer auch zunehmen.[12] Wer so argumentiert hat auch den Aspekt der Leiblichkeit bzw. des Embodiment liturgischer Vollzüge falsch verstanden: Die Bezugnahme auf die Leiblichkeit war vor allem eine neue Aufmerksamkeit dafür, dass Liturgie grundsätzlich leiblich vollzogen wird[13] – weil Menschen leiblich verfasst sind.

---

7 So beispielsweise Gordon S. Mikoski: „It seems to me that the celebration of the Eucharist—as a practice that expresses something of the core identity of what it means to be church—necessarily involves our real, bodily presence.“ (MIKOSKI: Bringing the Body, 257.)

8 Vgl. SAß: Vermittlung, 24.

9 Vgl. GRETHLEIN: Praktische Theologie, 459. Diese sehr pointierte Feststellung von Christian Grethlein kann sogar noch verschärft werden, da zum einen mit der Begierdetaufe eine nicht-leibliche Form der Taufe theologisch reflektiert wurde und zum anderen die gegenwärtige Praxis der Kindertaufe vorsieht, dass das Bekenntnis von Eltern und Paten zu sprechen ist, nicht aber vom Säugling selbst, der im Ritual praktisch nur eine Requisite darstellt. Vgl. für Überlegungen zur Rolle des Säuglings bei der Säuglingstaufe – LEONHARD: Ein falsches Signal, 150.

10 Vgl. BERGER: @Worship, 25.

11 Vgl. ebd., 18.

12 Vgl. ebd., 19.

13 Für die Liturgiewissenschaft lesenswert ist SENN: Embodied Liturgy. Grundlegend für die Theorie des „Embodied Mind“ ist LAKOFF/JOHNSON: Philosophy in the Flesh.

1.3 *Realität und Medialität*

Ein weiterer Komplex ist die Frage nach Realität und Medialität. Bei Digitalität geht es immer auch um Medien und Mediennutzung, also mediale Vermittlung. Das Christentum basiert darauf, dass Gott sich medial vermittelt hat: zunächst durch die Schöpfung, später durch die Offenbarung der Heiligen Schrift und schließlich durch die Inkarnation. Liturgie ist darüber hinaus nochmal medial vermittelt: durch das Medium der Schriftlesung, durch das Medium der gottesdienstlichen Versammlung, durch das Medium der Eucharistie etc. wird Christus vermittelt.[14] Theolog*innen sprechen hierbei von Realpräsenz. Transzendenz ist auf diese Vermittlung angewiesen, und so wurden seit den Anfängen des Christentums in den Gottesdiensten Medien verwendet.[15] Genau das ist gemeint, wenn wir von „Symbolen“ sprechen! Es kamen dabei in der Geschichte immer wieder neue Medien in die Liturgie, so beispielsweise die Heilige Schrift, die die mündliche Überlieferung ablöste, sehr viel später folgten gedruckte Bücher als neue Medien und ein typisches Medium der jüngeren Vergangenheit ist das Mikrofon. Bei allen Medien besteht grundsätzlich die Gefahr, dass sie von Gott ablenken können, und sie dürfen daher nicht zum Selbstzweck werden.[16] Das ist also kein Proprium digitaler Medien, und man muss immer fragen, wann und wo ein Medieneinsatz sinnvoll ist.

Eine etwas andere Stoßrichtung bekommt die Anfrage, wenn sie auf die Unterscheidung von Realität und Virtualität über Nähe und Distanz abhebt. Skeptiker entwickeln das Argument, dass Christus intensiver erfahren wird, wenn in der Kommunion Brot und Wein physisch empfangen werden, Gordon S. Mikoski bemühte sogar den Vergleich mit einem Liebespaar, das auf eine gewisse Distanz hin zwar telefonieren oder skypen kann, die reale Nähe des jeweils anderen aber natürlich sehr viel mehr schätzen würde.[17] Dieses Bild ist jedoch nicht einfach auf die Liturgie übertragbar, da dort bereits Brot und Wein notwendige Medien der Gegenwart Christi sind. Tatsächlich ist die zugrunde gelegte Dichotomie von „real“ und „virtuell“ bereits irreführend, da das „virtuelle“ keineswegs weniger real ist.[18] Wenn Leiblichkeit und der Kontext „realen“ Lebens eingefordert werden,[19] scheint es dabei also eigentlich um Fragen der Sensorik zu gehen, also der

---

14 Vgl. IRLENBORN/KOPP: Media Turn, 356f.

15 Vgl. SAß: Vermittlung, 22.

16 Vgl. WALTI: liturgische Interaktion, 139.

17 Vgl. MIKOSKI: Mediation, 9f.

18 Vgl. BERGER: @Worship, 16f.; MERLE, Kristin: Kulturelle Adaptionen, 81.

19 Vgl. MIKOSKI: Mediation, 10. Antonio Spadaro entwickelt das gleiche Argument, wenn er von der Notwendigkeit des „hic et nunc“ bei der Liturgie spricht, vgl. SPADARO/WAY: Cybertheology. 77. Das Argument taucht auch bei Bernd Irlenborn/Stefan Kopp auf, vgl. IRLENBORN/KOPP: Media Turn, 372f.

Frage nach der Nähe oder Distanz zum Geschehen. Dabei wird versäumt, die Linie zu definieren, die zwischen diesen beiden Polen verlaufen soll.[20] Es ist problemlos denkbar, dass jemand physisch nah am Geschehen und doch mental sehr weit weg ist, und die Umkehrung wird sogar in der Liturgie ausdrücklich angesprochen, wenn es im Hochgebet heißt, dass die Eucharistiefeier in Gemeinschaft mit dem Papst, dem Bischof und den Heiligen gefeiert wird, die doch alle nicht physisch anwesend sind.[21]

Es ist sogar zur Vorsicht zu mahnen, denn die Diskussion um mediale Vermittlung und um Realität und Virtualität wird zum Bumerang, wenn man sie auf die Frage nach der Realität Gottes im liturgischen Geschehen anwendet: Gott ist der schlechthinnige Interaktionspartner in der Liturgie, im katholischen Bereich wurde dies oft eng geführt auf Eucharistie und Kommunion. Gerade hier hatten sich im Mittelalter verschiedene Praktiken des Kommunionempfangs etabliert, die theologisch reflektiert wurden. Gläubige lehnten den realphysischen Empfang der Eucharistie ab und dies wurde durch die Theologen der Scholastik nachträglich legitimiert.[22] Die Theologen unterschieden damals bereits verschiedene Weisen des Eucharistieempfangs, die durchaus losgelöst vom realphysischen Empfang und im Wesentlichen abhängig von der Haltung des Empfängers waren. Es war somit absolut denkbar, den Leib Christi zu empfangen, ohne die Hostie zu berühren oder zu essen. Warum bei diesem Focus auf Visualität eine mediale Vermittlung durch einen Stream nicht zulässig sein sollte, erhellt sich nicht.

1.4 *Integration und Exklusion*

Ein dritter Fragekomplex betrifft die Frage nach Integration und Exklusion durch digitale Vermittlung. Liturgie ist ein gemeinschaftliches Geschehen, und das hat natürlich auch für digitale Angebote zu gelten. Stefan Böntert kam am Ende seiner Dissertation zu dem Schluss, dass gerade die Frage nach dem Wesen der liturgischen Versammlung bei der Frage nach digital vermittelten Liturgien an Bedeutung gewinnen wird,[23] betonte zugleich aber, dass auch bei Internetgottesdiensten eine Versammlung stattfinde.[24] Diese wiederum ist Teil der transzendenten Gemeinschaft aller Christen. Teresa Berger verweist in dem Zusammenhang auf ähnliche Diskussionen um den gemeinschaftlichen Charakter des solitär vollzogenen Gebets der Eremiten.[25] Eine Besonderheit neuer Medien

20 Vgl. BERGER: @Worship, 93.
21 Vgl. ebd., 38.
22 Vgl. grundlegend hierzu DUMOUTET: Le Désir de Voir l'Hostie; sowie BROWE: im Mittelalter.
23 Vgl. BÖNTERT: Gottesdienste im Internet, 304.
24 Vgl. ebd., 158.
25 Vgl. BERGER: @Worship, 24.

besteht darin, dass diese Gemeinschaft nun nicht mehr nur theologisch postuliert, sondern auch als solche erfahrbar werden kann.[26]

Ein Argument, das in der Debatte immer wieder entfaltet wird, ist das der „tätigen Teilnahme" (participatio actuosa) an einer digital vermittelten Liturgie.[27] Ob das als Argument taugt, hängt auch davon ab, wie der Begriff verstanden wird: Geht es um eine Rollenübernahme in der Liturgie oder um einen geistigen/geistlichen Mitvollzug der Liturgie? Ersteres ist durch die digitale Vermittlung natürlich verstellt, hat aber auch bei realphysischer Anwesenheit der Gläubigen seine Grenzen; es lässt sich nur postulieren, dass jeder und jede mitsingt, mitantwortet, mitaufsteht etc. Zweiteres übergeht, dass auch im realphysischen Gottesdienst die Gemeinde oft „nur" Zuschauerin ist[28] und dass aber auch Zusehen eine Form tätiger Teilnahme sein kann.[29] Das Argument scheitert auch an der historischen Validität: Tätige Teilnahme war über weite Teile der Liturgiegeschichte einfach nicht gegeben.[30] Vielleicht ist eine digital vermittelte Liturgie sogar viel stärker in der Lage, die tätige Teilnahme der Mitfeiernden zu stimulieren.[31]

Ein anderes Argument aus der Reihe zielt weniger auf die Form der Teilnahme als auf die Art der Teilnehmer*innen, wenn erklärt wird, dass die digitale Vermittlung Menschen durch technische Barrieren von der Mitfeier ausschließt.[32] Das Argument lässt sich jedoch auch umkehren: Gerade durch den Rückgriff auf die Technik können Barrieren abgebaut werden, beispielsweise durch die Projektion der Texte für Gehörlose oder Nicht-Muttersprachler.[33] Keine Lösung des Zusammenhangs, jedoch eine Weitung der Perspektive ist es aber, wenn man berücksichtigt, dass auch bei realphysischen Liturgien Menschen ausgeschlossen werden: Menschen mit schweren Behinderungen werden in der katholischen Kirche wie Kinder behandelt, die nicht über die nötigen kognitiven Voraussetzungen verfügen, um die Kommunion empfangen zu können, was nicht selten mit Verweis auf den universalen Heilswillen bagatellisiert wird.[34] Grundsätzlich darf kein feierndes Mitglied der Kirche ein anderes Mitglied von der Feier ausschließen. Daran scheitern aber zurzeit nicht nur digitale Formate.

---

26 Vgl. GRETHLEIN: Praktische Theologie, 457f.

27 Vgl. IRLENBORN/KOPP: Media Turn, 357.

28 Vgl. CROWLEY: Liturgical Art, 38.

29 Eileen Crowley verweist als Beispiel auf Fußballfans im Stadion, vgl. CROWLEY: Liturgical Art, 40.

30 BRADSHAW: Difficulties, 187f.

31 Vgl. GRETHLEIN: Praktische Theologie, 457.; ROTH: ohne Volk.

32 Vgl. MIKOSKI: Bringing the Body, 258. Modifiziert und möglicherweise praktisch bereits überholt begegnet das Argument auch bei Christian Grethlein, der darauf hinweist, dass digital vermittelte Liturgien den Erwerb kostspieliger Empfangsgeräte voraussetzen, vgl. GRETHLEIN: Praktische Theologie, 459.

33 Vgl. CROWLEY: Liturgical Art, 51.

34 Vgl. MALISZEWSKA: Invisible Church, 199f.

Hier lässt sich direkt ein weiterer Aspekt anschließen: Wenn man nicht aktiv Teilnehmer*innen von der Mitfeier ausschließt, sind digital vermittelte Liturgien oft überraschend offen. Bereits bei den Fernsehgottesdiensten kann beobachtet werden, dass für die am Bildschirm mitfeiernden Menschen die konfessionellen Unterschiede keine Rolle spielen.[35] Und in gleicher Weise wie Fernsehgottesdienste sind auch Apps, Streams etc. prinzipiell für jeden zugänglich und bergen damit ein ökumenisches Potenzial.[36]

1.5 *Wirkung und Wirksamkeit*

Ein weiterer Komplex ist die der Frage nach Wirkung und Wirksamkeit, wenn dieser auch nur versteckt eingeführt wird. Diese Diskussion entzündete sich vor allem an dem Segensroboter der evangelischen Kirche Hessen-Nassau, der auf Knopfdruck hin einen Segen spricht. Die Diskussion offenbarte magische Vorstellungen von einer Liturgie, die durch einen entsprechend bevollmächtigten Magier zu vollziehen wäre und aus sich heraus wirkt, wenn sie denn unmittelbar ist. Hier ist aber zu betonen, dass der Roboter auch nur Medium und das Subjekt des Segens stets Gott ist.[37]

1.6 *Tradition und Erneuerung*

Ein letzter Komplex betrifft die Frage nach Tradition und Erneuerung in der christlichen Liturgie. So begegnen auch liturgiewissenschaftliche Ansätze, die eine Kriteriologie für Konstitutiva des christlichen Gottesdienstes für erforderlich halten, an der sich digitale Angebote messen lassen sollen.[38] Das ist insofern problematisch als dass eine solche Kriteriologie niemals historisch valide sein kann, da es praktisch keine liturgischen Elemente gibt, die seit nunmehr 2000 Jahren durchgängige Kontinuität beanspruchen könnten.[39] Ein Verweis auf abstraktere theologische Konzepte wiederum ist irreführend, da diese an die Liturgie herantragen werden und ihre historische Validität ebenso hinterfragt werden kann. Eine Anpassung der Liturgie an die „Zeichen der Zeit" wurde vom Zweiten Vatikanischen Konzil selbst auch gefordert (GS 4). Liturgie muss also

---

35 Vgl. GRETHLEIN: Praktische Theologie, 253.

36 Vgl. ebd., 458.

37 Dass die magische Deutung durchaus ihre Berechtigung hat und dass sie auch pastoral bedeutsam ist, entfaltet FRIEDRICHS: Magie.

38 Mitunter wird eine solche Kriteriologie auch direkt skizziert, vgl. IRLENBORN/KOPP: Media Turn, 371f.

39 Vgl. BRADSHAW: Difficulties, 184f.

schon deswegen auf den Medienwandel reagieren, weil sie rückgebunden ist an eine Gesellschaft, die sich nun zunehmend medial definiert.[40]

1.7 *Beobachtungen*

Dieser Überblick macht deutlich, dass praktisch alle vermeintlichen Probleme mit Liturgie im digitalen Zeitalter gar nicht in der Digitalität wurzeln, sondern in der Liturgiegeschichte bereits in ähnlichen Formen diskutiert worden sind.[41] Die Probleme zeigen damit vor allem die Lücken und Unzulänglichkeiten im je eigenen theologischen Konzept. Die Betrachtung der Digitalität und der Einbezug ins Konzept führen zu einer Verschiebung der Kategorien[42] und deuten somit auf die noch schmerzlich ausstehende kommunikationstheoretische Fundierung der grundlegenden liturgietheologischen Konzepte.[43] Als zentrale Vision für ein digitales Fachkonzept wäre also zunächst festzuhalten, dass es ein Fachkonzept braucht, das überhaupt offen ist für die Phänomene des Digitalen. Denn es wird bereits im Internet gebetet, und es gibt diese digitalen Angebote bereits, und diese Form des Betens muss als religiöse Handlungsform ernst genommen und reflektiert werden.[44]

---

40 Vgl. SAß: Vermittlung, 23.; MERLE: Kulturelle Adaptionen, 78.

41 Vgl. BERGER: @Worship, 29.

42 Vgl. BERGER: @Worship, 5.

43 Vgl. GRETHLEIN: Praktische Theologie, 235.

44 Dies mahnte Anna-Katharina Lienau bereits 2009 an, vgl. LIENAU: Gebete im Internet, 373f. Wie sehr wir hier noch am Anfang stehen, zeigt sich beispielsweise daran, dass sich Gerald C. Liu in seinem Beitrag für das Themenheft von „Liturgy" (2015) in ein blumiges Votum flüchtet: „I recommend relinquishing any confidence that we can develop suitable practices for Christian worship in a technological age. We must absolutely place our trust in God as ultimate guide and judge of our attempts to evolve in our liturgical thoughts and actions. On the one hand, worship leaders must remain vigilant in designing and redesigning praises, laments, and meditations embodied, sung, said, and held in silence that thoughtfully reckon with technological culture. On the other hand, every liturgical preparation and act must recognize its limit. Any occasion of worship will need more than what humans can provide in order to communicate what is holy, merciful, and true in a technological age." (LIU: Christian, 42.) Damit verweigert er sich der liturgiewissenschaftlichen Auseinandersetzung mit dem Thema und der Bildung von theologischen Kategorien und Konzepten, die für die weitere Entwicklung leitend sein könnten.

2. Digitalität in der Liturgie und digitale liturgische Angebote

Möglicherweise werden die Probleme in der liturgiewissenschaftlichen Reflexion auch etwas deutlicher, wenn man sich vor Augen führt, welche digitalen liturgischen Angebote es bereits gibt.

Da sind zunächst ganz allgemein Apps oder Mailinglisten für die individuelle Frömmigkeit, die beim täglichen Gebet oder der täglichen Meditation unterstützen sollen. Hier gibt es Texte und Impulse für das Gebet, manchmal auch musikalische Begleitung oder sogar Push-Nachrichten zu festen Zeiten. Ziel ist es, im individuellen Tagesplan der Nutzer*innen Räume für die religiöse Praxis zu eröffnen.

Etwas umstrittener ist bereits der Einsatz digitaler Medien im Gottesdienst. Gottesdienst war zwar immer schon multimedial, insofern es neben Texten auch Musik, Licht, Gerüche etc. gab. Dennoch stellt die Einführung des Mikrofons eine deutliche Zäsur dar: Nun wurde der Fokus sehr stark auf den Vorsteher gerichtet und andere sinnliche Erfahrungen wurden zurückgedrängt.[45] Ein neues Element, das zunehmend selbstverständlicher wird, ist die Projektion im Gottesdienst. Dies begann zunächst im evangelikalen Kontext mit der Projektion von Liedtexten, dann wurden Predigten mit Bildern unterstützt, und nun wird oft der ganze Gottesdienst live projiziert.[46] Im katholischen Kontext beschränkt sich dies noch auf Feiern mit erwartbar großer Teilnahme. Liturgiewissenschaftlich heftig umstritten ist die Frage, ob und inwieweit digitale Geräte die Bücher im Gottesdienst ersetzen können,[47] insbesondere, ob und unter welchen Umständen, Lektionar, Evangeliar und Missale durch einen Tablet-PC mit einer entsprechenden App ersetzt werden können. Tatsächlich geht das aus den Dokumenten der Liturgiereform nicht hervor.[48] Erst in jüngeren Dokumenten wie der Enzyklika „Verbum Domini" (2010) Benedikts XVI., der Grundordnung des Römischen Messbuchs (GORM) (2002) oder der Übersetzerinstruktion „Liturgiam Authenticam" (2001) ist es klarer. In letzterer heißt es:

> Die Bücher, die dazu dienen, die liturgischen Texte zusammen mit dem Volk und für es in der Volkssprache vorzutragen, sollen würdig ausgestattet sein, damit schon die äußere Gestalt des Buches die Gläubigen zu größerer Ehrfurcht vor dem Wort Gottes und den hei-

---

45 Hierbei ist zusätzlich zu berücksichtigen, dass der Vorsteher vor der Liturgiereform unhörbar (leise) und unverständlich (auf Latein) gesprochen hat.

46 Vgl. WALTI: Liturgische Interaktion, 133.

47 Unter https://catholicapptitude.org/(Stand: 12.06.20) gibt es eine Übersicht über Apps für den katholischen Gottesdienst für den englischen/spanischen Sprachraum. Eine vergleichbare Übersicht gibt es für den deutschen Sprachraum nicht. Es geht hierbei vor allem um Gesangbücher, Messabläufe u. ä.

48 Vgl. FOSTER: Electronic Devices.

> ligen Dingen anleite. Darum muss – wo auch immer – sobald wie möglich jenes provisorische Stadium überwunden werden, für das gesammelte Blätter und Hefte charakteristisch sind. Alle für den liturgischen Gebrauch der Zelebranten bzw. Diakone bestimmten Bücher sollen von ausreichender Größe sein, damit sie sich von Büchern zum persönlichen Gebrauch der Gläubigen unterscheiden. In ihnen soll allzu großer Luxus vermieden werden, der notwendigerweise – für manche übermäßige – Kosten mit sich brächte. Ebenso sollen die grafische Gestalt des Einbandes und Bilder im Inneren des Buches vornehme Einfachheit ausdrücken und nur solche Stile verwenden, die im kulturellen Umfeld eine dauerhafte und universale Anziehungskraft besitzen. (Übersetzerinstruktion „Liturgiam Authenticam", Kap. 120)[49]

Hier wird eine „Theologie des Buches" entwickelt: Das Buch soll schön sein und Stabilität und Beständigkeit anzeigen, weil es als Symbol für eine himmlische Realität verwendet wird. Die Übersetzerinstruktion geht aber noch darüber hinaus und macht konkrete Vorgaben zum Format. Sie geht also offensichtlich von einem gedruckten Buch aus, da die Beständigkeit des Mediums als Symbol für die Beständigkeit des liturgischen Textes stehen soll.[50] In diesem Zusammenhang wurde auch problematisiert, dass ein Tablet mit den liturgischen Texten außerhalb der Feier ja auch für viel profanere Zwecke genutzt werden könnte, es also nicht ausgesondert für die heiligen Riten wäre.[51]

Ein weiteres Angebot sind Livestreams von Gottesdiensten. Dies begann zunächst mit den Fernsehgottesdiensten, die dezidiert für Gebrechliche und Kranke konzipiert waren, die eine Kirche nicht aufsuchen können, setzt sich aber nun fort in Bezug auf die Angebote diverser Apps und Webseiten. Während es dort vor allem Messen sind, die gestreamt werden, gibt es aber auch weitere Angebote wie Livestreams von eucharistischen Anbetungen, das heißt, dass hier die konsekrierte Hostie in der Monstranz in der Übertragung auf den heimischen Bildschirm verehrt werden kann. Eine Erweiterung derartiger Angebote liegt vor, wenn – gerade bei digitalen Angeboten – ein Backchannel geöffnet wird, also beispielsweise zusätzlich zum gestreamten Gottesdienst ein allgemeines Chatfenster angezeigt wird, auf dem man mit anderen Mitfeiernden in Echtzeit kommunizieren kann. Spätestens mit dem Backchannel wächst die Gewissheit, dass hier eine Gemeinschaft feiert und die einzelnen auch tätig teilnehmen.[52]

Eine in technischer Hinsicht logische Weiterentwicklung sind Aufzeichnungen von Gottesdiensten, die auf diversen Portalen und Mediatheken abgerufen werden können. Hier ist die Feier nicht mehr live, sondern wird zeitversetzt betrachtet, die Feiergemeinschaft ist also nicht mehr gleichzeitig.

Bereits genannt wurde der Segensroboter „BlessU-2" der Evangelischen Landeskirche Hessen-Nassau. Entwickelt wurde der Roboter anlässlich der Weltausstellung zum Reformationsjubiläum in Wittenberg 2017, ausdrücklich um

49 Kongregation für den Gottesdienst und die Sakramentenordnung: Liturgiam, Nr. 120.
50 Vgl. ebd., 109.
51 Vgl. ebd., 109f.
52 Vgl. Lienau: Gebete im Internet, 375.

Diskussionen anzuregen.[53] Das ist gelungen, da hier ganz praktisch die Frage nach den Grenzen medialer Vermittlung und nach der Notwendigkeit eines menschlichen Gegenübers eröffnet wird.

Etwas schärfer wird diese Diskussion bei online und somit digital vermittelten Sakramenten spürbar. Bereits 2008 fand eine Internettaufe statt, bei der vor Ort eine Angehörige des Täuflings assistierte. In der Art einer Bildtelefonkonferenz stieg der Täufling im heimischen Badezimmer in die Badewanne und wurde von ihrer Verwandten untergetaucht während der Pfarrer dazu die Taufformel sprach.[54] In der katholischen Theologie ist dies möglicherweise unproblematisch, da Nottaufen sehr niederschwellig angelegt sind und – rein kanonistisch betrachtet – an der Gültigkeit des Vollzugs keine Zweifel bestehen dürften. Anders verhält es sich bei der Frage nach Online-Kommunion: Ein typischer Ansatz ist, dass sich der*die Gläubige vor den Bildschirm begibt, mit einem Becher Wein und einem Stück Brot, per Livestream wird eine Messe gehalten und so auch auf die Distanz hin konsekriert. Vor Ort kann der*die Gläubige dann kommunizieren.[55] Hier wäre auch der Platz um zu diskutieren, ob und inwieweit eine sakramentliche Feier per Computer oder Telefon vollzogen werden kann: Was ist beispielsweise mit der Krankensalbung oder der Beichte am Telefon?

Es zeigt sich also, dass das Thema sehr facettenreich ist, und sehr wahrscheinlich werden die Möglichkeiten noch weiter wachsen. Wichtig für die Vision eines Fachkonzepts wäre also, dass man die Offenheit dieser Entwicklung berücksichtigt. Wir können nicht wissen, welche Möglichkeiten sich noch entwickeln werden, und schon deswegen sollten wir sie nicht von vorneherein ausschließen. Liturgiewissenschaft sollte bei der real gefeierten Liturgie ansetzen und braucht darum möglichst offene Kategorien.

3. Digitale Tools für die Liturgiewissenschaft

Liturgiewissenschaft definiert sich – wie eigentlich alle theologischen Disziplinen – durch das Thema, die Methodik ergibt sich aus der Fragestellung. Darum gibt es keine spezifisch für diese Disziplin ausgelegten digitalen Tools. Liturgiewissenschaftler*innen nutzen die gleichen Online-Manuskriptbibliotheken, die gleichen Wörterbücher, die gleichen Konkordanzen, die gleiche Software zur Aufzeichnung und Transkription von Interviews und zur Erstellung und Auswertung von Fragebögen und die gleichen Bild-Datenbanken. Eine Besonderheit stellen die digitalen Tools zur neuronalen Begabung dar, die im Rahmen des am

53 Vgl. Luthe: Segensroboter, 110.

54 Vgl. Berger: @Worship, 76f.

55 Vgl. Mikoski: Bringing the Body, 257.

Frankfurter Max-Planck-Institut zur Erforschung der Wirkungsästhetik der Liturgie eingesetzt werden.[56] Es ist nicht nur grundsätzlich möglich, in der Forschung das jeweils geeignete Tool zu nutzen, sondern darüber hinaus auch eine Aufgabe der liturgiewissenschaftlichen Lehre, diese Vielfalt an Tools vorzustellen und zur Auseinandersetzung damit zu ermutigen.

4. Ausblick

Das Thema Digitalität wurde in der liturgiewissenschaftlichen Forschung bislang vernachlässigt. So schließt auch Teresa Berger ihre Monographie mit der ernüchternden Feststellung:

> Having in this book charted a path through the world of digitally mediated practices, I have been acutely aware of the fact that recent publications in the field of liturgical studies continue to envision both worship and the scholarship dedicated to it as inquiring into brick-and-mortar practices, and only those.[57]

Auch in der Lehre ist dieses Thema noch nicht präsent – nicht zuletzt, weil es die bestehenden Kategorien in Frage stellt, aber eben auch, weil sich die katholische Kirche deutlich gegen digital vermittelte Liturgien – in der Pauschalität – ausgesprochen hat. Das 2002 vom Päpstlichen Rat für die Sozialen Kommunikationsmittel veröffentlichte Dokument „Kirche und Internet" definiert:

> Virtuelle Realität ist kein Ersatz für die wirkliche Gegenwart Christi in der Eucharistie, die sakramentale Realität der anderen Sakramente und den gemeinsamen Gottesdienst in einer menschlichen Gemeinschaft aus Fleisch und Blut. Es gibt keine Sakramente im Internet; und auch die religiöse Erfahrung, die hier dank der Gnade Gottes möglich ist, ist ungenügend, es fehlt die Beziehung zu anderen Gläubigen in der wirklichen Welt.[58]

Damit wurde von Seiten der Liturgiewissenschaft die Chance vertan, Impulse und Konzepte in die Praxis zu geben.

Die hätte es gebraucht, als es im Frühjahr 2020 zur Corona-Pandemie kam, in deren Rahmen flächendeckende Versammlungsverbote angeordnet wurden. Gottesdienste in der bekannten Form waren aufgrund der Ansteckungsgefahr nicht mehr möglich und alternative Konzepte zur liturgischen Betreuung der Gläubigen dringend nötig. Letztlich entschied sich nun nicht aufgrund liturgiewissenschaftlich begründbarer Rahmenvorgaben, sondern allein durch die Praxis, was sich durchsetzt.[59] In den Erwägungen der einzelnen Pfarrer hatte somit

---

56 Projektbericht bei WALD-FUHRMANN/DANNECKER/BOENNEKE (Hg.): Wirkungsästhetik der Liturgie.

57 BERGER: @Worship, 109.

58 PÄPSTLICHER RAT FÜR DIE SOZIALEN KOMMUNIKATIONSMITTEL: Ethik im Internet, 30f.

59 Das von der Kongregation für den Gottesdienst und die Sakramentenordnung am 30.03.2020 veröffentlichte Dekret über die Messe in der Zeit der Pandemie

vor allem der pastorale Nutzen besonderes Gewicht: Was wird von den Gläubigen als gültig oder heilsam empfunden und entsprechend auch genutzt? Eine beliebte Variante war die Aufzeichnung von Gottesdiensten für ein Videoportal oder der Livestream eines Gottesdienstes. Dies wurde von einzelnen Liturgiewissenschaftlern wiederum heftig kritisiert als Rückfall in die Privatmesse,[60] ohne dass die Partizipationsmöglichkeiten bei einer online angebotenen Feier gewürdigt wurden.

Ein paar Lehren lassen sich aus der Praxis ziehen und müssen in der liturgiewissenschaftlichen Reflexion künftig berücksichtigt werden. Dies ist zunächst die Feststellung, dass sakramentliche Feiern – insbesondere Beichte und Krankensalbung – auch per Telefon oder Videochat, also digital vermittelt, möglich sind.[61] Auch die Eucharistiefeier kann digital vermittelt mitgefeiert werden. Die regelmäßige Kommunion unter beiderlei Gestalt, die sicherlich eine der herausragenden Errungenschaften des Zweiten Vatikanischen Konzils und aus liturgiewissenschaftlicher Perspektive von fundamentaler Bedeutung für das katholische Selbstverständnis ist, ist in der Praxis anscheinend verzichtbar.[62] Wenn man bedenkt, dass gerade die Kommunion in jüngerer Vergangenheit unter ökumenischer Perspektive diskutiert wurde[63] und sich letztlich nicht kontrollieren lässt, wer eine gestreamte Eucharistiefeier mitfeiert, dann wird auch das ökumenische Potenzial digitaler Feierformen sichtbar. Außerdem ist klar, dass Liturgiewissenschaft von einem viel zu eng gefassten Idealtypus der Eucharistiefeier ausgegangen ist, den es in der Realisation möglicherweise nie gab. Eine verantwortete Herangehensweise müsste jedoch von der real gefeierten Li-

---

(Prot. Nr. 156/20) enthält letztlich nur ein Formular von proprietären Texten für eine Messe (Eröffnungsvers, Tagesgebet, Gabengebet, Kommunionvers, Schlussgebet und Segensgebet sowie Vorschläge für die Lesungen. Es wurde also von einer regulären Messe ausgegangen, bei der lediglich einzelne Texte an die Situation angepasst wurden. Hinzu kam das am selben Tag von der Kommission verabschiedete „Dekret über die besondere Bitte, die nur im Jahr 2020 während der Feier vom Leiden und Sterben Christi den Großen Fürbitten hinzugefügt werden soll" (Prot. Nr. 155/20). Offensichtlich dachte die Kongregation hierbei an eine Feier „sine populo" und nicht an einen genuin neuen Modus gottesdienstlicher Feier.

60 Vgl. GERHARDS/KRANEMANN/WINTER: Privatmessen.

61 So äußerte sich Thomas Ruster im Interview mit katholisch.de, vgl. NEUMANN: Theologe Ruster.

62 Der Mainzer Bischof Peter Kohlgraf schrieb am 13.03.2020 an die Gläubigen im Bistum, „dass alle Gottesdienste [...] in unserem Bistum abgesagt" würden und erklärte dann: „Die Tradition kennt das eucharistische Fasten: ein bewusstes Sich-Enthalten der Gemeinschaft mit Christus in der Eucharistie, um das Sakrament dann mit umso größerer Freude zu empfangen. Vielleicht kann dies eine Haltung sein, um der vor uns liegenden Zeit einen geistlichen Sinn zu geben."

63 Gemeint ist der Vorstoß deutscher Bischöfe, beiden Ehepartnern in einer konfessionsverbindenden Ehe die Teilnahme an der Eucharistie zu ermöglichen (vgl. DEUTSCHE BISCHOFSKONFERENZ: Mit Christus gehen) sowie die damit verbundene Diskussion.

turgie ausgehen und damit auch von der Vielfalt digitaler Angebote, die spätestens seit der Pandemie flächendeckend existieren. Auf dieser Basis muss sie ihre eigenen Grundlagen reflektieren und Kategorien entwickeln, die auch bei wechselnden kommunikativen Voraussetzungen Bestand haben können.

Literatur

Berger, Teresa: @Worship. Liturgical Practices in Digital Worlds. London 2018.

Böntert, Stefan: Gottesdienste im Internet. Perspektiven eines Dialogs zwischen Internet und Liturgie. Stuttgart 2005.

Bradshaw, Paul F.: Difficulties in Doing Liturgical Theology. In: Pacifica 11 (1998), 181–194.

Browe, Peter: Die Verehrung der Eucharistie im Mittelalter. München 1933.

Crowley, Eileen D.: Liturgical Art for a Media Culture (AELi). Collegeville 2007.

Deutsche Bischofskonferenz: Mit Christus gehen – Der Einheit auf der Spur. Konfessionsverbindende Ehen und gemeinsame Teilnahme an der Eucharistie. Bonn 2018.

Dumoutet, Edouard: Le Désir de Voir l'Hostie et les Origines de la Dévotion au Saint-Sacrement. Paris 1926.

Foster, John J.M.: The Use of Electronic Devices by Liturgical Ministers at the Celebration of the Eucharist. In: QuLi 92 (2011), 93–111.

Friedrichs, Lutz: Magie – Was ist das? Versuch einer Begriffserklärung in praktisch-theologischer Absicht – Mit einem Ausblick auf das gottesdienstliche Segnen. In: PrTh 34 (1999), 197–212.

Gerhards, Albert/Kranemann, Benedikt/Winter, Stephan: Privatmessen passen nicht zum heutigen Verständnis von Eucharistie. Liturgiewissenschaftler kritisieren Anweisungen von Diözesen in Corona-Krise. Online unter: https://www.katholisch.de/artikel/24874-privatmessen-passen-nicht-zum-heutigen-verstaendnis-von-eucharistie (Stand: 18.03.2020).

Grethlein, Christian: Praktische Theologie. Berlin ^{2}2016.

Hutchings, Tim: Creating Church Online. Ritual, Community and New Media (Routledge Research in Religion, Media and Culture 8). New York 2017.

Irlenborn, Bernd/Kopp, Stefan: Der „Media Turn" als Herausforderung für die Liturgie. In: ThGl 108 (2018), 356–373.

Kongregation für den Gottesdienst und die Sakramentenordnung: Liturgiam Authenticam. Fünfte Instruktion „zur ordnungsgemäßen Ausführung der Konstitution des Zweiten Vatikanischen Konzils über die heilige Liturgie" (zu Art. 36 der Konstitution). Lateinisch – Deutsch. 28. März 2001 (VApS 154). Bonn 2001.

Lakoff, George/Johnson, Mark: Philosophy in the Flesh. The Embodied Mind and its Challenge to Western Thought. New York 1999.

Leonhard, Clemens: Ein falsches Signal. Entspricht die Taufe durch Untertauchen der Situation der Kinder? In: Gottesdienst 40 (2006), 150.

Lienau, Anna-Katharina: Gebete im Internet. Eine praktisch-theologische Untersuchung (Studien zur christlichen Publizistik 17). Ingolstadt 2009.

Liu, Gerald C.: Christian Worship and the Question Concerning Technology. In: Lit(E) 30 (2015), 36–44.

Luthe, Swantje u. a.: Segensroboter „BlessU-2". Forschungsimpulse für die Praktische Theologie angesichts der Entwicklung sozialer Roboter. In: PTh 108 (2019), 107–123.

Maliszewska, Anna: The Invisible Church. People with Profound Intellectual Disabilities and the Eucharist. A Catholic Perspective. In: Journal of Disability and Religion 23 (2019), 197–210.

Merle, Kristin: Kulturelle Adaptionen. Religiöse Rituale im (Medien-)Wandel. In: Deeg, Alexander/Lehnert, Christian (Hg.): Liturgie – Körper – Medien. Herausforderungen für den Gottesdienst in der digitalen Gesellschaft (BLSp 32). Leipzig 2019, 77–94.

Mikoski, Gordon S.: Bringing the Body to the Table. In: ThTo(ND) 67 (2010), 255–259.

Mikoski, Gordon S.: On The Mediation of Mediation of Mediation. The (Im)possibility of Online Communion and the Limits of Online Worship. In: LiKu 9 (2018), 6–11.

Neumann, Felix: Theologe Ruster: Beichte ist in Corona-Krise per Telefon möglich. Wie Sakramente auch in Quarantäne-Zeiten gespendet werden könnten. Online unter: https://www.katholisch.de/artikel/24967-sakramente-in-der-quarantaene-die-beichte-per-telefon-ist-moeglich (Stand: 30.03.2020).

Päpstlicher Rat für die Sozialen Kommunikationsmittel: Ethik im Internet – Kirche und Internet. Mit Anhang: Botschaft zum 36. Welttag der sozialen Kommunikationsmittel 2002 (ADBK 163). Bonn 2002.

Roth, Cornelius: Eucharistie „ohne Volk" per Livestream. Rückschritt oder Fortschritt? Online unter: https://www.katholisch.de/artikel/24944-eucharistie-ohne-volk-per-livestream-rueckschritt-oder-fortschritt (Stand: 24.03.2020).

Saß, Marcell: Die Vermittlung der Vermittlung der Vermittlung. Unterwegs im digitalen Zeitalter. In: LiKu 9 (2018), 19–24.

Schmidt, Katherine G.: Virtual Communion. Theology of the Internet and the Catholic Sacramental Imagination, Lanham 2020.

Senn, Frank C.: Embodied Liturgy. Lessons in Christian Ritual, Minneapolis 2016.

Spadaro, Antonio/Way, Maria: Cybertheology. Thinking Christianity in the Era of the Internet. New York 2014.

Wald-Fuhrmann, Melanie/Dannecker, Klaus P./Boenneke, Sven (Hg.): Wirkungsästhetik der Liturgie. Transdisziplinäre Perspektiven (StPaLi 44). Regensburg 2019.

Walti, Christian: Digitalisierte Technik und liturgische Interaktion. Methodische Zugänge, Explorationen, Problematisierungen. In: Deeg, Alexander/Lehnert, Christian (Hg.): Liturgie – Körper – Medien. Herausforderungen für den Gottesdienst in der digitalen Gesellschaft (BLSp 32). Leipzig 2019, 127–142.

Herausforderungen und Chancen der Digitalisierung für die Kanonistik

Thomas Neumann

Die Schlagwörter „Recht" und „Digitalisierung" evozieren oft bei Theolo*ginnen eine Abwehrhaltung und rufen die Assoziation zum Kirchlichen Datenschutzgesetz (KDG)[1] hervor. Das KDG wurde kurz nach Inkraftsetzung als „bürokratisches Monster"[2] tituliert, was auf die weite Interpretation der notwendigen schriftlichen Einwilligung von Personen zur Verarbeitung ihrer Daten gemäß §§ 6 und 8 KDG zurückzuführen ist. Eingehendere rechtliche Analysen[3] konnten den ersten Schrecken bezüglich der schriftlichen Einwilligung unter Verweis auf den einschränkenden Relativsatz in § 8 Abs. 2 KDG „soweit nicht wegen besonderer Umstände eine andere Form angemessen ist;" und die fehlende Notwendigkeit des kumulativen Vorliegens aller Bedingungen nach §6 Abs. 1 Buchstabe a–g KDG[4] mildern. Eine weitere Unsicherheit herrschte bezüglich der journalistischen Verwendung von Fotos von Kindern und Jugendlichen. Zunächst wurde behauptet, dass Eltern jede Foto-Veröffentlichung einzeln genehmigen müssten[5] Bereits am 18.06.2018 urteilte das OLG Köln (15 W 27/18), dass § 23 KUG aufgrund

1 Bischof von Fulda: Kirchlichen Datenschutzrechts; Sydow: Kirchliches Datenschutzrecht.

2 Schüller: Datenschutzrecht, 23.

3 Vgl. etwa Schüller: Kirchlicher Datenschutz; Hoeren: Kirchlicher Datenschutz; Hense: Europäisierung.

4 „a) Dieses Gesetz oder eine andere kirchliche oder eine staatliche Rechtsvorschrift erlaubt sie oder ordnet sie an; b) die betroffene Person hat in die Verarbeitung der sie betreffenden personenbezogenen Daten für einen oder mehrere bestimmte Zwecke eingewilligt; c) die Verarbeitung ist für die Erfüllung eines Vertrags, dessen Vertragspartei die betroffene Person ist, oder zur Durchführung vorvertraglicher Maßnahmen erforderlich, die auf Anfrage der betroffenen Person erfolgen; d) die Verarbeitung ist zur Erfüllung einer rechtlichen Verpflichtung erforderlich, der der Verantwortliche unterliegt; e) die Verarbeitung ist erforderlich, um lebenswichtige Interessen der betroffenen Person oder einer anderen natürlichen Person zu schützen; f) die Verarbeitung ist für die Wahrnehmung einer Aufgabe erforderlich, die im kirchlichen Interesse liegt oder in Ausübung öffentlicher Gewalt erfolgt, die dem Verantwortlichen übertragen wurde; g) die Verarbeitung ist zur Wahrung der berechtigten Interessen des Verantwortlichen oder eines Dritten erforderlich, sofern nicht die Interessen oder Grundrechte und Grundfreiheiten der betroffenen Person, die den Schutz personenbezogener Daten erfordern, überwiegen, insbesondere dann, wenn es sich bei der betroffenen Person um einen Minderjährigen handelt. Lit g) gilt nicht für die von öffentlich-rechtlich organisierten kirchlichen Stellen in Erfüllung ihrer Aufgaben vorgenommene Verarbeitung."

5 Vgl. Neumann: Kirchlicher Datenschutz.

Art. 85 DSGVO prävalierend ist und damit keine Einwilligung der abgebildeten Person – oder im oben angeführten Fall der Erziehungsberechtigten – notwendig ist, wenn:

1. „Bildnisse aus dem Bereiche der Zeitgeschichte;
2. Bilder, auf denen die Personen nur als Beiwerk neben einer Landschaft oder sonstigen Örtlichkeit erscheinen;
3. Bilder von Versammlungen, Aufzügen und ähnlichen Vorgängen, an denen die dargestellten Personen teilgenommen haben;
4. Bildnisse, die nicht auf Bestellung angefertigt sind, sofern die Verbreitung oder Schaustellung einem höheren Interesse der Kunst dient;“[6] vorliegen.

Dieses kurze Schlaglicht auf den kirchlichen Datenschutz dürfte deutlich gemacht haben, dass Recht und Digitalisierung keine abschreckende, sondern eine fruchtbare Verbindung sind, da die Kanonistik als praktisch-theologische Disziplin ein unabdingbares Werkzeug zu sein vermag, um die rechtlich pastoralen (digitalen) Herausforderungen zu bewältigen.[7]

Im Folgenden werden die rechtlich-pastoralen Herausforderungen aus dem Bereich Virtuelle Gemeinden und Internetseelsorge behandelt, die in kanonistischer Forschung und Lehre im digitalen Zeitalter zu bearbeiten sind.

1. Virtuelle kirchliche Strukturen

Im Internet haben sich längst differenzierte virtuelle Lebenswelten auf den Social Media Plattformen gebildet.[8] Religionsgemeinschaften nutzten bereits sehr früh[9] das Medium Internet, um ihre Gläubigen zu erreichen, bzw. Follower*innen zu gewinnen und selbst Influencer*innen zu werden. Dabei ist nach wie vor eine Inkongruenz zwischen der realen Gemeinde bzw. Pfarrei und der Internet-Gemeinde religiös Interessierter zu beobachten.[10] Im römisch-katholischen Bereich gründete der 1995 von Papst Johannes Paul II. seines Amtes enthobene Bischof von Evreux Jaques Gaillot[11] kurz nach seiner Amtsenthebung das „Internet-Bistum“ *Partenia*.[12] Partenia ist das ihm zugewiesene Titularbistum, d. h. ein untergegangenes katholisches Bistum, welches Titularbischöfen ohne

---

[6] § 23 KUG.

[7] Vgl. Papst Johannes Paul II.: Allokution.

[8] Vgl. den Beitrag von Wode in diesem Band.

[9] Vgl. Stolleis: Virtuelle Kirchen.

[10] Vgl. Stolleis: Virtuelle Kirchen, 438f.

[11] Zu den Vorgängen um die Absetzung Gaillots siehe: Lüdecke: Entfernung; Hiebel: L'Affair Gaillot.

[12] Gaillot/Haller: Partenia.

eigene reale Diözese übertragen wird (c. 376 CIC/1983). Bischof Gaillot beschreibt sein Internet-Bistum folgendermaßen:

> Da Partenia nicht mehr existiert, wird es zum Symbol all derer, die in der Gesellschaft und in der Kirche das Gefühl haben, nicht mehr zu existieren. Es ist eine weite Diözese ohne Grenzen, in der die Sonne nie untergeht.[13]

Kanonisten stellt diese „Gründung" eines Internet-Bistums vor die Fragen, ob eine virtuelle kirchliche Struktur überhaupt möglich ist oder es sich nur um die „Bildung kirchenähnlicher virtueller Gebilde"[14] handelt und unter welchen Bedingungen kirchliches Handeln in virtuellen Räumen möglich sein kann.

1.1 *Virtuelle Teilkirchen*

Eine Diözese ist gemäß c. 369 CIC/1983 eine Teilkirche. Die Errichtung einer Teilkirche ist gemäß c. 373 CIC/1983 ein hoheitlicher Akt, der der höchsten kirchlichen Autorität vorbehalten ist.[15] Ein solcher hoheitlicher Akt in Form einer Errichtungsurkunde – einer Apostolischen Konstitution – liegt für die Internet-Diözese Partenia nicht vor, damit handelt es sich nicht um eine Teilkirche. Geht man jedoch von der personalistischen bzw. anthropologischen Wende des II. Vaticanums[16] aus, scheinen virtuelle, nicht territorial bestimmte Strukturen möglich zu sein. Die Konzilsväter lehren in CD 11 über die Diözese:

> Die Diözese *ist der Teil des Gottesvolkes*, der dem Bischof in Zusammenarbeit mit dem Presbyterium zu weiden anvertraut ist. Indem sie ihrem Hirten anhängt und von ihm durch das Evangelium und die Eucharistie im Heiligen Geist zusammengeführt wird, bildet sie eine Teilkirche, in der die eine, heilige, katholische und apostolische Kirche Christi wahrhaft wirkt und gegenwärtig wird.[17]

Dieser wörtlich in c. 369 CIC/1983 übernommene Konzilstext[18] bestimmt den Teil des Gottesvolkes als wesentlich für eine Diözese und stuft das Territorium zu einem determinativen Merkmal[19] herab. D. h. die Gläubigen sind das die Teilkirche konstituierende Moment, wie die genauere Übersetzung des lateinischen Originaltextes entgegen der amtlichen Übersetzung der DBK es nahelegt.[20] Die Diözese ist folglich im Sinne des Gesetzgebers weder ein Regierungsbezirk wie im Römischen Recht noch eine Verwaltungseinheit,[21] sondern eine bestimmte Gemeinschaft von Gläubigen, eine *communio ecclesiarum*. Beruhend auf dieser

---

13 GAILLOT/HALLER: Partenia.

14 STOLLEIS: Virtuelle Kirchen, 438f.

15 Vgl. BIER: Kommentar zu c. 373, Rn. 2.

16 Siehe zum Begriff: SCHÜLLER/NEUMANN: et/vel.

17 PAPST PAUL VI.: Christus Dominis, 173. Hervorhebung T.N.

18 Vgl. BIER: Kommentar c. 369, Rn. 1.

19 Vgl. BIER: Kommentar zu c. 369, Rn. 4; Gleichlautend MÖRSDORF: zu CD, 172f.

20 Vgl. BIER: Kommentar zu c. 369, Rn. 2.

21 Vgl. BIER: Kommentar zu c. 369, Rn. 4.

anthropologischen Wende wird in c. 372 CIC/1983[22] das reguläre Territorialitätsprinzip (§ 1) für die Umschreibung von Diözesen dem Personalitätsprinzip (§ 2) gleichwertig gegenübergestellt.

> Es kommen mithin als Determinanten für personale Teilkirchen grundsätzliche alle Aspekte in Betracht, die eine sinnvolle Zusammenfassung von bestimmten Personengruppen erlauben.[23]

Existente personale Teilkirchen sind die Personalordinariate für die ehemaligen Anglikaner nach der Apostolischen Konstitution *Anglicanorum coetibus*[24] oder Exarchate für Angehörige unierter orientalischer Kirchen wie das Exarchat für die ukrainisch-katholischen Gläubigen mit Sitz in München. Somit erscheinen sowohl der Ritus einer Personengruppe wie auch ihre kulturell-religiöse Tradition als Anglikaner als sinnvolle Determinanten zur Zusammenfassung einer Personengruppe. Das Territorium – wie etwa das Gebiet einer Bischofskonferenz – bleibt als sekundäre Determinante bestehen, ist jedoch dem Wortlaut des Gesetzestextes nach, nicht zwingend notwendig.[25] Die parallele Existenz von einer territorialen Teilkirche und einer oder mehreren personalen Teilkirchen[26] stellt ebenso wenig ein rechtliches Problem dar, wie die doppelte Gliedschaft von Gläubigen in einer territorialen und einer personalen Teilkirche,[27] was z. B. bei Angehörigen des Militärs aufgrund der Militärordinariate der Fall ist.

Eine virtuelle Teilkirche, die aufgrund der User*innen personal umschrieben wird, scheint damit im Bereich des rechtlich Möglichen zu sein. Religionsverfassungsrechtliche Bedenken in Bezug auf einen fehlenden Standort oder eine unverbindliche Mitgliedschaft ohne rechtlichen Status[28] laufen damit ins Leere. Kanonistisch ist jedoch zu bezweifeln, ob das Surfen auf einer bestimmten Webseite als sinnvolle Determinante zur Zusammenfassung einer bestimmten Gruppe von Gläubigen geeignet ist. Die „User*innen" haben kein sie verbindendes Merkmal wie Ritus oder ein diesem vergleichbares Merkmal, welches sie als

---

22 c. 372: „§ 1. Als Regel gilt, daß der Teil des Gottesvolkes, der eine Diözese bzw. eine andere Teilkirche bildet, gebietsmäßig genau abzugrenzen ist, so daß er alle in dem Gebiet wohnenden Gläubigen umfaßt.
§ 2. Dennoch können da, wo es gemäß dem Urteil der höchsten kirchlichen Autorität, nach Anhörung der betroffenen Bischofskonferenzen, zweckmäßig scheint, in demselben Gebiet Teilkirchen errichtet werden, die nach dem Ritus der Gläubigen oder nach einem anderen vergleichbaren Gesichtspunkt unterschieden sind."

23 Bier: Kommentar zu c. 372, Rn. 8; Zu personalen Strukturen grundlegend: Pree: Nichtterritoriale Strukturen.

24 Papst Benedikt XVI.: Anglicanorum coetibus. Siehe hierzu grundlegend: Wirz: wahren.

25 Vgl. Bier: Kommentar zu c. 372, Rn. 10. Bier zufolge sei daher eine weltumspannende personale Teilkirche möglich, auch wenn dies aufgrund der Textgeschichte nicht die Intention des Gesetzgebers gewesen sei.

26 Vgl. Bier: Kommentar zu c. 372, Rn. 9.

27 Vgl. Bier: Kommentar zu c. 372, Rn 12.

28 Vgl. zu den religionsverfassungsrechtlichen Bedenken: Stolleis: Virtuelle Kirchen, 440.

Gruppe determiniert. Die Beschreibung Partenias als „Diözese ohne Grenzen“ untermauert die fehlende, notwendige personale Determinante. Aus kanonistischer Warte ist weiterhin anzuführen, dass auch eine virtuelle Teilkirche eines Ortsordinarius bedürfte, samt eines Presbyteriums und den erforderlichen Gremien wie einem Priesterrat, einem Diözesanvermögensverwaltungsrat und einem Konsultorenkollegium. Eine virtuelle Diözese scheint daher rechtlich nicht realisierbar zu sein.

1.2 *Virtuelle Pfarreien*

Was kanonistisch für die Diözese nicht möglich erscheint, könnte für die Pfarrei auf der Grundlage von c. 518 CIC/1983 realisierbar sein:

> Die Pfarrei hat in aller Regel territorial abgegrenzt zu sein und alle Gläubigen eines bestimmten Gebietes zu umfassen; wo es jedoch angezeigt ist, sind Personalpfarreien zu errichten, die nach Ritus, Sprache oder Nationalität der Gläubigen eines Gebietes oder auch unter einem anderen Gesichtspunkt bestimmt werden.

Analog zur Diözese wird auch die Pfarrei in c. 515 § 1 CIC/1983[29] personal als eine bestimmte Gemeinschaft von Gläubigen definiert. Gegenüber personalen Teilkirchen sind bei Personalpfarreien die Determinanten mit Ritus, Nation und Sprache weiter gefasst und durch die Formulierung „oder auch unter einem anderen Gesichtspunkt“ nicht taxativ[30] im Gesetzestext aufgezählt. Im Direktorium für den Hirtendienst der Bischöfe in Nr. 206 lit. b) heißt es hierzu:

> Um für die Hirtensorge und für das Apostolat homogener einzelner Gruppen von Gläubigen innerhalb der Grenzen der Diözese vorsorgen zu können, kann der Bischof eine Personalpfarrei errichten oder auch einige geeignete Priester zu Gruppenseelsorgern (cappellani) ernennen und sie mit den erforderlichen Vollmachten ausstatten.[31]

Unter Berücksichtigung des demographischen und kulturellen Wandels nicht nur in Bezug auf Digitalität erscheint der Auftrag der Pfarrei, die Kommunikation mit der jeweiligen Kultur und lokalen Gesellschaft zu pflegen,[32] durch virtuelle personale Pfarreien adäquat und innovativ erfüllbar. In eine ähnliche Richtung denkt vorsichtig die Kongregation für den Klerus in ihrer jüngsten Instruktion vom 29.06.2020 „Die pastorale Umkehr der Pfarrgemeinde im Dienst an der missionarischen Sendung der Kirche“, wenn der Begriff des Territoriums umgedeutet wird zu einer „existentiellen Territorialität“ die auf Beziehungen

---

29 C. 515 § 1: „Die Pfarrei ist eine bestimmte Gemeinschaft von Gläubigen, die in einer Teilkirche auf Dauer errichtet ist und deren Seelsorge unter der Autorität des Diözesanbischofs einem Pfarrer als ihrem eigenen Hirten anvertraut wird.“

30 Vgl. Da Costa Gomes: La Parrocchia, 248.

31 Kongregation für die Bischöfe: Hirtendienst, 173.

32 Vgl. Da Costa Gomes: La Parrocchia, 229.

und nicht Gebietsabgrenzungen beruht.[33] Neben den Personalpfarreien für einzelne Riten und Sprachen existieren bereits die Pfarreien für Hochschulen (c. 813 CIC/1983), das Militär und die ehemaligen Anglikaner sowie Gläubige, die der außerordentlichen Form des einen Ritus anhängen. Die elementaren Dimensionen der Pfarrei als Gemeinschaft und Familie[34] – als *communio ecclesiarum* – könnte über personale virtuelle Strukturen realisiert werden. Kritische Stimmen, die in personalen Strukturen die Förderung des „unheilvollen" die Einheit der Kirche zersetzenden Individualismus[35] sehen, ist entgegenzuhalten, dass über personale und virtuelle Strukturen die Chance besteht Gemeinschaft erfahrbar zu machen und in das kirchliche Leben einzugliedern.[36]

Bestehen bleibt das vermeintliche Problem der „freien Gefolgschaft" der Gläubigen in solchen personal-virtuell verfassten Pfarreien. Betrachtet man jedoch den Gegenpol zur „freien Gefolgschaft" ist dies der überkommene Pfarrzwang, der selbst in territorialen Strukturen nicht mehr umsetzbar ist. Durch die erhöhte Mobilität der Menschen ist längst nicht mehr die territoriale Wohnsitzpfarrei der Ort an dem Lebenswenden gefeiert und Sakramente empfangen werden. Antiquiert gesprochen kann das Pfarrkind nicht mehr dazu gezwungen werden Teil der per Wohnsitz bestimmten Pfarrei zu sein. An diesem Punkt ist in Erinnerung zu rufen, dass für eine rechtlich verfasste Gruppe von Gläubigen die Verkündigung des Evangeliums und die Feier der Eucharistie wesentlich sind, nicht das Territorium. Um diese primären Ziele einer als Pfarrei zusammengefassten Gruppe von Gläubigen zu gewährleisten, bedarf es ohne Frage eines vom Bischof beauftragten *pastor proprius*, um die *communio ecclesiarum* zu wahren, jedoch nicht zwingend eines Territoriums, sondern eines die Gläubigen verbindenden Merkmals. So wäre z. B. eine „Pfarrei der Familie" denkbar. Im Zentrum steht die *cura animarum* (Seelsorge). Im Direktorium für den Hirtendienst wird neben der Personalpfarrei die Alternative der Kategorialseelsorge durch einen *cappellanus* gemäß c. 564 CIC/1983 angeboten. Der Nachteil der Ausübung der Hirtensorge durch einen *cappellanus* ist die fehlende rechtliche Dimension der betreuten Gemeinschaft von Gläubigen. Ihnen fehlt die Möglichkeit sich etwa über Pastoralräte (c. 536 CIC/1983) selbst zu organisieren und ihnen kommt keine Rechtspersönlichkeit zu.

Unabhängig davon, ob die *cura animarum* in der Rechtsform einer (virtuellen) Pfarrei erfolgt, gilt es einige rechtliche Aspekte bei virtueller Seelsorge zu beachten, die im nächsten Abschnitt behandelt werden.

33 Vgl. CONGREGATIO PRO CLERICI: pastorale Umkehr.
34 Vgl. DA COSTA GOMES: La Parrocchia, 230.
35 Vgl. STOLLEIS: Virtuelle Kirchen, 443; AYMANS: § 26, 323 Anm. 42.
36 Vgl. gleichlautend DA COSTA GOMES: La Parrocchia, 267.

2. Virtuelle Seelsorge

Auch wenn der Gesetzgeber bei der Kodifikation von 1983 vornehmlich Bücher unter sozialen Kommunikationsmitteln verstanden hat, ist unstrittig „das Internet“ ebenso ein soziales Kommunikationsmittel für das die cc. 822–832 CIC/1983 Anwendung finden sollten.[37] Eine fundamentale Charta für die Nutzung des Internets findet sich in c. 822 CIC/1983:

> § 1. Die Hirten der Kirche sollen bemüht sein, bei der Erfüllung ihrer Aufgabe durch Wahrnehmung des eigenen Rechts der Kirche die sozialen Kommunikationsmittel anzuwenden.
> § 2. Denselben Hirten obliegt die Sorge, die Gläubigen dahingehend zu belehren, daß sie zur Mitarbeit verpflichtet sind, damit der Gebrauch der sozialen Kommunikationsmittel von menschlichem und christlichem Geist belebt wird.
> § 3. Alle Gläubigen, besonders die in irgendeiner Weise an der Gestaltung dieser Mittel oder ihrem Gebrauch teilhaben, müssen darum besorgt sein, Hilfe für das pastorale Handeln zu leisten, damit die Kirche auch mit diesen Mitteln ihre Aufgabe wirksam ausübt.

Bezüglich § 1 ist festzustellen, dass die Diözesanbischöfe dazu verpflichtet sind die Breite der sozialen Kommunikationsmittel zu nutzen. § 2 richtet sich an alle Christgläubigen und legt Ihnen die Pflicht auf, die sozialen Kommunikationsmittel mit christlichem und menschlichem Geist zu durchdringen. Folglich handelt es sich bei c. 822 § 2 CIC/1983 um eine Spezialnorm in Bezug auf die allgemeinen Gläubigenpflichten durch ein heiliges Leben das Wachstum der Kirche zu fördern (c. 210 CIC/1983) und das Evangelium zu verbreiten (c. 211 CIC/1983). Ebenso werden die Gläubigen zur Kooperation mit dem Diözesanbischof aufgefordert. Diese Kooperation wird in § 3 insbesondere den jeweiligen Experten auferlegt, in unserem Fall Gläubigen die Kenntnisse im IT-Bereich besitzen.

Die beschriebene Verpflichtung zur Nutzung des Internets als Instrument der Seelsorge ist jedoch noch an weitere rechtliche Erfordernisse gebunden. Das Beispiel der avisierten Seelsorgewebseite des emeritierten Diözesanbischof von Augsburg Walter Mixa mag dies verdeutlichen: Nach seinem ihm nahegelegten Amtsverzicht beabsichtigte Bischof Mixa über das Internet seinem seelsorglichen Auftrag als Bischof nachzukommen.[38] Die Reaktion der DBK, es sei Privatsache des Bischofs Mixa und es habe keinerlei bischöfliche Beauftragung zu dieser Initiative gegeben, die aber notwendig sei,[39] lassen rechtliche Normen hinter dieser Aussage vermuten.

Zunächst ist zu unterscheiden zwischen offiziellen – amtlichen – und privaten Internetpräsenzen. Bei offiziellen Internetpräsenzen, seien es Webseiten oder Accounts in Social Media, gelten die cc. 823 § 1 und 824 § 1 CIC/1983. Die erste Norm besagt, dass dem Diözesanbischof das Wächteramt zukommt über den Gebrauch der sozialen Kommunikationsmittel, damit der Glaube oder die

---

37 Vgl. NOBEL: electronic media, 188.
38 Vgl. DORFER: Comeback-Versuch.
39 Vgl. DORFER: Comeback-Versuch.

Sitten der Gläubigen keinen Schaden nehmen. Konkretisiert wird dieser Sachverhalt in der zweiten oben genannten Norm c. 824 § 1 CIC/1983, gemäß der die Veröffentlichung von Büchern der Genehmigung des Ortsordinarius bedürfen. Noble interpretiert diese Norm entgegen der engen Interpretation Greens weit, indem er auch eine Genehmigungspflicht bei Veröffentlichungen auf Webseiten von kirchlichen juristischen Personen als erforderlich ansieht.[40] Diese Auffassung ist schlüssig, da kirchliche juristische Personen im Namen der Kirche handeln und damit Äußerungen dieser über soziale Kommunikationsmittel als Meinung der Kirche gelten. Zudem wäre es nach Noble angeraten gemäß c. 830 CIC/1983 einen Zensor – modern „content supervisor“ – in jeder Diözese zu bestellen, um die Übereinstimmung mit der kirchlichen Lehre auf den Webseiten der kirchlichen juristischen Personen zu gewährleisten, was nicht nur die Internetpräsenz der Diözese meint, sondern auch die der Pfarreien und übrigen der Diözese zugeordneten kirchlichen juristischen Personen impliziert.[41]

Auf der anderen Seite stehen die privaten Internetpräsenzen und die Social Media Accounts. Die kirchlichen Autoritäten haben keinen Zugriff auf private Inhalte, aber sie können durchaus gemäß c. 216 CIC/1983[42] den Begriff „katholisch“ schützen. Keine Webseite und kein Social Media Profil darf sich „katholisch“ nennen, wenn dies nicht durch die zuständige kirchliche Autorität genehmigt wurde. In der Praxis dürfte dies zwar schwer durchsetzbar sein, als Alternative zu Prozessen gegen vermeintliche virtuelle „katholische“ Präsenzen ließe sich über offizielle Webseiten etwa eine Liste „katholischer“ Präsenzen führen, um den Unterschied zwischen Kanälen „im Namen der Kirche“ und privaten Kanälen zu verdeutlichen.

Bei der Personengruppe der Amtsträger und Amtsträgerinnen haben die zuständigen kirchlichen Autoritäten einen gewissen Zugriff auf die privaten Äußerungen über soziale Kommunikationsmittel. Gemäß c. 831 § 1 CIC/1983 kann der Diözesanbischof Klerikern Veröffentlichungen in offensichtlich kirchenfeindlichen Medien verbieten. Ein Beispiel aus dem Jahr 2013 mag dies verdeutlichen: Ein Priester der Diözese Chur war der Betreiber der vermeintlich katholischen Webseiten kreuz.net und gloria.tv. Aufgrund von antisemitischen und rechtsradikalen Veröffentlichungen auf beiden Seiten untersagte der Bischof von Chur zunächst seinen Priestern in Übereinstimmung mit c. 831 § 1 CIC/1983 auf den Portalen Beiträge zu veröffentlichen.[43] Als die Lage eskalierte enthob der Diözesanbischof den Priester, der die Webseiten betrieb, seines Amtes.[44] Über die

---

40 NOBLE: electronic media, 192.

41 Vgl. ebd., 193.

42 C. 216: „Da alle Gläubigen an der Sendung der Kirche teilhaben, haben sie das Recht, auch durch eigene Unternehmungen je nach ihrem Stand und ihrer Stellung eine apostolische Tätigkeit in Gang zu setzen oder zu unterhalten; keine Unternehmung darf sich jedoch ohne Zustimmung der zuständigen kirchlichen Autorität katholisch nennen.“

43 Vgl. SCHEER: Wächter und Hetzer.

44 Vgl. RADIO VATIKAN: Gloria.tv.

kirchenfeindlichen Medien hinaus ist zu bedenken, ob wirklich eine Unterscheidung von privat und Amt bei Äußerungen in der virtuellen Öffentlichkeit möglich ist.[45]

Insgesamt scheint es angeraten diözesane Richtlinien zum Umgang mit den sozialen Medien, insbesondere den digitalen, zu erlassen[46] sowie die diözesane Internetseelsorge entsprechend zu strukturieren. Im Bereich der DBK finden sich hierzu so gut wie keine diözesanen Richtlinien. Lediglich der Bischof von Würzburg hat 2016 ein Statut der Internetseelsorge[47] erlassen. Dies betrifft jedoch nur die amtliche Internetpräsenz. Positiv hervorzuheben ist an dem Statut, dass jede Mitarbeiterin und jeder Mitarbeiter einer spezifischen Beauftragung (2.1) und einer Zusatzausbildung (2.3) bedarf. Unter Berücksichtigung von c. 822 § 1 CIC/1983 ist es leider nicht ersichtlich, warum der Bereichsleiter Diakonische Pastoral/Sonderseelsorge mit Unterschrift des Generalvikars das Seelsorgepersonal beauftragt. Hier müsste der Ortsordinarius selbst tätig werden. Neben der notwendigen Ausbildung wird weiterhin eine ständige Fortbildung und Supervision gefordert (3.5). Ebenso positiv ist die Berücksichtigung der technischen Aspekte wie des Equipments, der Plattform und des Datenschutzes. Insgesamt handelt es sich bei der Internetseelsorge im Bistum Würzburg um eine erste Kontaktstelle für Personen in schwierigen Situationen, die den realen Kontakt nicht erübrigen soll (1.5). Folglich ist es ein digitales Beratungsangebot, jedoch keine umfassende *cura pastoralis*, die es Gläubigen ermöglichen würde, eine feste virtuelle Anlaufstelle zu haben. Gemäß den Ausführungsbestimmungen soll der Kontakt sogar auf maximal sechs Wochen beschränkt werden.[48] Eine *communio ecclesiarum* kann über dieses virtuelle Instrument nur schwer entstehen.

3. Ausblick

Virtuelle kirchliche Strukturen und virtuelle Seelsorge sind unumstritten immense pastoral-rechtliche Herausforderungen für die Kirche. Sie können aber auch wie gezeigt eine Chance bieten, denn die Lebenswelt vieler Menschen hat sich mittlerweile in die virtuelle Präsenz verlagert. Aus kanonistischer Perspektive gilt es drei Punkte zu beachten, um die Chance nutzen zu können:

1. Das Angebot der Möglichkeit der Bildung einer *communio ecclesiarum* im digitalen Raum über personale Strukturen. Hier erscheint die Personalpfarrei z. B. begrenzt auf das Territorium einer Diözese als adäquates

---

[45] Vgl. NOBLE: electronic media, 197.
[46] Vgl. ebd., 189.
[47] BISCHOF VON WÜRZBURG: Internetseelsorge.
[48] Vgl. LEITER DER HAUPTABTEILUNG II IM BISTUM WÜRZBURG: Internetseelsorge.

rechtliches Instrument. Die „Versorgung“ über einen *cappellanus* ohne rechtliche Strukturen erscheint hierbei als nicht geeignet.

2. Ein besonderes Augenmerk auf das Wächteramt des Diözesanbischof und die Kooperation der Gläubigen gemäß c. 822 CIC/1983, um vor „falschen Propheten“ und nur vermeintlich katholischen Angeboten zu schützen.
3. Die ständige Aus- und Fortbildung des Seelsorgepersonals, um für den Umgang mit den digitalen Medien zu sensibilisieren wie etwa die nicht mögliche Unterscheidung von privat und amtliche im Bereich der Social Media. Auf dieser Grundlage können kompetente Personen vom Diözesanbischof für den Bereich der digitalen Seelsorge und auch virtuellen *cura pastoralis* beauftragt werden.

Literatur

AYMANS, Winfried: § 26 Gliederungs- und Organisationsprinzipien. In: HdBkathKR², 315–326.

PAPST BENEDIKT XVI.: Apostolische Konstitution Anglicanorum coetibus vom 4.11.2009. In: AAS 101 (2009), 985–990.

BISCHOF VON FULDA: Neufassung des Kirchlichen Datenschutzrechts – Gesetz über den kirchlichen Datenschutz in der Diözese Fulda (Kirchliches Datenschutzgesetz – KDG). In: KABl FD 2018, 49–77.

BISCHOF VON WÜRZBURG: Statut für die Internetseelsorge der Diözese Würzburg vom 1. Juli 2016. In: KABl WÜ 162 (2016), 295–298.

BIER, Georg: Kommentar zu c. 373. In: LÜDICKE, Klaus (Hg.): Münsterischer Kommentar zum Codex Iuris Canonici unter besonderer Berücksichtigung der Rechtslage in Deutschland, Österreich und der Schweiz. Essen seit 1985 Stand März 2019, 57.

CODEX IURIS CANONICI. Codex des kanonischen Rechts. Kevelaer ⁸2017.

CONGREGATIO PRO CLERICI: Instruktion die pastorale Umkehr der Pfarrgemeinde im Dienst an der missionarischen Sendung der Kirche. Online unter: http://www.clerus.va/content/clerus/de/notizie/new12.html (Stand: 22.07.2020).

DA COSTA GOMES, Saturino: La Parrocchia personale: Origine, sviluppo e attualità di una figura canonica. In: Folia canonica 13/14 (2010/11), 227–267.

DORFER, Tobias: Walter Mixa sagt zweiten Comeback-Versuch ab vom 19.04.2011. Online unter: https://www.sueddeutsche.de/bayern/internetplaene-auf-eis-gelegt-walter-mixa-sagt-zweiten-comeback-versuch-ab-1.1087338 (Stand: 11.07.2020).

HENSE, Ansgar: Europäisierung des Religionsverfassungsrechts und kirchlicher Datenschutz. In: BRJ 11 (2018), 37–42.

HIEBEL, Jean-Luc: L'Affair Gaillot, Les Médias et le Droit de L'Église. In: RDC 45 (1995), 101-118.

HOEREN, Thomas: Kirchlicher Datenschutz nach der Datenschutzgrundverordnung. Eine Vergleichsstudie zum Datenschutzrecht der evangelischen und der katholischen Kirche. In: NVwZ 6 (2018), 373–375.

GAILLOT, Jacques/HALLER, K. (Hg.): Parentia. Online unter: www.partenia.org (Stand: 10.07.2020).

PAPST JOHANNES PAUL II.: Allokution vom 4.02.2002 an die Vollversammlung der Kongregation für das katholische Bildungswesen. In: AAS 94 (2002), 464–467.

KONGREGATION FÜR DIE BISCHÖFE: Direktorium für den Hirtendienst der Bischöfe vom 22.02.2004. Vatikanstadt 2004.

KUNST UND URHEBER GESETZ (KUG). Online unter: http://www.gesetze-im-internet.de/kunsturhg/__23.html (Stand: 30.07.2020).

LEITER DER HAUPTABTEILUNG II IM BISTUM WÜRZBURG: Ausführungsbestimmungen für die Internetseelsorge der Diözese Würzburg vom 1. Juli 2016. In: KABl WÜ 162 (2016), 298–300.

LÜDECKE, Norbert: Entfernung von Diözesanbischöfen. Kanonistische Erinnerung an den exemplarischen Fall „Bischof Gaillot". In: GÜTHOFF, Elmar/HAERING, Stephan (Hg.): Ius quia iustum. FS Helmuth Pree, Berlin 2015 (Kanonistische Studien und Texte 65), 451–506.

MÖRSDORF, Klaus: Kommentar zu CD. In: LTHK-VAT II. II, 127–247.

NEUMANN, Felix: Kirchlicher Datenschutz: Strenge Regeln für Kinderfotos. Eltern müssen jede Foto-Veröffentlichung einzeln genehmigen vom 14.05.2018. Online unter: https://www.katholisch.de/artikel/17559-kirchlicher-datenschutz-strenge-regeln-fuer-kinderfotos (Stand: 10.07.2020).

NOBEL, Michael: The use of electronic media in church structures, in: Canon Law Society of America. Proceedings 77 (2015), 186–203.

PAPST PAUL VI.: Christus Dominis vom 28.10.1965. In: AAS 58 (1966), 673–696.

PREE, Helmuth: Nichtterritoriale Strukturen der hierarchischen Kirchenverfassung. In: ERDÖ, Péter/SZABÓ, Péter (Hg.): Territorialità e personalità nel diritto canonico ed ecclesiastico. Il diritto canonico di fronte al terzo millennio. Budapest 2002, 515–544.

RADIO VATIKAN: Schweiz: Gloria.tv Mitarbeiter vom Bischof entlassen vom 15.03.2013. Online unter: http://www.archivioradiovaticana.va/storico/2013/03/15/schweiz_gloria.tv_mitarbeiter_vom_bischof_entlassen/ted-673754 (Stand: 13.07.2020).

SCHEER, Ursula: Wächter und Hetzer. Katholische Internetportale vom 5.09.2012. Online unter: https://www.faz.net/aktuell/politik/katholische-internetportale-waechter-und-hetzer-11880500.html (Stand: 13.07.2020).

SCHÜLLER, Thomas: Die katholische Kirche und das neue Datenschutzrecht. In: HK 72/Nr. 8 (2018), 22–25.

SCHÜLLER, Thomas: Kirchlicher Datenschutz – neue Entwicklungen und Problemlagen. In: PULTE, Matthias/RIEGER, Rafael M. (Hg.): Ecclesiae et scientiae fideliter inserviens (FS f. Rudolf Henseler CSsR). Würzburg 2019, 325–346.

SCHÜLLER, Thomas/NEUMANN, Thomas: ordinatio rationis et/vel ordinatio fidei. Diskurs über die Quelle(n) des Kanonischen Rechts. In: ancilla iuris [im Erscheinen].

STOLLEIS, Michael: Virtuelle Kirchen im Internet. Auswirkungen auf das Kirchen- und Staatskirchenrecht. In: GEIS, Max-Emanuel/LORENZ, Dieter (Hg.): Staat – Kirche – Verwaltung. FS für Hartmut Maurer zum 70. Geburtstag. München 2001, 433–444.

SYDOW, Gernot (Hg.): Kirchliches Datenschutzrecht. Handkommentar. München 2020.

WIRZ, Christian: Das eigene Erbe wahren. Anglicanorum coetibus als kirchenrechtliches Modell für Einheit in Vielfalt?, Essen 2012 (MK CIC. Beihefte 63).

Theologische Subjektwerdung digital – sich reflektiert in Ambivalenz-Verhältnisse verstricken

Marc Heidkamp

> Ich sitze am Computer und verbessere den Wikipedia-Artikel über Ambivalenz. Der ist mir zu eindeutig.[1] (Marc-Uwe Kling)

In welchem Verhältnis steht die Theologie zur Digitalität[2] und wie gestaltet sich in diesem Verhältnis eine theologische Subjektwerdung?[3] Von dieser Ausgangsfrage her möchte ich im Folgenden in einer religionspädagogischen Perspektive[4] der Frage nach Möglichkeiten (theologischen) Lernens im sogenannten „digitalen Zeitalter" nachgehen. Dabei greife ich die von Guido Hunze in seinem Beitrag beschriebene Unterscheidung eines *Lernens mit, über und durch Digitalität*[5] weiterführend auf. Als zentralen Zielpunkt meiner religionspädagogischen Überlegungen wähle ich die von Christian Henkel in seinem Beitrag aufgegriffene Forderung nach einer Förderung der Urteilskraft, der Differenzkompetenz und der Ambiguitätstoleranz.[6] Dies bündele ich in dem Begriff der *Ambivalenz*[7]*-Verhält-*

---

1 KLING: Känguru-Apokryphen, 65.

2 Zur begrifflichen Unterscheidung von „Digitalität" und „Digitalisierung" siehe unten.

3 „Theologische Subjektwerdung" als Zweck des Theologiestudiums grenzt sich ab von einer Reduzierung des Theologiestudiums auf die Ausbildung von (kirchlichen) Arbeitskräften und versteht das Theologiestudium als einen Ort formaler und professionalisierter theologischer Bildung (neben anderen Orten theologischer Bildung). Ziel einer theologischen Subjektwerdung als (Selbst-)Bildungsprozess ist es, sich in religiös-theologischen Kontexten selbstbestimmt und verantwortet bewegen zu können. Vgl. zum Bildungsbegriff in der Religionspädagogik exemplarisch ROTHGANGEL/SCHELANDER: Bildung. Zum Subjektbegriff bzw. zum Begriff der Subjektwerdung vgl. exemplarisch BOSCHKI: Subjekt.

4 Der Religionspädagogik als Reflexion religiöser und theologischer Bildungsprozesse bzw. als Theorie religiöser und theologischer Praxis kommt dabei unter anderem die Aufgabe zu, in einer metakognitiven Perspektive zu der theologischen Subjektwerdung beizutragen. Es geht also in der Religionspädagogik auch (!) darum, (theologische) Bildung selbst in den Blick zu nehmen und die (eigenen) Lernprozesse im Sinne eines Lernen-Lernens zu reflektieren.

5 Vgl. den Beitrag von HUNZE in diesem Band, 110–117.

6 Vgl. den Beitrag von HENKEL in diesem Band, 195f.

7 Der Begriff „Ambivalenz" wird in diesem Beitrag in seiner Grundbedeutung als „Spannung" und „Zwiespältigkeit" verwendet. Vgl. DUDEN: „Ambivalenz". In ähnlicher, jedoch weniger dualer dafür pluraler Weise, ließe sich auch der Begriff „Ambiguität" heranziehen, der „für alle Phänomene der Mehrdeutigkeit, der Unentscheidbarkeit und Vagheit, mit denen Menschen fortwährend konfrontiert werden [steht]." BAUER: Vereindeutigung, 13.

nisse im Horizont einer theologischen Subjektwerdung als (kritische) Selbst-Bildung[8] und werde meinem Beitrag die folgenden Prämissen[9] zugrunde legen:

1. Das Verhältnis zwischen Theologie und Digitalität ist ein nicht zu überwindendes oder aufzulösendes *Ambivalenz-Verhältnis.*
2. Die Aufgabe des Theologiestudiums als theologische Subjektwerdung besteht unter anderem darin, zu lernen, durch, mit und in Ambivalenz-Verhältnissen handlungsfähig zu werden, zu sein und zu bleiben.
3. In Ambivalenzen handlungsfähig zu werden, zu sein und zu bleiben, zeichnet sich als *eine Dimension von (religiöser) Bildung aus.* [10]

Ich werde im Folgenden, nach kurzen begrifflichen Überlegungen in religionspädagogischer Perspektive (1), zwei Modi vorstellen, in denen (theologisches) Lernen geschieht, (2) und daran anknüpfend an drei Beispielen zeigen, welche Anregungen sich daraus für die theologische Hochschullehre, deren Zweck sie sich selbst in der Ermöglichung einer theologischen Subjektwerdung setzt, ergeben können (3).

1. Begriffliche Überlegungen

In einem ersten Schritt möchte ich kurz die Begriffe „Digitalität" und „Digitalisierung" erläutern und deren für die theologische Subjektwerdung relevanten Implikationen in religionspädagogischer Perspektive aufzeigen.

Unter dem Begriff „Digitalisierung" verstehe ich den Transformationsprozess, der technisch und (!) sozio-kulturell gestaltet wird. Der Begriff „Digitalisierung" beschreibt somit einen Vorgang der Transformation, der als offener Prozess gedacht werden muss. Damit ist es unmöglich, den Prozess als Ganzes in den Blick zu bekommen, und die eigene Verstrickung in diesen Prozess vollends zu

---

8 „Im Bildungsbegriff kommen polare Sachverhalte zur Sprache, welche dialektisch zusammenzuhalten sind und welche nicht einseitig auseinandergehen dürfen. Bildung ist das lebenslange ‚Sich-Selbst-Bilden' des Menschen in der Begegnung mit der Welt. In diesem Prozess verändern sich beide: das Subjekt und die Welt." ROTHGANGEL/SCHELANDER: Bildung, hier 4. Zu den Ambivalenzen im Subjekt-Begriff selbst Vgl. BOSCHKI: Subjekt, hier 3.

9 Die drei miteinander verbundenen Prämissen werden entsprechend ihrem Status als Prämissen zumindest an dieser Stelle nicht weiter ausgeführt und begründet.

10 In Ambivalenz-Verhältnissen handlungsfähig zu sein, gehört als Fähigkeit zur gleichen „Dimension" (religiöser) Bildung wie die Fähigkeiten Komplexitätstoleranz und Ambiguitätstoleranz. So versteht man zum Beispiel unter Ambiguitätstoleranz „die Fähigkeit, mit neuen und scheinbar unstrukturierten Situationen, mit unverständlichen Informationen oder mit unberechenbarem Handeln und Kommunizieren von Interaktionspartnern umgehen zu können." HATZER/LAYES: Handlungskompetenz, 143. Zentrales Merkmal dieser Fähigkeit ist es, dass Ambivalenzen nicht einseitig aufgelöst werden oder der Versuch unternommen wird, die Ambivalenzen zu übersteigen. Ambivalenzen müssen als Spannungen, wie es sprichwörtlich heißt, „(aus)gehalten" werden.

bestimmen oder reflektierend auszuklammern. Gleichzeitig ist mit dieser Verstrickung jedoch die Möglichkeit mitausgesagt, die Digitalisierung als Prozess aktiv (mit-) zu gestalten. Das sich theologisch bildende Subjekt ist somit vor die ambivalente Herausforderung gestellt, aktiv gestaltend für diesen offenen Transformationsprozess Verantwortung zu übernehmen in dem sich ständig bewusstzumachenden Wissen darüber, selbst in diesem ambivalenten Transformationsprozess verstrickt zu sein. Außerdem ist es für den Kontext von Theologie und Bildung unverzichtbar, die technischen Veränderungsprozesse und die sozio-kulturellen Veränderungsprozesse konsequent zusammenzudenken, weil sich die Bedeutung der technischen Veränderungsprozesse nicht ohne die gesellschaftlich-ökonomischen Wandlungs- und Verwertungsprozesse verstehen lassen. Bernd Trocholepczy weist treffend darauf hin, dass Technik bzw. Technologien „im philosophisch-theologischen Zusammenhang keineswegs aus sich selbst einsichtig, sondern [...] nur »transtechnisch« in der Frage nach menschlichem [...] Weltverständnis [...] angemessen zu thematisieren“[11] und dadurch zu verstehen sind. Ebenso braucht es aber auch ein Verständnis der technischen Transformationen, um die sozio-ökonomischen Prozesse verstehen zu können.

Für die theologische Subjektwerdung bedeutet das, dass verstärkt die eigenen sowie die schulischen und kirchlichen Verstrickungen in gesellschaftlich-ökonomische Transformationsprozesse für das eigene theologische Handeln mit zu reflektieren sind. Dabei ist zu betonen, dass dies grundsätzlich nicht als eine neue Herausforderung durch die Digitalisierung betrachtet werden kann, die Digitalisierung aber wie eine Art Katalysator diese Verstrickungs- und Reflexionsprozesse verstärkt und so die Relevanz einer selbst- und institutionskritischen Reflexion unumgänglich macht.

Für das Verständnis des Begriffs „Digitalität“ greife ich die Begriffsbestimmung von Felix Stalder auf, der Digitalität in einem umfassenden Sinne bestimmt:

> Medien sind *Technologien der Relationalität*, das heißt, sie erleichtern es, bestimmte Arten von Verbindungen zwischen Menschen und zu Objekten zu schaffen. ‚*Digitalität*‘ bezeichnet [...] jenes Set von Relationen, das heute [...] in der Konstitution und Koordination persönlichen und kollektiven Handelns realisiert wird.[12]

Medien[13] sind somit „Technologien der Relationalität“ und unter „Digitalität“ lässt sich die Realisierung dieser Relationen in unserem sozio-ökonomischen Zusammenhang verstehen.[14] Was eine (digitale) Technologie ist, „zeigt sich darin,

---

11 Trocholepczy: Ambivalenz, 160.

12 Stalder, 17f.

13 Medien werden hier in einem grundlegenden Sinne und unabhängig davon, ob sie als „digital“ oder „nicht-digital“ klassifiziert werden, als Technologien verstanden.

14 Mit Hannah Arendt lassen sich die Relationen zwischen Menschen und Objekten auf die beiden Grundtätigkeiten „Arbeiten“ und „Herstellen“, die Relationen zwischen den Menschen untereinander auf das „Handeln“ beziehen. Vgl. Arendt: Vita activa, 16.

wie sie wirkt."[15] Die beiden Mittelpunkte dieses Verständnisses von Digitalität bilden dabei die „Erleichterung"[16] (Technologie) und die Verbindungen (Relationalität). Ich setze voraus, dass Menschen deshalb (digitale) Technologien benutzen, weil sie genau dies leisten: Sie erleichtern oder ermöglichen erst Verbindungen: „Verbindungen zwischen Menschen" bedeutet menschliches Handeln[17] oder anders formuliert: Kommunikation.[18]

Die Aufgabe der Religionspädagogik im Theologiestudium ist es, die Digitalität als einen Ort zu begreifen, an dem (theologisches) Lernen geschieht, und das (theologische) Lernen an diesem Ort zum Gegenstand der eigenen wissenschaftlichen Auseinandersetzung zu machen. Für diese religionspädagogische Auseinandersetzung lässt sich zum einen die Unterscheidung eines *Lernens mit, über und durch Digitalität*[19] heranziehen. Zum anderen möchte ich kurz im Folgenden zwei Weisen (theologischen) Lernens in diesem „Set von Relationen", das als Digitalität bezeichnet wird, vorstellen. Diese Modi (theologischen) Lernens entsprechen dabei sowohl der nicht überwindbaren Verstrickung in die Transformationsprozesse (Digitalisierung) als auch dem Reflektieren auf die „Technologien der Relationalität" (Digitalität) und zeigen gleichzeitig die Ambivalenzen eines solchen (theologischen) Lernens in der Digitalität auf.

2. Modi (theologischen) Lernens in der Digitalität

Auch wenn die Unterscheidung in ein *Lernen mit, über und durch Digitalität*[20] aufschluss- und hilfreich ist, um die Lernweisen im Hinblick auf die Digitalität analytisch zu differenzieren, so schwierig kann es auch sein, im tatsächlichen Lernprozess und in der Planung von Lernprozessen diese sinnvoll voneinander abzugrenzen oder gar zu trennen. Gleiches gilt für die hier aus der Lektüre der Bei-

15 TROCHOLEPCZY: Ambivalenzdidaktik, 160.

16 Eine Erleichterung muss jedoch nicht notwendig mit einer Vereinfachung im Sinne einer Verflachung bzw. Unterkomplexität einhergehen. Es ist durchaus denkbar, dass eine Erleichterung sich dadurch einstellt, dass der Vorgang, der eine Verbindung schafft, nicht vereinfacht wird, sondern an Komplexität zunimmt. Ebenso ist es denkbar, dass ein Vorgang erst durch ein bestimmtes Level an Komplexität überhaupt erst ermöglicht wird.

17 „Das Handeln ist die einzige Tätigkeit der Vita activa, die sich ohne die Vermittlung von Materie, Material und Dingen direkt zwischen Menschen abspielt." ARENDT: Vita activa, 17.

18 Vgl. den Beitrag von HUNZE in diesem Band, 106. „Möglichkeiten und Grenzen der konkreten menschlichen Kommunikation gehören in das ‚Grundgeschäft' des Religionsunterrichts – anders wäre er atheologisch." (TROCHOLEPCZY: Ambivalenzdidaktik, 160).

19 Vgl. den Beitrag von HUNZE in diesem Band, 110–117.

20 Vgl. den Beitrag von HUNZE in diesem Band, 110–117.

träge dieses Bandes entwickelten Lernmodi (theologischen) Lernens in der Digitalität: der Modus der *Zuhandenheit* und der Modus der *Reflexion*. Beide stehen in einem wechselseitigen und ambivalenten Verhältnis zueinander.

2.1 *Lernen im Modus der Zuhandenheit*

Neben der bereits eingeführten Feststellung, dass sich das, was eine Technik ist, darin zeigt, wie sie wirkt,[21] lassen sich in einem ganz fundamentalen Sinne digitale Technologien als Werkzeuge („Tools") verstehen. Ein Werkzeug ist im alltäglichen Gebrauch nicht ein festzustellendes „Ding", nicht unmittelbar als ein Gegenstand der Reflexion gegeben.[22] Zu einem Gegenstand der Reflexion wird (!) das Tool, das Werkzeug, die Technologie, erst durch eine gewisse (gedankliche) Kraftanstrengung. Heidegger nennt diese „Seinsart" von (Werk-) Zeug „Zuhandenheit". Ich gehe davon aus, dass im Gebrauch digitaler Technologien, ob im Alltäglichen oder in spezifischen hochschuldidaktischen Lehr-Lern-Prozessen, diese vorerst und hauptsächlich in ihrer Zuhandenheit begegnen und:

> [n]ur weil Zeug *dieses* [gemeint ist die Zuhandenheit; Anm. M.H.] »An-sich-sein« hat und nicht lediglich noch vorkommt, ist es handlich im weitesten Sinne und verfügbar. Das schärfeste Nur-noch-*hinsehen* auf das so und so beschaffene »Aussehen« von Dingen vermag Zuhandenes nicht zu entdecken. Der nur »theoretisch« hinsehende Blick auf Dinge entbehrt des Verstehens von Zuhandenheit. Der gebrauchend-hantierende Umgang ist aber nicht blind, er hat seine eigene Sichtart, die das Hantieren führt und ihm seine spezifische Dinghaftigkeit verleiht.[23]

Frei nach Kant[24] lässt sich pointiert sagen: (Kritische) Reflexion ist ohne Zuhandenheit leer, Zuhandenheit ohne (kritische) Reflexion – zuweilen gefährlich[25] – blind im Umgang mit Digitalität.

---

21 Vgl. TROCHOLEPCZY: Ambivalenzdidaktik, 160.

22 BARTNICK/KELM/WEDEKING sprechen von dem Digitalen als „selbstverständliche Dimension des Menschseins" (BARTNICK/KELM/WEDEKING in diesem Band, 17). Siehe auch unten 2.2. Lernen im Modus der Reflexion.

23 HEIDEGGER: Sein und Zeit, 69.

24 „Gedanken ohne Inhalt sind leer, Anschauungen ohne Begriffe sind blind." (KrV B 75) KANT: Kritik der reinen Vernunft, 98.

25 Zu nennen wäre insbesondere die berechtigte und brisante, jedoch hier nicht weiter auszuführende Kritik an einer Digitalisierung von (Hoch-) Schule und Bildung, die sich „einem Diktat global agierender Ökonomie und ihrer strategischen Rekrutierung von Arbeitskräften, die für die Leistungsgesellschaft digital fit gemacht werden sollen" unterwirft. NORD: Einführung, 11.

2.2 *Lernen im Modus der Reflexion*

In vielen Beiträgen in diesem Band wird auf die Notwendigkeit einer (mehr oder weniger kritischen) Reflexion der Digitalität hingewiesen. Dies möchte ich im Folgenden an einigen ausgewählten Beispielen zeigen:

- In der studentischen Perspektive wird zu Beginn betont, dass bereits (digitale) Technologien in die Realität von Studierenden eingebunden sind und sich in einem ersten reflektierenden Schritt für die Studierenden nicht die Frage stellt, ob es sich dabei um analoge oder digitale Technologien handelt, sondern in welcher Form sie (digitale) Technologien nutzen können (Lernen im Modus der Zuhandenheit), „um ihr Lernen effektiver zu gestalten."[26] In einem zweiten Schritt stellt sich für die Theologie die Aufgabe, „das Digitale als selbstverständliche Dimension des Menscheins zu verstehen, zu reflektieren und weiterzuentwickeln und außerdem zu reflektieren, „wie sich Theologie [dadurch] verändert"[27]. Die Dozierenden werden dazu ermutigt, die „Veranstaltungen auch als Denkfabriken und Versuchsräume für die Reflexion des Digitalen in der Theologie"[28] zu verstehen. Kurzum: Aufgabe der Theologie ist die Reflexion der Digitalität.
- Für die Frage nach den Kompetenzen angehender Religionslehrpersonen lassen sich auf drei Ebenen[29] unterschiedliche Reflexionsschritte unterscheiden, „in denen Lehrkräfte kompetent und wissend sein müssen, um diesem digitalen Wandel und seinen Herausforderungen [und Ambivalenzen; Anm. M. H.] in der Schule zu begegnen."[30] Hier wird die generelle Aufgabe zur Reflexion der Digitalität in unterschiedliche Ebenen ausdifferenziert.
- Die Erfahrungen an der Universität Graz mit einem berufsbegleitenden und digitalisierten Theologiestudium zeigen, dass die Einführung des Blended-Learning Konzepts „zur Notwendigkeit einer Reflexion des Verhältnisses von ‚Lehren' und ‚Lernen'"[31] führe, und bestätigen damit aus der hochschuldidaktischen Praxis heraus, was sich für die Theologie prinzipiell einfordern

---

26 BARTNICK/KELM/WEDEKING in diesem Band, 17.

27 Ebd. Siehe auch zum Wandel der Theologie den Beitrag von HENKEL in diesem Band.

28 Ebd.

29 Die erste Ebene instrumentell-technischer und (einfacher) didaktischer Fragen einer angemessenen Nutzung digitaler Technologien, die zweite Ebene ethischer, pädagogischer und didaktisch-inhaltlicher Fragen für einen reflektierten (!) Umgang mit digitalen Technologien und die dritte Ebene sogenannter metakognitiver Fragen zur Bedeutung und Deutung von Folgen und Auswirkungen der Digitalisierung. Vgl. den Beitrag von HOFFMANN in diesem Band.

30 HOFFMANN in diesem Band, 50.

31 ADAMS/WEIRER in diesem Band, 150.

lässt: eine „bewusste Reflexion des eigenen Lehr-Lern-Verständnisses bei der Gestaltung von didaktischen Wegen“[32].

Dies zeigt, dass einerseits die Verwendung digitalisierter Lernformen wie das Blended Learning (Lernen im Modus der Zuhandenheit), eine Reflexion des Lehr-Lern-Verhältnisses bzw. Lehr-Lern-Verständnisses anstoßen kann und andererseits der bewusste Einsatz digitaler Lehr-Lernformate eine Reflexion des eigenen Lehr-Lern-Verständnisses voraussetzt. Das *Lernen durch und mit* Digitalität und das Reflektieren *über* das *Lernen durch und mit* Digitalität bedingen sich gegenseitig und stehen wiederum in einem Ambivalenz-Verhältnis zueinander. Und diese *Reflexion über das Lernen durch und mit Digitalität* ließe sich als ein metakognitives *Lernen über* Digitalität rekonstruieren. Auch wenn prinzipiell eine solche Reflexion unabhängig von der Digitalisierung der Hochschullehre bisher möglich war, so ist doch gerade dieses Ambivalenz-Verhältnis als ein Katalysator der (Selbst-)Reflexion des eigenen Lehr-Lernverständnisses wirksam und hat somit auch Einfluss auf die Haltung als forschendes, lehrendes und lernendes theologisches Subjekt. Das Lernen über Digitalität wird in dieser Hinsicht nicht auf das Lernen von digitalen Kompetenzen oder auf das Wissen über technische Zusammenhänge reduziert,[33] sondern als Metakognition[34] verstanden.

3. Anregungen für eine ambivalenzdidaktische Hochschullehre

Die folgenden Anregungen sind Beispiele, die die bisherigen Überlegungen zu den Ambivalenz-Verhältnissen von *Theologie* und *Digitalität*, von *Reflexion* und *Zuhandenheit* und von *Lernen mit und durch* Digitalität und der Reflexion *über* dieses *Lernen mit und durch* Digitalität als Abstoßpunkt nutzen und sich im Horizont einer Ambivalenzdidaktik[35] bewegen.

---

32 Hunze in diesem Band, 112.

33 auch wenn ein Wissen bzw. Verstehen der technischen Zusammenhänge wichtig und die Frage nach dem Erwerb digitaler Kompetenzen im Theologiestudium damit noch nicht als obsolet betrachtet werden kann. Siehe unten 3.2 *Braucht es digitale Kompetenzen im Theologiestudium?*

34 Unter „Metakognition“ wird hier in einem weiten Verständnis das Reflektieren des eigenen Denkens bzw. des eigenen Lernprozesses und die bewusste Übernahme von Verantwortung für das eigene Lernen verstanden. Vgl. Feindt: Kompetenzorientierter Unterricht.

35 Vgl. Trocholepczy: Ambivalenzdidaktik.

3.1 *Wer generiert den theologischen Content?*

Christian Henkel geht davon aus, dass durch die Digitalität „ein großes kreatives Potential" freigesetzt wird. Dies betrifft unter anderem die Frage *Wer generiert den theologischen „Content"*?[36] Die Antwort wäre: Im digitalisierten Theologiestudium generieren alle theologischen Subjekte im Lernprozess konnektiv, transitiv, interaktiv, partizipativ, autonom und innovativ[37] den (theologischen) Content. In einem digitalisierten Theologiestudium werden digitale Lernangebote nicht mehr nur von den theologischen Subjekten lernend konsumiert und auch nicht von den Dozierenden lehrend produziert. Im *Modus der Zuhandenheit* werden mit und durch digitale Technologien theologischer Content innovativ und autonom generiert; im Modus der Reflexion wird dieser Content konnektiv und partizipativ überarbeitet und transitiv und interaktiv geteilt. Damit im Zusammenhang steht auch die Bereitschaft aller theologischen Subjekte, die generierten Gehalte, ebenso wie die gewachsenen Strukturen, nicht als permanente, sondern als temporäre Gehalte und Strukturen anzuerkennen und sich an diese Vorläufigkeit nicht nur „immer wieder neu an[zu]passen"[38], sondern diese auch durch Reflexion und – ganz im Sinne der Ambivalenzdidaktik – durch eine „Nutzung unter Vorbehalt"[39] bewusst zu gestalten.

3.2 *Braucht es digitale Kompetenzen im Theologiestudium?*

Wenn Bernd Trocholepczy recht behält, dass in philosophisch-theologischen Zusammenhängen digitale Technologien nur transtechnisch in der Frage nach dem menschlichen Selbst- und Weltverständnis angemessen thematisierbar und damit verstehbar sind, aber gleichzeitig Heidegger zuzustimmen ist, dass allein über ein theoretisches Hinsehen die Zuhandenheit der Technologie nicht verstehbar ist, dann stellt sich unweigerlich die Frage, was das theologische Subjekt über die digitale Technik wissen muss bzw. was es können muss, um die digitalen Technologien wirklich zu verstehen. Oder anders gefragt: Braucht *das theologische Subjekt neben den theologischen Kompetenzen auch (neue) digitale Kompetenzen, um handlungsfähig zu werden, zu sein und zu bleiben?* Eine Antwort auf diese Frage liefert die theologische Auseinandersetzung mit dem Computational Thinking Ansatz in diesem Band.[40] Insbesondere das Erkennen von Mustern in großen Datenmengen, das Denken und Diskutieren in logisch-argumentativen Standards

---

36 Ich greife diesen englischen Begriff bewusst mit Bezug auf seine Verwendung in den Beiträgen BARTNICK/KELM/WEDEKING und HENKEL in diesem Band auf.

37 Vgl. zu den sechs Dimensionen der Digitalität den Beitrag von HUNZE in diesem Band, 105f.

38 HENKEL in diesem Band, 197.

39 TROCHOLEPCZY: Ambivalenzdidaktik, 154.

40 Siehe dazu den Beitrag von HARRICH/HIEPEL in diesem Band.

und die Reflexion von alternativen Zugängen, wie kreativen oder erfahrungsbezogenen Zugängen zu theologischen Fragestellungen wären solche digitalen Kompetenzen, die nicht dezidiert theologisch, jedoch für die theologische Subjektwerdung unverzichtbar sind.

In ähnlicher Weise gibt es aber auch ohne Digitalisierung bereits nicht-theologische Kompetenzen, wie etwa die (methodischen) Recherche- bzw. Informationskompetenzen, die ebenfalls für eine theologische Subjektwerdung unverzichtbar sind und in absehbarer Zeit wohl auch noch sein werden. Die genau dafür im Sinne des Blended Learnings entwickelten Webquests[41] in Verbindung mit der Übung „Schreiben in der Theologie" zielen unter anderem auf ein Lernen von (methodischen) Recherchekompetenzen[42], *mit und durch* Digitalität.[43] Die Informationskompetenzen, die sich gegenwärtig noch zum Teil stark an methodischen Recherchekompetenzen ausrichten, werden sich zunehmend als Entscheidungskompetenzen etablieren. Es wird weniger die Herausforderung darin liegen, zu wissen wie ein Zugang[44] zu dieser relevanten Literatur gefunden werden kann. Hier werden aufgrund der transitiven Dimension[45] die Relationen zwischen Subjekten und Informationen durch Technologien erheblich erleichtert. Die mit dieser Erleichterung jedoch einhergehende und umso schwerwiegendere Herausforderung wird es sein, die jetzt schon notwendigen Kompetenzen zu entwickeln, um einen Umgang mit den (fast) unbegrenzten Informationszugängen zu finden.

Informationskompetent und damit handlungsfähig zu sein bedeutet, nicht nur kompetent Urteile und Entscheidungen über die Relevanz von Informationen treffen zu können, sondern auch kompetent in der Einschätzung darüber zu sein, wie und mit welchen Absichten auf technologisch „leichte" Weise Informationen präsentiert werden. Dies ist eine unverzichtbare Grundaufgabe theologischer Subjektwerdung als Bildung im Horizont kritischer (Selbst-) Reflexion.

---

41 Siehe dazu den Beitrag von DONATH/HEWING/HIEPEL in diesem Band.

42 So lautet eine solche Kompetenz zum Beispiel: „Die Studierenden [...] kennen relevante Bibliotheken und können sich darin sicher bewegen". (DONATH/HEWING/HIEPEL: Webquest in diesem Band, 178).

43 Für die Zukunft bleibt jedoch zu hoffen, dass viele der (methodischen) Recherchekompetenzen obsolet werden und damit Freiräume für die jetzt schon eigentlichen und in Zukunft sich durch die Digitalisierung verstärkt wandelnden Kompetenzen entstehen.

44 Vgl. den Beitrag von HENKEL in diesem Band, 197.

45 Vgl. den Beitrag von HUNZE in diesem Band, 105f.

3.3 *„Aber wer bist du denn?“*

In dem Roman *Qualityland*[46] von Marc-Uwe Kling, der als eine „witzige“ Dystopie beschrieben werden könnte, kämpft der Protagonist Peter Arbeitsloser[47] einen kohlhaaschen Kampf[48] gegen die Ungerechtigkeit eines Systems, in der jeder Aspekt der Digitalisierung in seiner Totalität umgesetzt worden ist. In der Begegnung mit einem alten weisen Mann[49] bittet Peter ihn, dass dieser sein Profil, das sich als falsch herausgestellt hat, ändere.

> »Bitte ändern Sie mein Profil!«, sagt Peter.
> »Was soll ich tun?«
> »Korrigieren Sie die Daten!«, sagt Peter. »Sorgen Sie dafür, dass mein Profil wirklich mich abbildet.«
> »Dich?«, fragt der Alte.
> »Ja, mich«, sagt Peter.
> Der Alte kichert. »Aber wer bist du denn?«[50]

Diese philosophische Frage: *Aber wer bist du denn?*, auf die der Protagonist keine Antwort weiß, lässt sich als eine Schlüsselstelle des Romans lesen. In der Frage danach, wer er ist, beginnt Peter Arbeitsloser sein Leben zu ändern. Auch wenn er schon zuvor um die Ambivalenzen der digitalen Welt weiß und sie ihm immer wieder – teils schmerzlich[51] – vor Augen geführt werden, ist diese Begegnung und die Frage *Aber wer bist du denn?* der Wendepunkt in Peters Geschichte.

---

46 Kling: QualityLand.

47 Die Nachnamen männlicher Bürger von Qualityland werden durch den Beruf des Vaters, die Nachnamen weiblicher Bürgerinnen durch den Beruf der Mutter zum Zeitpunkt der Zeugung festgelegt.

48 Der „weltweit beliebteste“, weil einzige Versandhändler „The Shop“ liefert nicht mehr auf Bestellung der Kunden, sondern die Algorithmen wissen bereits, was der Kunde kaufen oder brauchen würde und „The Shop“ liefert automatisch, meist sogar bevor der Kunde weiß, was er eigentlich braucht. So wird Peter am Abend, nachdem er von seiner Partnerin verlassen wurde, per Flugdrohne ein Sixpack Bier geliefert. Als Peter jedoch ein rosafarbener Vibrator in Delphinform geliefert wird, versucht er, diesen „Kauf“ bzw. das ungewünschte Produkt zurückzugeben. Die Rückgabe verweigert jedoch „The Shop“ mit der Begründung, dass das System aufgrund seines Profils errechnet habe, dass Peter diesen Gegenstand haben wolle.

49 „Der Alte“ lebt zurückgezogen in der Einsamkeit und fristet völlig isoliert von jeder digitalen Technik sein Dasein. Ausgestattet allein mit einem PC, einer „altmodischen“ Tastatur und Zugang zum Internet beobachtet und beeinflusst möglicherweise auch „der Alte“ das Weltgeschehen.

50 Kling: QualityLand, 207.

51 Seine Partnerin, die er auf der Dating-Plattform „Qualitypartner“ kennengelernt hat, verlässt ihn, weil sie an einem neuen Abo-Modell teilnimmt, das auch Menschen in einer Partnerschaft immer wieder den noch besser passenden Partner vorschlägt. Seine zu ihm passenden, weil in fast jeder Hinsicht gleichenden „Freunde“ „entfreunden“ sich von Peter nachdem er verlassen wurde, weil er dadurch auf Stufe 9 abgestiegen ist, nun offiziell

Während er zuvor eher passiv-teilnahmslos und angepasst die Mechanismen des Systems über sich ergehen ließ, beginnt er, nicht nur das System zu hinterfragen (*Modus der Reflexion*), sondern auch mit „Peters Problem“ an die Öffentlichkeit zu gehen und aktiv für die Verbesserung der Lebensverhältnisse zu kämpfen.[52]

Die theologische Auseinandersetzung[53] mit Dystopien/Utopien, die sich als „Subkategorie der ‚Zeichen der Zeit‘[54] identifizieren lassen, ermöglichen ein Lernen über Digitalität, weil in den Dystopien/Utopien die technischen und sozioökonomischen Transformationsprozesse zusammengehalten und extrapoliert werden. Gleichzeitig wird aber auch, im Sinne eines *Lernens durch* Digitalität bzw. durch die Auseinandersetzung mit der Digitalität in dystopischer oder utopischer Perspektive, etwas über das Bleibende[55] gelernt: „Was bleibt?“ Es lässt sich durch die in der Utopie/Dystopie gezeichnete Digitalität danach fragen, was trotz all der Transformationsprozesse und des exponentiellen Wandels als „anthropologische Grundkonstanten“[56] gleich bleibt. Die Frage nach der Identität „Aber wer bist du denn?“ bzw. die universale Frage „Was ist der Mensch?“ sind zwei basale und doch herausfordernde Grundfragen, die in sich nach einer Selbst- und Weltdeutung durch das sich theologisch bildende Subjekt verlangen. Der Blick in die dystopische oder utopische Zukunft liefert selten Antworten auf gegenwärtige Fragen, ermöglicht aber von einem (fiktiven) Ort aus, auf uns selbst und die ambivalenten (Selbst-)Verhältnisse in die wir verstrickt sind, zu blicken in der Perspektive des Möglichen[57] und nicht des Alternativlosen.

Literatur

ARENDT, Hannah: Vita activa oder Vom tätigen Leben. München 2008.

als „Nutzloser“ eingestuft wird und die „Freundschaft“ mit einem Nutzlosen den eigenen Stufenabstieg bedeuten würde.

52 Er infiltriert eine Unterhaltungstagshow um sich öffentlich Gehör zu verschaffen, er nutzt die Möglichkeiten der öffentlichen Online-Kommunikation um mit dem viral gehenden Satz Das System sagt ich will das, aber ich will das nicht! mit dem System gegen das System zu kämpfen um damit eine noch größere Öffentlichkeit für sein Anliegen zu erlangen, das ungewünschte Produkt zurückgeben zu dürfen. Bis er schließlich in das Anwesen des Chefs von „The Shop“ einbricht, um ihn persönlich zur Rede zu stellen und ihm persönlich das ungewünschte Produkt zurückzugeben.

53 Zum religionspädagogischen Potenzial von Dystopien siehe KUMHER: Dystopien.

54 KUMHER: Dystopien, 101.

55 Zu dem „Bleibenden“ vgl. den Beitrag von KIRCHSCHLÄGER: in diesem Band, 121–124.

56 Vgl. exemplarisch PELZER: Internet als Medium, hier: 1.1.

57 „Dystopien erweitern den Möglichkeitshorizont um Möglichkeiten, die nicht wünschenswert sind, wodurch sie den Möglichkeitssinn zu stimulieren vermögen.“ – KUMHER: Dystopien, 106.

BAUER, Thomas: Die Vereindeutigung der Welt. Über den Verlust an Mehrdeutigkeit und Vielfalt. Ditzingen 2018.

BOSCHKI, Reinhold: Art. Subjekt. In: Das wissenschaftlich-religionspädagogische Lexikon (www.wirelex.de/2017). Online unter: https://www.bibelwissenschaft.de/stichwort/100312/ (Stand: 07.06.2020).

DUDEN: „Ambivalenz". Online unter: https://www.duden.de/node/5417/revision/5443 (Stand: 05.06.2020).

FEINDT, Andreas: Kompetenzorientierter Unterricht – wie geht das? Didaktische Herausforderungen im Zentrum der Lehrerarbeit. In: Lehrerarbeit. Lehrer sein, Friedrich Jahresheft XXVIII (2010), 85–89.

HATZER, Barbara/LAYES, Gabriel: Interkulturelle Handlungskompetenz. In: THOMAS, Alexander/KINAST, Eva-Ulrike /SCHROLL-MACHL, Sylvia (Hg.): Handbuch Interkulturelle Kommunikation und Kooperation. 1. Grundlagen und Praxisfelder. Göttingen ²2005, 138–148.

HEIDEGGER, Martin: Sein und Zeit. Tübingen 1972.

KANT, Immanuel: Kritik der reinen Vernunft 1 (Immanuel Kant Werkausgabe 3). Frankfurt am Main 2004.

KLING, Marc-Uwe: Die Känguru-Apokryphen. Berlin ⁵2018.

KLING, Marc-Uwe: QualityLand. Roman (helle Edition). Berlin 2019.

KUMHER, Ulrich: Dystopien und ihr religionspädagogisches Potenzial. Zur Förderung des Möglichkeitssinns. In: Religionspädagogische Beiträge 80 (2019), 100–110.

NORD, Ilona: Einführung. In: DIES./ZIPERNOVSZKY, Hanna (Hg.): Religionspädagogik in einer mediatisierten Welt (Religionspädagogik innovativ 14). Stuttgart 2017, 11–25.

PELZER, Jürgen: Artikel Internet als Medium im Religionsunterricht. In: Das wissenschaftlich-religionspädagogische Lexikon (www.wirelex.de/2016). Online unter: https://www.bibelwissenschaft.de/stichwort/100137/ (Stand: 26.04.2020).

ROTHGANGEL, Martin/SCHELANDER, Robert: Art. Bildung. In: Das wissenschaftlich-religionspädagogische Lexikon (www.wirelex.de/2015). Online unter: https://www.bibelwissenschaft.de/stichwort/100081/ (Stand: 11.06.2020).

STALDER, Felix: Kultur der Digitalität (Edition Suhrkamp 2679). Berlin ⁴2019.

TROCHOLEPCZY, Bernd: Religionsunterricht und Medienkunde im Horizont einer Ambivalenzdidaktik. Aspekte der Gottesrede für die digitale Generation. In: ENGLERT, Rudolf (Hg.): Gott googeln? Multimedia und Religion (Jahrbuch der Religionspädagogik 28). Neukirchen-Vluyn 2012, 153–163.

Zwischen „Know-How“ und „Know-Why“. Digitalisierung im Religionsunterricht – Relevanzen und Visionen für die universitäre Lehrer*innenbildung anhand explorativ-qualitativer Interviews

Lisa-Marie Mansfeld und Andreas Schoch

1. Einleitung

Die Digitalisierung wurde in Deutschland lange nicht prioritär behandelt, was sich seit der Coronakrise 2020 und den mit ihr verbundenen Alltagseinschränkungen jedoch zu ändern scheint. Mit Blick auf die Schule und die pandemiebedingte Unmöglichkeit analog-physischer Präsenz im Klassenraum zeigten sich fast ausschließlich digitale Wege als Versuch, den Unterrichtsausfall in der Zeit des Lock-Downs[1] zu kompensieren. Unabhängig der qualitativen Wertigkeit dieser Kompensation zeigt sich durch die Pandemie die Relevanz, die ein digital gestütztes Unterrichtsgeschehen, ein Lernen in und auf Distanz, im Extremfall haben kann.

Auch unabhängig des weltweit grassierenden Coronavirus wandelt Digitalisierung nicht nur die Voraussetzungen, den Rahmen und die Methoden von Schule und Unterricht, sondern transformiert wirtschaftliche[2], gesellschaftliche und politische Lebensbereiche und Diskurse insgesamt auf fundamentale Weise. Neben dem demografischen Wandel und der Globalisierung wird die Digitalisierung aus diesem Grund als ein „Megatrend“ bezeichnet, der in der Soziologie solche Transformationsprozesse beschreibt, die das Gesamt der Lebenswelt betreffen.[3]

---

1 In dieser Zeit wurden auf rechtlicher Grundlage der sogenannten „Corona-Schutzverordnungen“ bundesweit die Schulen geschlossen um ein Ansteckungsgeschehen mit SARS-CoV-2 zu unterbinden.

2 In Bezug auf eine digitalisierte Wirtschaft wird von der „Industrialisierung 4.0“ gesprochen, die nach Erfindung der Dampfmaschine (1.0), Massenfertigung durch Fließbänder (2.0) und den Einsatz von Elektronik und IT (3.0) die Fertigung und damit Wertschöpfungsketten erneut revolutionieren wird, vgl. Bueß: Geschichte.

3 Vgl. u. a. Bertelsmann-Stiftung: Megatrend-Report #01.

Der Religionsunterricht könnte für diese fundamentalen Veränderungen, gerade hinsichtlich ihrer anthropologischen und ethischen Dimensionen, der ideale Reflexionsort sein, was neben einer entsprechenden curricularen Verankerung auch ein Bewusstsein bei den Lehrpersonen für das Phänomen und die damit einhergehenden Implikationen voraussetzt. Fraglich ist jedoch, wo diese Relevanz und Annahmen grundgelegt werden. Marcus Hoffmann sieht hier das Theologiestudium in der Pflicht, „ein bestimmtes (eher theoretisches) Grundlagenwissen"[4] zu schaffen. Da die akademische Ausbildung für bereits in schulischen Kontexten handelnde Lehrkräfte jedoch abgeschlossen ist, stellt sich die Frage, inwiefern dort ein solches Grundlagenwissen bereits besteht. Was verstehen sie unter Digitalisierung, welche Erfahrungen haben sie mit dem Thema gemacht und welche Rolle spielt es wirklich im schulischen Alltag? Diesen Fragen will der vorliegende Beitrag auf Grundlage einer explorativ-qualitativen Erhebung nachgehen. Anschließend sollen aus religionsdidaktischer Perspektive Visionen u. a. dafür entwickelt werden, auf welche Bedarfe und Vorstellungen Religionslehrer*innenausbildung auf Basis von Praxiserfahrungen in Zukunft wird eingehen müssen. Dafür stützen wir uns auf die theoretischen Vorarbeiten von Guido Hunze, der zwischen einem Lernen *mit*, *über* und *durch* Digitalisierung differenziert[5] und Marcus Hoffmann, der verschiedene didaktische Reflexionsebenen aufzeigt.[6] Nach einer kurzen Zusammenfassung soll nun das Vorgehen erläutert werden, woran sich die explorative und damit beispielhafte Analyse der geführten Interviews anschließt. Abschließend sollen so praxisbasierte Relevanzen und Visionen für die akademische Religionslehrer*innenbildung aufgezeigt werden.

2. Die Frage nach Digitalisierung im Religionsunterricht – Hilfsmittel, Kontext, Inhalt?

Ursprünglich ist unter dem Begriff der Digitalisierung der Ersatz analoger durch digitale (Speicher-)Medien zu verstehen, wenn etwa Bibliotheken ihren Bestand einscannen und so auch digital zur Verfügung stellen können. So wie die Reichweite dieses Substitutionsprozesses von Analogem durch Digitales ständig größer wird, wächst auch das Spektrum der Begriffsbedeutung dessen, was als Digitalisierung verstanden wird. Auf der gegenüberliegenden Seite des schlichten Ersatzes von Analogem durch Digitales versteht man als Digitalisierung mittlerweile einen Megatrend, der den Menschen im Gesamt seiner Lebenswirklichkeit

[4] HOFFMANN in diesem Band, 52.

[5] Vgl. den Beitrag von HUNZE in diesem Band.

[6] Vgl. den Beitrag von HOFFMANN in diesem Band.

berührt und der die Gesellschaft zu transformieren in der Lage ist. Dieses breite Spektrum gilt es zu berücksichtigen, wenn aus fachdidaktischer Perspektive über Digitalisierung im schulischen Kontext – und in diesem Zuge auch von der Lehrer*innenausbildung an der Hochschule – die Rede ist.

Wenn das Phänomen nicht nur als technische Nutzung neuer digitaler Lehr-Lernformen verstanden, sondern als fundamentale soziale Transformierung auch Thema des Religionsunterrichts wird, ist zwischen der Digitalisierung als Hilfsmittel und Vermittlungsweg von Inhalten und der Digitalisierung als Inhalt selbst zu differenzieren. Diese Unterscheidung darf außerdem nicht die digitale Durchformung der Lebenswelten außer Acht lassen, die, der unterrichtlichen Thematisierung vorausgehend, als alltäglicher Kontext die Lehrenden wie Lernenden bewusst wie unbewusst prägt. Aufgrund dessen differenziert Hunze zwischen den Bereichen eines Lernens *mit*, *über* und *durch* Digitalisierung[7], die mit verschiedenen didaktischen Herausforderungen einhergehen sowie für die Lehrpersonen mit unterschiedlichen Anforderungen verbunden sind.

Schule kann dem Megatrend Digitalisierung dann gerecht werden, wenn diese drei Ebenen nicht unabhängig voneinander, sondern als synthetisch ineinandergreifend verstanden und ihre Übergänge als fließend berücksichtigt werden. Zweifelsohne weist dabei vor allem das Lernen *über* Digitalisierung den größten Fachbezug zur theologischen Hochschulbildung auf, was Marcus Hoffmann zu der These führt, wonach es in der Gestaltung des Theologiestudiums

> in erster Linie darum gehen muss, hier ein bestimmtes (eher theoretisches) Grundlagenwissen sowie eine persönliche Haltung anzubahnen, die es angehenden (Religions-)Lehrerinnen und -lehrern ermöglicht, solche und andere – fachliche wie metakognitive – Aspekte des digitalen Wandels zu identifizieren und im Hinblick auf ihren späteren Beruf und ihr Fach zu reflektieren.[8]

Was für die Theologiestudierenden der spätere, ist für bereits aktive Lehrkräfte der gegenwärtige Beruf. Insofern sind sie eine relevante Größe dafür, inwiefern die Verantwortung des Fachs Religion in Bezug auf die Digitalisierung bereits wahrgenommen wird und welche Bedarfe für die spätere Auseinandersetzung angehender Lehrkräfte mit dem Thema aus Sicht der Praxis schon jetzt bestehen.

Der Frage, ob der Bedarf, im Studium auf ein Lernen *über* Digitalisierung vorzubereiten, durch die Praxis bestätigt wird, oder ob die Digitalisierung für LuL nur eine untergeordnete Rolle spielt, möchte die exemplarische Analyse verschiedener Fallbeispiele nachgehen.[9] Grundlage dieser Analyse sind die drei Kategorien eines Lernens *mit, durch* und *über* Digitalisierung, wobei die Äußerun-

---

7 Vgl. den Beitrag von HUNZE in diesem Band.

8 HOFFMANN in diesem Band, 52.

9 Den Interviewleitfaden, die Daten zu den Interviewteilnehmer*innen sowie relevante Auszüge aus den Interviews finden Sie im Anhang zu diesem Artikel: https://dl.kohlhammer.de/978-3-17-038893-2.

gen der Probandinnen und Probanden dafür auf deduktivem Weg Kategorien zugeordnet und mit abstrahierenden Schlagwörtern versehen werden. Dabei orientieren wir uns an der qualitativen Inhaltsanalyse nach Mayring.[10]

Die Analyse erfolgt explorativ- qualitativ, das heißt auf Grundlage von neun qualitativ geführten Interviews mit in der Praxis tätigen Lehrpersonen verschiedener Schulformen. Die Vergleichbarkeit wird dabei durch einen vorher erstellten halbstandardisierten Interviewleitfaden gesichert. Die Interviews wurden codiert und einzelne Codesequenzen den drei Kategorien zugeordnet. Daraus wird geschlossen, welche Tragweite die jeweilige Kategorie bei den Interviewpartner*innen ausmacht. Welche Vorstellungen herrschen von einem Lernen *mit*, *über* und *durch* Digitalisierung?

Es soll ferner die Relevanz und Tragweite der Digitalisierung bei den Interviewpartner*innen aufgezeigt und auf dieser Grundlage exemplarische Rückschlüsse darüber gezogen werden, welcher Bedarf in der Lehrer*innenbildung in Bezug auf die Digitalisierung besteht. Die Vorarbeit mündet schließlich in Relevanzen und Visionen, wie aus religionsdidaktischer Perspektive die Hochschullehre auf die praktischen Bedarfe der LuL innerhalb der universitären Lehrer*innenbildung eingehen kann.[11]

3. Analyse der Ergebnisse

3.1 *Digitalisierung als didaktisches Hilfsmittel*

> [BE.2:] Also für mich ist Digitalisierung Einsatz von Geräten wie Computer oder Einsatz von technischen Geräten wie Whiteboard, um damit eben Medien im Religionsunterricht einfacher einsetzen zu können.
> [TA.25:] Andererseits weiß ich jetzt nicht, ob es im Reliunterricht jetzt einen Unterschied macht, ob ich jetzt den, keine Ahnung, den Schöpfungsmythos digital in der Onlinebibel durchlese oder eben analog auf Papier. Also der Inhalt ist ja derselbe.
> [SK.2:] Zum Beispiel hatte ich jetzt mehrmals einen Arbeitsauftrag, da mussten die SuS eine Internetrecherche machen, also gezielt etwas zu einem bestimmten Stichwort oder

---

10 Vgl.: MAYRING: Inhaltsanalyse.

11 Selbstverständlich sind die Autoren sich bewusst, dass keine Repräsentativität, Objektivität und/oder Validität durch die qualitativ-explorative Befragung der neun LuL erreicht werden kann, diese Gütekriterien werden daher auch nicht angestrebt. Vielmehr sollen die geführten Interviews Impulse aus der Praxis für die universitäre Lehrer*innenbildung liefern und so aus der praktischen in die theoretische Diskussion hineinwirken. Wünschenswert wäre auf Basis dieser ersten Vorüberlegungen eine Weiterentwicklung der Studie in quantitativer und qualitativer Art, die etwa hier nur vermutete Tendenzen auf ein breiteres empirisches Fundament zu stellen und allgemeine Merkmale abzuleiten in der Lage ist.

bestimmten Thema suchen, früher hätte man gesagt, nehmt nen Lexikon und schlagt was nach.
[PM.11:] Es ist eben leichter, etwas auf dem Computer zu zeigen, als eine Folie zu drucken und die dann auf den OHP zu schmeißen, der im Zweifelsfall eh nicht funktioniert. Häufig ist es tatsächlich einfach eine Erleichterung im Unterricht.

So oder ähnlich antworten viele der neun Interviewpartner*innen, stellt man ihnen die offene Frage nach ihrem Digitalisierungsverständnis. In dem von uns grundgelegten Digitalisierungsbegriff nach Hunze und Hoffmann zeigt sich damit primär ein Verständnis des Megatrends im Sinne eines Lernens *mit* Digitalisierung, die vor allen Dingen ein technisches Hilfsmittel und damit Unterrichtserleichterung zu sein scheint. Wie an obenstehenden Zitaten exemplarisch deutlich wird und anhand der vorgenommenen Codierung zumindest für die neun Interviewpartner*innen festgehalten werden kann, liegt ein Schwerpunkt bei der Frage nach der Digitalisierung auf ihrer Funktion als technisches Hilfsmittel. Die Digitalisierung als soziokultureller Transformationsprozess und damit als gesellschaftlicher Megatrend sowie die damit einhergehende notwendige Reflexion scheint weniger im Blick der teilnehmenden Lehrkräfte zu sein. Das vermag Lehrer*innen die tagtäglich mit den schulpraktischen Herausforderungen konfrontiert sind, kaum zu überraschen, scheitert ein Lernen *durch* und *über* Digitalisierung häufig doch schon an den technischen Herausforderungen und/oder der technischen Nicht-Ausstattung einer Vielzahl der Schulen (Z 1).[12] Hierbei zeigt sich, dass je älter die Befragten sind, desto weniger weit interpretieren sie den Digitalisierungsbegriff. Für die jüngeren Befragten ist der Begriff offener, auch wenn er bei Ihnen ebenfalls primär die Nutzung digitaler Instrumente grundlegt (Z 2). Obwohl lange zuvor bereits bekannt, scheinen hier die coronabedingten Einschränkungen als Impulsgeber gewirkt zu haben, sodass seitens der Politik ein Handlungswille formuliert wurde.[13]

Daneben sind es die LuL selber, die in der Nutzung digitaler Technik aus- und fortgebildet sein müssen (Z 3), da eine hohe technische Komplexität die Hemmschwelle erhöht, die vorhandene Infrastruktur zu nutzen, sodass auch eine gute Ausstattung letztlich nicht zwangsläufig eine Nutzung gewährleistet (Z 4). Außerdem wird ein Nachholbedarf hinsichtlich eines operativ wie technisch unterstützenden Personals angemerkt (Z 5).

Neben den genannten Voraussetzungen benennen die neun Proband*innen auch Mehrwerte und Herausforderungen, denen sie in der Praxis begegnen. Der

12 Mit der Kennzeichnung „Z[itat(e)] Zahl" beziehen wir uns im Folgenden immer auf den bereits erwähnten Anhang zum vorliegenden Artikel, indem die besonders relevanten Zitate der Interviewpartner*innen zu finden sind.

13 Presse- und Informationsamt der Bundesregierung (BPA): Pressemitteilung 277, Berlin 13.08.2020. In einer informellen Runde erklärten Vertreter der Kultusminister*innen der Länder, Bundeskanzlerin, Bundesbildungsministerin und die Spitze der SPD-Fraktion den „gemeinsame[n] Wille, schnellstmöglich alle Schulen in der erforderlichen Weise an das schnelle Internet anzuschließen, Schülern zu Hause einen bezahlbaren Zugang zum Internet zu ermöglichen und Lehrer mit Endgeräten auszustatten".

Mehrwert des Einsatzes digitaler Medien lässt sich dabei am sogenannten SAMR-Modell aufzeigen, das als heuristisches Instrument einer didaktischen Analyse an die verschiedenen von den Proband*innen skizzierten Einsatzweisen angelegt werden kann.[14]

> [BV.9:] Also gerade in Einstiegsphasen nutze ich das sehr stark, um den Einstieg zu gestalten. Um ein Bild zu zeigen, um einen kleinen Filmclip zu zeigen, um vielleicht irgendwie einen Bibelvers anzuwerfen oder einen Satz. Einfach um einen visuellen Effekt zu erschaffen. Das Zeigen eines Bildes oder eines Filmclips durch Laptop und Beamer ist zunächst nur ein Ersatz analoger Medien, da deren Nutzung mit genau dem gleichem Ergebnis – der visuellen Präsentation – verbunden ist.

Der hier gezeigte reine Ersatz analoger durch digitale Medien kann jedoch laut einiger befragter LuL einen Mehrwert im motivationalen Bereich entfalten (Z 6). Gegenüber einem Einsatz nur um der Digitalität willen regt sich aber auch Skepsis (Z 7). Der reine Selbstzweck wird von den SuS schnell durchschaut, weshalb der Einsatz digitaler Medien vor allem dann angebracht scheint, wenn er einen Mehrwert über die reine Substitution hinaus bietet (Z 8).

> [TA.26:] Digitalisierung ist es ja erst, wenn es dadurch irgendeinen Mehrwert erhält. Also es setzt ja voraus, dass es einen vorher analogen Arbeitsschritt ja irgendwie verbessert. (Z 9)

Damit ist die Ebene der Erweiterung angesprochen, die dann vorliegt, wenn das digitale Medium Funktionen bietet, die das analoge Pendant nicht vorweisen kann (Z 9). Zu einer Erweiterung des Unterrichts kann auch das Erstellen von Erklärvideos gezählt werden, die die analog-präsentische Erklärung der Lehrperson zu einer digital-ubiquitär abrufbaren erweitern (Z 10).

Wenn für die Erarbeitung bewusst auf digitale Medien zurückgegriffen werden muss, ist die Ebene der Modifizierung erreicht:

> [PM.9:] Ich nutze das viel für Evaluation, weil das super easy ist, sowas eben vorzubereiten. Alle SuS haben ein Handy dabei, können das eben ausfüllen, das ist super unkompliziert und praktisch [...] Und was auch super praktisch ist, ist für Präsentation- und Sicherungsphasen einfach digitale Medien zu nutzen.

Hier genannte Mehrwerte gegenüber den analogen Medien liegen vor allem in der Vernetzung bei der Erarbeitung und zentralen Speicherung von Informationen und Arbeitsergebnissen (Z 11).

Ein im SAMR-Modell schwer einzuordnender Bereich stellt die Informationsrecherche dar, deren Einteilung von der expliziten Aufgabenstellung abhängig ist. Fordert diese eine reine Recherche, stellt der Rückgriff auf das Internet eine reine Substitution dar, weil ggf. auch das analoge Lexikon zum gleichen Ergebnis gekommen wäre. Teil der Ebene der Erweiterung ist die Recherche mit

---

14 SAMR steht dabei für die vier Ebenen Substitution, Augmentation, Modifikation und Redefinition. Das SAMR-Modell geht zurück auf Ruben R. Puentedura. Siehe hierzu auch PUENTEDURA: Transformation.

Möglichkeiten von Verlinkung und Hypertext, die die Suche erheblich beschleunigen. Eine explizit geforderte Internetrecherche hebt das Lernen *mit* Digitalisierung explizit auf diese Ebene (Z 12). Bei einer Modifikation des Unterrichts müssen aus didaktischer Sicht Herausforderungen, wie exemplarisch etwa die in einem Interview benannte unbegrenzte Informationsverfügbarkeit, eingeplant werden, um einen gewünschten Effekt des Lernens mit Digitalisierung zu erzielen:

> [TA.32:] Allerdings ist das Problem dabei, dass du ja halt eben auch gewisse Kompetenzen oder einen gewissen Wissensstand brauchst, um dir Informationen erschließen zu können. [...] Das heißt übertragen, natürlich, die wissen, wo sie Wissen finden, sie brauchen aber ja trotzdem einen gewissen Wissensstand, um diese Informationen entschlüsseln zu können. (Z 12)

Lernen *mit* Digitalisierung kann schließlich auch als strukturelles Neu- und Umdenken von Unterricht bspw. hinsichtlich fächerübergreifender Projekte gedacht werden.

> [TA.18:] Also ich würde sagen, Digitalisierung ist einfach grundsätzlich eine Riesenchance, [...] viel fächerübergreifender zu arbeiten. (Z 13)

In diesem Zusammenhang wird etwa die Idee genannt, dass klassische Fächergrenzen durch Digitalisierung und Vernetzung aufgehoben werden könnten (Z 13). Die Möglichkeit und gleichzeitige Herausforderung, Aufgaben und Unterricht völlig neu zu denken, befand sich vor den coronabedingten Einschränkungen für viele der befragten Lehrpersonen jedoch jenseits des eigenen Horizontes eines Lernens mit Digitalisierung. Nun können für die befragten LuL solche neuen Formen des Unterrichts etwa Videokonferenzen als alokales Unterrichtsgeschehen sein, das gezwungenermaßen während der Pandemie erprobt werden musste. Darüber hinaus wurden bereits vorhandene Tools wie schulische Lernplattformen in kürzester Zeit erheblich ausgebaut (Z 14). Insgesamt wurde die Zeit des untersagten präsentischen Unterrichtsgeschehens so als großer Impuls wahrgenommen (Z 15). Neben dieser Impulswirkung wurden durch die Pandemie jedoch auch die Limitierungen eines rein alokalen Unterrichtsgeschehens offenbar, das ein gerade im Fach Religion notwendiges Beziehungsgeschehen nicht auffangen kann (Z 16).

Die Zeit vor Corona hat für die Interviewpartner*innen klare Grenzen des digitalisierten Lernens-in-Distanz aufgezeigt, die sich vor allem in der Relevanz der Lehrperson zeigen. So gehen alle Befragten von einer Lehrendenrolle als Bezugsperson oder Moderator*in aus, die sich auch durch einen digitalen Unterricht nicht wandelt. Aus diesem Grund scheitert der asynchrone und alokale Unterricht durch die fehlende Präsenz der Bezugsperson (Z 17).

Zu beobachten ist bei den meisten Interviewpartner*innen eine Tendenz, die coronabedingten Erfahrungen mit einem digitalisierten Unterricht gleichzusetzen, der aus den genannten Gründen einer mangelnden Präsenz „aber niemals [...] einen guten Unterricht ersetzen kann" (Z 18). Ein guter Unterricht definiert sich demnach durch eine gute Lehrperson, nicht durch einen gelungenen Einsatz und gute Umsetzung eines Lernens mit Digitalisierung (Z 19). Einem Lernen *mit* Digitalisierung kann es also nicht darum gehen, das klassische Unterrichtsgeschehen lediglich digital als Videokonferenz nachzubilden, sondern dieses auch auf Ebene der Didaktik neu zu denken (Z 20).

3.2 Digitalisierung als gesellschaftsverändernder Kontext

Wie bereits angemerkt, spielt die Rolle der Digitalisierung als Lebenswelt durchdringende Vorbedingung eines Lehrens und Lernens in der Schule eine vergleichsweise untergeordnete Rolle. Gleichwohl wird in den Interviews die starke Korrelation eines des Lernens *mit* Digitalisierung mit einem Lernen *durch* und *über* die Digitalisierung als einer digitalen Durchdringung der Lebenswelt deutlich:

> [BV.24:] da diese digitale Welt eine Welt ist, in der wir uns zurecht finden müssen, sind wir jetzt einfach vor diese Aufgabe gestellt, dass wir uns jetzt einfach in dieser Welt zurecht finden müssen. Insofern ist Bildung ganz maßgeblich an eine digitale Welt gekoppelt (Z 19).

Digitalisierung durchdringt die Lebenswelt, insofern ist es Aufgabe einer lebensweltlichen Bildung, sie als Kontext ernst zu nehmen und auf diese Durchdringung einzugehen. Wenn eine der älteren Befragten dazu aussagt: „[SK.13:] Also ich hab´ schon das Gefühl, je jünger die Kolleginnen und Kollegen sind, desto fitter sind sie", wird als ein Gradmesser der Durchdringung der Lebenswelt durch Digitalität das Alter offenbar. Die befragten älteren Lehrpersonen nehmen hier einen Kompetenzunterschied hinsichtlich der Nutzung digitaler Medien im Vergleich zu jüngeren Lehrkräften wahr. Eine größere Nutzungskompetenz wird dabei aber nicht zwingend als Vorteil, sondern als andere didaktische Herangehensweise gewertet (Z 20), und das Risiko gesehen, dass die Person des Lehrenden, auf die es im Religionsunterricht besonders ankäme, durch die Digitalisierung in den Hintergrund geraten könne (Z 21). Eine möglicherweise geringere Nutzungskompetenz könne außerdem durch ein Mehr an Erfahrung aufgewogen werden (Z 22). Das gute Unterrichtsgespräch wird dabei von allen Befragten gerade in Bezug auf den Religionsunterricht hoch geschätzt, demgegenüber digitale Medien höchstens eine unterstützende Funktion haben. Als Teil einer digitalen Gesellschaft sehen sich alle Interviewten (Z 23).

Ein Aspekt der Digitalisierung ist die Tatsache, dass eine Vernetzung der verschiedenen technischen Endgeräte und deren Nutzung in sowohl beruflichen wie privaten Kontexten die Abgrenzung von beruflicher wie privater Lebenswelt zu verwischen droht:

[PM.23:] Also natürlich plingt mein Handy, wenn mir ein Schüler am Wochenende, Sonntagsnachmittags was schickt und dann gucke ich drauf. (Z 24)

Eine Erreichbarkeit über die normale Arbeitszeit hinaus, etwa am Wochenende oder abends, wird hier vorausgesetzt, weil das Gegenüber ebenfalls erreichbar ist (Z 24). Hier bedarf es einer klaren Abgrenzung und Selbstdisziplin: „[PM.23:] Und wenn ich sehe, das ist ein schulischer Charakter, dann wird das bis montags ad acta gelegt, dann gehe ich da nicht dran“ (Z 25).

Eine weitere Herausforderung, die hinsichtlich der Nutzung privater Endgeräte im schulischen Arbeitskontext besteht, liegt in einer latenten Unsicherheit hinsichtlich datenschutzrechtlicher Bestimmungen. Die Fülle und Komplexität der Normen wird als Hemmnis für den Einsatz des eigenen Endgerätes wahrgenommen, wenn aufgrund des Risikos, sich datenschutzrechtlich angreifbar zu machen, darauf verzichtet wird. Darüber hinaus bestehen Ängste, aus Unachtsamkeit private Inhalte in der beruflichen Sphäre zu teilen, was ebenfalls zum Hemmnis werden kann (Z 26).

Diese lebensweltliche Durchdringung von Digitalität, die als Kontext einer sich inmitten dieser gesellschaftlichen Lebenswelt realisierenden schulischen Bildung automatisch Auswirkungen auf das Lehren und Lernen hat, gilt es grade aufgrund dieser Auswirkungen ihrerseits schulisch zu reflektieren. Mit Blick auf den Schwerpunkt der gegebenen Antwort scheint diese Relevanz des Lernens *über* Digitalisierung dabei bei den meisten Befragten noch nicht selbstverständlich zu sein. Wenn etwa geantwortet wird, „das muss man mit Schülern ja auch diskutieren und sagen warum ist zum Beispiel in der Schule nicht alles freigeschaltet“ (Z 27), wird Digitalität zunächst noch als didaktischer Vermittlungsweg im schulischen Kontext reflektiert Das Bewusstsein für die Digitalisierung als gesellschaftlicher Transformationsprozess, wie insbesondere Hunze ihn beschreibt, scheint zweitrangig. Da wo die Relevanz erkannt ist, ist man sich einig, dass Digitalisierung gerade im schulischen Religionsunterricht ihren Platz finden sollten (Z 28). Thematisch wird hier vor allem ein sich wandelndes Menschen- sowie Gesellschaftsbild benannt, das es im Religionsunterricht zu hinterfragen gilt: So sei es wichtig, „[BV.37:] dass man da schaut, ‚wer bin ich, außerhalb und innerhalb digitaler Welt‘“ (Z 29). Existenzielle Fragen, die die eigene Identität sowie das eigene Handeln betreffen, spielen beim Lernen *über* Digitalisierung ebenfalls eine relevante Rolle. Vielfach werden hier seitens der Befragten die Themen Cybermobbing, Filterblasen, Hass im Netz sowie Selbst- und Fremdwahrnehmung in unterschiedlichen sozialen Medien genannt (Z 30). Auch die Selbstverständlichkeit, die digitale Prozesse mittlerweile und zukünftig noch mehr einnehmen, gilt es, so die Befragten, gerade im Religionsunterricht zu reflektieren und auch hinsichtlich Aspekten wie Datenschutz zu befragen (Z 28).

Andeutungsweise lassen sich also auch das Lernen *durch* und *über* Digitalisierung in den Aussagen der befragten Lehrkräfte finden. Insgesamt scheint der von Hunze in diesem Band grundgelegte soziokulturelle Transformationsprozesse jedoch im schulischen Alltag, zumindest seitens der an dieser Stelle Befragten, noch nicht oder sehr rudimentär angekommen zu sein. Hier stellt sich im Sinne der Theorie-Praxis-Reflexion die Frage, welche Gründe dies hat.

4. Relevanzen und Visionen aus fachdidaktischer Perspektive

Auf Grundlage der Beobachtungen soll im Folgenden aufgezeigt werden, welche Aspekte hinsichtlich der Digitalisierung aus fachdidaktischer Perspektive als besonders relevant erscheinen. Diese Liste erhebt keinen Anspruch auf Vollständigkeit und/oder Repräsentativität. Vielmehr basiert sie auf den skizzierten Erfahrungen der LuL und soll so im Sinne des forschenden Lernens als Diskussionsgrundlage und Impuls in die verstärkt zu führende Diskussion um den Themenkomplex Digitalisierung und Theologiestudium hineinwirken.

4.1 Relevanz des Digitalisierungsbegriffes

Dass sich die Diskussion darüber lohnt, was Digitalisierung ist, und wie sie, nicht nur in Schule sondern in vielen Lebensbereichen schon jetzt, genutzt, wie ihr auch in Zukunft begegnet werden kann und wie sie als stetig zunehmender Megatrend unsere Lebenswelten und Gesellschaft prägt, zeigen die geführten Interviews, in denen eine Uneindeutigkeit des Digitalisierungsbegriffs offenbar wird. Da dessen Reichweite sich, wie oben gezeigt, stetig erhöht, bleibt jedoch fraglich, ob und wie eine Eindeutigkeit je hergestellt werden kann; die Diskussion über verschiedene Definitionen und Ausprägungen dieses Phänomens sollte aber sowohl in der universitären Lehrer*innenaus- als auch in der außeruniversitären Fortbildung verstärkt geführt werden, um so eigene Vorstellungen (auch hinsichtlich der jeweils eigenen Lehrer*innenrolle und Positionierung) im oder zum Megatrend Digitalisierung verbalisieren sowie kritisch reflektieren zu können.

In diesem Zusammenhang gilt es auch, den Mehrwert, der in den geführten Interviews vor allen Dingen als Synonym zu Erleichterung und Ersatz genutzt wird, aus didaktischer Perspektive zu diskutieren. Ziel ist es dabei u. a., für einen wirklichen Mehr-Wert digitaler Formate (wie bspw. dem zeit- und ortsunabhängigen kollaborativen Arbeiten über verschiedene Tools)[15], gegenüber eines –

[15] Der interessante medienpädagogische Ansatz des Mobile Learnings, das Lernen mit mobilen Endgeräten, der eine vollständige Orts- und Zeitungebundenheit verspricht, wird

auch anhand des SAMR-Modells – kritisch zu hinterfragenden reinen Ersatzes analoger Medien durch Digitales sensibel zu machen.

4.2 *Relevanz der lebensweltlichen Durchdringung*

Ferner erscheint aus (religions-)didaktischer Perspektive der Blick auf die Relevanz von Digitalität hinsichtlich ihrer Nutzung im alltäglichen sowie im schulischen Bereich lohnenswert. So werden zwar Gefahr und Potenzial eines digitalen Lernens respektive digitaler Medien sowohl in der Literatur, als auch unter den interviewten Lehrkräften kontrovers diskutiert, großflächige Einigkeit herrscht jedoch hinsichtlich der Tatsache eines zunehmenden allgegenwärtigen Begleitstatus digitaler Instrumente im alltäglichen Leben, sodass die Teilhabe am gesellschaftlichen Miteinander auf digitalen Technologien basiert.[16] Das erscheint nun evident und beinah nicht mehr erwähnenswert, führt aber zu einer Grenzverschiebung, die als Ent- bzw. Didaktisierung bezeichnet werden kann. Nach Ilona Buchem heißt dies, dass die stetige Allgegenwärtigkeit digitaler Medien zu einer „Entkoppelung von didaktischen Funktionen von einem didaktischen Angebot"[17] und so zu einer sog. Entdidaktisierung führe, wohingegen umgekehrt „die Kopplung von didaktischen Funktionen mit einem nicht-didaktischen Angebot"[18] eine Didaktisierung zur Folge habe. Entdidaktisiert wird Buchem zufolge bspw. der Zugang zu Wissen und Informationen: Die Lernenden sind stetig, d. h. auch außerhalb expliziter Bildungskontexte, in der Lage, eigen- und selbstständig Wissen zu erwerben und Informationen zu generieren. Lehrer*innen haben dadurch keinerlei Einfluss mehr darauf, wie und über welche Quellen Wissen erworben wird. Die digitale Gesellschaft, so beschreibt es Christina Schwalbe und trägt damit der Digitalisierung als soziokulturellem Transformationsprozess Rechnung, zeichne sich durch eine Zunahme von Sinnhorizonten sowie zugleich durch eine Abnahme von Linearität und Bestimmtheit aus. Dadurch beginnt sich ein partizipatorisches, interaktives und global vernetztes Netzwerk zu bilden, das den Wissenserwerb und den Umgang mit Wissen stark verändert.[19] Positiv gewendet können durch die Entdidaktisierung neue Lehr-Lern-Settings geschaffen werden, wobei die Lehrkräfte jedoch von einer eindi-

---

bspw. im Artikel von Christina Gloerfeld überblickartig dargestellt (vgl. GLOERFELD: Mobile Learning).

16 Vielfach wird für diese gesellschaftliche Teilhabe die sog. „Medienkompetenz" als notwendig erachtet. Der Begriff kann jedoch als im wissenschaftlichen Diskurs umstritten gelten, da er in der öffentlichen Wahrnehmung oft auf die reine Nutzungskompetenz analoger und digitaler Medien reduziert wird. Vgl. KERRES: Mediendidaktik, 65–71.

17 BUCHEM: Veränderungen, 49.

18 Ebd.

19 SCHWALBE: Medien, 66f.

mensionalen Rolle als Expert*innen abrücken und sich neuen Lehr-Lern-Formen und -Rollen öffnen müssen. Die Didaktisierung hingegen bezeichnet nach Buchem die Nutzung von Inhalten oder Angeboten, die ursprünglich ohne jegliche didaktische Intention entstanden sind, wie bspw. Youtubevideos zu bestimmten Themen, Tweets von Politiker*innen etc.[20] Durch die beiden genannten Phänomene kann sich das Lehren und Lernen nicht mehr nur auf explizite Bildungskontexte beschränken, sondern erfährt eine Erweiterung in den privaten, allgegenwärtigen Bereich, womit eine Erweiterung des didaktischen Tätigkeitsfeldes einhergeht.

4.3 *Relevanz der technischen Ausstattung oder Gedanken zum Theorie-Praxis-Gap*

Das coronabedingte Distanzlernen hat auch die Relevanz der Ausstattung im Kontext des Diskurses um Bildungsgerechtigkeit aufgezeigt. Unterschiedliche Voraussetzungen (bspw. kein Drucker oder unzureichende Internetverbindung) lassen gleichwertige Partizipation oft nicht zu. Auch für erwachsene Lernende im Studium bietet sich hier ein Stigmatisierungspotential in negativem Sinne, das in der Diskussion bisher kaum oder keine Beachtung findet. Die scheinbare Selbstverständlichkeit einer adäquaten vorhandenen technischen Ausstattung, die durch den momentan an Schulen und Hochschulen vorherrschenden Bring Your Own Device-Ansatz befördert wird, gilt es daher aufzubrechen und kritisch zu hinterfragen. Auch die Universität sollte hier über Optionen nachdenken, einer Stigmatisierung entgegenzuwirken und bspw. Geräte niedrigschwellig zur Ausleihe anbieten und in noch größerer Zahl, eventuell sogar personalisiert, Arbeitsplätze zur Verfügung stellen, an denen den Studierenden ein unkomplizierter Zugang zu Laptops etc. ermöglicht wird. Im Sinne des kollaborativen Arbeitens wäre hier idealerweise eine Art Lernlabor wünschenswert, das den Studierenden sowohl den Austausch untereinander als auch das Lernen *mit, durch* und *über* Digitalisierung ermöglicht. Dann erscheint es auch machbar, die vorhandene Lücke, die zumindest in den vorliegenden Befragungen im Feld nahegelegt wird, zwischen wissenschaftlicher Theorie, die von einem Megatrend Digitalisierung ausgeht und die soziokulturellen Transformationsprozesse daher natürlicherweise in den Fokus rückt, und schulischer Praxis, die sich diesen Fokus aufgrund mangelnder technischer Ausstattung noch gar nicht leisten kann, da zunächst basale technische Grundbedürfnisse zu stillen sind, zu schließen.

Die technische Ausstattung bedingt notwendigerweise auch die didaktische Planung der Lehre. So reicht es nicht aus, verschiedene digitale anstelle analoger

[20] Vgl. BUCHEM: Veränderungen, 49f.

Tools zu nutzen und damit den reinen Schritt der Substitution zu gehen. Vielmehr müssen neue Formen der Gestaltung von Lehren und Lernen gedacht werden, um einen wirklichen Lerngewinn erzielen zu können. Darüber hinaus gilt es mit Buchem, drei externe Elemente in die didaktische Planung einfließen zu lassen: „Medienintegration“, „Prozessintegration“ und „Wissensintegration“[21]. Damit beschreibt Buchem die Integration differenzierender Lernergebnisse, die durch die Nutzung verschiedener digitaler Medien entstehen, die technische Unterstützung der Lernenden im Lernprozess sowie die bereits skizzierten Erweiterung der Wissensbasis aller beteiligten Akteure, die durch permanent verfügbares Wissen, das nur einen Klick entfernt ist, entsteht.[22]

Denkt man Digitalisierung als umfassenden Megatrend, der einen soziokulturellen Transformationsprozess in Gang setzt dessen Ausmaß wir zu diesem Zeitpunkt wohl nur erahnen können, so kann die Komponente des Lernens *mit* Digitalisierung nur ein erster Schritt sein, den es obligatorisch zu gehen gilt. Dauerhaft reicht die alleinige Ausstattung von Schulen und Hochschulen nicht aus, um dem Megatrend Digitalisierung gerecht zu werden. Stattdessen müssen die

> Kompetenzen von LehrerInnen und SchülerInnen [...] dahingehend gestärkt werden, dass sie in der Lage sind, die digitalisierte Lebenswelt nicht nur zu konsumieren, sondern auch zu verstehen, zu hinterfragen und zu gestalten.[23]

4.4 *Relevanz regelmäßiger Fort- und Weiterbildungen respektive Workshops*

Die Interviews geben weiterhin den Impuls, dass allein eine gute technische Ausstattung der Einrichtung Lehrenden und Lernenden noch kein Lernen *mit*, *durch* oder *über* Digitalisierung ermöglicht. Dies gilt äquivalent auch für die akademischen Bildungskontexte. Durch Fort- und Weiterbildungen muss die stetige Auseinandersetzung mit dem, was hinsichtlich digitaler Medien als „state of the art“ gelten kann, gewährleistet werden. Grundlagen können in der Universität gelegt werden, müssen aber auch für Berufstätige ständig aufgefrischt und erweitert werden. Dies muss durch eine ausreichende Anzahl von Angeboten gewährleistet werden, damit angeschaffte Geräte oder lizensierte Programme auch genutzt und nicht als Staubfänger bzw. Dateileichen enden.

Die reine Anschaffung inklusive der theoretischen Information über den Gebrauch führt den Interviews zufolge – bis auf engagierte Einzelfälle – nicht zu einer dauerhaften Nutzung. Das persönliche Engagement und/oder Interesse Einzelner kann und darf jedoch nicht die ausschlaggebende Voraussetzung für

21 Ebd. 56.
22 Vgl. ebd.
23 DZIAK-MAHLER: Ausblick, 224.

digitale Bildungsprozesse sein oder werden. Daher bedarf es auch im universitären Kontext niedrigschwelliger, ggf. verpflichtender Angebote, durch die verschiedene Tools und Geräte nicht nur vorgestellt, sondern auch ausprobiert und ihre Nutzung sowie ihr Mehrwert kritisch reflektiert werden können.

4.5 *Relevanz von Kontrollverlust und Ermöglichung oder die neue Rolle der Lehrpersonen*

Digitalisierung bedeutet auf verschiedenen Ebenen die Spannung von Kontrollverlust und Ermöglichung. So impliziert sie einerseits ein Sich-Verlassen auf technische Voraussetzungen und die technischen Kompetenzen der Lernenden, die ggf. über einen Wissensvorsprung verfügen und neue Freiheiten möglicherweise ausnutzen, was von einigen Interviewpartner*innen als zumindest ungewohnt beschrieben wird. Demgegenüber steht die Ermöglichung, Lernende mit anderen zu vernetzen, eigene Schwerpunkte zu setzen und eigene Ideen im eigenen Tempo und an unterschiedlichen Orten entwickeln zu können. All dies kann ubiquitär gedacht werden, was Chancen für vielfältige – auch globale – Kooperationen ermöglicht. Weiterhin bietet die Schnelligkeit der Informationsgewinnung erhebliche Möglichkeiten, die jedoch – wenn nicht gesteuert – das Risiko eines sich Verlierens beinhalten (siehe dazu auch a. Relevanz des Digitalisierungsbegriffs, insbesondere hinsichtlich Ent- und Didaktisierung). Diese Spannungen gilt es schon in der Ausbildung zu identifizieren und zu reflektieren, damit sie im Lehrberuf entsprechend genutzt bzw. minimiert werden können. Dass sich dabei die Lehrer*innenprofession verändern wird, erscheint evident. So führt u.a. der vereinfachte Zugang zu Wissen für jede*n zu einer Rolle der Lehrperson weg von einer/m exponierter/m Experten/in noch stärker zu einem Lernen von und miteinander, das im Idealfall auf Augenhöhe stattfindet. Der so oft bemühte Begriff der Lehrkraft als Lernbegleiter*in und/oder Moderator*in innerhalb eigens durch die Schüler*innen initiierter Lernprozesse nimmt durch Digitalisierung und die mit ihr einhergehende Kollaboration, Partizipation etc. weiter zu. Ein Trend der, nimmt man Digitalisierung als gesamtgesellschaftlichen Transformationsprozess ernst, nicht nur, aber eben auch auf den Lernort Schule zutrifft und damit auch in den Institutionen zur Lehrer*innenbildung berücksichtigt werden muss.[24]

Wichtig erscheint an dieser Stelle auch die abnehmende Relevanz des Lernortes hin zu einer größeren Relevanz der Lernsituation, die es didaktisch zu berücksichtigen gilt. Durch digitale Medien ist es nicht mehr zwangsläufig notwendig, dass alle Lernenden zeitgleich an einem bestimmten Ort zusammenkommen, um gemeinsam einen bestimmten Sachverhalt zu erarbeiten. Vielmehr

---

[24] Vgl. Ebd., 224f. und vgl. DANDER/GUMPERT: Trend, 240.

können situative und dynamische Lernräume entstehen, die sich durch die Orts- und Zeitungebundenheit der Nutzer*innen und ihrer Geräte ergeben. Auch die Möglichkeit der Lernenden, selbstständig Schwerpunkte zu setzen und ihr Lernen eigens zu strukturieren, führt zu einer Veränderung der didaktischen Situation und in diesem Fall ebenso zu einer Änderung hinsichtlich zuvor gegebener Machtstrukturen zwischen Lehrenden und Lernenden. Dabei bezieht sich diese Veränderung keineswegs nur auf ein reines Distanzlernen, sondern findet u. a. auch beim Konzept des Blended Learnings, d. h. des Wechsels zwischen einem Lernen vor Ort und einem digitalen Lernen, statt. Statt eines vermeintlich linearen Lehrens und Lernens an einem festgelegten Ort zu einer festgelegten Zeit verstärken digitale Medien die Entwicklung hin zu einem nutzer*innen- bzw. schüler*innengeneriertem Lernen, das es durch die didaktische Konzeption zu unterstützen gilt.[25]

4.6 *Relevanz persönlicher Kommunikation*

Alle Interviewpartner*innen machen deutlich, dass sich insbesondere der Religionsunterricht durch eine persönliche Kommunikation auf der Beziehungsebene auszeichnet, zumal verstärkt erstpersönliche und existenzielle Themen angesprochen werden, die die Adressaten häufig auch in ihrer Identität und ihrer Lebenswirklichkeit anfragen. Dieses Momentum des physisch-präsenten Kontakts, in dem Mimik, Gestik, Körpersprache, also physische Anwesenheit und Präsenz, gegeben sind, lässt sich den neuen Erfahrungen gemäß nicht durch digitale Videomeetings ersetzen. Der durch Corona entstandene Eindruck vieler Interviewpartner*innen, Digitalisierung gehe mit der Abnahme des sozialen Lernens in Präsenz einher, sollte jedoch nicht mit einem qualifizierten und gut durchdachten Konzept digitalen Lehrens und Lernens gleichgesetzt werden. Vielmehr gilt es auch hier, den Mehrwert digitaler Angebote zu identifizieren und diese gezielt in die schulische und auch die universitäre Lehre zu implementieren. Dass dabei gerade hinsichtlich der didaktischen Planung Mut zur Veränderung und Kreativität bspw. hinsichtlich der Entwicklung neuer Lehr- und Prüfungsformate und möglicherweise auch strukturelle Veränderungen exemplarisch in Form von einem Umdenken scheinbar althergebrachter Traditionen wie der wöchentlichen 90-Minuten-Sitzung gefordert sind, erscheint obsolet. Es ist dabei an den Hochschulen, die Lehrer*innen von morgen sowohl medienpädagogisch und bildungswissenschaftlich, als auch fachlich und überfachlich auf die digitale Schule der Zukunft vorzubereiten, um so insbesondere dem Anspruch des Lernens *durch* und *über* Digitalisierung und damit dem mehrfach angesprochenen soziokulturellen Transformationsprozess gerecht werden zu können.[26]

---

25 Vgl. JAHNKE: Designs.

26 Vgl. DZIAK-MAHLER: Ausblick, 226.

4.7 *Relevanz inhaltlicher Reflexion*

Sollen Religion und Glaube als ein Modus der Welterschließung auch zukünftig ernst genommen werden,[27] müssen sie ihrerseits die digitale Umwelt und die damit verbundenen Implikationen ernst nehmen. Digitale spirituelle Angebote sind längst keine Ausnahme mehr, der gestreamte Gottesdienst gehört bei vielen Kirchengemeinden mittlerweile zum festen Repertoire und sogenannte Christfluencer kommunizieren ihren Glauben explizit digital bei YouTube. Hier gilt es, Formate auch im universitären Kontext aufzugreifen, zu reflektieren und zur Positionierung anzuregen.[28] Wollen Schule und Hochschule als Institutionen religiöser Bildung auch weiterhin ernst genommen werden und mit ihren Bildungsangeboten zur Teilhabe am gesellschaftlichen sowie zukünftigen beruflichen Leben befähigen, so muss die Digitalität der Lebenswelt(en) einkalkuliert und inhaltlich reflektiert werden.[29] Dabei muss die universitäre Lehrer*innenbildung auch aus didaktischer Perspektive insbesondere ein Ort sein, an dem die kritische Hinterfragung der uns zunehmend umgebenden Digitalität eine gewichtige Rolle einnimmt. Dazu formuliert Claus Tully, „dass der Umgang mit dieser Technik [...] eine ständige Positionierung des Subjekts in Bezug auf die Technik erfordert."[30]

Die Bedarfe sind ungezählt, es gilt, sich Gedanken zu Auswirkungen auf das eigene Ich, die Gesellschaft, das Umfeld etc. zu machen, um im späteren Beruf auch mit SuS genau diese Fragestellungen thematisieren zu können. Was macht es mit mir und dem gesellschaftlichen Bild des Menschen, wenn ich nur positive Aspekte des Lebens Anderer zu Gesicht bekomme? Welche Daten gebe ich von mir preis und inwiefern erzeugt das Verletzbarkeit? Ist es gut, Kontrolle abzugeben und bspw. autonomes Fahren zu forcieren und welche Gefahren entstehen ggf. auch dabei? Welche Chancen und Herausforderungen bringt permanente Erreichbarkeit mit sich? Diese ethischen und auch rechtlichen Aspekte, die die Bereiche Datenschutz und Anonymität ebenso umfassen wie eine Verantwortungsübernahme für eigene Inhalte im „Netz", sollten in der didaktischen Planung Berücksichtigung finde. Lehrkräfte müssen hinsichtlich der oben konkretisierten Inhalte sprachfähig sein, wozu sie innerhalb des Studiums befähigt werden müssen. Dabei kann ein bereits an der Hochschule angestoßenes Lernen anhand von Erfahrungen für die eigene Sprach- und Reflexionsfähigkeit hilfreich sein.

---

27 Vgl. BAUMERT: Bildungsvergleich.

28 Insbesondere die soeben angesprochenen Christfluencer bieten ein großes kritisches Reflexionspotential, vgl. dazu: KRAIN/MÖßLE: Influencing.

29 Vgl. hierzu auch LANG/MANDL: Lerner.

30 TULLY: Mobile Technik, 86.

5. Fazit und Ausblick

Die auf Grundlage der Interviews dargestellten, relevanten Aspekte dienen in ihrer Synthese der Entwicklung von Visionen aus der Praxis in die universitäre Lehrer*innenbildung. Sie machen Chancen, aber auch mögliche Stolpersteine eines Theologiestudiums und einer Lehrer*innenbildung deutlich, die die Digitalisierung nicht nur als didaktisches Hilfsmittel, sondern auch als gesellschaftsverändernden Megatrend ernst nehmen und reflektieren. Hinsichtlich digitaler Lehr-Lern-Prozesse im universitären Kontext lohnt es sich dabei vor allen Dingen, mit Rückgriff auf das beschriebene SAMR-Modell, eine Reflexionsplattform für einen möglichen Mehrwert des Einsatzes digitaler Techniken zu bieten.[31] Dass dazu auch die Reflexion über technische Voraussetzungen und die Nutzung digitaler Technik sowie Fragen des Datenschutzes einzuschließen sind, erscheint evident. Gerade ein Studium der Theologie/der Kath. Religionslehre darf dabei, das zeigen die explorativen Interviews deutlich, jedoch nicht auf eine Digitalisierung um ihrer selbst willen setzen. Vielmehr sollte ein Digitalisierungsbegriff etabliert und praktisch implementiert werden (Stichwort: Workshopangebote), der die verschiedenen Ebenen miteinander vereint,[32] um so auch die Digitalisierung selbst zu reflektieren. Didaktischerseits scheinen verschiedene Ansätze hierfür denkbar, etwa der Bereich des „Mobile Learning“ im Sinne des Lernens mit dem Smartphone oder Blended Learning-Angebote als Kombination aus Präsenzlehre und E-Learning. Stetige Evaluation und Veränderung der Angebote müssen dabei explizit eingeschlossen werden.[33]

Bis zu diesem Punkt unterscheidet sich die theologische Lehrer*innenbildung vermutlich kaum von anderen fachlichen Lehrer*innenbildungen an der Universität. Spätestens aber das Lernen *über* Digitalisierung hat eine anthropologische Dimension, die es insbesondere in der Theologie zu bedenken und deren Auswirkungen es stetig konstruktiv-kritisch zu reflektieren gilt. Ein dies berücksichtigendes Theologiestudium erweist sich dann nicht nur als digitalisierungsaffin, sondern auch als digitalisierungssensibel. So macht es möglich, eine religiöse Welt- und Selbstdeutung des Digitalen auch für andere Fächer und Fachbereiche sichtbar zu machen und ggf. sogar den Stellenwert religiöser Weltdeutungsweisen zu erhöhen.

31 Vgl. hierzu auch STAUFFACHER-BIRRER: Unterrichten, 17–20.
32 Vgl. PÜTZ: Blended Learning.
33 Vgl. MAYRBERGER: Rahmenbedingungen.

Literatur

BAUMERT, Jürgen: Deutschland im internationalen Bildungsvergleich. In: KILLIUS, Nelson u. a. (Hg.): Die Zukunft der Bildung. Frankfurt a. M. 2002, 100–131.

BERTELSMANN-STIFTUNG (Hg.): Megatrend-Report #01: The Bigger Picture. Wie Globalisierung, Digitalisierung und demografischer Wandel uns herausfordern, Gütersloh September 2019, online unter: https://www.bertelsmann-stiftung.de/fileadmin/files/BSt/Bibliothek/Doi_Publikationen/Megatrend_Report_1_MT_The_Bigger_Picture_2019.pdf (Stand: 06.06.2020).

BUCHEM, Ilona: Veränderungen in der Didaktik durch Mobile Learning. In: DE WITT, Claudia/GLOERFELD, Christina (Hg.): Handbuch Mobile Learning, Wiesbaden 2018, 43–62.

BUEẞ, Katharina: Geschichte der Arbeit. Arbeit 4.0. In: WDR. Planet Wissen (Hg.), online unter https://www.planet-wissen.de/gesellschaft/arbeit/die_geschichte_der_arbeit_und_was_sie_heute_bedeutet/arbeit-vier-punkt-null-100.html (Stand: 07.06.2020).

DANDER, Valentin/GUMPERT, Andrea u. a: Trends – (K)ein Trendthema – Pro und Kontra als Diskussionseinladung. In: BÜCKER, Diana /DANDER, Valentin u. a: „Trendy, hip und cool": Auf dem Weg zu einer innovativen Hochschule? Bielefeld 2017, 229–244.

DZIAK-MAHLER, Myrle: Ausblick: Das Bildungssystem muss für das Informationszeitalter transformiert werden – Die digitale Transformation ist in Schule und LehrerInnenbildung noch nicht angekommen. In: BRESGES, André/HABICHER, Alexandra: Digitalisierung des Bildungssystems. Aufgaben und Perspektiven für die LehrerInnenbildung. Münster/New York 2019, 223–226.

GLOERFELD, Christina: Mobile Learning – was ist eigentlich der Kern? In: DE WITT, Claudia/Gloerfeld, Christina (Hg.): Handbuch Mobile Learning, Wiesbaden 2018, 257–282.

JAHNKE, Isa: Digital Didactical Designs. Teaching and Learning in CrossActionSpaces, New York/London 2016.

KERRES, Michael: Mediendidaktik. Konzeption und Entwicklung digitaler Lernangebote, Berlin/Boston 2018.

KRAIN, Rebekka/MÖẞLE, Laura: Christliches Influencing auf YouTube als ‚doing emotion'. In: ÖRF 28 (2020) 1, 161–178, auch online unter http://unipub.uni-graz.at/download/pdf/5090636?name=Krain%20Rebekka%20M%C3%B6%C3%9Fle%20Laura%20Christliches%20Influencing%20auf%20YouTube%20als%20%E2%80%9Adoing%20emotio (Stand: 06.06.2020).

LANG, Marina/MANDL, Heinz: Der moderne Lerner im Unternehmen – Wohin geht die Reise? Konsequenzen für Bildungsexperten in der Unternehmenspraxis. In: SCHEER, August-Wilhelm u. a. (Hg.): Digitale Bildungslandschaften. Saarbrücken 2018, 182–195.

MAYRBERGER, Kerstin: Rahmenbedingungen für die Gestaltung von Lernumgebungen mit mobilen Endgeräten. In: DE WITT, Claudia/GLOERFELD, Christina (Hg.): Handbuch Mobile Learning, Wiesbaden 2018, 63–82.

PUENTEDURA, Ruben R.: Transformation, Technology, and Education (2006), online unter: http://homepages.uni-paderborn.de/wilke/blog/2016/01/06/SAMR-Puentedura-deutsch/ (Stand: 28.06.2020).

PÜTZ, Mark Sebastian: Vom Blended Learning zum New Blended Learning. In: SCHEER, August-Wilhelm u. a: Digitale Bildungslandschaften, Saarbrücken 2018, 100–119.

STAUFFACHER-BIRRER, Marco: Unterrichten mit WhatsApp, YouTube & Co. 28 bewährte digitale Tools mit konkreten Praxisbeispielen, Bern 2019.

SCHWALBE, Christina: Medien, Bildung, Innovation – Medienentwicklung an der Hochschule zwischen Theorie und Praxis. In: BÜCKER, Diana/DANDER, Valentin u. a: „Trendy, hip und cool": Auf dem Weg zu einer innovativen Hochschule? Bielefeld 2017, 63–69.

TULLY, Claus: Mobile Technik. In: DE WITT, Claudia/GLOERFELD, Christina (Hg.): Handbuch Mobile Learning, Wiesbaden 2018, 83–97.

Autor*innen

Dr. *Simone Adams* ist Leiterin des Fachbereichs für Mediendidaktik am Zentrum für digitales Lehren und Lernen der Universität Graz.

Sven Bartnick studiert an der Katholisch-Theologischen Fakultät der WWU Münster.

Josef Becker, Theologe mit dem Zertifikat „Diplom für Christliche Sozialwissenschaften", ist Stipendiat der „Geistlichen-Stiftung" des Bistums Münster und wissenschaftlicher Mitarbeiter am Institut für Christliche Sozialwissenschaften an der Katholisch-Theologischen Fakultät der WWU Münster.

PD Dr. phil. Lic. theol. *Thomas Brockmann* ist Akademischer Oberrat a. Z. am Seminar für Mittlere und Neuere Kirchengeschichte der Katholisch-Theologischen Fakultät der WWU Münster.

Dr. *Andree Burke* verantwortet Fort- und Weiterbildung im Erzbistum Hamburg. Zusammen mit Dr. Barbara Zimmermann hat er das Format „Münsteraner Fachgespräche zur Zukunft des Theologiestudiums" konzipiert.

Dr. *Matthias Daufratshofer* ist wissenschaftlicher Mitarbeiter am Seminar für Mittlere und Neuere Kirchengeschichte an der Katholisch-Theologischen Fakultät der WWU Münster und der Forschungsstelle für die Geschichte des Bistums Münster.

Nicole Donath B.A. ist Bibliothekarin an der Universitäts- und Landesbibliothek Münster, Abteilung Information.

Dr. *Ulrich Feeser-Lichterfeld* ist Professor für Praktische Theologie mit dem Schwerpunkt Praxisbegleitung, Praxisforschung und Pastoralpsychologie an der Katholischen Hochschule NRW.

Dr. *Thomas Hanke* ist Honorarprofessor für Philosophie an der PTH Sankt Georgen/Frankfurt und zurzeit Lehrstuhlvertreter für Philosophische Grundfragen an der Theologie an der Katholisch-Theologischen Fakultät der WWU Münster.

Dr. *Simon Harrich* ist Referent für Gemeindearbeit und Gemeindeberatung im Bistum Aachen.

Marc Heidkamp ist Wissenschaftlicher Mitarbeiter am Institut für Katholische Theologie und ihre Didaktik (Religionspädagogik, Bildungs- und Genderforschung) an der Katholisch-Theologischen Fakultät der WWU Münster.

Dr. *Rudolf Hein OPraem* ist Professor für Moraltheologie an der Philosophisch-Theologischen Hochschule (PTH) in Münster.

Dr. *Christian Henkel* ist öffentlicher Theologe und Akademischer Rat für Digitalisierung und Transfer an der Universität Eichstätt.

Hannah Hewing B.A. ist Bibliothekarin an der Universitäts- und Landesbibliothek Münster, Abteilung Information.

Ludger Hiepel, Diplomtheologe und Altorientalist (abgeschlossene Promotion), ist wissenschaftlicher Mitarbeiter am Seminar für Zeit- und Religionsgeschichte des Alten Testaments an der Katholisch-Theologischen Fakultät der WWU Münster.

Marcus Hoffmann, Theologe und Religionslehrer, ist Vorsitzender des Verbands Katholischer Religionslehrerinnen und -lehrer an Gymnasien und Gesamtschulen im Bistum Münster e. V.

Dr. *Guido Hunze* ist Akademischer Oberrat am Institut für Katholische Theologie und ihre Didaktik an der Katholisch-Theologischen Fakultät der WWU Münster und leitet zudem das „Videografie Team am Fachbereich 02“ (TheoTVIST).

Rebecca Kelm studiert an der Katholisch-Theologischen Fakultät der WWU Münster.

Dr. *Peter G. Kirchschläger* ist Ordinarius für Theologische Ethik und Leiter des Instituts für Sozialethik ISE an der Theologischen Fakultät der Universität Luzern. Einer seiner Forschungsschwerpunkte ist die Digitalisierung aus ethischer Perspektive.

Katharina Klaholz M.Sc. ist Psychologin und studiert zum Zeitpunkt der Veröffentlichung an der Katholisch-Theologischen Fakultät der WWU Münster.

Dr. *Martin Lüstraeten* M.A. ist wissenschaftlicher Mitarbeiter in der Abteilung Liturgiewissenschaft und Homiletik an der Katholisch-Theologischen Fakultät der JGU Mainz.

Lisa-Marie Mansfeld M.Ed. ist wissenschaftliche Mitarbeiterin am Institut für Katholische Theologie und ihre Didaktik an der Katholisch-Theologischen Fakultät der WWU Münster.

Dr. Theol. Lic. jur. can. *Thomas Neumann* ist Studiengangkoordinator und Fachstudienberater für das Lizentiat im Kanonischen Recht an der Katholisch-Theologischen Fakultät der WWU Münster.

Volker Niggemeier, M.A. ist wissenschaftlicher Mitarbeiter am Seminar für Exegese des Neuen Testaments an der Katholisch-Theologischen Fakultät der WWU Münster.

Dr. *Michael Pfister* ist wissenschaftlicher Mitarbeiter am Seminar für Mittlere und Neuere Kirchengeschichte der Katholisch-Theologischen Fakultät und am Exzellenzcluster „Religion und Politik“ der WWU Münster.

Mag. Theol. *Anna Puzio* M.A. ist Doktorandin an der HFPH München und Mitarbeiterin am Lehrstuhl für Philosophische Grundfragen der Theologie an der Katholisch-Theologischen Fakultät der WWU Münster.

Dr. Dr. *Oliver Reis* ist Professor für Religionspädagogik unter besonderer Berücksichtigung von Inklusion am Institut für Katholische Theologie der Universität Paderborn.

Anne Schmidt studiert zum Zeitpunkt der Veröffentlichung die Fächer Katholische Theologie und Geschichte im Master of Education für das Lehramt an Gymnasien und Gesamtschulen an der WWU Münster.

Andreas Schoch, Theologe und M.Ed., ist wissenschaftlicher Mitarbeiter und Assistent des Rektors an der PTH Münster.

Elisabeth Wedeking studiert an der Katholisch-Theologischen Fakultät der WWU Münster.

Dr. *Wolfgang Weirer* ist außerordentlicher Universitätsprofessor für Religionspädagogik und Fachdidaktik Religion am Institut für Katechetik und Religionspädagogik der Universität Graz.

Dr. *Markus Weißer* ist Akademischer Rat auf Zeit am Lehrstuhl für Dogmatik und Dogmengeschichte an der Fakultät für Katholische Theologie der Universität Regensburg.

Christian Wode, Diplomtheologe, ist Referent für Social Media im Erzbistum Hamburg.

Dr. *Barbara Zimmermann* ist Referentin für Qualitätssicherung und -entwicklung der Lehre, Curriculumsentwicklung und hochschuldidaktische Beratung an der Westfälischen Universität Münster. Zusammen mit Dr. Andree Burke hat sie das Format „Münsteraner Fachgespräche zur Zukunft des Theologiestudiums" konzipiert.

Dr. *Thimo Zirpel* ist Studienrat an der Gesamtschule in Gescher.